人間環境大学附属岡崎高等学校

〈収録内容〉

- 2024年度入試の問題・解答解説・解答用紙・「合否の鍵はこの問題だ!!」、2024年度入試受験用の「出題傾向の分析と合格への対策」は、弊社HP の商品ページにて公開いたします。
- 平成30年度は、弊社ホームページで公開しております。
本ページの下方に掲載しておりますQRコードよりアクセスし、データをダウンロードしてご利用ください。
- 英語リスニング問題は音声の対応をしておりません。

2024 年度 ……………………… 2024 年 10 月 弊社 HP にて公開予定
※著作権上の都合により、掲載できない内容が生じることがあります。

2023 年度 ……………………… 一般（数・英・理・社・国）

2022 年度 ……………………… 一般（数・英・理・社・国）

2021 年度 ……………………… 一般（数・英・理・社・国）

2020 年度 ……………………… 一般（数・英・理・社・国）

2019 年度 ……………………… 一般（数・英・理・社・国）
※国語の大問一は、問題に使用された作品の著作権者が二次使用の許可を出していないため、問題を掲載しておりません。

平成 30 年度 ……………………… 一般（数・

解答用紙データ配信ページへスマホでアクセス！ ⇒

※データのダウンロードは 2024 年 3 月末日まで。
※データへのアクセスには、右記のパスワードの入力が必要となります。 ⇒ 298465

〈合格最低点〉

※学校からの合格最低点の発表はありません。

本書の特長

実戦力がつく入試過去問題集

- ▶ 問題 ……………… 実際の入試問題を見やすく再編集。
- ▶ 解答用紙 …… 実戦対応仕様で収録。
- ▶ 解答解説 …… 詳しくわかりやすい解説には、難易度の目安がわかる「基本・重要・やや難」の分類マーク つき(下記参照)。各科末尾には合格へと導く「ワンポイントアドバイス」を配置。採点に便利な配点つき。

入試に役立つ分類マーク

基本 確実な得点源!
受験生の90%以上が正解できるような基礎的、かつ平易な問題。
何度もくり返して学習し、ケアレスミスも防げるようにしておこう。

重要 受験生なら何としても正解したい!
入試では典型的な問題で、長年にわたり、多くの学校でよく出題される問題。
各単元の内容理解を深めるのにも役立てよう。

やや難 これが解ければ合格に近づく!
受験生にとっては、かなり手ごたえのある問題。
合格者の正解率が低い場合もあるので、あきらめずにじっくりと取り組んでみよう。

合格への対策、実力錬成のための内容が充実

- ▶ 各科目の出題傾向の分析、合否を分けた問題の確認で、入試対策を強化!
- ▶ その他、学校紹介、過去問の効果的な使い方など、学習意欲を高める要素が満載!

解答用紙ダウンロード 解答用紙はプリントアウトしてご利用いただけます。弊社ＨＰの商品詳細ページよりダウンロードしてください。トビラのＱＲコードからアクセス可。

UD FONT 見やすく読みまちがえにくいユニバーサルデザインフォントを採用しています。

人間環境大学附属岡崎高等学校

▶交通　名鉄名古屋本線「東岡崎駅」下車　徒歩約20分，愛知環状鉄道「北岡崎駅」下車徒歩約20分，名鉄バス「梅花学園前」下車　徒歩約５分

〒444-0071　愛知県岡崎市稲熊町３丁目110
☎0564-22-0274

校　訓

誠愛

「己は誠に生き，全てのものに愛の心を」

教育課程

『志の教育』に基づき，少人数体制だからこそ実現できる「面倒見の良い指導」を実践し，一人ひとりの学習面・生活面・精神面でのフォローを徹底。子どもたちが可能性に気づき，大きな志を抱いて，自分を磨ける学習環境を整える。

高大連携を軸にした，大学進学を中心とした2コース制の導入

●特進コース

国公立大学・有名私立大学の合格をスタートに，社会で活躍する自分を目指す。毎日の朝学や7時間授業，授業後補習など，中学生の時よりも圧倒的に増える学習量をこなすことで，日々の学習を習慣化し，自ら学ぶ姿勢を育む。また，定期的に校外模試を受験する。各教科の担当教員が，模擬試験の目標と方策を立てて，計画的に指導する。実践を重ねることで，大学入試に向かって学力を高めていく。

●進学コース

（※令和3年度までのベーシック進学コースとスポーツ進学コースを統合したコース）

大学進学から就職まで幅広い進路選択が可能なコース。学び直し授業では，高校での学びの土台となる中学校までの復習を，国数英の主要3教科で行う。各教科の複数の教員が個々の習熟度を確認しながら，基礎学力の定着を丁寧にサポートする。また，幅広い進路に対応できるよう，大学や専門学校による分野別説明会，一般教養試験対策や面接指導，大学教授や企業人による講演などを定期的に実施し，職業観を高めていく。

部活動

（※は同好会）

●運動部

陸上競技，バドミントン(女)，硬式野球(男)，卓球，バスケットボール(男)，ソフトテニス，少林寺拳法，フットサル(男)，バレーボール(女)，駅伝(女)，ソフトボール(女)，※空手

●文化部

英会話，吹奏楽，パソコン，漫画研究，演劇，書道，放送，茶華道，合唱，ダンス，インターアクト，家庭科，美術，吟剣詩舞道，サイエンス，※軽音楽

年間行事

２年生で実施される修学旅行は，平和学習をテーマに掲げ，広島を起点としたコース別研修を行う。

４月／入学式，前期リーダー研修
５月／遠足
６月／体育大会

7月／夏期補習
8月／夏期補習
9月／文化祭
10月／後期リーダー研修，音楽鑑賞会
12月／冬期補習
2月／予餞会，卒業式
3月／球技大会，春期補習，修学旅行（2年）

進　路

●主な合格実績（2023年度）

〈国立大〉
山形大，富山大，信州大，三重大　など

〈公立大〉
愛知県立大，青森公立大，岩手県立大，高崎経済大，都留文科大，富山県立大，公立鳥取環境大　など

〈私立大〉
人間環境大，愛知大，愛知医科大，愛知学院大，愛知淑徳大，金城学院大，椙山女学園大，中京大，中部大，東海学園大，名古屋外国語大，名古屋学院大，名古屋芸術大，名古屋女子大，南山大，日本福祉大，藤田医科大，名城大，青山学院大，日本大，東洋大，昭和薬科大，東海大，岐阜聖徳学園大，岐阜医療科学大，四日市看護医療大，立命館大，京都産業大，関西学院大など

〈短期大〉
愛知大学短期大学部，愛知学泉短期大，岡崎女子短期大，名古屋短期大　など

〈専門学校・各種学校〉
岡崎市立看護専門学校，西尾市立看護専門学校，穂の香看護専門学校，愛知県立農業大学校，星城大学リハビリテーション学院，トヨタ名古屋自動車大学校　など

〈就職先〉
（株）デンソー，トヨタ自動車（株），（株）アイシン，アイシン機工（株），名古屋鉄道（株），山崎製パン（株），フジパン（株），東海光学（株），フタバ産業（株），（株）フタバ須美，住友ゴム工業（株），カリツー（株），医療法人 鉄友会 宇野病院，シバタ歯科，（株）マキタ，野場電工（株），（株）甲羅，（株）アオキスーパー，マックスバリュー東海（株），岡崎駅はるさきクリニック　など

〈公務員〉
陸上自衛隊

〈留学〉
PORTLAND Bible College

◎2023年度入試状況◎

	特　進	進　学
募　集　数	315	
応 募 者 数	729	
合 格 者 数	非公表	

過去問の効果的な使い方

① **はじめに**　入学試験対策に的を絞った学習をする場合に効果的に活用したいのが「過去問」です。なぜならば，志望校別の出題傾向や出題構成，出題数などを知ることによって学習計画が立てやすくなるからです。入学試験に合格するという目的を達成するためには，各教科ともに「何を」「いつまでに」やるかを決めて計画的に学習することが必要です。目標を定めて効率よく学習を進めるために過去問を大いに活用してください。また，塾に通われていたり，家庭教師のもとで学習されていたりする場合は，それぞれのカリキュラムによって，どの段階で，どのように過去問を活用するのかが異なるので，その先生方の指示にしたがって「過去問」を活用してください。

② **目的**　過去問学習の目的は，言うまでもなく，志望校に合格することです。どのような分野の問題が出題されているか，どのレベルか，出題の数は多めか，といった概要をまず把握し，それを基に学習計画を立ててください。また，近年の出題傾向を把握することによって，入学試験に対する自分なりの感触をつかむこともできます。

過去問に取り組むことで，実際の試験をイメージすることもできます。制限時間内にどの程度までできるか，今の段階でどのくらいの得点を得られるかということも確かめられます。それによって必要な学習量も見えてきますし，過去問に取り組む体験は試験当日の緊張を和らげることにも役立つでしょう。

③ **開始時期**　過去問への取り組みは，全分野の学習に目安のつく時期，つまり，9月以降に始めるのが一般的です。しかし，全体的な傾向をつかみたい場合や，学習進度が早くて，夏前におおよその学習を終えている場合には，7月，8月頃から始めてもかまいません。もちろん，受験間際に模擬テストのつもりでやってみるのもよいでしょう。ただ，どの時期に行うにせよ，取り組むときには，集中的に徹底して取り組むようにしましょう。

④ **活用法**　各年度の入試問題を全問マスターしようと思う必要はありません。できる限り多くの問題にあたって自信をつけることは必要ですが，重要なのは，志望校に合格するためには，どの問題が解けなければいけないのかを知ることです。問題を制限時間内にやってみる。解答で答え合わせをしてみる。間違えたりできなかったりしたところについては，解説をじっくり読んでみる。そうすることによって，本校の入試問題に取り組むことが今の自分にとって適当かどうかが，はっきりします。出題傾向を研究し，合否のポイントとなる重要な部分を見極めて，入学試験に必要な力を効率よく身につけてください。

数学

各都道府県の公立高校の入学試験問題は，中学数学のすべての分野から幅広く出題されます。内容的にも，基本的・典型的なものから思考力・応用力を必要とするものまでバランスよく構成されています。私立・国立高校では，中学数学のすべての分野から出題されることには変わりはありませんが，出題形式，難易度などに差があり，また，年度によっての出題分野の偏りもあります。公立高校を含め，ほとんどの学校で，前半は広い範囲からの基本的な小問群，後半はあるテーマに沿っての数問の小問を集めた大問という形での出題となっています。

まずは，単年度の問題を制限時間内にやってみてください。その後で，解答の答え合わせ，解説での研究に時間をかけて取り組んでください。前半の小問群，後半の大問の一部を合わせて50%以上の正解が得られそうなら多年度のものにも順次挑戦してみるとよいでしょう。

英語

英語の志望校対策としては，まず志望校の出題形式をしっかり把握しておくことが重要です。英語の問題は，大きく分けて，リスニング，発音・アクセント，文法，読解，英作文の5種類に分けられます。リスニング問題の有無(出題されるならば，どのような形式で出題されるか)，発音・アクセント問題の形式，文法問題の形式(語句補充，語句整序，正誤問題など)，英作文の有無(出題されるならば，和文英訳か，条件作文か，自由作文か）など，細かく具体的につかみましょう。読解問題では，物語文，エッセイ，論理的な文章，会話文などのジャンルのほかに，文章の長さも知っておきましょう。また，読解問題でも，文法を問う問題が多いか，内容を問う問題が多く出題されるか，といった傾向をおさえておくことも重要です。志望校で出題される問題の形式に慣れておけば，本番ですんなり問題に対応することができますし，読解問題で出題される文章の内容や量をつかんでおけば，読解問題対策の勉強として，どのような読解問題を多くこなせばよいかの指針になります。

最後に，英語の入試問題では，なんと言っても読解問題でどれだけ得点できるかが最大のポイントとなります。初めて見る長い文章をすらすらと読み解くのはたいへんなことですが，そのような力を身につけるには，リスニングも含めて，総合的に英語に慣れていくことが必要です。「急がば回れ」ということわざの通り，志望校対策を進める一方で，英語という言語の基本的な学習を地道に続けることも忘れないでください。

国語

国語は，出題文の種類，解答形式をまず確認しましょう。論理的な文章と文学的な文章のどちらが中心となっているか，あるいは，どちらも同じ比重で出題されているか，韻文(和歌・短歌・俳句・詩・漢詩)は出題されているか，独立問題として古文の出題はあるか，といった，文章の種類を確認し，学習の方向性を決めましょう。また，解答形式は，記号選択のみか，記述解答はどの程度あるか，記述は書き抜き程度か，要約や説明はあるか，といった点を確認し，記述力重視の傾向にある場合は，文章力に磨きをかけることを意識するとよいでしょう。さらに，知識問題はどの程度出題されているか，語句(ことわざ・慣用句など)，文法，文学史など，特に出題頻度の高い分野はないか，といったことを確認しましょう。出題頻度の高い分野については，集中的に学習することが必要です。読解問題の出題傾向については，脱語補充問題が多い，書き抜きで解答する言い換えの問題が多い，自分の言葉で説明する問題が多い，選択肢がよく練られている，といった傾向を把握したうえで，これらを意識して取り組むと解答力を高めることができます。「漢字」「語句・文法」「文学史」「現代文の読解問題」「古文」「韻文」と，出題ジャンルを分類して取り組むとよいでしょう。毎年出題されているジャンルがあるとわかった場合は，必ず正解できる力をつけられるよう意識して取り組み，得点力を高めましょう。

数学

出題傾向の分析と 合格への対策

●出題傾向と内容

本年度の出題は大問3題，小問にして19題で例年通りであった。

本年度の出題内容は，1が数・式の計算，平方根の計算，連立方程式，反比例，関数の変域，平面図形の面積，確率，2は図形と関数・グラフの融合問題，文字式の利用，一次関数の利用，3は平面図形，空間図形の計量問題となっている。

1は基本的な問題，2は標準的な問題，3はやや難問も含まれる図形の問題となっている。

学習のポイント

教科書の基礎事項の学習に力を入れた後，章末問題は確実にできるようにしておこう。その後，標準問題集で応用力をつけるとよい。

●2024年度の予想と対策

来年度も，出題数，難易度にそれほど大きな変化はなく，基礎的な問題から応用力を試す問題へとバランス良く出題されると思われる。広い分野からの出題になるので，まんべんなく力をつけておく必要がある。

一次関数の利用問題が毎年出題されているので，標準問題集や過去問を利用して慣れておこう。3の応用問題は，平面，空間図形の計量問題が多いので，特に図形に関しては，難問にも挑戦しておくとよい。

教科書や標準レベルの問題集を利用して，基本的な解法が定着するまで演習したあと，本校の過去問に取り組み，出題傾向をつかんでおけば完璧だろう。

▼年度別出題内容分類表 ……

出題内容			2019年	2020年	2021年	2022年	2023年
数と式	数の性質						○
	数・式の計算		○	○	○	○	○
	因数分解		○				
	平方根		○	○	○	○	○
方程式・不等式	一次方程式			○	○	○	○
	二次方程式		○	○	○	○	
	不等式						
	方程式・不等式の応用		○	○	○		
関数	一次関数		○	○	○	○	○
	二乗に比例する関数		○	○	○	○	○
	比例関数				○		○
	関数とグラフ		○	○	○	○	○
	グラフの作成		○	○	○	○	
図形	平面図形	角度	○	○	○	○	○
		合同・相似	○	○	○		○
		三平方の定理					
		円の性質	○	○		○	○
	空間図形	合同・相似				○	
		三平方の定理					
		切断					
	計量	長さ		○	○	○	○
		面積	○	○	○	○	○
		体積	○	○	○	○	
	証明			○	○		
	作図						
	動点						
統計	場合の数						
	確率		○	○	○	○	○
	統計・標本調査		○	○	○	○	
融合問題	図形と関数・グラフ		○	○	○	○	○
	図形と確率						
	関数・グラフと確率						
	その他						
その他					○		

英語

出題傾向の分析と合格への対策

●出題傾向と内容

本年度は，リスニング問題，会話文問題3題，長文読解問題1題の計5題が出題された。

語彙や文法については，いずれも比較的標準的なレベルである。学校での学習を身につけておけば十分に対応できる。特に重要な構文や連語をしっかりと身につけておきたい。

会話文，長文も標準的なものとなっている。語数や設問数もそれほど多くなく，設問の内容は本文の内容に合うよう語句を入れる問題が多いので，流れを正確に把握できているかが問われている。

中学で学習する基本的な文法力と，ある程度の長さの文章を正確に読み取る読解力が求められている。

学習のポイント

リスニングの練習を日々欠かさないことと，基本的な文法・単語の練習を積み重ねておきたい。

●2024年度の予想と対策

来年度も出題傾向，出題数ともに大きな変化はなく，基礎的な英語の学力を確認する問題となると思われる。

本年度はこれまで出題されていた英作文が出題されなかったが，来年度以降また出題されるようになる可能性もあるので対策はしておきたい。自由英作文は何度も書いて練習し，他の人のチェックを受けるようにするとよい。

リスニング問題も日ごろの練習が大切となるのでいろいろな人の声や場面での文章を聞いて耳を慣らしておくとよい。

会話文や長文読解問題は本年度と同等のレベル・分量が出題されると思われるので，似たような会話文や長文で数多く練習しておきたい。

読解問題に文法問題が含まれているので，中学で学習する文法・重要構文も丁寧に学習し使えるようにしておきたい。

▼年度別出題内容分類表 ……

	出題内容	2019年	2020年	2021年	2022年	2023年
話し方・聞き方	単語の発音					
	アクセント					
	くぎり・強勢・抑揚					
	聞き取り・書き取り	○	○	○	○	○
語い	単語・熟語・慣用句					○
	同意語・反意語					
	同音異義語					
読解	英文和訳(記述・選択)					
	内容吟味	○	○	○	○	○
	要旨把握					○
	語句解釈					
	語句補充・選択	○	○	○	○	○
	段落・文整序					
	指示語					
	会話文	○	○	○	○	○
文法・作文	和文英訳					
	語句補充・選択					
	語句整序					○
	正誤問題				○	
	言い換え・書き換え					
	英問英答					
	自由・条件英作文	○	○	○	○	
文法事項	間接疑問文		○			○
	進行形		○			
	助動詞	○			○	○
	付加疑問文					○
	感嘆文					
	不定詞	○	○	○	○	○
	分詞・動名詞	○	○	○		
	比較	○		○		
	受動態				○	○
	現在完了			○	○	○
	前置詞					
	接続詞					
	関係代名詞		○			

理科 出題傾向の分析と合格への対策

●出題傾向と内容

例年，大問6題で小問が20題程度の出題である。物理，化学，生物，地学の各分野から偏らず広く出題される。内容的には基本から標準レベルの問題が多いが，1問の中にいくつかの基本事項が組み合わせて出題されることが多いため，根気よくていねいに解く必要がある。化学分野や物理分野での計算問題で難度の高い問題が出題されることがある。また，実験の手順や，問題文と図，表などの読み取りに時間がかかる問題が毎年出題されている。

試験時間は45分であり，文選択や数値，語句の組合せなどの記号選択式である。1問を解くのに時間がかかるので，効率よく解く工夫をする必要がある。

学習のポイント

標準～発展レベルの問題を数多く解いて，典型的な計算問題の解き方を身につけよう。

●2024年度の予想と対策

今後も，広範囲から偏らず出題されるだろう。

1つ答えるのに多くのことを考える問題もある。ふだんから，読むだけ，覚えるだけの学習ではなく，多くの問題をよく考えながら解くようにに心がけたい。

問題文や図表の意味の読み取りに時間のかかる問題が毎年出題されているので，素早く正確に読み取る練習を普段の学習から心がけよう。また，やさしい問題から解き始め，難度の高い問題を後回しにするなどの工夫を，入試問題演習や模擬テストなどで実践することも大切である。

▼年度別出題内容分類表 ……

	出題内容	2019年	2020年	2021年	2022年	2023年
第一分野	物質とその変化	○		○	○	
	気体の発生とその性質				○	
	光と音の性質		○	○		
	熱と温度					
	力・圧力			○	○	
	化学変化と質量					
	原子と分子			○		
	電流と電圧	○	○		○	○
	電力と熱		○			○
	溶液とその性質		○	○		○
	電気分解とイオン			○		
	酸とアルカリ・中和		○			
	仕事					○
	磁界とその変化				○	
	運動とエネルギー	○				
	その他					
第二分野	植物の種類とその生活					○
	動物の種類とその生活		○	○	○	
	植物の体のしくみ	○	○			
	動物の体のしくみ			○		
	ヒトの体のしくみ				○	
	生殖と遺伝			○		
	生物の類縁関係と進化			○		
	生物どうしのつながり	○				○
	地球と太陽系	○			○	
	天気の変化	○	○	○		○
	地層と岩石			○		○
	大地の動き・地震		○		○	
	その他					

社会

出題傾向の分析と合格への対策

●出題傾向と内容

本年度は，大問が地理・歴史・公民が2題ずつの計6題，小問数は各分野6～7問の計20問程度であった。解答形式はマークシート方式に変更された。

地理は日本地理が公害の発生した都市や環境モデル都市の気候，工業，人口に関する問題，世界地理が図法の特徴や資源，農産物に関する問題で，予備知識がないと解きづらかった。歴史は世界史が1問で，それ以外は日本史で，古代から現代まで幅広く出題された。公民は契約など経済に関する問題と，地方自治に関する問題が出題された。資料の読み取りも2問あったが，時間配分に気をつければ問題なかった。

✔学習のポイント

地理：常に最新のデータを確認しよう。
歴史：各時代の基本事項を把握する。
公民：経済分野も多く解いていこう。

●2024年度の予想と対策

2022年より学校名が変わり，出題傾向や大問数・小問数に変動があるかもしれないが，想定の範囲内と思えればむしろ有利に戦える。

地理は日本地理と世界地理が同じ量ずつ出ると思われる。各地域の地形を押さえ，産業などのデータは最新のものを把握したい。

歴史は世界史より日本史の方が多くなりそう。特定の時代を重点的に学習するより，全時代の基本をまとめておくとよい。

公民は政治・経済・国際が等しく出題されると思われる。教科書の太字レベルを確認しよう。

資料の読み取り問題は後回しにして，最後に時間をかけて確実に正解するようにしよう。

▼年度別出題内容分類表 ……

出題内容			2019年	2020年	2021年	2022年	2023年
地理的分野	（日本）	地形図		○			
		地形・気候・人口		○	○	○	○
		諸地域の特色	○	○	○	○	
		産業	○	○	○	○	○
		交通・貿易	○				
	（世界）	人々の生活と環境	○	○			○
		地形・気候・人口	○		○	○	○
		諸地域の特色	○	○	○	○	
		産業				○	
		交通・貿易					
	地理総合						
歴史的分野	（日本史）	各時代の特色	○	○	○	○	○
		政治・外交史	○	○	○	○	○
		社会・経済史	○	○	○	○	○
		文化史	○				
		日本史総合					
	（世界史）	政治・社会・経済史	○	○	○	○	○
		文化史					
		世界史総合	○	○	○	○	○
	日本史と世界史の関連						
	歴史総合						
公民的分野	家族と社会生活						
	経済生活		○	○		○	○
	日本経済		○	○		○	○
	憲法（日本）				○	○	
	政治のしくみ		○	○	○	○	○
	国際経済						
	国際政治						
	その他		○	○	○	○	○
	公民総合						
各分野総合問題							

国語

出題傾向の分析と合格への対策

●出題傾向と内容

本年度も，現代文の読解問題が2題と古文の読解問題が1題，漢字と語句に関する知識問題が1題の計4題の大問構成であった。

現代文の読解問題では，2題とも論説文が採用されており，接続語や脱語補充，理由を捉える文脈把握を中心に，内容理解や大意を問うものが中心となっている。例年出題されていた要約の記述問題は出題されなかった。

古文の読解問題では，基本的な文法とともに，内容理解や大意が問われている。

知識問題では，漢字の書き取りの他に，間違えやすい慣用表現が出題された。

✔学習のポイント

新聞や新書など論理的な内容の文章に積極的に触れよう。その際には，意味のわからない言葉を調べて語彙を増やしておこう。

●2024年度の予想と対策

論理的内容の現代文の読解問題を中心に，古文の読解問題と，漢字の書き取りと知識に関する独立問題という大問構成が予想される。

論理的文章の読解問題では，接続語や指示語，言い換えに注目して，文脈把握の力を身に付けることが大切だ。さらに，筆者の主張をとらえられるような実力を養っておきたい。ふだんから要約の練習を重ねておくことは筆者の主張を捉えることにつながる。

古文は仮名遣いや文法などの基本的な知識を身につけた後，積極的に古文に触れる機会を増やすことを心がけよう。

知識分野では，漢字の読み書きの他に，文法や慣用句，四字熟語など便覧を利用して知識を着実なものとしよう。

▼年度別出題内容分類表 ……

出題内容			2019年	2020年	2021年	2022年	2023年
内容の分類	読解	主題・表題				○	
		大意・要旨	○	○	○	○	○
		情景・心情		○	○		○
		内容吟味	○	○	○	○	○
		文脈把握	○	○	○	○	○
		段落・文章構成				○	
		指示語の問題		○	○		
		接続語の問題	○	○	○	○	○
		脱文・脱語補充	○	○	○	○	○
	漢字・語句	漢字の読み書き	○	○	○	○	○
		筆順・画数・部首					
		語句の意味	○	○			
		同義語・対義語					
		熟語	○				
		ことわざ・慣用句				○	○
	表現	短文作成					
		作文（自由・課題）					
		その他					
	文法	文と文節	○		○	○	
		品詞・用法					○
		仮名遣い					
		敬語・その他					
	古文の口語訳		○	○			
	表現技法			○	○		
	文学史						
問題文の種類	散文	論説文・説明文	○	○	○	○	○
		記録文・報告文					
		小説・物語・伝記		○			
		随筆・紀行・日記					
	韻文	詩					
		和歌（短歌）					
		俳句・川柳					
	古文		○	○	○	○	○
	漢文・漢詩						

人間環境大学附属岡崎高等学校

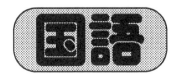

2023年度 合否の鍵はこの問題だ!!

数 学 1(9)，3(1)・(2)

いずれも平面図形の問題であり，思考力を必要とし，時間も要すると思われる。

1(9) 問題の図の斜線部分は下の図1の斜線部分を4つと図3の斜線部分を2つ合わせた形である。図1の斜線部分を4つ合わせると図2のような形になるので，斜線部分の面積は$4\times4\times\pi-\frac{1}{2}\times8\times8=16\pi-32$ (cm^2) 図3を2つ合わせると図4のような形になるので，斜線部分の面積は$8\times8-8\times8\times\pi\times\frac{1}{4}=64-16\pi$ (cm^2) よって，求める面積は$16\pi-32+64-16\pi=32$ (cm^2)

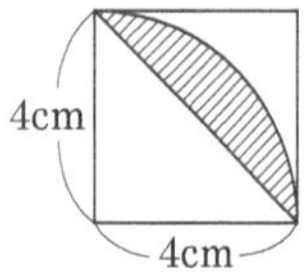

図1

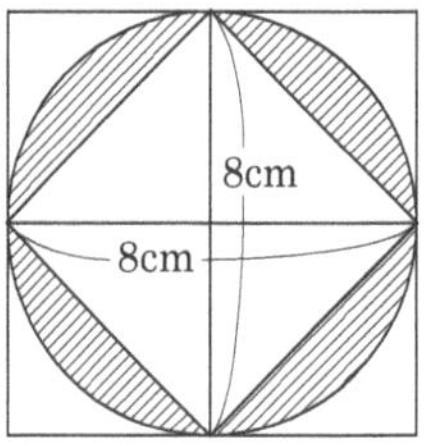

図2

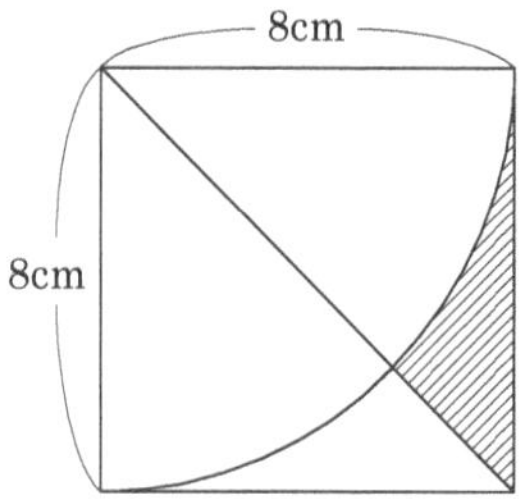

図3

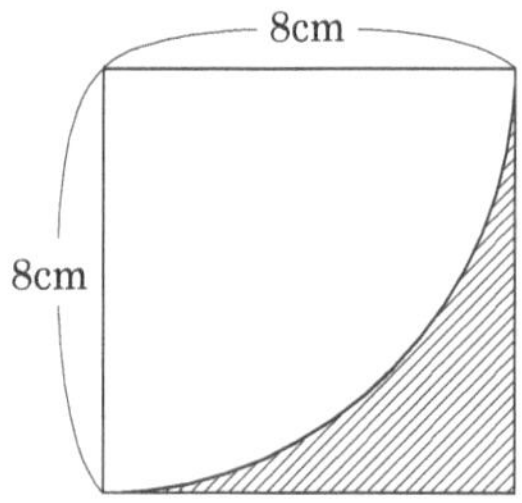

図4

3(1) 線分ACとBDの交点をHとする。四角形AHDFにおいて，$\angle AHD=360^\circ-(77^\circ+70^\circ+75^\circ)=138^\circ$ 対頂角は等しいので，$\angle BHC=\angle AHD=138^\circ$ △HBCにおいて，$\angle HBC+\angle HCB=180^\circ-138^\circ=42^\circ$ 四角形GBCEにおいて，$\angle BGE=360^\circ-(72^\circ+42^\circ+85^\circ+74^\circ)=87^\circ$

(2) △ABDと△AEFにおいて，$\angle ABD=\angle AEF=60^\circ$…① $\angle BAD=\angle BAC-\angle DAF=60^\circ-\angle DAF$，$\angle EAF=\angle EAD-\angle DAF=60^\circ-\angle DAF$より，$\angle BAD=\angle EAF$…② ①，②より，2組の角がそれぞれ等しいので，△ABD∽△AEF また，△AEFと△DCFにおいて，$\angle AEF=\angle DCF=60^\circ$，$\angle AFE=\angle DFC$より，2組の角がそれぞれ等しいので，△AEF∽△DCF よって，△ABD∽△AEF∽△DCF
$AB=BC=CA=10$(cm)，$AD=DE=EA=9$(cm)で，相似な図形の対応する辺の比は等しいので，$AB:AE=AD:AF$ $10:9=9:AF$ $AF=\frac{81}{10}$(cm) また，$CF=AC-AF=10-\frac{81}{10}=\frac{19}{10}$(cm)で，$DC=x$(cm)とすると，$BD=BC-DC=10-x$(cm)なので，$AB:DC=BD:CF$ $10:x=(10-x):\frac{19}{10}$ $x^2-10x+19=0$ 解の公式より，$x=\frac{-(-10)\pm\sqrt{(-10)^2-4\times1\times19}}{2\times1}=5\pm\sqrt{6}$ $BD<DC$より，$x>5$なので，$x=5+\sqrt{6}$ (cm)

英 語 3

リスニング問題を含め, 計5題が出題されたうちの3題が対話文, 会話文となっている。
1の対話文はごく短いものだが, 2, 4の会話文はある程度の長さがある。また3の長文読解問題も, 中に会話文が多数含まれており, その会話のやり取りの内容に関する問に答えるものも出題されている。全体を通して会話の流れを正確に把握する力が求められているので, 会話でよく使われる表現, 会話独特の表現を覚えておく必要がある。
3は長い会話文となっている。会話文では, 話の流れを正確につかむことが最も大切であり, 最後の要旨問題で文の流れを細かいところまで正確に把握できているかが問われている。

会話文では, まずそれぞれの登場人物がどのような立場の人なのかを把握し, その会話がどこでどのような場面で繰り広げられているのかを把握しよう。多くの場合, 場面の説明があらかじめされているが, 本文内, あるいは問いでその説明が付け加えられていることも多いので, 登場人物と場面の設定を確認してから読み進めよう。

誰が何と言い, それに対して何と答えたか, 答えの中に含まれる代名詞が何を指しているのか, その答えを聞きさらにどのように話を展開していくのか, これまでの話の流れから最終的に結論として誰がどう思ったのか, あるいはどのような行動をすることに決まったのか, などを確認しながら読み進めていくようにしよう。そうすることで, 適文補充も正しく選択することができるはずである。

限られた時間で会話の流れ, その内容を正確につかめるかどうかが問われるこの問題で正答にたどり着かるかが合否を分けると推測される。

理 科 4

本年の4は，電流による発熱の問題であった。本編では一つ一つ地道に値を求める解き方を示したので，ここでは，比や逆比を使って手早く求める解き方を示す。

(1)は，オームの法則から，流れる電流が3.0Aとわかるので，発熱量は3.6(V)×3.0(A)×210(秒)＝2268(J)と計算できる。この熱で，100gの水の温度が5.4℃上昇したので，水1gの温度を1℃上げるのに必要な熱量は，2268÷100÷5.4＝4.2(J)となる。

(2)は，(1)と発熱量が同じである。水100gを1℃上げるのに必要な熱量は，100×4.2＝420(J)であり，オリーブ油50gを1℃上げるのに必要な熱量は，50×1.7＝85(J)である。その比は，水：オリーブ油＝420：85で，温度上昇はその逆比である。よって，求める温度は85：420＝5.4：yより，y＝26.6…で，四捨五入により27℃となる。

(3)は，流れる電流が2.0Aである。(1)との電流の比が3：2だから，同じ熱量を発生するまでの時間の比は2：3となる。(1)では210秒かかっているので，2：3＝210：zより，z＝315(秒)と求まる。

(4)は，まず図1の電流が3.0A，図2の電流が1.2Aと求める。これより，電熱線1に流れる電流の比は3.0：1.2＝5：2である。電熱線1の抵抗は同じだから，かかる電圧の比も5：2となる。よって，消費電力の比は，電圧の比と電流の比の積で，(5×5)：(2×2)＝25：4となる。

社　会　2 (4), 6 (2)

2(4)　間接国税(一部は地方にも配分される)の代表である消費税の歴史を押さえよう。

年号	税率	首相	備考
1989年	3%	竹下登	日本で初めて導入，1円硬貨の発行量が増えた
1997年	5%	橋本龍太郎	
2014年	8%	安倍晋三	
2019年	10%		食料品や新聞の定期購読は8%（軽減税率）

6(2)　地方自治で認められている直接請求権は以下のようになる。

内容	署名数	請求先	その後の扱い
条例の制定・改廃	有権者の50分の1以上	首長	首長が議会に付議→議会で議決して結果を公表
監査請求		監査委員	請求事項を監査→結果を公表・報告
首長・議員の解職(リコール)	有権者の3分の1以上	選挙管理委員会	住民投票で過半数の賛成があれば解職・解散
議会の解散			

注)主な公務員の解職請求(リコール)もあるが，その場合は署名を首長に提出し，地方議会での審議が必要となる。

国　語　三

★　合否を分けるポイント

論の展開の仕方と同時に，芸術とはどのようなものかについても問われている。大問三の中心となる問題で，「芸術」に対する筆者の考えを正確に捉えられるかどうかが，合否を分けるポイントとなる。本文全体の構成を把握した上で，それぞれの選択肢を比較するという手順をとろう。

★　こう答えると「合格」できない！

選択肢は長文で，いずれも「言語」や「科学」,「倫理」など本文で提示している話題に言及している。本文と選択肢とを丁寧に照合するのではなく，あらかじめ本文の内容と構成を把握しておかなければ，正答を選び出すのに時間がかかってしまい,「合格」できない。

★　これで「合格」!

本文は『芸術について』からの出題で，最終段落では「芸術」とはどのようなものかを論じている。筆者は，冒頭で「芸術的なものの見方」について話題を提示し，次に実用的な「言語」や「科学」，目的がある「倫理」と比較した後，最終段落で「芸術」が義務や必然から解放された自由の享受であると主張している。この最終段落の内容を「芸術の積極性や自由性」という表現を用いて説明しているエに注目しよう。他の選択肢の「芸術」に関する内容が，本文と合わないことを確認すれば，自信を持って正答のエを選べ,「合格」だ！

MEMO

大切なことはメモしておこうネ！

ダウンロードコンテンツのご利用方法

※弊社 HP 内の各書籍ページより，解答用紙などのデータダウンロードが可能です。

※巻頭「収録内容」ページの下部 QR コードを読み取ると，書籍ページにアクセスが出来ます。（ **Step 4** からスタート）

Step 1 東京学参 HP（https://www.gakusan.co.jp/）にアクセス

Step 2 下へスクロール『フリーワード検索』に書籍名を入力

Step 3 検索結果から購入された書籍の表紙画像をクリックし，書籍ページにアクセス

Step 4 書籍ページ内の表紙画像下にある『ダウンロードページ』を

クリックし，ダウンロードページにアクセス

Step 5 巻頭「収録内容」ページの下部に記載されている

パスワードを入力し，『送信』をクリック

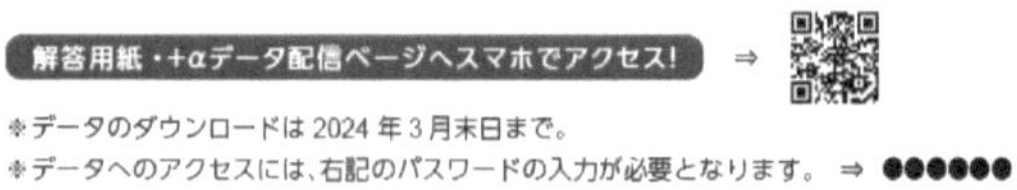

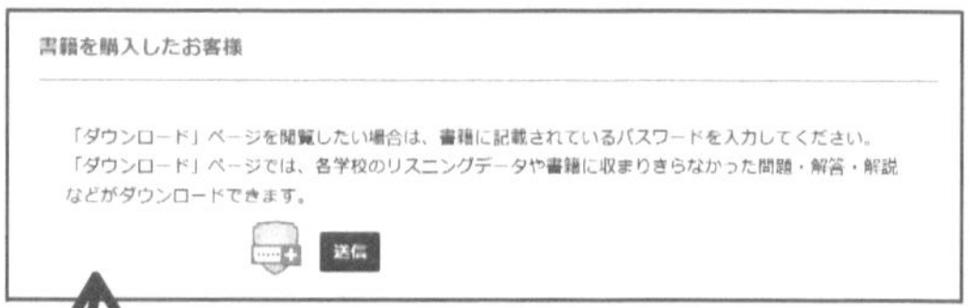

Step 6 使用したいコンテンツをクリック

※ PC ではマウス操作で保存が可能です。

2023年度

★★★★★★★★★★★★★★★★★★★★★★★★

入　試　問　題

2023年度

人間環境大学附属岡崎高等学校入試問題

【数　学】（45分）　＜満点：22点＞

【注意】　数値を答える形式の解答例

◎問題の文中のア，イ，ウ，……の一つ一つには，符号（－），または数字（0～9）のいずれか一つが対応します。それらを解答用紙のア，イ，ウ……で示された解答欄にマークします。

例　$\boxed{\text{アイ}}$ に－1と答える場合

解答欄											
	－	0	1	2	3	4	5	6	7	8	9
ア	●	⓪	①	②	③	④	⑤	⑥	⑦	⑧	⑨
イ	⊖	⓪	●	②	③	④	⑤	⑥	⑦	⑧	⑨

例　$\boxed{\text{ウエ}}$ に12と答える場合

解答欄											
	－	0	1	2	3	4	5	6	7	8	9
ウ	⊖	⓪	●	②	③	④	⑤	⑥	⑦	⑧	⑨
エ	⊖	⓪	①	●	③	④	⑤	⑥	⑦	⑧	⑨

※1けた目のウの欄に「0」が入ることはありません。

◎分数の形で答える場合，分数の符号は分子につけ，分母につけてはいけません。また，それ以上約分できない形で答えます。

例　$\dfrac{\boxed{\text{オカ}}}{\boxed{\text{キ}}}$ に$-\dfrac{3}{4}$と答える場合

解答欄											
	－	0	1	2	3	4	5	6	7	8	9
オ	●	⓪	①	②	③	④	⑤	⑥	⑦	⑧	⑨
カ	⊖	⓪	①	②	●	④	⑤	⑥	⑦	⑧	⑨
キ	⊖	⓪	①	②	③	●	⑤	⑥	⑦	⑧	⑨

◎根号を含む形で解答する場合，根号の中の自然数が最小となる形で答えます。

例えば，$6\sqrt{2}$と答えるところを，$3\sqrt{8}$のように答えてはいけません。

1　次の(1)から(10)までの問いに答えなさい。（解答番号 $\boxed{1}$ ～ $\boxed{10}$ ）

(1)　$-\dfrac{3}{2}+\dfrac{5}{3}-\dfrac{1}{4}$ を計算し，その答えを**ア**から**オ**までの中から選んで，そのかな符号を答えなさい。$\boxed{1}$

ア　$-\dfrac{5}{12}$　　**イ**　$-\dfrac{1}{5}$　　**ウ**　$-\dfrac{1}{12}$　　**エ**　$\dfrac{5}{12}$　　**オ**　$\dfrac{35}{12}$

(2)　$(-2)^2\times(-3)-12\div(-4)$ を計算し，その答えを**ア**から**オ**までの中から選んで，そのかな符号を答えなさい。$\boxed{2}$

ア　-15　　**イ**　-9　　**ウ**　6　　**エ**　9　　**オ**　15

(3) $2a-1-\{6a-(3a-2)-5\}$ を計算し，その答えを**ア**から**オ**までの中から選んで，そのかな符号を答えなさい。[3]

ア $-a-8$　　**イ** $-a-4$　　**ウ** $-a+2$　　**エ** $-a+4$　　**オ** $-a+6$

(4) $(4+\sqrt{3})(4-3\sqrt{3})+\dfrac{9}{\sqrt{3}}$ を計算し，その答えを**ア**から**オ**までの中から選んで，そのかな符号を答えなさい。[4]

ア $-11-5\sqrt{3}$　　**イ** $7-5\sqrt{3}$　　**ウ** $7+\sqrt{3}$　　**エ** $7+11\sqrt{3}$　　**オ** $10-8\sqrt{3}$

(5) x，y についての連立方程式 $\begin{cases} ax-by=1 \\ ax+by=-7 \end{cases}$ の解が，$(x,\ y)=(-3,\ 2)$ であるとき，a，b の値の組を**ア**から**オ**までの中から選んで，そのかな符号を答えなさい。[5]

ア $a=-1$，$b=3$　　**イ** $a=-1$，$b=-2$　　**ウ** $a=-1$，$b=2$

エ $a=1$，$b=-2$　　**オ** $a=1$，$b=2$

(6) 次の**ア**から**オ**までの中から，y が x に反比例するものを全て選んで，そのかな符号を答えなさい。[6]

ア 20kmの道のりを時速 x kmで進むときにかかる時間 y 時間

イ 1辺の長さが x cmである正方形の面積 y cm²

ウ 1個 x 円のチョコレートを10個買ったときの代金 y 円

エ 150ページの本を，x ページ読んだときの残りのページ数 y ページ

オ 5％の食塩水 x gに含まれる食塩の量 y g

(7) m は自然数で，$6<\sqrt{m}\leqq 5\sqrt{2}$ である。このような m の個数を**ア**から**オ**までの中から選んで，そのかな符号を答えなさい。[7]

ア 12個　　**イ** 13個　　**ウ** 14個　　**エ** 15個　　**オ** 16個

(8) 2つの関数 $y=3x^2$ と $y=ax+b$（a，b は定数，$a>0$）は，x の変域が $-2\leqq x\leqq 4$ のとき，y の変域が同じになる。このとき，a，b の値の組を**ア**から**オ**までの中から選んで，そのかな符号を答えなさい。[8]

ア $a=2$，$b=-8$　　**イ** $a=3$，$b=6$　　**ウ** $a=3$，$b=18$

エ $a=6$，$b=24$　　**オ** $a=8$，$b=16$

(9) 図の▨部分の面積を**ア**から**オ**までの中から選んで，そのかな符号を答えなさい。ただし，円周率は π とする。[9]

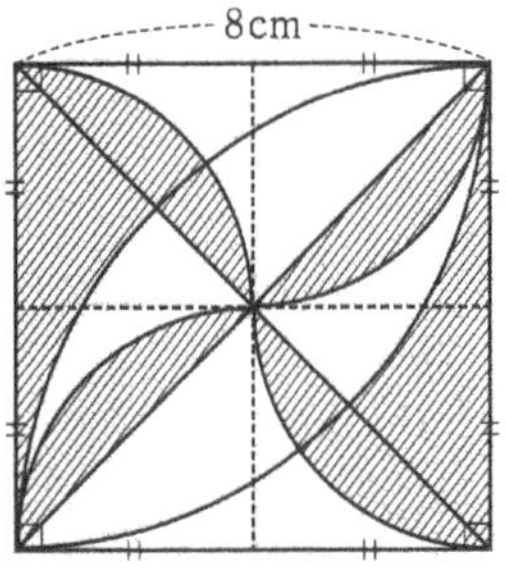

ア $64-16\pi$（cm²）

イ $16\pi-32$（cm²）

ウ 8π cm²

エ 32cm²

オ 16π cm²

(10) 右図のように，数字1を書いたカードが3枚，数字2を書いたカードが2枚，数字3を書いたカードが1枚ある。この6枚のカードをよくきってから，同時に2枚を取り出す。

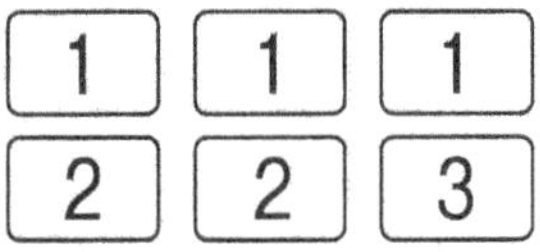

このとき，2枚のカードに書かれた数字の和が3になる確率を次のページの**ア**から**オ**までの中から選んで，そのかな符号を答えなさい。[10]

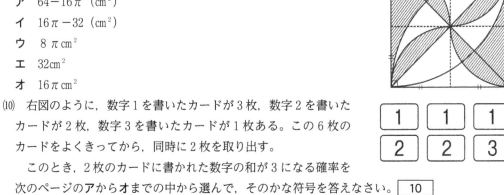

ア $\frac{1}{5}$　**イ** $\frac{2}{5}$　**ウ** $\frac{1}{2}$　**エ** $\frac{3}{5}$　**オ** $\frac{4}{5}$

2　次の(1)から(3)までの問いに答えなさい。(解答番号 [11] ～ [14])

(1)　図で，Oは原点，A，Bは直線 $y = x + 3$ 上の点で，x 座標はそれぞれ－1，3である。また，Pは直線 $y = x + 6$ 上の点である。

△OAPの面積と△OBPの面積が等しくなるとき，点Pの座標を**ア**から**オ**までの中から選んで，そのかな符号を答えなさい。[11]

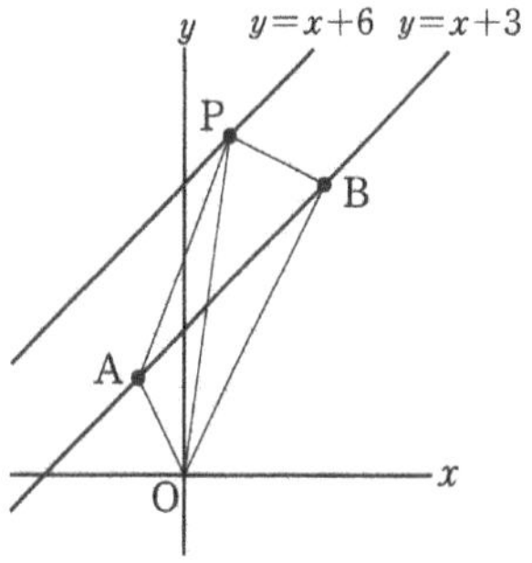

ア　(－1，5)　**イ**　(1，7)　**ウ**　$\left(\frac{3}{2}, \frac{15}{2}\right)$

エ　(2，8)　**オ**　(3，9)

(2)　次の文章は，カレンダーに書かれた数字について述べたものである。

文章中の [A] にあてはまる数を，**ア**から**オ**までの中から選んで，そのかな符号を答えなさい。[12]

図は，2023年の1月のカレンダーである。

[　] のように囲まれた9つの数の和は，必ず [A] の倍数になっている。

日	月	火	水	木	金	土
1	2	3	4	5	6	7
8	9	10	11	12	13	14
15	16	17	18	19	20	21
22	23	24	25	26	27	28
29	30	31				

ア　4　**イ**　6　**ウ**　9　**エ**　12　**オ**　15

(3)　Aさんの家から学校まで行く道の途中に駐輪場がある。

Aさんは家から学校まで行くのに，途中の駐輪場までは自転車で行き，そこから学校まで歩いた。

Aさんが家を出発してから x 分後の家からの道のりを y m とする。右の図は，Aさんが家を出発してから学校に着くまでの x と y の関係をグラフに表したものである。

Aさんの家から学校までの道のりが4400mであるとき，次の [　] にあてはまる数を，**ア**から**オ**までの中から選んで，そのかな符号を答えなさい。

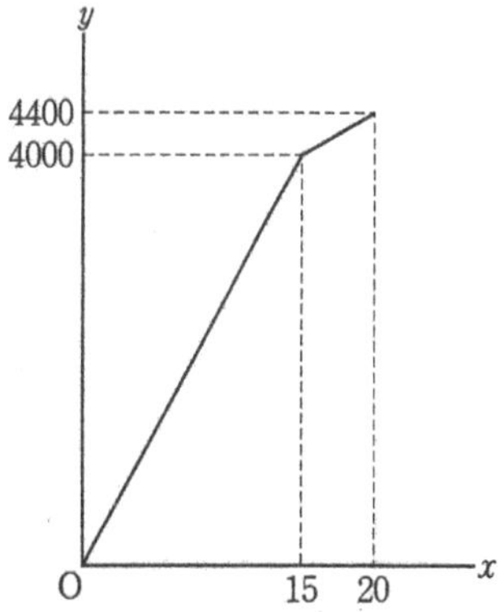

①　自転車の速さは時速 [　] kmである。[13]

ア　15　**イ**　16　**ウ**　18　**エ**　220　**オ**　267

②　駐輪場から学校まで歩いた速さと同じ速さで家から学校まで歩くと，[　] 分かかる。

[14]

ア　50　**イ**　55　**ウ**　200　**エ**　220　**オ**　275

3 次の**ア**から**コ**までにあてはまる数字や符号を答えなさい。

(1) 図で，∠CAF＝77°，∠GBD＝72°，∠ACE＝85°，∠BDF＝70°，∠CEG＝74°，∠DFA＝75°である。

このとき，∠BGE＝ $\boxed{アイ}$ °である。

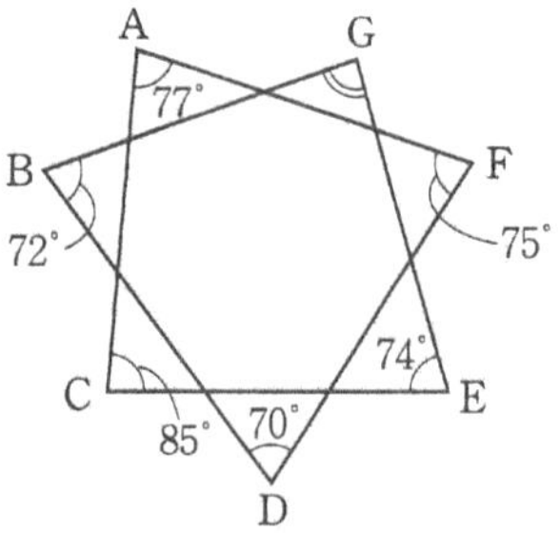

(2) 図で，△ABCと△ADEはともに正三角形である。Dは辺BC上の点で，BD＜DCである。また，Fは辺ACとDEとの交点である。

AB＝10㎝，AD＝9㎝のとき，AF＝$\dfrac{\boxed{ウエ}}{\boxed{オカ}}$㎝，

DC＝$\boxed{キ}+\sqrt{\boxed{ク}}$（㎝）である。

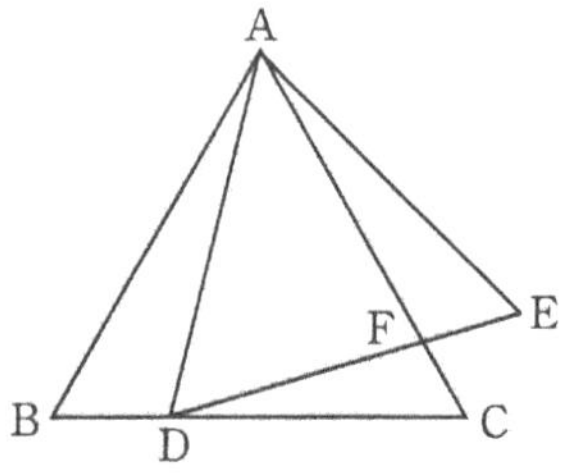

(3) 図Ⅰ，図Ⅱは，それぞれある立体の投影図である。図Ⅰの立体は，立面図がAB＝ACの二等辺三角形で，平面図が円であり，展開図をかいてみると，側面は中心角が90°のおうぎ形になった。図Ⅱの立体は，立面図と平面図が合同な円である。また，図Ⅰの立体と図Ⅱの立体の表面積は等しい。

AB＝8㎝のとき，円Oの半径は $\boxed{ケ}$ ㎝，円Pの半径は $\sqrt{\boxed{コ}}$ ㎝である。ただし，円周率はπとする。

図Ⅰ　　図Ⅱ

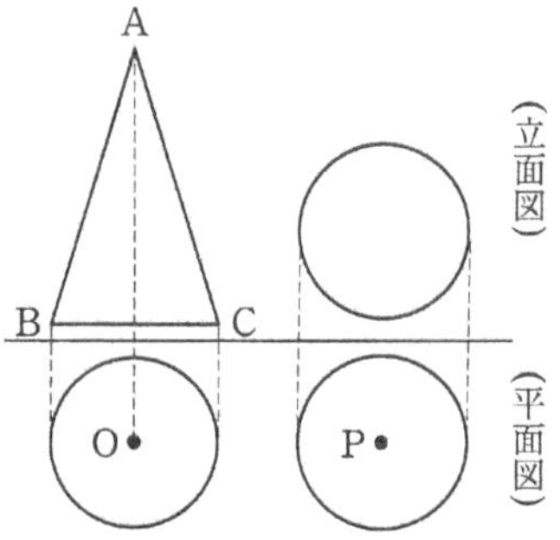

【英　語】（45分）　＜満点：22点＞

聞き取り検査（解答番号は [1] ～ [5]）

指示に従って，聞き取り検査の問題に答えなさい。

「答え方」

問題は第１問と第２問の二つに分かれています。

第１問は，１番から３番までの三つあります。それぞれについて，最初に会話文を聞き，続いて，会話についての問いと，問いに対する答え，ａ，ｂ，ｃ，ｄを聞きます。そのあと，もう一度，その会話文，問い，問いに対する答えを聞きます。必要があればメモをとってもよろしい。

問いの答えとして正しいものは「正《せい》」の文字を，誤っているものは「誤《ご》」の文字を，それぞれ解答欄にマークしなさい。正しいものは，各問いについて一つしかありません。[1] ～ [3]

第２問は，最初に英語の文章を聞きます。続いて，文章についての問いと，問いに対する答え，ａ，ｂ，ｃ，ｄを読みます。問いは問１と問２の二つあります。そのあと，もう一度，文章，問い，問いに対する答えを読みます。必要があればメモをとってもよろしい。

問いの答えとして正しいものは「正《せい》」の文字を，誤っているものは「誤《ご》」の文字を，それぞれ解答欄にマークしなさい。正しいものは，各問いについて一つしかありません。[4] ～ [5]

メモ欄（必要があれば，ここにメモをとってもよろしい。）

※放送台本は非公表です。

筆記検査（解答番号は [1] ～ [16]）

1　次のイラストを見て，あとの問いに答えなさい。

（イラストは厚生労働省 HP より引用）

対話文（A：あなた，B：外国人）

A：[　①　] in order to protect yourself from COVID-19.

B：Yes.　By the way, do I havc to wcar a mask when I go out by bike?

A：No.　[　②　] when you ride a bike.

B：I see.　Thank you.

（注）　in order to ～　～するために
COVID-19　新型コロナウイルス感染症
by the way　ところで
wear a mask　マスクを身につけている

（問い） 感染症予防のため，私たちの生活の中にはマスク着用が求められる場面があります。対話文の ① と ② に入る英文の組み合わせとして最も適当なものを，次のアからコまでの中から選んで，そのかな符号を答えなさい。 1

1 We must take a train
2 You should keep your hands clean
3 We must not keep windows open
4 You shouldn't tell your friends
5 You don't have to wear a mask

ア ①-1 ②-2 **イ** ①-1 ②-4 **ウ** ①-2 ②-3 **エ** ①-2 ②-5
オ ①-3 ②-4 **カ** ①-3 ②-5 **キ** ①-4 ②-1 **ク** ①-4 ②-3
ケ ①-5 ②-1 **コ** ①-5 ②-3

2 ある日本の駅で外国人旅行者 David がマイ（Mai）に話しかけています。二人の会話が成り立つように， ① から ③ までにあてはまる最も適当なものを次のアからエまでの中から選んで，そのかな符号を答えなさい。 2 ～ 4

David : Excuse me, but could you tell me ① to Chubu International Airport?
Mai : You can get on a train here and I think it will be the best to the airport.
David : From here? Wow! I'm lucky! But actually I don't know ② take the train because I'm a foreign traveler. What train should I take?
Mai : Well, after you buy a ticket to the airport, it's better to get on a blue and white train.
David : Why?
Mai : Because it goes there easily and rapidly without changing trains.
David : I see. Well... if I don't take the one?
Mai : Other trains will need a lot of time to get there. Oh, you must remember, don't take a red and white train! It only goes to Nagoya Airport, not to Chubu.
David : Wow! ③ You give me good information to take the train! Thank you so much. Have a nice day!
Mai : No problem. Have a nice trip, too. Bye!

（注） Chubu International Airport 中部国際空港 lucky 幸運な ticket 乗車券

2 ① **ア** the time **イ** the reason **ウ** the way **エ** the people
3 ② **ア** for me **イ** why you **ウ** in order to **エ** how to
4 ③ **ア** That's important! **イ** Not at all!
ウ Run away! **エ** One by one!

3 次の文章を読んで，あとの(1)から(5)までの問いに答えなさい。[5]～[9]

Mao lives in Okazaki with her family. She is fifteen years old. She is a member of the chorus club at school. She has a grandfather who lives in a nursing home in Toyohashi. He is eighty years old. Mao likes him very much because he is very kind to her.

Mao visits her grandfather with her family about twice or three times a month. She tells him about her school life. Her grandfather likes to listen to her stories. There are about twenty elderly people in the nursing home. She always smiles and talks to them, so [①].

One day, Mao said to Ayaka, one of her club members, "My grandfather is in the nursing home. When I visit him, he and the other elderly people there are very glad." Ayaka said, "That's good. I have never been to a nursing home. ② I【 with / to / go / like / would / there 】you."

The next weekend, Mao and Ayaka went to the nursing home. They had a present with them. Everyone in the nursing home looked glad to see them. The elderly people told them some stories about their school days. The stories were very (A) to Mao and Ayaka. After they talked for about an hour, Mao said, "We have a present for you today." Mao and Ayaka sang some songs in front of them. The songs were familiar to them, so some of the elderly people sang with Mao and Ayaka. When the two young girls were leaving the nursing home, one of the elderly people said, "Thank you for your visit today. We had a good time. We hope you will come again." Mao said, "Please tell us about your young days more next time."

On their way home, Ayaka said, "Thank you for taking me to the nursing home. I enjoyed talking and singing with them very much." Mao said, "You're welcome. I had a good time, too." Ayaka said, "My grandmother is seventy years old. She lives alone near my house. She is lonely because she has no friends to talk to." Mao said, "Why don't we visit her next Sunday?" Ayaka said, "Really? That's a good idea! I think she'll be very glad if we visit her."

（注） nursing home　老人ホーム　　stories　story（話）の複数形　　familiar　なじみのある

(1) [①] にあてはまる最も適当な英語を，次のアからエまでの中から選んで，そのかな符号を答えなさい。[5]

ア　she is liked by the elderly people　　イ　the elderly people are liked by her
ウ　she is liked by the club members　　エ　the club members are liked by her

(2) 下線②のついた文が，本文の内容に合うように，【 】内の語を正しい順序に並べかえた場合に，2番目と4番目にくる語の組み合わせとして正しいものを，次のページのアからエまでの中から選んで，そのかな符号を答えなさい。[6]

ア　2番目：go　4番目：with　イ　2番目：to　4番目：with
ウ　2番目：like　4番目：go　エ　2番目：go　4番目：to

(3) 本文中では，マオとアヤカが老人ホームを訪れたとき，どのようなことがあったと書かれているか。最も適当なものを，次のアからエまでの文の中から選んで，そのかな符号を答えなさい。 7

ア Mao and Ayaka didn't sing well but they enjoyed themselves at the nursing home.
イ Mao and Ayaka had a wonderful time because they talked and sang with the elderly people.
ウ Mao and Ayaka felt happy because all the people in the nursing home sang with them.
エ Mao and Ayaka was very glad to see their grandfathers and listen to their stories.

(4) (A) にあてはまる最も適当な語を，次のアからオまでの中から選んで，そのかな符号を答えなさい。 8

ア nervous　イ careful　ウ famous　エ interesting　オ excited

(5) 次のアからカまでの文の中から，その内容が本文に書かれていることと一致するものを二つ選んで，そのかな符号を答えなさい。 9

ア Mao and Ayaka are in the same club at school.
イ Mao wanted to see her grandmother after she visited Ayaka's grandmother.
ウ Mao likes her grandfather because he always sings some songs when she visits him.
エ Mao's grandfather lives near her house, so she often goes to see him with her family.
オ Mao's grandfather is older than Ayaka's grandmother.
カ Mao's grandfather and Ayaka's grandmother have known each other for a long time.

4 咲 (Saki) と，夏休みにオーストラリアに帰省した留学生のケイト (Kate) が会話をしています。次の対話文を読んで，あとの(1)から(4)までの問いに答えなさい。 10 ～ 16

Saki: Hi, Kate. How was your summer vacation?
Kate: It was great. I went to Kangaroo Island in Australia with my family.
Saki: Kangaroo Island? I've never heard the name. Are there many kangaroos there?
Kate:【 a 】 ① But there are many other animals on the island, ( ) as koalas, sea lions, and penguins. We had a great experience and made memories there.
Saki:【 b 】

Kate: We enjoyed watching wild animals, camping, hiking, and so on. Of course the food was delicious. This island is like a natural history museum, also called "Australia's Galapagos."

Saki:【 c 】 Tell me more.

Kate: It's in the south of Australia. It is about twice as large as Tokyo. On the island, wildfires often happen. Wildfires are an important part of the ecosystem. However, a large wildfire happened from 2019 to 2020. It was serious. The fire destroyed almost half of the island. It was the largest fire on the island.

Saki:【 d 】 What causes the wildfires?

Kate: For example, drought, heatwave, and thunderbolt.

Saki:【 e 】

Kate: It is said that the precious animals on the island have decreased. Many of them are in danger of extinction. Also, about 25,000 koalas on the island died in the fire.

Saki: I can't believe it!

Kate: Wildfires are (A) to climate change. Each of us has to be careful about the environment.

Saki: Yeah. ② <u>It's necessary for us to take (　　) now, isn't it?</u>

Kate: You're right. We should take care of our environment and understand that human beings are also a part of the ecosystem. We have to live with other living things.

Saki: I think so, too. It's important for us to think of the earth and our future. We should be kind to our earth. We can change the world.

Kate: Yes, we can.

（注） Kangaroo Island カンガルー島　sea lion アシカ　Galapagos ガラパゴス
wildfire 山火事　cause 引き起こす　drought 干ばつ　heatwave 熱波
thunderbolt 落雷　damage ダメージ

(1) 次のアからオまでの英文を，対話文中の【a】から【e】までのそれぞれにあてはめて対話文として最も適当なものにするには，【b】と【d】にどれを入れたらよいか，そのかな符号を答えなさい。ただし，いずれも一度しか用いることができません。

【b】は 10 ，【d】は 11

ア What did you do there?
イ Is there any other damage?
ウ That's right.
エ I'm interested in the island.
オ I'm sorry to hear that.

(2) 下線①，②のついた文が，対話の文として最も適当なものとなるように，それぞれの（ ）にあてはまる語を，次のアからエまでの中から選んで，そのかな符号を答えなさい。

12 ① ア like イ much ウ same エ such

13 ② ア action イ away ウ back エ off

⑶ （A）にあてはまる最も適当な語を，次のアからエまでの中から選んで，そのかな符号を答えなさい。

14 ア reached イ realized ウ recognized エ related

⑷ 次の英文は，対話があった日の夜，Kate がオーストラリアにいる母に送ったメールです。このメールが対話文の内容に合うように，英文中の（X），（Y）にそれぞれあてはまる最も適当な語を，次のアからエまでの中から選んで，そのかな符号を答えなさい。

Hi, Mom.

Today I talked with my friend, Saki, about our summer vacation on Kangaroo Island. She didn't know the (X) of the island, but she was interested in it. So, I told her about the wildfire on the island from 2019 to 2020. She was so sad to hear that the precious animals have decreased. Moreover, we also talked about the relationship between wildfires and climate change. It's necessary for us all to take care of the earth for our future. Now, I'm thinking (Y) we can do for the earth. Write you soon.

Bye for now,

Kate

15 X ア country イ name ウ look エ weather

16 Y ア when イ where ウ what エ how

【理　科】（45分）　＜満点：22点＞

1　次の(1)，(2)の問いに答えなさい。

(1)　道具を用いて物体を引き上げる仕事について調べるため，次の〔実験１〕と〔実験２〕を行った。

〔実験１〕　**図１**のように，質量８kgの物体を質量の無視できる動滑車につるし，定滑車を通してロープに下向きに力 F_1〔N〕を加えて，物体を３m引き上げた。このとき，加えた力 F_1 のした仕事は W_1〔J〕であった。

〔実験２〕　**図２**のような斜面を用い，質量８kgの物体を斜面の下端から斜面にそって上向きの力 F_2〔N〕を加えて，斜面にそって５m（高さ３m）引き上げた。このとき，加えた力 F_2 のした仕事は W_2〔J〕であった。

図１

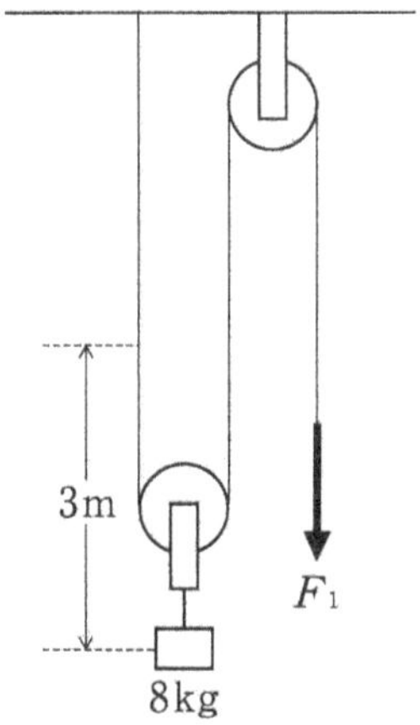

図２

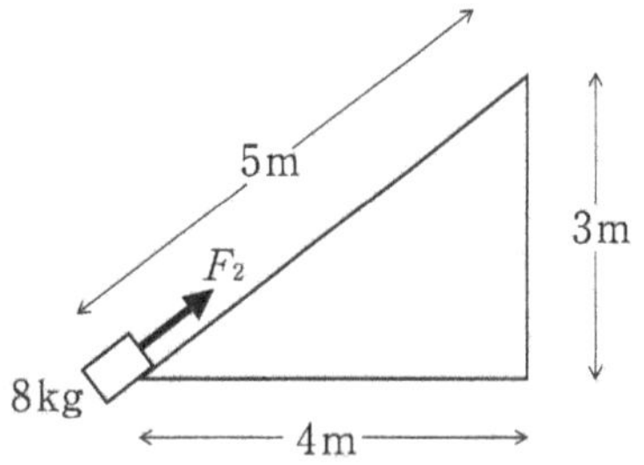

次の文章は，〔実験１〕と〔実験２〕の結果からわかることについて説明したものである。文章中の（①）から（③）までのそれぞれにあてはまる数値の組み合わせとして最も適当なものを，あとの**ア**から**ク**までの中から選んで，そのかな符号を答えなさい。

ただし，100ｇの物体にはたらく重力の大きさを１Nとし，滑車やロープの摩擦や重さ，斜面の摩擦は考えないものとする。［１］

> 〔実験１〕で加えた力 F_1 の大きさは（　①　）Nであり，加えた力 F_1 のした仕事 W_1 は（　②　）Jである。仕事の原理より，W_1 と〔実験２〕で加えた力 F_2 のした仕事 W_2 は等しいので，加えた F_2 は（　③　）Nであることがわかる。

ア　①　40，　②　120，　③　48
イ　①　40，　②　120，　③　64
ウ　①　40，　②　240，　③　48
エ　①　40，　②　240，　③　64
オ　①　80，　②　120，　③　48
カ　①　80，　②　120，　③　64
キ　①　80，　②　240，　③　48
ク　①　80，　②　240，　③　64

(2) 水溶液中の物質を区別するため，〔実験１〕と〔実験２〕を行った。**図**のビーカーA，B，Cには，アンモニア水，塩酸，塩化ナトリウム水溶液のいずれかの水溶液が入っている。

図

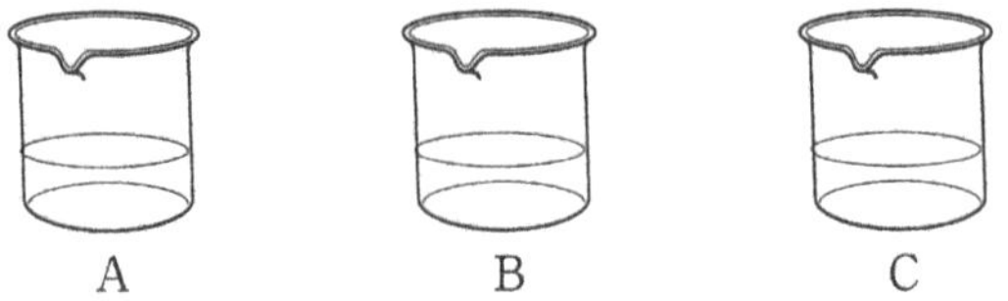

〔実験１〕 ビーカーA，B，Cの水溶液の一部をそれぞれ別の試験管にとり，フェノールフタレイン溶液を加え，色の変化を観察した。

〔実験２〕 ビーカーA，B，Cの水溶液の一部をそれぞれ別の試験管にとり，マグネシウムを入れ，ようすを観察した。

表は，〔実験１〕，〔実験２〕の結果をまとめたものである。

表

ビーカー	〔実験１〕	〔実験２〕
A	無色になった	変化はなかった
B	赤色になった	変化はなかった
C	無色になった	泡が出た

ビーカーA，B，Cの水溶液の組み合わせとして最も適当なものを，次の**ア**から**カ**までの中から選んで，そのかな符号を答えなさい。 [2]

ア A アンモニア水， B 塩酸， C 塩化ナトリウム水溶液
イ A アンモニア水， B 塩化ナトリウム水溶液， C 塩酸
ウ A 塩酸， B アンモニア水， C 塩化ナトリウム水溶液
エ A 塩酸， B 塩化ナトリウム水溶液， C アンモニア水
オ A 塩化ナトリウム水溶液， B アンモニア水， C 塩酸
カ A 塩化ナトリウム水溶液， B 塩酸， C アンモニア水

2 **図１**は校内（校庭と校内の畑）で観察した植物について，からだの特徴によってAからDのグループにまとめたものである。

図１

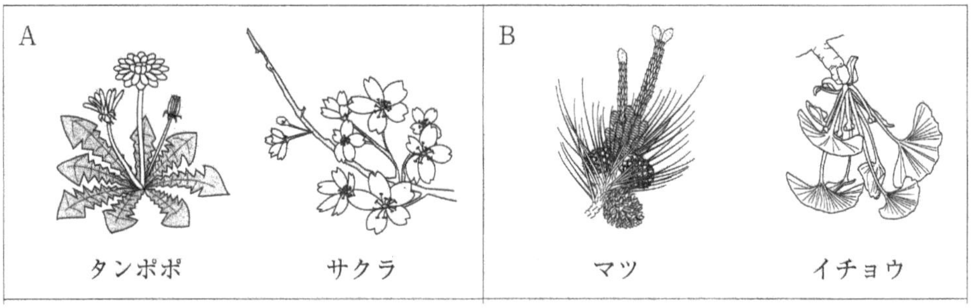

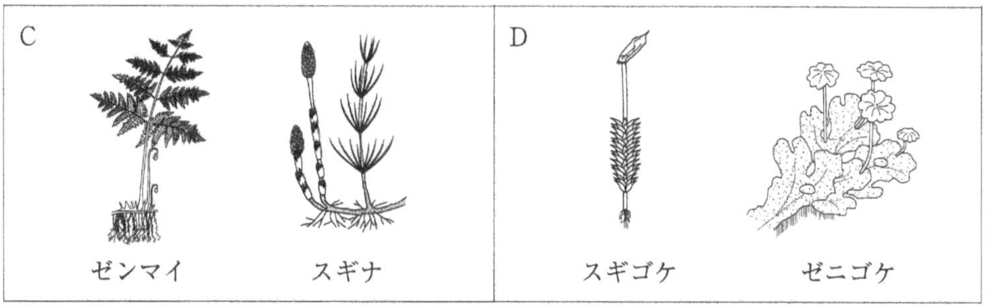

次の(1)から(5)までの問いに答えなさい。

(1) からだの特徴とグループの組み合わせとして最も適当なものを，次の**ア**から**ク**までの中から選んで，そのかな符号を答えなさい。 3

	からだの特徴			
	胚珠が子房に包まれている	種子で増えるが，子房はない	維管束がある	胞子で増える
ア	A，B	該当なし	A，B，C	C，D
イ	A，B	該当なし	A，B	C，D
ウ	A	該当なし	A，B，C	B，C，D
エ	A	該当なし	A，B	B，C，D
オ	A	B	A，B，C	C，D
カ	A	B	A，B	C，D
キ	B	A	A，B，C	C，D
ク	B	A	A，B	C，D

(2) Aのグループに分類される植物はタンポポとサクラ以外にツユクサとススキが見つかり，芽生えを観察すると単子葉類と双子葉類に分けることができた。あとの**図2**は，単子葉類と双子葉類の葉，茎の断面，根のようすをスケッチしたものである。

単子葉類の葉，茎の断面，根の特徴の組み合わせとして最も適当なものを，あとの**ア**から**ク**までの中から選んで，そのかな符号を答えなさい。 4

図2

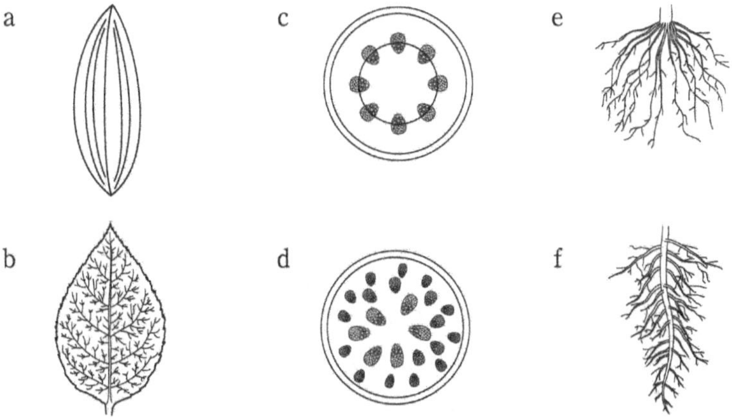

ア　b，c，e　**イ**　b，c，f　**ウ**　b，d，e　**エ**　b，d，f
オ　a，c，e　**カ**　a，c，f　**キ**　a，d，e　**ク**　a，d，f

(3)　Aのグループの植物で，単子葉類に分類される植物の組み合わせとして最も適当なものを，次の**ア**から**カ**までの中から選んで，そのかな符号を答えなさい。 5

ア　ススキ，タンポポ　**イ**　サクラ，ツユクサ　**ウ**　タンポポ，ツユクサ
エ　サクラ，ススキ　**オ**　タンポポ，サクラ　**カ**　ススキ，ツユクサ

(4)　校内で観察した植物について分類し，次の**表**を作成した。**表**中のaからdまでのそれぞれにあてはまるグループ名の組み合わせとして最も適当なものを，下の**ア**から**オ**までの中から選んで，そのかな符号を答えなさい。 6

表

<table>
<tr><td rowspan="4">校内の植物</td><td rowspan="3">a</td><td rowspan="2">b</td><td>双子葉類</td></tr>
<tr><td>単子葉類</td></tr>
<tr><td colspan="2">c</td></tr>
<tr><td colspan="3">d</td></tr>
</table>

ア　a 裸子植物，　b　種子植物，　c　被子植物，　d　コケ，シダ植物
イ　a 被子植物，　b　種子植物，　c　裸子植物，　d　コケ，シダ植物
ウ　a 被子植物，　b　種子植物，　c　コケ，シダ植物，　d　裸子植物
エ　a 種子植物，　b　被子植物，　c　裸子植物，　d　コケ，シダ植物
オ　a 種子植物，　b　被子植物，　c　コケ，シダ植物，　d　裸子植物

(5)　校内の植物を観察したようすについて説明した文として最も適当なものを，次の**ア**から**オ**までの中から選んで，そのかな符号を答えなさい。 7

ア　スギゴケは根，茎，葉の区別ができる。
イ　サクラ，タンポポの花弁は互いに離れている。
ウ　スギゴケの胞子の大きさは一般的な種子より小さい。
エ　タンポポの胚珠はやがて果実となる。
オ　まつかさはマツの雄花が成長したものである。

3　砂糖，デンプン，硝酸カリウム，ミョウバン，食塩の水溶液の性質や濃度について調べるため，次の〔観察〕と〔実験１〕と〔実験２〕を行った。

〔観察〕　①　水を入れたビーカーを２つ用意し，砂糖とデンプンをそれぞれ加えて，ガラス棒でよくかき混ぜた。
②　しばらく静置した後，ビーカー内のようすをそれぞれ観察した。

〔実験１〕　①　60℃の水150ｇを入れたビーカーを３つ用意し，硝酸カリウム，ミョウバン，食塩をそれぞれ加えて，飽和水溶液をつくった。
②　全てのビーカーについて水溶液の温度が30℃になるまで冷却し，出てきた結晶の質量を測定した。

〔実験２〕　①　３つのビーカーA，B，Cを用意し，ビーカーAには水90ｇを入れ，食塩10ｇを溶かした。ビーカーBには水100ｇを入れ，食塩25ｇを溶かした。ビーカーCには水255ｇを入れ，食塩45ｇを溶かした。その後，それぞれのビーカーについて，濃度

を求めた。

② ビーカーDを用意し，質量パーセント濃度65％の砂糖水400 g を入れた。さらに水1600 g を加え，濃度を求めた。

図は，硝酸カリウム，ミョウバン，食塩の溶解度曲線である。

図

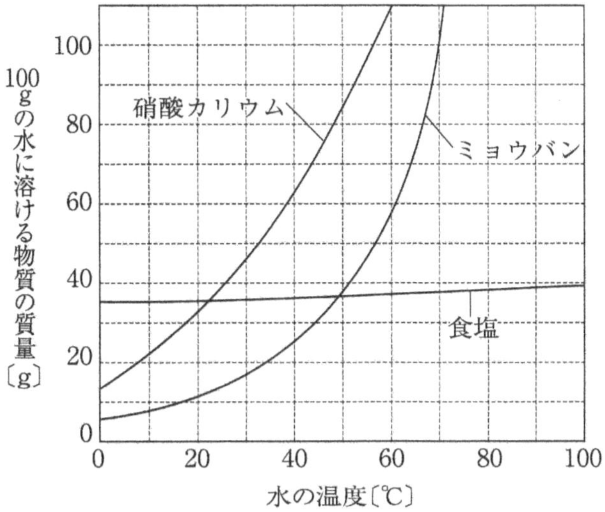

次の(1)から(4)までの問いに答えなさい。

(1) 次の**図**のⅠからⅣは，ビーカー内の砂糖やデンプンのようすを表したものである。〔観察〕の②で，物質と**図**の組み合わせとして最も適当なものを，下の**ア**から**カ**までの中から選んで，そのかな符号を答えなさい。［8］

図

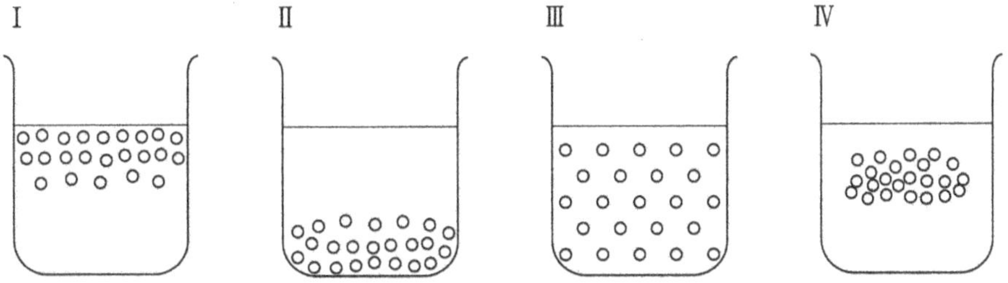

ア 砂糖Ⅰ，デンプンⅡ　**イ** 砂糖Ⅱ，デンプンⅢ　**ウ** 砂糖Ⅲ，デンプンⅣ

エ 砂糖Ⅳ，デンプンⅠ　**オ** 砂糖Ⅰ，デンプンⅣ　**カ** 砂糖Ⅲ，デンプンⅡ

(2) 〔実験１〕の②で，出てきた結晶の質量が最も大きかったのは，硝酸カリウム，ミョウバン，食塩のうちのどれか。また，その質量は何 g か。これらの組み合わせとして最も適当なものを，次の**ア**から**カ**までの中から選んで，そのかな符号を答えなさい。［9］

ア 硝酸カリウム，64 g　**イ** ミョウバン，41 g　**ウ** 食塩，1 g

エ 硝酸カリウム，96 g　**オ** ミョウバン，62 g　**カ** 食塩，10 g

(3) 〔実験２〕の①で，濃度が最も高いのは，ビーカーA，B，Cに入った水溶液のうちどれか。また，その質量パーセント濃度は何％か。これらの組み合わせとして最も適当なものを，次のページの**ア**から**カ**までの中から選んで，そのかな符号を答えなさい。［10］

ア　A，11%　**イ**　B，25%　**ウ**　C，18%
エ　A，10%　**オ**　B，20%　**カ**　C，15%

(4)〔実験２〕の②で，ビーカーDに入った水溶液の質量パーセント濃度として最も適当なものを，次の**ア**から**カ**までの中から選んで，そのかな符号を答えなさい。［ 11 ］

ア　5％　**イ**　13%　**ウ**　25%　**エ**　33%　**オ**　45%　**カ**　53%

4　電熱線に電流を流すと発熱する。この熱量と電熱線の消費電力について調べるため，次の〔実験1〕から〔実験3〕までを行った。

〔実験1〕　**図1**のように，抵抗値1.2Ωの電熱線1を100gの水が入ったビーカーに入れ，電熱線1に3.6Vの電圧を3分30秒間加えたところ，ビーカーの水の温度が5.4℃ 上昇した。次に，**図2**のように，100gの水を，50gのオリーブ油に変えて，電熱線1をオリーブ油が入ったビーカーに入れ，3.6Vの電圧を3分30秒間加えた。

図1

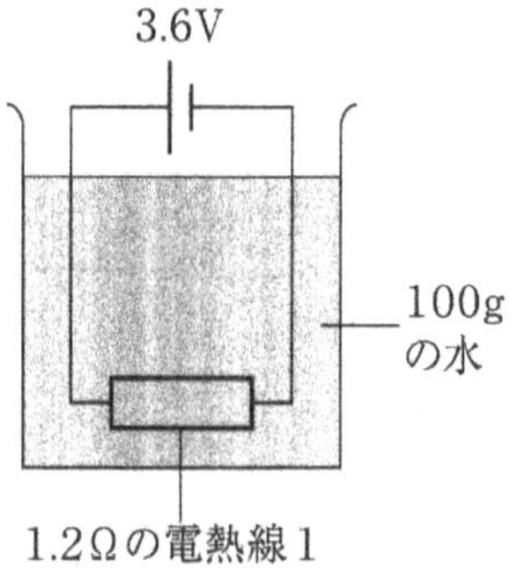

図2

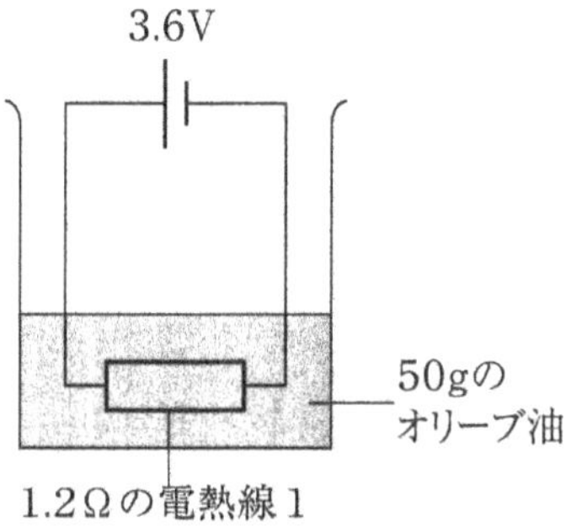

〔実験2〕　**図3**のように，抵抗値1.2Ωの電熱線1を抵抗値1.8Ωの電熱線2に取り替えて100gの水が入ったビーカーに入れ，電熱線2に3.6Vの電圧を加え，ビーカーの水の温度が5.4℃ 上昇するまでの時間を測定した。

図3

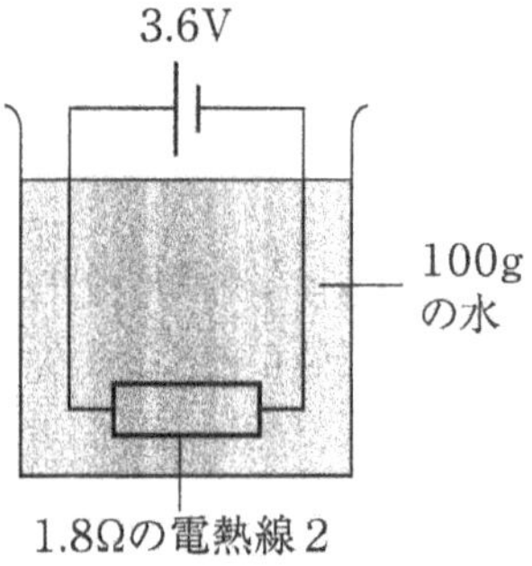

〔実験3〕　**図4**のように，電熱線1と電熱線2を並列に接続したものに，3.6Vの電圧を加えて，電流計㋐により電熱線1を流れる電流を測定した。また，**図5**のように，電熱線1と電熱線2を直列に接続したものに，3.6Vの電圧を加えて，電流計㋑により電熱線1を流れる電流を測定した。

図4

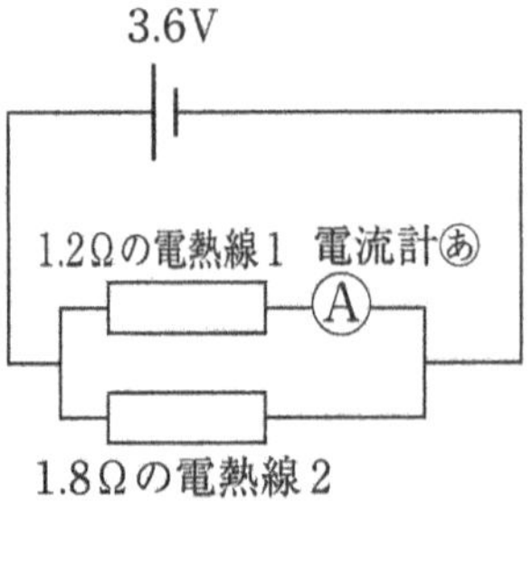

図5

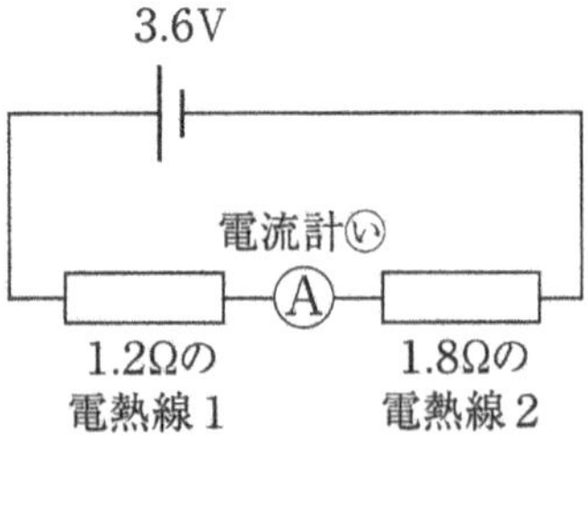

次の(1)から(4)までの問いに答えなさい。

ただし，電熱線以外の抵抗は無視することができ，電熱線から発生した熱量はすべて水やオリーブ油の温度を上げるのに使われるものとする。

(1) ［実験１］の結果より，水１ｇの温度を１℃上げるのに必要な熱量は何Ｊか。最も適当なものを，次の**ア**から**エ**までの中から選んで，そのかな符号を答えなさい。 12

ア 1.2 J　　**イ** 2.7 J　　**ウ** 4.2 J　　**エ** 6.6 J

(2) ［実験１］の**図２**で，50 gのオリーブ油に3.6 Vの電圧を３分30秒間加えると，オリーブ油の温度は何℃上昇するか。最も適当なものを，次の**ア**から**エ**までの中から選んで，そのかな符号を答えなさい。

ただし，オリーブ油１ｇの温度を１℃上げるのに必要な熱量は1.7 Jである。 13

ア 5.4℃　　**イ** 7.4℃　　**ウ** 13℃　　**エ** 27℃

(3) ［実験２］において，水の温度が5.4℃上昇するまでの時間として最も適当なものを，次の**ア**から**エ**までの中から選んで，そのかな符号を答えなさい。 14

ア １分45秒　　**イ** ２分20秒　　**ウ** ３分30秒　　**エ** ５分15秒

(4) ［実験３］において，**図４**の電流計(あ)の値をI_4，**図５**の電流計(い)の値をI_5，**図４**の電熱線１の消費電力をP_4〔W〕，**図５**の電熱線１の消費電力をP_5〔W〕とする。このとき，I_4：I_5，P_4：P_5はそれぞれいくらか。その組み合わせとして最も適当なものを，次の**ア**から**ク**までの中から選んで，そのかな符号を答えなさい。 15

ア I_4：I_5＝２：５，　P_4：P_5＝２：５
イ I_4：I_5＝２：５，　P_4：P_5＝５：２
ウ I_4：I_5＝５：２，　P_4：P_5＝２：５
エ I_4：I_5＝５：２，　P_4：P_5＝５：２
オ I_4：I_5＝２：５，　P_4：P_5＝４：25
カ I_4：I_5＝２：５，　P_4：P_5＝25：４
キ I_4：I_5＝５：２，　P_4：P_5＝４：25
ク I_4：I_5＝５：２，　P_4：P_5＝25：４

5　ＡさんとＢさんは，天気図について調べた。次の【会話文】は，そのときの２人の会話である。

【会話文】

Ａ：この**図１**は，ある日の天気図だよ。この天気図を見てみると，  のような記号が日本の南あたりにあるね。これはいったい何だろう。

Ｂ：これは，（　Ⅰ　）前線を表している天気記号だね。この前線があるということは，しばらく雨が続くことを表しているよ。

Ａ：どうして，この前線はできるのだろう。

Ｂ：この前線は，南北にある２つの気団によって発生するよ。北には，（　Ⅱ　）気団が，南には，（　Ⅲ　）気団があって，これらがぶつかり合うことによってできるんだ。また，数日後のようすをみてみると，違った光景が見られるんだ。それが**図２**になるね。

Ａ：**図１**にあった前線が日本列島から外れて，ａ南のほうにあった高気圧が北上して，日本列島をおおっているよ。
B：そうだね。この状態になると，b晴れの日が多く・蒸し暑い日が続くんだ。
A：なるほど。天気図からわかることがたくさんあっておもしろいね。もっと調べてみたいな。

図1

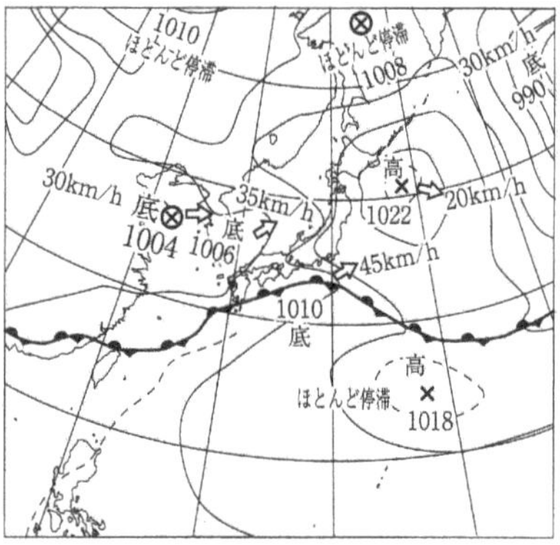

図2

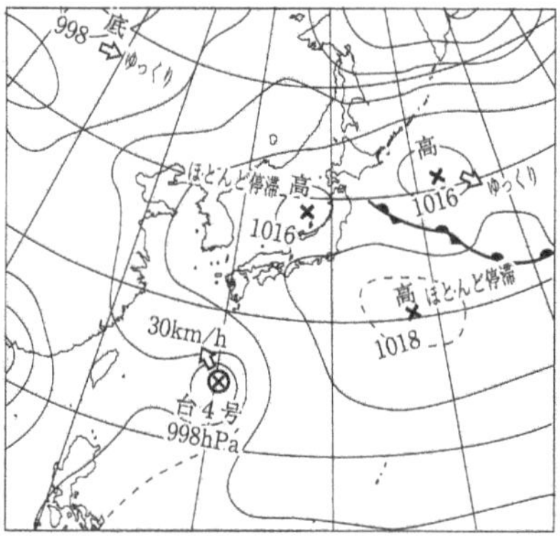

（気象庁ウェブページをもとに作成。日付・時刻は削除。）

次の(1)から(4)までの問いに答えなさい。

(1) 【会話文】の（Ⅰ）から（Ⅲ）までのそれぞれにあてはまる語の組み合わせとして最も適当なものを，次の**ア**から**ク**までの中から選んで，そのかな符号を答えなさい。 16

ア	Ⅰ 閉塞，	Ⅱ オホーツク，	Ⅲ 小笠原
イ	Ⅰ 閉塞，	Ⅱ シベリア，	Ⅲ 揚子江
ウ	Ⅰ 閉塞，	Ⅱ オホーツク，	Ⅲ 揚子江
エ	Ⅰ 閉塞，	Ⅱ シベリア，	Ⅲ 小笠原
オ	Ⅰ 停滞，	Ⅱ オホーツク，	Ⅲ 小笠原
カ	Ⅰ 停滞，	Ⅱ シベリア，	Ⅲ 揚子江
キ	Ⅰ 停滞，	Ⅱ オホーツク，	Ⅲ 揚子江
ク	Ⅰ 停滞，	Ⅱ シベリア，	Ⅲ 小笠原

(2) 下線部aについて，高気圧を模式的に示した図として最も適当なものを，次の**ア**から**エ**までの中から選んで，そのかな符号を答えなさい。

ただし，円の線は等圧線を，矢印は風向きを示している。 17

ア

イ

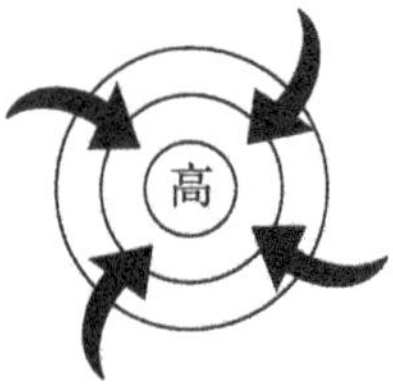

ウ

エ

(3) 下線部bのような夏の晴れた日について説明した文として最も適当なものを，次のページの**ア**から**ク**までの中から全て選んで，そのかな符号を答えなさい。 18

ア　夏が蒸し暑くなる理由として，南東から吹く偏西風が関与している。
イ　夏が蒸し暑くなる理由として，南東から吹く季節風が関与している。
ウ　夏が蒸し暑くなる理由として，南西から吹く偏西風が関与している。
エ　夏が蒸し暑くなる理由として，南西から吹く季節風が関与している。
オ　昼の海辺では，陸上の気圧が海上の気圧より高くなるため，陸から海に向かう風が吹く。
カ　昼の海辺では，陸上の気圧が海上の気圧より低くなるため，陸から海に向かう風が吹く。
キ　昼の海辺では，陸上の気圧が海上の気圧より高くなるため，海から陸に向かう風が吹く。
ク　昼の海辺では，陸上の気圧が海上の気圧より低くなるため，海から陸に向かう風が吹く。

(4)　次の文章は，日本海側で大雪が降る理由について説明したものである。文章中の（ i ）から（iii）までのそれぞれにあてはまる語の組み合わせとして最も適当なものを，下の**ア**から**ク**までの中から選んで，そのかな符号を答えなさい。［19］

> 冬になると（　i　）の気圧配置となり，大陸から（　ii　）が吹く。すると，日本海で，水蒸気を吸収して雲ができる。それが，日本列島の山脈にぶつかって上昇すると，（　iii　）して温度が下がるので，さらに雲が発達して雪が降る。

ア　i　西高東低，　ii　季節風，　iii　膨張
イ　i　西高東低，　ii　偏西風，　iii　膨張
ウ　i　南高北低，　ii　季節風，　iii　膨張
エ　i　南高北低，　ii　偏西風，　iii　膨張
オ　i　西高東低，　ii　季節風，　iii　収縮
カ　i　西高東低，　ii　偏西風，　iii　収縮
キ　i　南高北低，　ii　季節風，　iii　収縮
ク　i　南高北低，　ii　偏西風，　iii　収縮

6　次の(1)，(2)の問いに答えなさい。

(1)　次の**図**は，生態系における炭素の循環を表したものである。図中の**A**から**D**までのそれぞれにあてはまる生物の例の組み合わせとして最も適当なものを，次のページの**ア**から**ク**までの中から選んで，そのかな符号を答えなさい。［20］

図

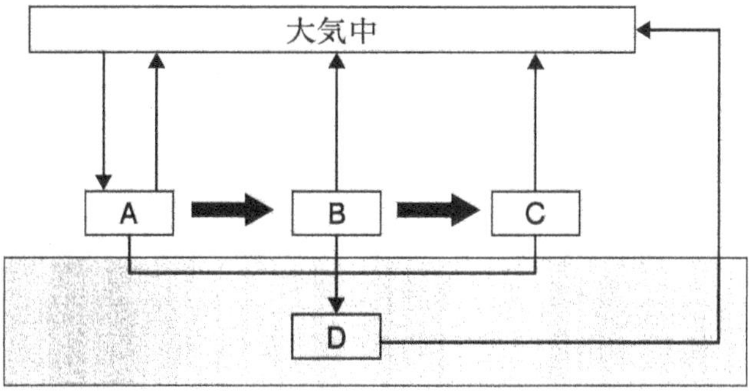

	A	B	C	D
ア	タカ	細菌	イネ	スズメ
イ	タカ	イネ	スズメ	細菌
ウ	タカ	スズメ	細菌	イネ
エ	細菌	スズメ	イネ	タカ
オ	細菌	イネ	タカ	スズメ
カ	イネ	細菌	スズメ	タカ
キ	イネ	スズメ	タカ	細菌
ク	イネ	タカ	細菌	スズメ

(2) 次の文章は，中学生が作成したある火成岩についてのレポートである。文章中の空欄にあてはまる岩石名を，下の**ア**から**カ**までの中から選んで，そのかな符号を答えなさい。 21

マグマが冷えて固まった岩石を火成岩という。火成岩は 2 種類あり，地表近くで急速に冷えて固まった岩石を火山岩といい，地下でゆっくりと冷えて固まった岩石を深成岩という。

この火成岩は石英や長石などの 2 種類の無色鉱物を多く含み，斑晶や石基からなる斑状組織が観察できた。また，無色鉱物が多いことから，この火成岩のもととなるマグマはねばりけが強いことがわかる。マグマのねばりけが強い火山は，溶岩が流れにくく，火口付近でもりあがるため，雲仙普賢岳のようにおわんをふせたような形になる。

以上のことから，この火成岩は（　　　）だと判明した。

ア　花崗岩　　**イ**　流紋岩　　**ウ**　閃緑岩　　**エ**　安山岩　　**オ**　斑れい岩　　**カ**　玄武岩

【社　会】（45分）　＜満点：22点＞

1　次のⅠ，Ⅱ，Ⅲの写真は，日本にある世界遺産を示したものである。あとの(1)から(3)までの問いに答えなさい。

Ⅰ　厳島神社

Ⅱ　原城跡

Ⅲ　八幡製鉄所

(1)　次の文章は，生徒がⅠについて調べる際に作成したメモである。文章中の（①），（②），（③）にあてはまることばの組み合わせとして最も適当なものを，下の**ア**から**ク**までの中から選んで，そのかな符号を答えなさい。[1]

> 厳島神社は，12世紀に瀬戸内海を支配した平氏からあつく信仰されました。平氏の棟梁である平清盛《たいらのきよもり》は，（　①　）上皇の院政を助け，1167年には，武士として初めて（　②　）になりました。また，清盛は兵庫の港を整備して（　③　）貿易で利益を得ました。

ア　①　後白河《ごしらかわ》　②　太政大臣　③　日宋　　**イ**　①　後白河　②　征夷大将軍　③　日明
ウ　①　後鳥羽《ごとば》　②　太政大臣　③　日宋　　**エ**　①　後鳥羽　②　征夷大将軍　③　日明
オ　①　後白河　②　太政大臣　③　日明　　**カ**　①　後白河　②　征夷大将軍　③　日宋
キ　①　後鳥羽　②　太政大臣　③　日明　　**ク**　①　後鳥羽　②　征夷大将軍　③　日宋

(2)　Ⅱの写真は，島原・天草一揆で一揆軍が立てこもった城の跡である。江戸幕府がこの一揆を鎮圧した後の世界のできごとについて述べた文として最も適当なものを，次の**ア**から**エ**までの中から選んで，そのかな符号を答えなさい。[2]

ア　モンゴル高原では，遊牧民の勢力を統一したチンギス・ハンがモンゴル帝国を建国した。
イ　清の実力者であった袁世凱《えんせいがい》（ユアンシーカイ）は，皇帝を退位させ，清を滅ぼした。
ウ　イエズス会の宣教師であるザビエルが，キリスト教を伝えるために日本に来航した。
エ　ドイツのグーテンベルクが活版印刷術を発明し，宗教改革に大きな影響をあたえた。

(3)　次の文章は，Ⅲの写真について生徒が説明したものである。文章中の（④）にあてはまることばとして最も適当なものを，下の**ア**から**オ**までの中から選んで，そのかな符号を答えなさい。
[3]

> 八幡製鉄所は，日清戦争の講和条約で獲得した賠償金を基に建設されました。1894年に起こった日清戦争は，日本が優勢に戦いを進め，翌年には，日本と清との間で講和会議が開かれ，（　④　）条約が結ばれました。この八幡製鉄所は，後に国内の鉄の大半をまかなうようになり，日本の重化学工業発展の基礎になりました。

ア　サンフランシスコ　　**イ**　ベルサイユ　　**ウ**　ポーツマス　　**エ**　南京　　**オ**　下関

2　次のⅠの略年表とⅡの写真は，生徒が日本の土地制度や税に関して，さまざまな視点から考えることをテーマにした発表を行った際に用いたものの一部である。あとの(1)から(4)までの問いに答えなさい。

Ⅰ　略年表

世紀	できごと
7	①班田収授法が実施される。
	↕ a
11	皇族や貴族などが荘園の領主となり，国司が支配する公領があらわれる。
	↕ b
16	②太閤検地が行われたことにより，荘園が消滅する。
	↕ c
19	地価を基準にして，税をかける③地租改正が実施される。
	↕ d
21	④消費税の税率が10％に引き上げられる。

Ⅱ

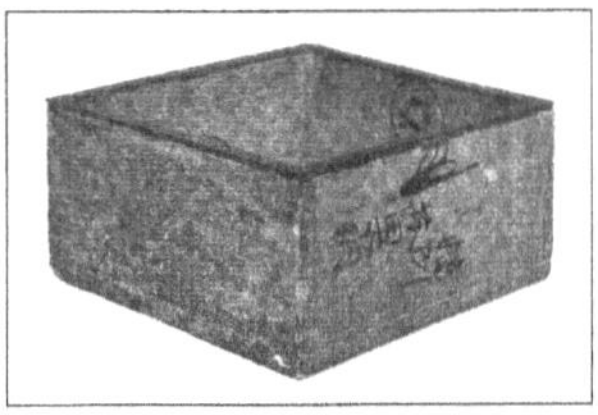

(1)　次のXの絵図が描かれた時期とYの戸籍がつくられた時期は，それぞれⅠの略年表中のａ，ｂ，ｃ，ｄの期間のうちのどれか。その組み合わせとして最も適当なものを，下の**ア**から**シ**までの中から選んで，そのかな符号を答えなさい。 4

X　下地中分の絵図

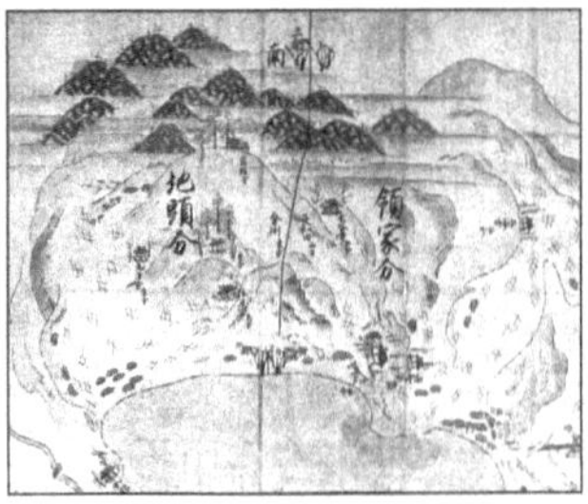

Y　いつわって女子を多く記した戸籍

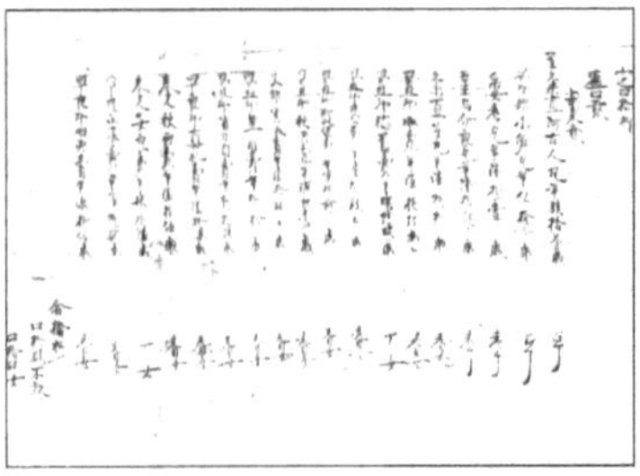

ア　X：a　Y：b　**イ**　X：a　Y：c　**ウ**　X：a　Y：d　**エ**　X：b　Y：a
オ　X：b　Y：c　**カ**　X：b　Y：d　**キ**　X：c　Y：a　**ク**　X：c　Y：b
ケ　X：c　Y：d　**コ**　X：d　Y：a　**サ**　X：d　Y：b　**シ**　X：d　Y：c

(2)　次のページの**ア**から**エ**までの文は，Ⅰの略年表中の①班田収授法が実施された時期のできごとについて述べたものである。これらの文に述べられたできごとを年代の古い順に並べたとき，2番目と3番目になるもののかな符号をそれぞれ答えなさい。

2番目 [5]　3番目 [6]

ア　墾田永年私財法が出され，新しく開墾した土地の私有が認められた。

イ　奈良盆地の北部に，唐の都である長安にならった平城京がつくられた。

ウ　大宝律令が完成し，律令に基づいて政治を行う律令国家の体制が整った。

エ　最澄《さいちょう》と空海《くうかい》により，天台宗と真言宗の仏教の新しい教えが伝えられた。

(3)　次の文章は，生徒がⅠの略年表中の②太閤検地とⅡの写真についてまとめたものの一部である。文章中の（A），[B] にあてはまる人名とことばの組み合わせとして最も適当なものを，下の**ア**から**エ**までの中から選んで，そのかな符号を答えなさい。

なお，文章中の2か所の（A）には同じ人名があてはまる。[7]

> Ⅱの写真は，（　A　）が全国統一を進める過程で，戦国大名が支配地で米の量をはかるために使用したますが地域によってばらばらであったので，基準を統一するためにつくられた京ますである。また，（　A　）が行った太閤検地では，百姓が [　B　] を負担した。

ア　A　徳川家康《とくがわいえやす》　B　検地帳に登録され，石高に基づく年貢

イ　A　徳川家康　B　口分田の面積に応じて稲を納める租

ウ　A　豊臣秀吉《とよとみひでよし》　B　検地帳に登録され，石高に基づく年貢

エ　A　豊臣秀吉　B　口分田の面積に応じて稲を納める租

(4)　次の文章は，生徒がⅠの略年表中の③地租改正と④消費税の税率についてまとめたものの一部である。文章中の（C），（D），（E）にあてはまることばの組み合わせとして最も適当なものを，下の**ア**から**ク**までの中から選んで，そのかな符号を答えなさい。[8]

> 地租改正では，明治政府が江戸時代の年貢から収入を減らさない方針を採ったため，1873年からの税率は，地価の（　C　）とされ，消費税が導入されたときの税率と同じであった。また，地租は，土地の所有者が（　D　）で納めた。地租の税率は，1877年以降，変更されていったが，消費税の税率も数度にわたって変更され，現在の10％の税率は，（　E　）から引き上げられた。

ア　C　3％　D　地券　E　5％　　**イ**　C　3％　D　地券　E　8％

ウ　C　3％　D　現金　E　5％　　**エ**　C　3％　D　現金　E　8％

オ　C　5％　D　地券　E　5％　　**カ**　C　5％　D　地券　E　8％

キ　C　5％　D　現金　E　5％　　**ク**　C　5％　D　現金　E　8％

3　次のページのⅠのグラフは，日本の1950年代から1960年代にかけて公害病が発生した4県のいずれかの製造品出荷額等の割合を示したものであり，Ⅱの表は，平成24年度に環境モデル都市として新たに選定された3都市の月別平均気温と月別平均降水量を示したものである。また，Ⅲ，Ⅳの表，Ⅴのグラフは，環境未来都市に選定された都市がある3県の人口に関するデータをまとめたものである。あとの(1)から(3)までの問いに答えなさい。

なお，Ⅱの表中のA，B，Cは，茨城県つくば市，沖縄県宮古島市，新潟県新潟市のいずれかである。

I　製造品出荷額等の割合

X	輸送用機械 25.4%	電子部品 13.9%	化学 12.0%	電子機械 6.5%	プラスチック製品 4.9%	その他 37.3%
Y	食料品 16.3%	化学 12.8%	金属製品 11.5%	生産用機械 8.5%	電子部品 6.7%	その他 44.2%

（「データでみる県勢　2022年版」をもとに作成）

II　3都市の月別平均気温（単位　℃）と月別平均降水量（単位　mm）

	1月	2月	3月	4月	5月	6月	7月	8月	9月	10月	11月	12月
A	1.9	4.4	8.5	11.4	16.9	21.5	26.1	26.7	22.3	17.2	11.5	5.3
	247.5	97.5	77.5	109.5	114.0	84.5	226.5	163.5	121.5	152.5	282.5	275.0
B	3.1	6.3	11.1	13.5	18.5	21.7	24.9	26.5	21.3	16.6	11.2	5.5
	35.0	71.0	149.0	146.5	76.5	95.0	201.5	271.0	98.0	193.5	54.0	132.5
C	17.5	19.7	21.4	22.6	27.0	28.3	28.8	28.2	28.5	26.2	22.6	20.0
	121.0	105.0	90.5	30.5	74.0	237.5	159.0	388.0	227.5	161.0	49.0	26.5

上段：月別平均気温　下段：月別平均降水量　（気象庁ウェブページをもとに作成）

III　3県の人口密度(人/km^2)の推移

	1970年	1980年	1990年	2000年	2010年	2020年
宮城県	249.6	285.6	308.7	324.7	322.3	316.3
千葉県	662.9	920.8	1 077.5	1 149.4	1 205.5	1 219.0
福岡県	818.2	919.1	968.9	1 009.0	1 019.0	1 030.6

（「データでみる県勢　2022年版」をもとに作成）

IV　年齢別人口の割合

	1990年			2019年		
	0～14歳	15～64歳	65歳以上	0～14歳	15～64歳	65歳以上
宮城県	19.6%	68.5%	11.9%	11.8%	59.9%	28.3%
千葉県	18.7%	72.1%	9.2%	11.8%	60.3%	27.9%
福岡県	19.0%	68.6%	12.5%	13.1%	58.9%	27.9%

（「データでみる県勢　2022年版」をもとに作成）

（注）　四捨五入の関係で，合計しても100%にならない場合がある。

V　人口の過密と過疎（各県の面積に占める割合）

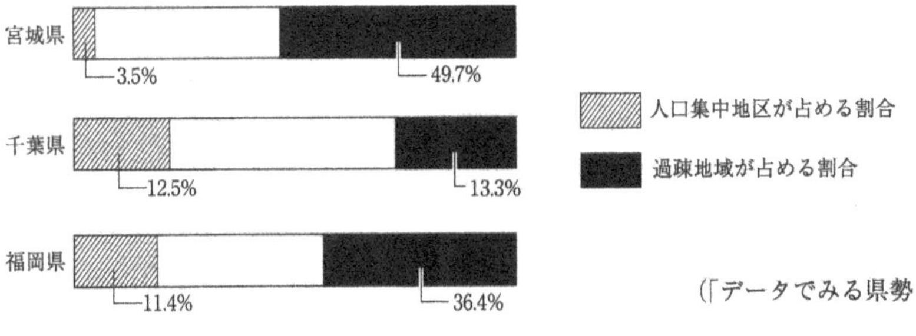

（「データでみる県勢　2022年版」をもとに作成）

(1)　Ⅰのグラフの X，Y の県の組み合わせとして最も適当なものを，次の**ア**から**エ**までの中から選んで，そのかな符号を答えなさい。[9]

ア　X：熊本県　Y：新潟県

イ　X：熊本県　Y：富山県

ウ　X：三重県　Y：新潟県

エ　X：三重県　Y：富山県

(2)　Ⅱの表中の A にあてはまる市のある県を表している略地図を，次の**ア**から**エ**までの中から選んで，そのかな符号を答えなさい。

なお，**ア**から**エ**までの略地図の縮尺は統一されていない。また，沖縄県については，本島のみを示しており，その他の県については，離島を示していない。[10]

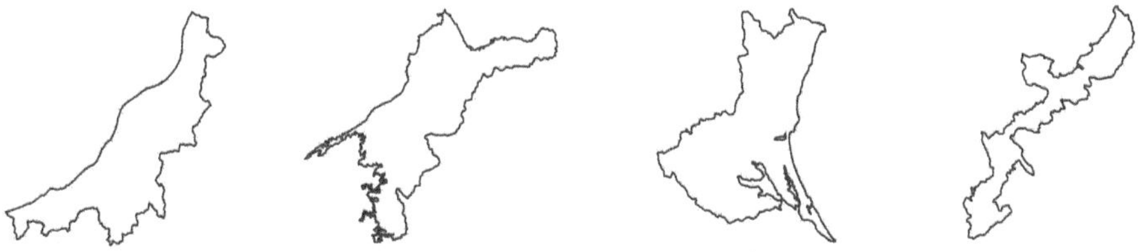

ア　　**イ**　　**ウ**　　**エ**

(3)　環境未来都市に選定された都市がある 3 県の人口について，Ⅲ，Ⅳの表，Ⅴのグラフから読み取ることができる内容をまとめた文として適当なものを，次の**ア**から**カ**までの中から全て選んで，そのかな符号を答えなさい。[11]

ア　宮城県の人口密度の推移は，1970年から2020年まで常に増加しており，過疎地域が占める割合が人口集中地区が占める割合の10倍以上ある。

イ　千葉県の人口密度の推移は，1970年から2020年まで常に増加しており，過疎地域が占める割合が人口集中地区が占める割合より大きい。

ウ　福岡県の人口密度の推移は，1970年から2020年まで常に増加しており，過疎地域が占める割合が人口集中地区が占める割合の 3 倍以上ある。

エ　宮城県の年齢別人口の割合において，1990年と比べて2019年は，0 ～14歳の割合は減少しており，6 5歳以上の割合は 2 倍以上に増加している。

オ　千葉県の年齢別人口の割合において，1990年の 0 ～64歳の割合は90.0％以上だったが，2019年には70.0％以下に減少している。

カ　福岡県の年齢別人口の割合において，1990年の15歳以上の割合は90.0％以上だったが，2019年には85.0％以下に減少している。

4　次のⅠの略地図は，面積を正しく表したものであり，Ⅱの表は，米の生産量等を示したものである。また，Ⅲのグラフの A，B，C は，石油，石炭，天然ガスのいずれかの州別産出量の割合を示したものである。あとの(1)から(3)までの問いに答えなさい。

なお，■で示した 3 国は，アメリカ合衆国，イラン，ロシアのいずれかである。

（Ⅰの略地図，Ⅱの表，Ⅲのグラフは次のページにあります。）

(1)　Ⅰの略地図から読み取ることができる内容として適当なものを，次のページの**ア**から**オ**までの中から全て選んで，そのかな符号を答えなさい。[12]

Ⅰ 略地図

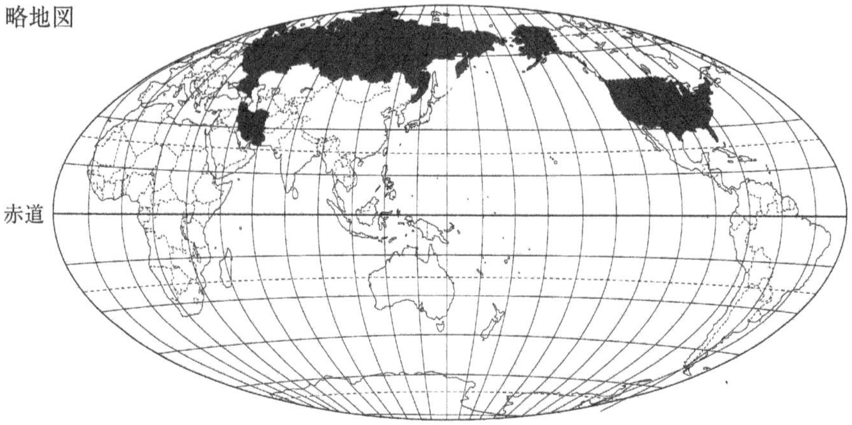

Ⅱ 米の生産量，小麦の生産量，米の輸出量，小麦の輸出量の上位6国

順位	米の生産量(万トン)		小麦の生産量(万トン)		米の輸出量(万トン)		小麦の輸出量(万トン)	
	国　名	生産量	国　名	生産量	国　名	生産量	国　名	生産量
1	中　国	20961	中　国	13360	インド	973	ロシア	3187
2	インド	17765	インド	10360	タ　イ	685	アメリカ	2707
3	インドネシア	5460	ロシア	7445	ベトナム	545	カナダ	2281
4	バングラデシュ	5459	アメリカ	5226	パキスタン	456	フランス	1996
5	ベトナム	4345	フランス	4060	アメリカ	305	ウクライナ	1329
6	タ　イ	2836	カナダ	3235	中　国	272	アルゼンチン	1054

(「データブック　オブ・ザ・ワールド　2022年版」をもとに作成)

Ⅲ 石油，石炭，天然ガスの州別産出量の割合

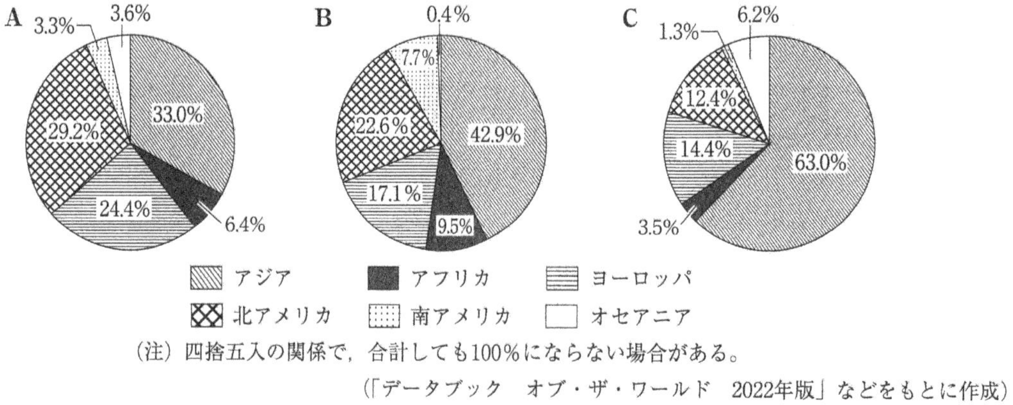

(注) 四捨五入の関係で，合計しても100%にならない場合がある。

(「データブック　オブ・ザ・ワールド　2022年版」などをもとに作成)

ア　赤道に近くなるほど，陸地の形がゆがんで表される。

イ　赤道からはなれるほど，陸地の形がゆがんで表される。

ウ　南アメリカ大陸の一部を赤道が通っている。

エ　アフリカ大陸の一部を赤道が通っている。

オ　経線が20度間隔に引かれている。

(2) 次の文章は，生徒と先生がⅡの表をもとに，穀物の生産量と輸出量について話し合った際の会話の一部である。文章中の（①），（②），（③）にあてはまることばの組み合わせとして最も適当なものを，下の**ア**から**カ**までの中から選んで，そのかな符号を答えなさい。
なお，文章中の2か所の（②）には同じことばがあてはまる。 13

生徒：米の生産量と米の輸出量は，赤道に比較的近い国々が上位に多く入っていますね。それに対して小麦の輸出量は，赤道からはなれた国々が上位に入っています。
先生：これは，気候が大きく関係しています。米は，熱帯地域や（　①　）帯地域で多く生産，輸出されています。よって，降水量の多い国々が上位に入っていることがわかります。
生徒：そういえば，（　②　）帯地域が大部分を占める（　③　）やロシアは，小麦の生産量と輸出量で上位に入っていますね。
先生：そうですね。ですから，（　②　）帯地域に住む人々は，小麦を使ったパンや麺を主食としています。

ア　①　温　②　乾燥　③　オーストラリア
イ　①　温　②　冷　③　カナダ
ウ　①　冷　②　乾燥　③　オーストラリア
エ　①　冷　②　温　③　カナダ
オ　①　乾燥　②　温　③　オーストラリア
カ　①　乾燥　②　冷　③　カナダ

(3) Ⅰの略地図中の[redacted]で示した3国は，石油，石炭，天然ガスのいずれかの産出量で世界の1位から3位までを占めている。下の表は，その資源における輸入量上位3国と世界における輸入量の割合を示している。この資源をⅢのグラフのAからCまでの中から選んで，Aならア，Bならイ，Cならウのかな符号で答えなさい。 14

順位	国　名	輸入量(%)
1	中　国	10.2
2	日　本	9.6
3	ドイツ	7.2

（「データブック　オブ・ザ・ワールド　2022年版」をもとに作成）

ア　A　**イ**　B　**ウ**　C

5　次の文章を読んで，あとの(1)から(4)までの問いに答えなさい。

私たちは，毎日のように商品を購入している①消費者です。私たちが買い物をするときには，②企業の広告にたよることが多く，広告の情報を信用して購入した結果，トラブルが起こることがあります。こうした問題を防ぐためには，消費者が自分の意思と判断で，適切に③商品を選んで購入する必要があります。また，消費生活の単位を家計といいます。家計は支出と収入とで成り立ちます。支出のうち，生活に必要な財やサービスに使う支出を④消費支出といいます。

(1) ①消費者の権利に関して述べた文として正しいものを，次のアからエまでの中から選んで，そのかな符号を答えなさい。 15

ア クーリング・オフ制度は，訪問販売などで商品を購入した場合に，いつでも消費者側から無条件で契約を解除できる制度である。

イ 消費者基本法は，欠陥商品により，消費者が被害を受けたときの企業の責任について定めたものである。

ウ 未成年取消権は，未成年者は，契約の知識が少なく経験が浅いため，一定の条件を満たしていれば，契約を取り消すことができる権利である。

エ PL法は，事業者の一定の行為により，消費者が誤認した状態で契約を結んだ場合に，その契約を取り消すことができると定めたものである。

(2) ②企業について述べた次のX，Y，Zの文について・正しい文を「正」，誤っている文を「誤」とするとき，それぞれの文の「正」，「誤」の組み合わせとして最も適当なものを，下のアからクまでの中から選んで，そのかな符号を答えなさい。 16

X 企業の株式を持っている人を株主といい，株主は株式会社が倒産した場合には，投資した金額以上を負担しなくてはならない。

Y 企業は，資本金や従業員数によって，大企業と中小企業に分けられる。日本の企業の大部分は中小企業であるが，従業員数の半分以上は大企業が占めている。

Z 新たに起業し，新しい技術や独自の経営ノウハウを元に革新的な事業を展開する中小企業をベンチャー企業という。

ア X：正 Y：正 Z：正
イ X：正 Y：正 Z：誤
ウ X：正 Y：誤 Z：正
エ X：正 Y：誤 Z：誤
オ X：誤 Y：正 Z：正
カ X：誤 Y：正 Z：誤
キ X：誤 Y：誤 Z：正
ク X：誤 Y：誤 Z：誤

(3) 次の文章は，③商品を選んで購入について述べたものである。文章中の（A），（B）にあてはまることばの組み合わせとして最も適当なものを，下のアからエまでの中から選んで，そのかな符号を答えなさい。 17

消費者は，商品の価格を見て商品を選びます。商品の価格は，市場での競争によって決まり，競争が弱まると，消費者は不当に高い価格で商品を購入する状況も起こります。そこで，競争をうながすことを目的として（ A ）が制定され，（ B ）がその運用にあたっています。

ア A 労働関係調整法 B 公正取引委員会
イ A 労働関係調整法 B 消費者庁
ウ A 独占禁止法 B 公正取引委員会
エ A 独占禁止法 B 消費者庁

(4) ④消費支出に関して，次のグラフは，2人以上の勤労者世帯の1世帯平均の1か月間の消費支出割合の推移を示したものであり，下の文章は，このグラフについて説明したものである。グラフ中のⅠ，Ⅱ，Ⅲを示すことばの組み合わせとして最も適当なものを，あとの**ア**から**カ**までの中から選んで，そのかな符号を答えなさい。 18

なお，Ⅰ，Ⅱ，Ⅲは，交通・通信，食料，被服・はき物のいずれかである。

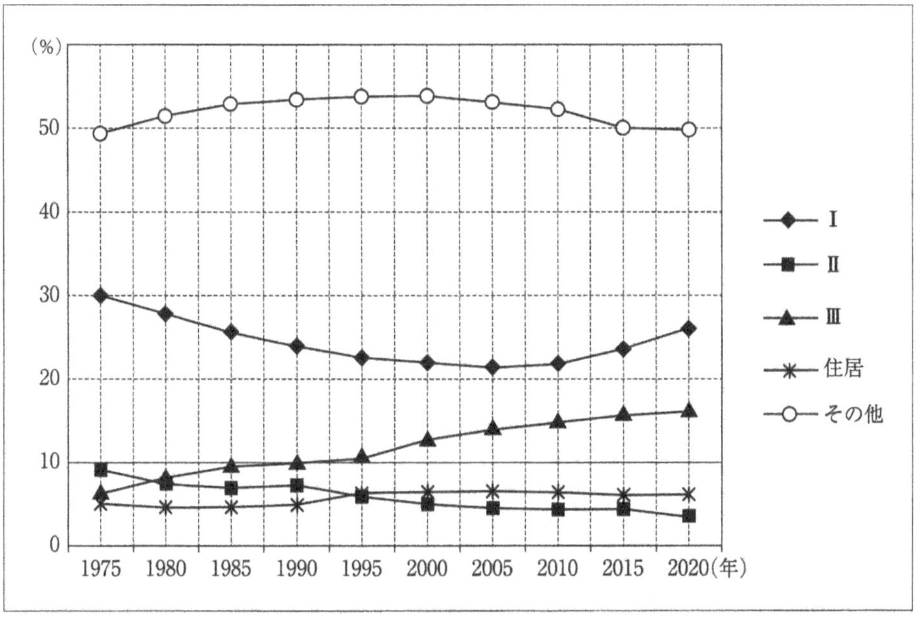

(「数字でみる日本の100年　改訂第7版」などをもとに作成)

> 被服・はき物の割合は，1975年には，住居や交通・通信よりも多かったが，1995年以降は，一番少なくなっている。一方，情報化の進展により，交通・通信の割合は増え続けており，2005年には，食料との差が10%未満に縮まった。

ア	Ⅰ　交通・通信	Ⅱ　食料	Ⅲ　被服・はき物
イ	Ⅰ　交通・通信	Ⅱ　被服・はき物	Ⅲ　食料
ウ	Ⅰ　食料	Ⅱ　交通・通信	Ⅲ　被服・はき物
エ	Ⅰ　食料	Ⅱ　被服・はき物	Ⅲ　交通・通信
オ	Ⅰ　被服・はき物	Ⅱ　交通・通信	Ⅲ　食料
カ	Ⅰ　被服・はき物	Ⅱ　食料	Ⅲ　交通・通信

6 次の文章は，生徒が地方自治についてまとめたレポートの一部である。あとの(1)から(3)までの問いに答えなさい。

> 都道府県，市町村や特別区といった地方公共団体を単位として運営される地方の政治を，地方自治といいます。地方自治は，住民自身によって運営されるべきだという考えがあり，都道府県知事や市町村長といった首長や地方議会の議員を選挙するだけでなく，住民による直接民

主制の要素を取り入れた直接請求権など，多くの権利が住民に保障されています。
　地方議会は，地方公共団体の独自の法である条例の制定・改廃，予算の議決や決算の承認などを行っています。また，地方公共団体が，住民の生活に関わる仕事をするためにはお金が必要です。その予算は，地方税などの自主財源だけでは不足しており，地方公共団体間の財政の格差をおさえるために国から配分される（　X　）などで補われています。

(1) 地方自治の役割について述べた文として適当なものを，次の**ア**から**エ**までの中から全て選んで，そのかな符号を答えなさい。 19
ア　地域の高齢者施設を拡充し，障がい者福祉を進める。
イ　病院，診療所，救急医療体制の整備を行う。
ウ　厚生年金，健康保険や介護保険を管理し，運用する。
エ　大気汚染，騒音，振動などへの対策を行う。

(2) 次の文は，文章中の条例の制定・改廃を請求する際について，生徒が説明したメモの一部である。文中の（①），（②）にあてはまる数字とことばの組み合わせとして最も適当なものを，下の**ア**から**カ**までの中から選んで，そのかな符号を答えなさい。 20

　私の住んでいる市の有権者数は15万人なので，（　①　）人以上の有権者の署名を集め（　②　）に請求します。

ア　①　50000　②　議会　　**イ**　①　3000　②　議会
ウ　①　50000　②　選挙管理委員会　　**エ**　①　3000　②　選挙管理委員会
オ　①　50000　②　首長　　**カ**　①　3000　②　首長

(3) 文章中の（X）にあてはまることばとして最も適当なものを，次の**ア**から**エ**までの中から選んで，そのかな符号を答えなさい。 21
ア　国債　　**イ**　国税　　**ウ**　国庫支出金　　**エ**　地方交付税交付金

はむしの、心深きさましたる《趣深い様子》こそ心にくけれ《奥ゆかしい》」とて、明け暮れは、耳はさみをして、手のうらに添えふせてまぼり給ふ《じっと見つめなさる》。

①若き人々《年若い女房たち》はおぢ惑ひければ、男の童の、ものおぢせず、いふかひなき《身分の低い者》を召し寄せて、箱の、虫どもを取らせ、名を問ひ聞き、いま新しきには名をつけて、興じ給ふ《おもしろがっていらっしゃる》。

「人はすべて、つくろうふところあるはわろし」とて、②眉さらに抜き給はず。歯黒め、「さらにうるさし、きたなし」とてつけ給はず、いと白らかに笑みつつ、この虫どもを、朝夕に愛し給ふ。

（『堤《つつみ》中《ちゅう》納《な》言《ごん》物語《ものがたり》』による）

（注）○ 按察使《あぜち》＝地方の行政を監督する役人。
○ 本地＝本体・本質。
○ かはむし＝毛虫。
○ 耳はさみ＝髪を耳の上にかけること。
○ 歯黒め＝眉毛を抜くのと同様に、貴族の成人女性の身だしなみで、歯を黒く染めること。

(一) 傍線部**ア**から**エ**の「の」の中で、意味・用法が異なるものを一つ選んで、そのかな符号を答えなさい。解答番号は 17 。

(二) ①若き人々はおぢ惑ひけれ とあるが、その理由として最も適当なものを、次の**ア**から**エ**までの中から選んで、そのかな符号を答えなさい。
解答番号は 18 。

ア 姫君が、美しい花や蝶ばかり集めて、大切にしているから。
イ 姫君が、箱の中の虫を取り出させたり、名前を尋ねたりするから。
ウ 姫君が、毛虫を手の上にのせてじっと見つめたりしているから。
エ 姫君が、恐ろしい虫を人々のところへ持っていき、怖がらせるから。

(三) ②眉さらに抜き給はず。歯黒め、「さらにうるさし、きたなし」とてつけ給はず とあるが、その理由として最も適当なものを、次の**ア**から**エ**までの中から選んで、そのかな符号を答えなさい。
解答番号は 19 。

ア 化粧をする人々の習慣に抵抗を感じているから。
イ 化粧をすることは、自分の健康を害することになるから。
ウ 化粧でとりつくろうのは、自分本来の姿でなくなるから。
エ 化粧をするような時間がかかる面倒なことを好まないから。

(四) 大納言の御むすめの考えとして最も適当なものを、次の**ア**から**エ**までの中から選んで、そのかな符号を答えなさい。解答番号は 20 。

ア 花には花の、蝶には蝶のよいところがそれぞれあるので、好みは人それぞれである。
イ 花や蝶やとほめるのではなく、誠実な心でその本当の姿を明らかにしていくことが大切である。
ウ 虫たちは、見た目のよしあしに関わらず、みな同じように扱うべきである。
エ 親が自分を大切に育ててくれているように、恐ろしい虫も大切に育てていくべきである。

イ　実用的な行動や目的に結びつかない点

ウ　まったく受け身の弛緩した状態である点

エ　緊張感をもって自発的な認識である点

(五)　⑤その価値はまったく内在的であり、超越的目的をもっていないとあるが、このことから芸術が結局どのような営みであるとわかるか。その説明として最も適当なものを、次のアからエまでの中から選んで、そのかな符号を答えなさい。解答番号は 15 。

ア　芸術は、倫理的な価値を追求するのではなく、美的な価値そのものを自己目的的に追求する実用的な営みである。

イ　芸術は、悪から逃れるための禁止命令や必然的義務ではなく、自発的に正しい生き方を追求する営みである。

ウ　芸術は、義務や必然に制約された営みではなく、芸術的価値それ自体を追求する積極的で自由な営みである。

エ　芸術は、価値を認識する性格をもち、よい、わるいの判断をすることで悪を退けようとする営みである。

(六)　この文章の内容がどのように展開されているかを説明したものとして最も適当なものを、次のアからオまでの中から選んで、そのかな符号を答えなさい。解答番号は 16 。

ア　言語、科学、倫理と芸術とをそれぞれ比較することによって、芸術が実用的な目的をもたないために静観的である点や大きな善を実現しようとしない点をマイナス面として強調している。

イ　ものの世界を支配しようという実用上の目的をもつ科学との比較において芸術の非実用性を否定的に評価し、大きな善の実現という超越的目的をもつ倫理との比較において芸術の「遊戯性」を肯定的に評価している。

ウ　特殊な個それ自体を把握しようとする芸術の自己目的的な性格と、実用的な目的や超越的な自己をもつ科学や倫理とを比較することによって、科学と倫理の生きる上での重要性を明らかにしている。

エ　実用的な目的を持つ言語・科学や超越的な目的を持つ倫理と対比させることによって、芸術の自己目的性や芸術的価値の内在性を明らかにし、芸術の積極性や自由性を浮き彫りにしている。

オ　言語、科学、倫理と芸術とを対比させることによって、善を求める人間の基本的な欲求の一つである芸術が芸術以外の営みである科学や倫理と共通の面をもっていることを主張している。

四

次の古文を読んで、あとの(一)から(四)までの問いに答えなさい。（本文の……の左側は現代語訳です。）

蝶めづる《愛する》姫君アの住み給ふかたはらに《すぐ近くに》、按察使《あぜち》の大納言イの御むすめ、心にくくなべてならぬさまに《奥ゆかしく並々ならぬ様子に》、親たちかしづき給ふ《大切に育てなさる》こと限りなし。

この姫君ウののたまふこと、「人々エの、花、蝶やとめづるこそ、はかなくあやしけれ《あさはかでよくない》。人はまことあり、本地たづねたる《追究することが》こそ、心ばへをかしけれ《心の在り方が趣がある》」とて、よろづの虫の、恐ろしげなるを取り集めて、「これが成らむさまを見む《これが変化するならその様子を見よう》」とて、さまざまなる籠箱《こばこ》どもに、入れさせ給ふ。中にもか

[11] これに関連して、芸術と倫理ではその価値の強調点が異なっている。芸術の場合には、その強調点はプラスの面、すなわち積極的に「美しい」「芸術的である」という面にあり、マイナスの面はただ相対的に考えられているにすぎない。それに対して倫理の場合には、その強調点はむしろマイナスの面にあり、倫理は善の実現を妨げる悪（死とか、憎しみ、苦しみ、孤独、侮辱など）を回避するための禁止命令であり、必然的義務である。

[12] このことは、芸術の「遊戯性」と関係している。芸術が積極的、自発的であるのは、芸術が本来「面白いからやる」という態度にもとづいているからである。絵を描くこと、絵を眺めることは、それ自身が目的である。急迫した悪に脅かされながら芸術的価値を追求するのは、通常の人の態度ではない。それは芸術が、ある余裕から生まれた「遊び」であり、義務や必然から解放された自由の享受であることを示している。

（塚本明子《つかもとあきこ》『芸術について』による）

（注）○ [1]～[12]は段落符号である。
○ 弛緩《しかん》＝ゆるむこと。

(一) ①個別的であること　とあるが、その説明として最も適当なものを、次の**ア**から**エ**までの中から選んで、そのかな符号を答えなさい。解答番号は [11] 。

ア　個々の対象の固有のあり方を把握すること
イ　状況によって働き方が違い、まとまらないこと
ウ　個性的な生き方が画然と反映されること
エ　他に類似したものがなく、創造的であること

(二) ②認識の道具としての言語があまり役に立たない　とあるが、その理由として最も適当なものを、次の**ア**から**エ**までの中から選んで、そのかな符号を答えなさい。解答番号は [12] 。

ア　言語は、芸術における美的知覚と違って、ものに命名を行って我々にものとものとを区別させるから。
イ　言語は、我々がどう行動したらよいかを示す働きをもっているが、芸術は人間の行動とは無関係だから。
ウ　言語は、ものとものとの細かい相違点を無視するが、芸術は逆にものとものとの関係を重視するから。
エ　言語は、実用的な目的のためにものごとの差異を抽象化する点では、芸術における美的知覚と背反するから。

(三) ③「それが何であるか」に直接答える　とあるが、「雨」の例で考えた場合、「直接答える」ためにはどうすればよいことになるか。その説明として最も適当なものを、次の**ア**から**エ**までの中から選んで、そのかな符号を答えなさい。解答番号は [13] 。

ア　この雨の成分そのものについて明らかにしようとする。
イ　この雨が将来どうなるかについて、新しい予測を立てる。
ウ　この雨そのものに注意し、その性質について新しい分析を加える。
エ　この雨をそれ以外のものと関係させず、それ自体としてとらえる。

(四) ④一種の傍観者の立場　とあるが、どういう点で「傍観者の立場」といえるのか。その説明として最も適当なものを、次の**ア**から**エ**までの中から選んで、そのかな符号を答えなさい。解答番号は [14] 。

ア　ものを客観的かつ体系的にとらえようとする点

それを役立てることができるか、そのものと自分との関係はどうなっているか、という関心である。このような関心がわれわれの日常のものの見方を決めるのである。ものの区別は、われわれとものとの関係によって決まり、実際に役に立つことを目的としている。

4　われわれは山羊と羊の区別はするが、山羊の一匹一匹を見分けることはしない。が、乳しぼりをする人は、おそらく山羊の顔を見分け、区別しているであろう。けれどもそれは区別できる特徴を捉えて相対的に見分けるのであって、見分ける必要がなくなれば区別はなくなってしまう。言葉は、区別しないで済む細かい差別をできるだけ無視し、型によってものを考えるのに便利なようにできている。

5　科学者は、最終的にはものの世界を支配しようという実用上の目的のために、当面の目的としては世界のなかのものや出来事に、一貫した説明をつけることをめざしている。科学的なものの見方とは、事実を正確かつ客観的に見ようとする態度であるが、正確とか客観的とかいうことは、世界全体が、一つの説明の体系でカバーされ、誰が試みても例外なしに同じ結論に導かれ、新しい事実が起こっても、それを今までの体系のなかに支障なく入れることができるということである。

6　科学者はわれわれのまわりにあるものを分析し、要素に分け、因果関係によって結びつけ、説明しようとする。ものの説明とは、ものとものとの（因果的）つながりを述べ、一つのことを別のことでいいかえることであって、③「それが何であるか」に直接答えることではない。科学者は、雨が降るのは大気中の水蒸気が上昇して雲となり、水滴となって落ちるのだと説明するが、今降っているこの雨については、何も新しいことを教えない。

7　雨の原因はなにか、将来どうなるか、その構成要素が何であるかということを離れて、雨そのものを知ろうとするならば、その雨に注意し、雨以外のものを排除し、雨を孤立させて雨にひたりきり、雨そのもののために雨を経験するしかないのである。美的知覚とは、外面的、実用的な目的を排除し、それぞれ特殊な個に対する集中によって得られる直観的認識である。世界が特殊性、個別性を顕わすのは、人がこのような④一種の傍観者の立場に立って、意識的にものを孤立させたときである。このような見方は観照とか静観とか呼ばれる。

8　これは行動への用意がないという意味では調和の状態であるが、けっして無刺激な、受け身の弛緩《しかん》ではなく、緊張した均衡の状態であり、積極的な認識である。ただそれは具体的な価値の把握である点で、純粋な知識と異なっている。

9　芸術は価値の認識である。価値は、よい、わるいの判断であって、一般に中立的な科学と対立し、あるいは科学的真を根底で支えているものである。価値の認識という点で美は善とつながりをもつが、倫理的なものの見方とは明らかに異なっており、時には対立することもある。それでは倫理的価値と芸術的価値とにはどのような相違があるのだろうか。

10　芸術的なものの見方が自己目的的であることからもわかるように、⑤その価値はまったく内在的であり、超越的目的をもっていない。それに対して倫理的価値には、大きな善という目的があり、この目的に奉仕するものを肯定し、適合しないものを禁止するという特徴がある。

ア　人間はあらゆる動物の中で、作業を分担することで、能率的な生産を多く行っている。

イ　人間は他の動物と違い、コミュニケーション能力を磨くことで、学習性による行動を多様にすることができる。

ウ　人間以外の動物は、個々の経験によって特定の反応をすることができる体内の仕組みを体系的に持っている。

エ　人間以外の動物は、生得的な本能と個々の経験の二つによって行動する点が人間と異なる。

オ　人間は環境に適応するために、動物からの危険を回避できる知恵を体系的に享受している。

二　次の㈠、㈡の問いに答えなさい。

㈠　次の①、②の文中の傍線部のカタカナ部分の漢字表記として、正しいものを、それぞれあとの**ア**から**エ**までの中から選んで、そのかな符号を答えなさい。解答番号は、①は 8 、②は 9 。

①　部屋の装飾にイショウをこらす。

ア　衣　**イ**　意　**ウ**　異　**エ**　委

②　カイシンの笑みをうかべる。

ア　会　**イ**　快　**ウ**　悔　**エ**　解

㈡　次の文中の（③）にあてはまる最も適当なことばを、あとの**ア**から**エ**までの中から選んで、そのかな符号を答えなさい。

解答番号は 10 。

先生の温かい言葉が心の琴線に（　③　）。

ア　届いた　**イ**　響いた　**ウ**　応えた　**エ**　触れた

三　次の文章を読んで、あとの㈠から㈥までの問いに答えなさい。

[1]　われわれの周囲にあるものは、われわれのものの見方、考え方によっていろいろな面をあらわす。甲の薬が乙には毒だったり、同じ人が相手によって、親だったり、友達だったり、競争相手であったりする。われわれは、見たり聞いたりする経験のなかで生きているが、それはわれわれの見方、考え方のただなかで生きていることにほかならない。

[2]　ふつう美的知覚と呼ばれる芸術的なものの見方がどんな性格をもっているかは、けっして簡単な問題ではなく、またこのようなものの見方が、他の見方と画然と区別して認められるとはかぎらない。芸術の場合は特に、見方によって芸術作品が誕生するのだといってもよいほどに、その時その場の芸術的感受性に依存するところが大きい。しかもこの感受性は①個別的であることが生命《いのち》であるから、その見方を一般的に述べることはきわめてむずかしい。けれども他方、芸術的なものの見方は、人間の認識の一つであり、芸術に対する欲求は、真実を求める人間の基本的な欲求の一つであるから、人間の他の営みと共通の面をもっていることも事実である。

[3]　さてこのような美的知覚が一つの認識であるというとき、すぐ気づくことは、②認識の道具としての言語があまり役に立たないということである。われわれはふだん言葉で考え、ものの名前でものを区別する。われわれが見ているのは、名前という、ものに貼られたラベルを通して見ているのである。これはわれわれの生活では、行動が中心になっていることからくる。ものに対する関心は、そのものに対してどう反応し、どう行動したらいいかということであり、われわれがどう

授されれば、[Ⅱ]を繰り返す必要はない。「この崖を降りてゆくと薬草がある」とか、「この色のキノコを食べると腹が痛くなる」とか、個人が経験して獲得した知恵を他者にも伝達できる。これがコミュニケーション能力の提供してくれたもう一つの利益である。

[12] たとえ、経験した個人が死んでも、次の世代がこれを継承してゆくし、また、これに新たな知識が付け加わってゆくことになる。

[13] このようにして、生活を豊かにするための多くの知識が私たちの社会には蓄えられている。

[14] 料理のレシピも医学の知識も、食料生産や工業の技術も、文学や絵画や映画などの芸術も誰かがどこかで見つけた知恵を寄せ集め、組み合わせ、体系化してきたものである。それを現代の私たちは受け継ぎ、有効に使いながら現代のこの生活を享受している。

（菅原健介《すがわらけんすけ》『羞恥心はどこへ消えた』による）

（注）○ [1]～[14]は段落符号である。

(一) [A]、[B]のそれぞれにあてはまる最も適当なことばを、次の**ア**から**ク**までの中からそれぞれ選んで、そのかな符号を答えなさい。解答番号は、[A]は[1]、[B]は[2]。

ア そのため　**イ** いわば　**ウ** すなわち　**エ** たとえば
オ すると　**カ** せめて　**キ** そして　**ク** しかし

(二) [①]にあてはまる最も適当なことばを、次の**ア**から**エ**までの中から選んで、そのかな符号を答えなさい。解答番号は[3]。

ア 人に動物の支配を可能にした
イ 他人との意思疎通が図られた
ウ 人と獲物との競争を防いだ
エ 人の群れを組織に変えた

(三) ②コミュニケーション能力の第二の効果 とあるが、これはどのような効果か。その説明として最も適当なものを、次の**ア**から**エ**までの中から選んで、そのかな符号を答えなさい。解答番号は[4]。

ア さまざまな文化を有効的に組み合わせ体系化できる効果。
イ 個人が経験して獲得した知恵を他者にも伝達できる効果。
ウ 多様な記号や概念を用いた抽象に複雑な思考が可能になる効果。
エ 他の動物と持続可能な社会をつくり上げることができる効果。

(四) [Ⅰ]、[Ⅱ]には同じことばが入る。入ることばとして最も適当なものを、次の**ア**から**エ**までの中から選んで、そのかな符号を答えなさい。解答番号は[5]。

ア 試行錯誤　**イ** 暗中模索　**ウ** 右往左往　**エ** 取捨選択

(五) ③エサが出る条件を変えると、ラットはそれに合わせて面白いように行動パタンを変化させる とあるが、そのように変化した理由として最も適当なものを、次の**ア**から**エ**までの中から選んで、そのかな符号を答えなさい。解答番号は[6]。

ア ラットが本能的にエサのよしあしの区別ができたから。
イ ラットが特定の反応ができるように体内に仕組みをつくったから。
ウ ラットが環境の違いに適合する行動パタンを学習したから。
エ ラットが他の動物と違う経験による行動パタンを身につけたから。

(六) この文章の内容として最も適当なものを、次の**ア**から**オ**までの中から選んで、そのかな符号を答えなさい。解答番号は[7]。

【国　語】（四五分）〈満点：二二点〉

一　次の文章を読んで、あとの㈠から㈥までの問いに答えなさい。

［1］　たとえば、乗っている飛行機が墜落し、ジャングルの中であなた一人だけが生き残ったとしたら、果たしてどれだけ生存できるだろうか。サバイバルの専門知識がなければ、ほどなくケガや病気で死んでしまうことだろう。人間には獣のような牙もないし、うさぎや猫のように鋭敏な感覚もない。それなのに、私たちはなぜ地球上でこれほどのさばっていられるのだろうか。

［2］　人間には優れた脳があると考える人がいるかもしれない。確かに、それもひとつだ。［　Ａ　］、人間の脳の仕組みはチンパンジーと比べてもそれほど大きな違いはない。少なくとも、今の彼らと私たちとの境遇の違いを脳の構造だけから説明できるほどの差異ではない。

［3］　そこで、もうひとつ、最近注目されているのが「コミュニケーション能力」である。以前、チンパンジーを乳児期からわが子のように育て、人間の言葉を教えようとした研究者夫婦がいた。しかし、「ママ」などといったごく限られた言葉は発せられるようになったが、結局、人のように話すことはできなかったという。

［4］　しかし、これは彼らの言語能力の問題ではなかった。言葉の代わりに手話やコンピュータのキーボードの使い方を教えれば、チンパンジーはもっとずっと多様な記号や概念を用いて人とコミュニケートすることができるからだ。言語を理解することは可能だが、チンパンジーの声帯や喉の構造ではそれを発音することができないのである。

［5］　すなわち、人類は他の類人猿に比べ、より複雑な音声を組み合わせて多くの情報を交換することが可能なのだ。このコミュニケーション能力は、鋭い牙や早い足や、鋭敏な感覚にもひけをとらないほどサバイバルにとって有利に働く。

［6］　第一に、会話をすることで目標を共有し、そのための作業を分担することが可能になる。［　Ｂ　］、狩をする場合、獲物を追い立てる役割とそれを待ち構えて狩る役割を分ければ、一人一人がばらばらに追いかけまわすよりもずっと効率がよい。コミュニケーションはいわば［　①　］のである。

［7］　②コミュニケーション能力の第二の効果はさらに重要である。人間以外の動物の行動は主に二つのメカニズムによって規定される。

［8］　一つは生得的にプログラムされた行動パタンである。一般に本能などと呼ばれるもので、特定の刺激に対して特定の反応が生じるようにあらかじめ体内に仕組みができている。捕食行動や性行動など、その種に特有の習性として認められるものだ。

［9］　もう一つが個々の経験によって獲得される学習性の行動である。それぞれの環境の違いに適合できるよう、エサの獲得や危険の回避に役立つ行動は自然に出現しやすくなる。

［10］　たとえば、レバーを押すとエサが出てくる仕掛けの中にラットなどを入れておくと、［　Ⅰ　］の末、次第にレバーを押す行動が増えてくる。また、③エサが出る条件を変えると、ラットはそれに合わせて面白いように行動パタンを変化させる。心理学では有名な実験だ。

［11］　しかし、その学習効果も個体が死んでしまえば消えてなくなってしまう。他の個体が同じ行動パタンを獲得するには、同じ経験をして学習しなければならない。ところが、個体から別な個体にそのコツが伝

MEMO

大切なことはメモしておこうネ！

2023年度

解　答　と　解　説

《2023年度の配点は解答欄に掲載してあります。》

＜数学解答＞《学校からの正答の発表はありません。》

1　(1)　1　ウ　　(2)　2　イ　　(3)　3　ウ　　(4)　4　イ　　(5)　5　エ　　(6)　6　ア
　(7)　7　ウ　　(8)　8　オ　　(9)　9　エ　　(10)　10　イ

2　(1)　11　エ　　(2)　12　ウ　　(3)　①　13　イ　　②　14　イ

3　(1)　ア　8　　イ　7　　(2)　ウ　8　　エ　1　　オ　1　　カ　0　　キ　5　　ク　6
　(3)　ケ　2　　コ　5

○推定配点○

1　(9)　2点　　他　各1点×9　　2　(1)　2点　　他　各1点×3

3　(1)　2点　　他　各1点×4　　計22点

＜数学解説＞

1　(数・式の計算，平方根，連立方程式，反比例，関数の変域，正方形とおうぎ形の面積，確率)

(1)　$-\frac{3}{2}+\frac{5}{3}-\frac{1}{4}=-\frac{18}{12}+\frac{20}{12}-\frac{3}{12}=-\frac{1}{12}$

(2)　$(-2)^2\times(-3)-12\div(-4)=4\times(-3)-12\div(-4)=-12+3=-9$

(3)　$2a-1-\{6a-(3a-2)-5\}=2a-1-(6a-3a+2-5)=2a-1-(3a-3)=2a-1-3a+3$
$=-a+2$

(4)　$(4+\sqrt{3})(4-3\sqrt{3})$を展開すると，$16-12\sqrt{3}+4\sqrt{3}-3\sqrt{9}=16-12\sqrt{3}+4\sqrt{3}-9=7-8\sqrt{3}$，$\frac{9}{\sqrt{3}}$を有理化すると，$\frac{9}{\sqrt{3}}=\frac{9\sqrt{3}}{3}=3\sqrt{3}$なので，$(4+\sqrt{3})(4-3\sqrt{3})+\frac{9}{\sqrt{3}}=7-8\sqrt{3}+3\sqrt{3}=7-5\sqrt{3}$

(5)　$ax-by=1$に$(x,\ y)=(-3,\ 2)$を代入すると，$-3a-2b=1$…①　　$ax+by=-7$に$(x,\ y)=(-3,\ 2)$を代入すると，$-3a+2b=-7$…②　　②－①より，$4b=-8$　　$b=-2$　　①に$b=-2$を代入すると，$-3a-2\times(-2)=1$　　$-3a+4=1$　　$-3a=-3$　　$a=1$

基本　(6)　aを定数とすると，yがxに反比例するとき，方程式は$y=\frac{a}{x}$で表すことができる。　ア　時間$=\frac{道のり}{速さ}$であるから，$y=\frac{20}{x}$となりyがxに反比例する。　イ　正方形の面積は1辺×1辺で表せるので，$y=x\times x=x^2$となりyがxに反比例しない。　ウ　代金はチョコレート1個の値段×個数で表せるから，$y=x\times10=10x$でyがxに反比例しない。　エ　残りのページは本全体のページ－読んだページなので，$y=150-x$でyがxに反比例しない。　オ　食塩の質量は食塩水の質量×濃度で表せるので，$y=x\times\frac{5}{100}=\frac{1}{20}x$となり$y$が$x$に反比例しない。

基本　(7)　$6=\sqrt{36}$，$5\sqrt{2}=\sqrt{50}$であるから，$6<\sqrt{m}\leqq5\sqrt{2}$のとき，$\sqrt{36}<\sqrt{m}\leqq\sqrt{50}$となり，$36<m\leqq50$となる$m$の個数を求めればよい。よって，$m$は37から50までの自然数なので，$m$の個数は$50-37+1=14$(個)

基本　(8)　$y=3x^2$のxの変域が$-2\leqq x\leqq4$で原点を通ることから，yの最小値は0である。また，$x=4$のとき最大値をとるので$y=3x^2$に$x=4$を代入すると，$y=3\times4^2=48$よって，xの変域が$-2\leqq x\leqq4$

のときyの変域は$0 \leqq y \leqq 48$となる。$y=ax+b$の定数aが$a>0$であることから，$y=ax+b$は$(-2,\ 0)$，$(4,\ 48)$を通るので，傾きは$a=\frac{48-0}{4-(-2)}=\frac{48}{6}=8$　$y=8x+b$に$(-2,\ 0)$を代入して，$0=8\times(-2)+b$　$0=-16+b$　$b=16$

重要 (9)　問題の図の斜線部分は下の図1の斜線部分を4つと図3の斜線部分を2つ合わせた形である。図1の斜線部分を4つ合わせると図2のような形になるので，斜線部分の面積は$4\times4\times\pi-\frac{1}{2}\times8\times8=16\pi-32(\mathrm{cm}^2)$　図3を2つ合わせると図4のような形になるので，斜線部分の面積は$8\times8-8\times8\times\pi\times\frac{1}{4}=64-16\pi(\mathrm{cm}^2)$　よって，求める面積は$16\pi-32+64-16\pi=32(\mathrm{cm}^2)$

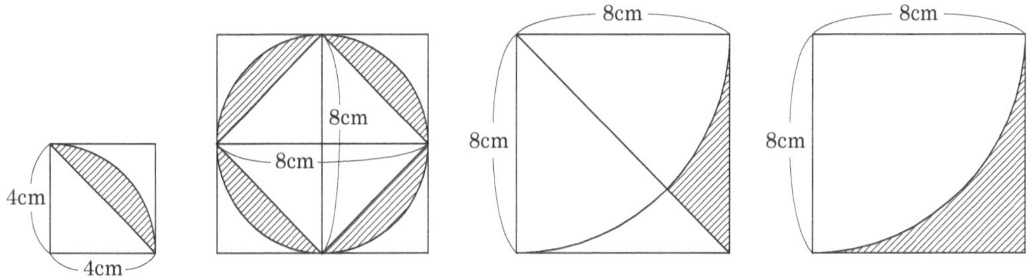

図1　図2　図3　図4

重要 (10)　6枚のカードから2枚を同時に取り出すときの場合の数は(1，1)，(1，1)，(1，1)，(1，2)，(1，2)，(1，2)，(1，2)，(1，2)，(1，2)，(1，3)，(1，3)，(1，3)，(2，2)，(2，3)，(2，3)の15通り。2枚のカードに書かれた数字の和が3になるのは下線を引いた6通りなので，求める確率は$\frac{6}{15}=\frac{2}{5}$

重要 2 (図形と関数・グラフの融合問題，文字式の利用，1次関数の利用)

(1)　$y=x+3$，$y=x+6$の切片をそれぞれC，Dとすると，C(0，3)，D(0，6)　OC＝CD＝3なので△OAB＝△DAB　$y=x+3$と$y=x+6$は傾きが等しく平行なので等積変形より△DAB＝△PAB　よって，△OAB＝$\frac{1}{2}$四角形PAOBである。また，△OAP＝△OBPとなるとき，△OAP＝$\frac{1}{2}$四角形PAOBとなるから，△OAB＝△OAP　したがって，等積変形よりPB//AOである。$y=x+3$に$x=-1$を代入すると，$y=-1+3=2$なのでA(－1，2)　よって，直線AOの傾きは$\frac{0-2}{0-(-1)}=-\frac{2}{1}=-2$　平行な直線の傾きは等しいので直線PBの傾きも－2　$y=x+3$に$x=3$を代入すると，$y=3+3=6$なのでB(3, 6)となるから，直線PBの方程式を$y=-2x+b$とおいて，B(3, 6)を代入すると，$6=-2\times3+b$　$6=-6+b$　$b=12$　よって，直線PBの方程式は$y=-2x+12$　$y=x+6$と$y=-2x+12$を連立方程式として解くと，$x+6=-2x+12$　$3x=6$　$x=2$　$y=x+6$に$x=2$を代入すると，$y=2+6=8$　よって，P(2，8)

(2)　点線で囲まれた9つの数の中央の数をnとおくと，9つの数は$n-8$，$n-7$，$n-6$，$n-1$，n，$n+1$，$n+6$，$n+7$，$n+8$と表せる。これらの和は，$n-8+n-7+n-6+n-1+n+n+1+n+6+n+7+n+8=9n$となり，$n$は自然数なので$9n$は9の倍数である。よって，点線で囲まれた9つの数の和は9の倍数となる。

(3)　①　自転車で駐輪場まで行くのに15分で4000m進む。15(分)＝$\frac{15}{60}$(時間)＝$\frac{1}{4}$(時間)，4000(m)＝4(km)なので，自転車の速さは$4\div\frac{1}{4}=4\times4=16$(km/時)である。　②　駐輪場から学校まで行くのに20－15＝5(分)で4400－4000＝400(m)進む。歩いたときの速さは400÷5＝80(m/分)である。家から学校まで4400mを80(m/分)で歩くと，4400÷80＝55(分)かかる。

重要 3 (角度，相似な図形の長さの計量，円錐と球の表面積)

(1) 線分ACとBDの交点をHとする。四角形AHDFにおいて，∠AHD＝360°－(77°＋70°＋75°)＝360°－222°＝138°　対頂角は等しいので，∠BHC＝∠AHD＝138°　△HBCにおいて，∠HBC＋∠HCB＝180°－138°＝42°　四角形GBCEにおいて，∠BGE＝360°－(72°＋42°＋85°＋74°)＝360°－273°＝87°

(2) △ABDと△AEFにおいて，∠ABD＝∠AEF＝60°…①　∠BAD＝∠BAC－∠DAF＝60°－∠DAF，∠EAF＝∠EAD－∠DAF＝60°－∠DAFより，∠BAD＝∠EAF…②　①，②より，2組の角がそれぞれ等しいので，△ABD∽△AEF　また，△AEFと△DCFにおいて，∠AEF＝∠DCF＝60°，∠AFE＝∠DFCより，2組の角がそれぞれ等しいので，△AEF∽△DCF　よって，△ABD∽△AEF∽△DCF　AB＝BC＝CA＝10(cm)，AD＝DE＝EA＝9(cm)で，相似な図形の対応する辺の比は等しいので，AB：AE＝AD：AF　10：9＝9：AF　10AF＝81　AF＝$\frac{81}{10}$(cm)　また，CF＝AC－AF＝$10-\frac{81}{10}=\frac{19}{10}$(cm)で，DC＝$x$(cm)とすると，BD＝BC－DC＝$10-x$(cm)なので，AB：DC＝BD：CF　$10:x=(10-x):\frac{19}{10}$　$x(10-x)=19$　$10x-x^2=19$　$x^2-10x+19=0$　解の公式より，$x=\frac{-(-10)\pm\sqrt{(-10)^2-4\times1\times19}}{2\times1}=\frac{10\pm\sqrt{100-76}}{2}=\frac{10\pm\sqrt{24}}{2}=\frac{10\pm2\sqrt{6}}{2}=5\pm\sqrt{6}$　BD＜DCより，$x>5$なので，$x=5+\sqrt{6}$ (cm)

(3) 円錐の側面のおうぎ形の中心角は$\frac{底面の半径}{母線}\times360°$で求められるので，円Oの半径を$r$(cm)とすると，$\frac{r}{8}\times360°=90°$　$r=2$(cm)　円錐の側面積は母線×底面の半径×πで求められるので，図Ⅰの立体の側面積は8×2×π＝16π(cm²)，底面積は2×2×π＝4π(cm²)　よって，図Ⅰの立体の表面積は16π＋4π＝20π(cm²)　球の表面積は半径をRとすると$4\pi R^2$で求められるので，円Pの半径をs(cm)とすると，$4\pi s^2=20\pi$　$s^2=5$　$s=\pm\sqrt{5}$　$s>0$より，$s=\sqrt{5}$ (cm)

★ワンポイントアドバイス★

基本的な問題がほとんどであるが，工夫して求めなければならない問題もあるため，思考力を問う問題も練習しておく必要がある。

<英語解答> 《学校からの正答の発表はありません。》

聞き取り検査　解答省略

筆記検査

1 エ

2 ① ウ　② エ　③ ア

3 (1) ア　(2) ウ　(3) イ　(4) エ　(5) ア，オ

4 (1) 【b】 ア　【d】 オ　(2) ① エ　② ア　(3) エ　(4) X イ　Y ウ

○推定配点○

聞き取り検査　各1点×5　筆記検査　各1点×17　計22点

<英語解説>

(聞き取り検査) 解説省略

(筆記検査)

基本 1 (対話文:適文選択補充)

(全訳) A:新型コロナウィルス感染症予防のために①2手を清潔にしておくべきです。

B:そうですね。ところで,自転車で出かけるときはマスクをつけなければいけませんか?

A:いいえ。自転車に乗る時は②5マスクをつける必要はありません。

B:わかりました。ありがとう。

① in order to ~「~するために」 protect oneself「予防する」 新型コロナウィルス感染症予防に適する文は2「手を清潔にしておくべきだ」のみ。<keep A+B>「AをBの状態に保つ」直訳すると「手を清潔な状態に保つ」ということ。should ~「~するべき」 ②5「マスクをつける必要はない」を入れ「自転車に乗る時はマスクをつける必要はない」という意味にする。don't have to ~で「~する必要はない」 したがってエが正解。

1「私たちは電車に乗らなければならない」 must~「~しなければならない」 3「私たちは窓を開けっぱなしにしてはいけない」<keep A + B>「AをBの状態に保つ」 must not~「~してはいけない」禁止の意味。 4「あなたは友人に言ってはならない」shouldn't ~「~するべきではない[~してはいけない]」

2 (会話文:適語選択補充問題)

デイビッド:すみませんが,中部国際空港への①行き方を教えてくれませんか?

マイ:ここから電車に乗れますよ,それが空港まで一番いいと思います。

デイビッド:ここから? わぁ! ラッキーだな。でも実は海外からの旅行者なので電車の②乗り方がわからないんだ。どの電車に乗ればいいですか?

マイ:えぇと,空港までの切符を買ったら青と白の電車に乗るといいですよ。

デイビッド:どうしてですか?

マイ:電車を乗り換えることなく簡単に早く着けるからです。

デイビッド:わかりました。えぇと,もしそれに乗らなかったら?

マイ:他の電車は着くのに多くの時間がかかります。あぁ,赤と白の電車に乗ってはいけないということを覚えておいて! それは中部には行かずに名古屋空港にしか行かないんです。

デイビッド:わぁ! ③それは重要だ! 電車に乗るのに良い情報をくれましたね。本当にありがとう。良い一日を!

マイ:どういたしまして。素敵な旅を! さようなら。

① the way to ~「~への行き方」という意味。ウのwayは「道,道のり」という意味。 ア「時間」 イ「理由」 エ「人々」

② how to ~で「~のやり方」という方法を表す表現。how to take the trainで「電車の乗り方」という意味なので「電車の乗り方がわからない」ということ。 ア「私のために」 イ「あなたがなぜ電車の乗るのかわからない」 ウ「電車に乗るために」in order to ~「~するために」

③ つづく文で「良い情報をありがとう」と伝えていることから,ア「それは重要だ!」が適当。イ「とんでもないです!」 ウ「逃げて!」 エ「1つずつ!」

3 (長文読解問題・物語文:適文選択補充,語句整序,内容把握,内容正誤判断)

(全訳) マオは家族と共に岡崎に住んでいる。彼女は15歳。学校では合唱部の一員である。彼女には豊橋の老人ホームに入っている祖父がいる。彼は80歳。彼はとても優しくしてくれるのでマオは彼のことが大好きだ。

マオは月に2，3度家族と共に祖父を訪ねる。彼女は彼に学校でのことを話す。祖父は彼女の話を聞くのが好きだ。老人ホームには約20名のお年寄りがいる。彼女はいつも彼らに微笑みかけ話しかけるので，①ア彼女はお年寄りの人たちに好かれている。

ある日，マオは合唱部の一員であるアヤカに「私の祖父は老人ホームにいるの。彼を訪れると，彼や他のお年寄りの人たちがとても喜ぶの」と話した。アヤカは「それはいいわね。私は老人ホームに行ったことがないの。②あなたと一緒にそこに行ってみたい」と言った。

次の週末，マオとアヤカは老人ホームに行った。彼女たちはプレゼントを持っていた。老人ホームの誰もが彼女たちを見て喜んでいるように見えた。お年寄りの人たちは自分たちの学校生活について話してくれた。その話はマオとアヤカにとってとても(A)エ面白いものだった。1時間ほど話した後，マオが言った。「今日はあなたたちにプレゼントを持ってきました。」マオとアヤカは彼らの前で歌を歌った。歌は彼らにとってなじみのある物だったので，マオとアヤカと一緒に歌ったお年寄りの人たちもいた。2人の少女たちが老人ホームを去ろうとしていた時，お年寄りの1人が「訪問してくれてどうもありがとう。楽しかった。また来てくださいね」と言った。マオは「若いころの話を次回はもっと聞かせてくださいね」と言った。

帰宅途中にアヤカが言った。「老人ホームに連れて行ってくれてありがとう。彼らと一緒に話したり歌ったりはとても楽しかった。」マオは「どういたしまして。私も楽しかった」と言った。アヤカは「私の祖母は70歳なの。私の家の近くに一人で住んでいるの。彼女には話ができる友人が誰もいないので孤独なの。」と言った。マオが言った。「次の日曜日に彼女のところを訪れるのはどう？」アヤカが言った。「本当に？　それはいい考えだわ。私たちが訪れたら彼女もとても喜ぶと思う。」

(1)　直前の「彼女はいつも彼ら(＝elderly people)に微笑みかけ話しかける」の後soという「結果」を表す接続詞に続けるので，ア「彼女はお年寄りの人たちに好かれている」が適当。　イ「お年寄りの人たちは彼女に好かれている」　ウ「彼女はクラブのメンバーに好かれている」　エ「クラブのメンバーは彼女に好かれている」

(2)　(I) would like to go there with (you.)「私はあなたと一緒にそこに行きたい」would like to ～はwant ～「～したい」という意味の丁寧表現。go there「そこに」thereはnursing homeを指す。with you「あなたと一緒に」

重要　(3)　ア「マオとアヤカは上手に歌わなかったが老人ホームで楽しんだ」　イ「マオとアヤカはお年寄りの人たちと話したり歌ったりしたので素敵な時間を過ごした」(○)　最終段落第1，2文にあるそれぞれのセリフに一致。　ウ「マオとアヤカは老人ホームの人たち全員が彼女たちと一緒に歌ってくれたので幸せだった」　エ「マオとアヤカは彼女たちの祖父に会えて，話を聞けたのでとても嬉しかった」

基本　(4)　The storiesは直前にある「お年寄りの人たちの学生時代の話」を指す。それを聞いて「面白かった」が適当。　エ　interestingを入れる。　ア　nervous「緊張する」　イ　careful「注意深い」　ウ　famous「有名な」　オ　excited「わくわくした」

重要　(5)　ア「マオとアヤカは学校で同じクラブに所属している」(○)　第3段落第一文に一致。one of her club membersはAyakaと同格。one of ＋複数名詞「～の1人[1つ]」　イ「マオはアヤカの祖母を訪れた後に自分の祖母に会いたくなった」最終段落参照。アヤカが自分の祖母に会いたくなったので不一致。　ウ「マオが祖父を訪れると彼はいつも歌を何曲か歌うので彼女は自分の祖父が好きだ」そのような記述はない。　エ「マオの祖父は彼女の家の近くに住んでいるので，彼女は家族と一緒によく彼に会いに行く」第1段落参照。マオは岡崎に住んでいて祖父は豊橋にいることがわかる。第二段落第一文で月に2，3度祖父の所に行くとあるので不一致。　オ 「マオの祖父はアヤカの祖母よりも歳を取っている」(○)　第一段落最後から2文目参照。マオの祖父は80歳。最終段落2つ目のアヤカのセリフ参照。アヤカの祖母は70歳だとわかる。　カ 「マオの祖父とアヤカの祖母は旧知の仲だ」そのような記述はない。

4 **(会話文：適語・適文選択補充，要約)**

(全訳)　サキ：ケイト，こんにちは。夏休みはどうだった?

ケイト：素晴らしかったわ。家族とオーストラリアのカンガルー島に行ったの。

サキ　：カンガルー島？　その名前は聞いたことがない。カンガルーがたくさんいるの？

ケイト：【a】ウその通り。①でも島には コアラ，アシカ，ペンギンのような他の動物もたくさんいるのよ。素晴らしい体験と思い出が作れた。

サキ　：【b】アそこで何をしたの？

ケイト：野性動物を見たり，キャンプやハイキングなど。もちろん食べ物もおいしかった。その島は自然の歴史博物館のようで「オーストラリアのガラパゴス」とも呼ばれているのよ。

サキ　：【c】エその島に興味がある。もっと教えて。

ケイト：オーストラリアの南にある。東京の2倍くらいの大きさがある。島ではよく山火事が起こるの。山火事は生態系にとって重要なもの。でも，2019年から2020年にかけて大規模な山火事が起こった。それはとても深刻だった。その山火事で島のおよそ半分が焼失してしまったのよ。島で最大の山火事だった。

サキ　：【d】オそれは残念なことだったわね。何が山火事の原因になるの？

ケイト：たとえば，干ばつ，熱波と落雷。

サキ　：【e】イ他にも被害はあったの？

ケイト：島の希少動物の数が減少してしまったと言われている。その多くは絶滅の危機に瀕している。その火事で島にいる25,000頭のコアラも死んでしまったのよ。

サキ　：信じられない！

ケイト：山火事は気候変動とも(A)関係している。私たち一人一人が環境を気にかけないといけない。

サキ　：そうね。②私たちは今行動を起こす必要があるわね？

ケイト：その通り。私たちは環境に気を付け，人間も生態系の一部であることを理解するべき。私たちは他の生き物と共存しないといけない。

サキ　：私もそう思う。私たちが地球や私たちの未来について考えることは大切よね。地球に優しくあるべき。私たちは世界を変えらえるわ。

ケイト：そう。私たちならできる。

(1)　全訳参照。　ウ　That's right.「その通り」　エ　be interested in ～「～に興味を持つ」　オ　I'm sorry to hear that.「それを聞いて残念に思う[お気の毒に]」

(2)　①　such as ～「～のような」　such as の後にmany other animalsを具体的にあげている。　②　take actionで「行動を起こす」という意味。<It is ～ for +人+ to …>「人が…するのは～だ」という意味の構文。isn't it? は「～ですよね」という付加疑問文。

(3)　A is related to Bで「AはBに関係する」という意味。ここでは主語がwildfiresと複数形なのでareになる。

重要　(4)　(全訳)「お母さん，お元気ですか。

今日私は友人のサキと夏休みに行ったカンガルー島のことを話しました。彼女は島の(X)名前を知りませんでした。それなので，2019年から2020年に起こった島での山火事のことについて彼女に教えてあげました。希少動物が減少していることを知り彼女はとても悲しく思っていました。更に，山火事と気候変動の関係性についても一緒に話しました。私たちの未来のために私たち皆が地球を保護する必要がある。今，私は地球のために(Y)何ができるかを考えています。また手紙を書きます。

　それではまた。　ケイトより」

X　本文サキの2つ目のセリフ参照。2文目で名前を聞いたことがないと言っているので　イ　nameを入れる。I've never heard of ~で「～を一度も聞いたことがない」という意味。ア「国」　ウ「見た目」　エ「気候」

Y　ウ　whatを入れwhat we can do「私たちに何ができるか」という意味にする。thinkの目的語となる間接疑問文。ア「いつ私たちができるか」　イ「どこで私たちができるか」　エ「私たちがどのようにできるか」

★ワンポイントアドバイス★

読解問題では，内容に合うように適当な文や語句を入れる問題が多いので，話の流れに注意して読み進めていこう。先に選択肢に目を通して，その意味を把握してから本文を読んでいこう。そうすることでミスを少なくできる。

＜理科解答＞《学校からの正答の発表はありません。》

1　(1)　ウ　(2)　オ
2　(1)　オ　(2)　キ　(3)　カ　(4)　エ　(5)　ウ
3　(1)　カ　(2)　エ　(3)　オ　(4)　イ
4　(1)　ウ　(2)　エ　(3)　エ　(4)　ク
5　(1)　オ　(2)　ア　(3)　イ，ク　(4)　ア
6　(1)　キ　(2)　イ

○推定配点○

1　各1点×2　2　各1点×5　3　(4)　2点　他　各1点×3　4　各1点×4
5　各1点×4((3)完答)　6　各1点×2　計22点

＜理科解説＞

1　(小問集合－力と仕事，水溶液の性質)

重要　(1)　質量8kg(8000g)の物体にかかる重力は80Nである。図1では動滑車を使っているので，持ち上げるためにロープに加える力F1は80Nの半分で40Nである。また，物体を3m持ち上げるには，ロープを6m引かなければならない。よって，仕事W_1は40(N)×6(m)＝240(J)である。仕事の原理によると，道具や斜面を使っても仕事の大きさは変わらないので，図2でも仕事W_1は240Jである。よって，図2ではF_2×5(m)＝240(J)となり，F_2＝48(N)と求まる。

(2)　実験1で，フェノールフタレイン液は酸性と中性で無色，アルカリ性で赤色になる。アンモニア水はアルカリ性，塩酸は酸性，塩化ナトリウム水溶液は中性なので，表からBがアンモニア水とわかる。次に実験2で，マグネシウムが溶けるのは強い酸性の水溶液のときなので，Cが塩

酸とわかる。残ったAが塩化ナトリウム水溶液である。

2 (植物の種類－植物の特徴と分類)

重要 (1) AとBは種子でふえる種子植物である。Aは種子植物のうち被子植物であり，胚珠が子房に包まれている。Bは種子植物のうち裸子植物であり，胚珠が子房に包まれていない。Cはシダ植物，Dはコケ植物であり，どちらも，種子をつくらず胞子でふえる。そして，種子植物のA，Bとシダ植物のCは，からだに根，茎，葉の区別があり，道管や師管の集まりである維管束もある。しかし，コケ植物のDは，からだに根，茎，葉の区別がなく，水はからだの表面全体から吸収する

(2)・(3) 種子植物のうちの被子植物は，さらに単子葉類と双子葉類に分けられる。ツユクサとススキは単子葉類で，タンポポとサクラは双子葉類である。単子葉類の葉の葉脈は平行脈(a)で，茎の維管束は散らばっており(d)，根はひげ根(e)である。一方，双子葉類の葉の葉脈は網状脈(b)で，茎の維管束は円状に並んでおり(c)，根は主根と側根(f)である。

(4) (1)～(3)の解説の通り，植物の分類を表に描き込むと次の通りである。

<table>
<tr><td rowspan="4">校内の植物</td><td rowspan="3">a　種子植物</td><td rowspan="2">b　被子植物</td><td>双子葉類</td></tr>
<tr><td>単子葉類</td></tr>
<tr><td colspan="2">c　裸子植物</td></tr>
<tr><td colspan="3">d　コケ，シダ植物</td></tr>
</table>

(5) ア 誤り。コケ植物は，根，茎，葉の区別がなく，からだの表面全体から水を吸収する。
イ 誤り。サクラは離弁花だが，タンポポの1つの花では，5枚の花弁がくっついている。
ウ 正しい。胞子の大きさはふつう1mmより小さく，一般的な種子よりも小さい。 エ 誤り。受粉と受精のあと，めしべの胚珠が種子になり，子房が果実になる。 オ 誤り。まつかさは昨年の雌花であり，1年ほどかかって種子ができたものである。

3 (水溶液－溶解度と濃度)

(1) 観察で，砂糖は水に溶けるので，砂糖の粒子は水全体に均一に広がっている。一方，デンプンは水に溶けないので，しばらく静置すると，ビーカーの底の方へ沈む。

重要 (2) 実験1では，60℃の飽和水溶液を30℃まで冷却した。そこで，図を見て溶ける量の変化をみると，硝酸カリウムは110g→46g，ミョウバンは57g→16g，食塩は37g→36gである。変化の最も大きい硝酸カリウムが，最も多くの結晶ができる。その重さは，水が100gの場合110－46＝64(g)なので，水が150gの場合は，64×1.5＝96(g)となる。

(3) 実験2の①で，それぞれの質量パーセント濃度は，Aが10÷(90＋10)×100＝10(％)，Bが25÷(100＋25)×100＝20(％)，Cが45÷(255＋45)×100＝15(％)である。よって，濃度が最も高いのはBである。

(4) 実験2の②で，質量パーセント濃度65％の砂糖水400gには，砂糖が400×0.65＝260(g)溶けている。これに水1600gを加えると，水溶液全体の量は，400＋1600＝2000(g)になるので，水を加えた後の質量パーセント濃度は，260÷2000×100＝13(％)となる。

4 (電流回路－電流による発熱)

(1) 実験1で，図1の回路に流れている電流は$\frac{3.6(\mathrm{V})}{1.2(\Omega)}$＝3.0(A)だから，消費電力は3.6(V)×3.0(A)＝10.8(W)である。3分30秒は，60×3＋30＝210(秒)だから，発熱量は10.8(W)×210(秒)＝2268(J)である。その結果，100gの水の温度が5.4℃上昇したので，水1gの温度を1℃上げるのに必要な熱量x[J]は，100×5.4×x＝2268より，x＝4.2(J)となる。

(2) 図2での発熱量は，(1)と同じ2268Jである。オリーブ油1gの温度を1℃上げるのに必要な熱量が1.7Jだから，オリーブ油の温度がy[℃]上昇したとすると，50×y×1.7＝2268より，y＝

26.6…で，四捨五入により27℃となる。

(3)　実験2で，図3に回路に流れている電流は$\frac{3.6(\mathrm{V})}{1.8(\Omega)}=2.0(\mathrm{A})$である。だから，消費電力は3.6(V)×2.0(A)＝7.2(W)である。5.4℃上げるのに必要な熱量は(1)と同じ2268Jである。かかる時間をz[秒]とすると，$7.2\times z=2268$より，$z=315$(秒)，つまり5分15秒となる。
あるいは，図1と図3で電圧は同じなので，消費電力の比は電流の比と同じで，3：2となる。そのため，同じ5.4℃上昇するのにかかる時間の比は，逆比の2：3となる。図1では210秒だったので，2：3＝210：zより，$z=315$(秒)，つまり5分15秒と求めてもよい。なお，図2では図1と比べ抵抗が大きいので電流が減り，時間が長くかかる。3分30秒よりも長い選択肢はエだけだと判断することもできる。

やや難　(4)　図4では，1.2Ωの電熱線1にかかる電圧が3.6Vなので，電流I_4や消費電力P_4は(1)で計算したものと同じになり，$I_4=3.0$(A)で，$P_4=10.8$(W)である。一方，図5では，回路全体の抵抗は1.2＋1.8＝3.0(Ω)だから，流れている電流I_5は$\frac{3.6(\mathrm{V})}{3.0(\Omega)}=1.2(\mathrm{A})$である。よって，電熱線1にかかる電圧は，1.2(A)×1.2(Ω)＝1.44(V)となり，消費電力P_5は1.44(V)×1.2(A)＝1.728(W)となる。以上より，$I_4:I_5=3.0:1.2=5:2$であり，$P_4:P_5=10.8:1.728=25:4$となる。なお，同じ電熱線1に流れる電流が$I_4:I_5=5:2$だから，かかる電圧の比も5：2となり，消費電力の比は$P_4:P_5=(5\times5):(2\times2)=25:4$と求めてもよい。

5 (気象－日本の天気)

(1)　図1の前線は停滞前線である。前線の北には冷たくて湿ったオホーツク海気団があり，南には暖かくて湿った小笠原気団がある。それらがぶつかるために，前線付近では雨が多い。これは，梅雨の天気図に多い特徴である。

(2)　北半球の高気圧では，空気は中心から外側に向けて時計回りに吹き出す。

(3)　夏が蒸し暑いのは，太平洋にある小笠原気団から暖かく湿った空気が吹き出すためで，日本列島では南東から吹く季節風となる。また，晴天のときの昼の海辺では，陸地の温度が上がりやすく，陸地で上昇気流が起こるため気圧が低くなる。よって，海から陸に向けて海風が吹く。

重要　(4)　冬になると，大陸のシベリア高気圧が発達し，日本付近は西高東低の気圧配置になる。シベリア高気圧から吹き出す北西の季節風は，日本海の上で水蒸気を吸収する。その空気は，日本列島の山脈で上昇して膨張し，雲をつくって，日本海側に雪を多く降らせる。

6 (小問集合－生態系，火成岩)

基本　(1)　矢印は炭素の循環を示しているので，大気中の矢印の出入りは二酸化炭素である。よって，Aは呼吸と光合成を両方行う植物のイネである。また，太い矢印で示されたA➡B➡Cは食物連鎖であり，Bは草食のスズメ，Cは肉食のタカである。Dは分解者の細菌類である。

(2)　この火成岩は，斑晶と石基からなる斑状組織を持つ。これは，マグマが地表や地下浅部で急に冷えて固まった火山岩のなかまであり，イ，エ，カのどれかである。さらに，粘り気が強く流れにくい性質を持つことから，白っぽい流紋岩があてはまる。

★ワンポイントアドバイス★

1問の中で考える内容が多い。安易に選択肢に飛びつかず，筋道を立ててよく考えて答えるように心がけよう。

＜社会解答＞《学校からの正答の発表はありません。》

1 (1) ア　(2) イ　(3) オ
2 (1) エ　(2) 5 イ　6 ア　(3) ウ　(4) エ
3 (1) ウ　(2) ア　(3) イ，ウ，エ
4 (1) ア，ウ，エ　(2) イ　(3) ア
5 (1) ウ　(2) キ　(3) ウ　(4) エ
6 (1) ア，イ　(2) カ　(3) エ

○推定配点○
1　各1点×3　2　各1点×4((2)完答)　3　(3)　2点(完答)　他　各1点×2
4　(1)　2点(完答)　他　各1点×2　5　各1点×4　6　各1点×3((1)完答)　計22点

＜社会解説＞

1 (日本と世界の歴史－日本の世界遺産に関する総合問題)

(1) 平清盛は1156年の保元の乱で後白河天皇方につき，後白河天皇が上皇や法皇になった後も密接な関係を築いた。1167年には武士として初めて太政大臣となり，経済面では，大輪田泊という兵庫の港を整備して日宋貿易を行い，利益を得た。

(2) 島原・天草一揆は江戸時代初期の1637年に発生した。これ以降の世界のできごととして，袁世凱が清を滅ぼして中華民国が成立したのが1912年のことなので，イが正しい。なお，アのモンゴル帝国建国は1206年，ウのザビエルの来航は1549年，エのグーテンベルクの活版印刷術の発明は1445年ごろのできごとである。

基本　(3) 日清戦争は1894年に起こり，翌1895年に下関条約が結ばれた。この条約では遼東半島(のちに三国干渉で返還)や台湾などの領土と多額の賠償金を手に入れた。この賠償金を利用して八幡製鉄所が建設され，1901年に操業を開始した。

2 (日本の歴史－土地制度や税に関する問題，古代～現代)

(1) 絵図Xの下地中分とは，荘園を二分して地頭と荘園領主にそれぞれ支配させる制度のことである。地頭は1185年に源頼朝によって設置された役職なので，bの時期があてはまる。また，絵図Yの戸籍は，性別をいつわって女子の人数が多くなっているが，これは奈良時代～平安時代の律令制度下での税制では，男子の負担が女子に比べて大きかったからである。よってaの時期があてはまるので，エが正しい。

重要　(2) 古い順に並べると，ウの大宝律令の完成が701年，イの平城京がつくられたのが710年，アの墾田永年私財法が出されたのが743年，エについて，最澄が天台宗を開いたのは805年，空海が真言宗を開いたのは806年である。よって2番目はイ，3番目はアとなる。

基本　(3) 豊臣秀吉は，1582年に検地を始め，基準を統一するために京ますをつくった。太閤検地では，土地のよしあしやその土地から取れる石高，耕作者を検地帳に記録し，耕作者である百姓は石高に基づく年貢を負担させられた。

重要　(4) 明治政府は，税収を安定させるために，1873年に地租改正を実施した。地租改正では，土地の所有者に地券を発行し，所有者は地価の3%（のちに2.5%)を現金で納めることになった。消費税は1989年に税率3%で導入され，その後1997年に5%，2014年に8%，2019年に10%（食品などは8%のまま)と段階的に税率が上がっている。よってエの組み合わせが正しい。

3 (日本の地理－各地の工業，気候，資料の読み取り)

やや難 (1) 四大公害病が発生した4県とは，水俣病の熊本県，第二水俣病の新潟県，イタイイタイ病の富山県，四日市ぜんそくの三重県である。Xは，製造品出荷額の約4分の1を輸送用機械が占めていることから三重県，Yは，食料品や化学，金属製品の割合が高いことから新潟県となる。

基本 (2) 表ⅡのAは，冬の平均気温が低く，降水量も多いことから新潟県新潟市だとわかるので，アが正しい。なお，表ⅡのBは，夏の降水量が冬よりも多いことから茨城県つくば市，Cは，年間を通して気温が高く，降水量も多いことから沖縄県宮古島市である。また，イは愛媛県，ウは茨城県，エは沖縄県の略地図である。

(3) ア　宮城県の人口密度は，2000年から2020年にかけて減少しているので誤り。　イ　千葉県の人口密度は，1970年から2020年まで常に増加していて，過疎地域が占める割合は13.3％で，人口集中地区が占める割合の12.5％より多いので正しい。　ウ　福岡県の人口密度は，1970年から2020年まで常に増加していて，過疎地域が占める割合は36.4％で，人口集中地区が占める割合の11.4％の3倍以上あるので正しい。　エ　宮城県の年齢別人口の割合において，0～14歳の割合は，1990年は19.6％，2019年は11.8％と減少している。また，65歳以上の割合は，1990年は11.9％，2019年は28.3％と2倍以上に増加しているので正しい。　オ　千葉県の年齢別人口の割合において，1990年の0～64歳の割合は90.8％だが，2019年には72.1％であるので誤り。
カ　福岡県の年齢別人口の割合において，1990年の15歳以上の割合は87.6％と，90％以下なので誤りである。

4 (地理－図法や農業，エネルギー資源など)

やや難 (1) 略地図Ⅰは，面積を正しく表したモルワイデ図法で，分布図に使用される。モルワイデ図法は中・高緯度の陸地の形はゆがみが小さいが，低緯度，つまり赤道に近いほど陸地の形のゆがみは大きくなる。また，赤道は南アメリカ大陸とアフリカ大陸のどちらも通っている。そして，縦の線である経線は15度間隔に引かれている。よってア，ウ，エが正しい。

(2) 米の生産量と輸出量が多い国は，熱帯地域や温帯地域に属するアジア州の国である。また，小麦の生産量と輸出量で上位に入っているロシアは国土の大部分が冷帯であり，同様に国土の大部分が冷帯である国で上位に入っている国はカナダである。なお，オーストラリアは国土の大部分が乾燥帯である。

やや難 (3) Ⅰの略地図中で黒く塗られた3国は，天然ガスの産出量が1位から3位の国で，多い順にアメリカ，ロシア，イランである(2019年)。また，グラフⅢは，Aが天然ガス，Bが石油，Cが石炭の州別産出量の割合をそれぞれ表している。よって正答はアとなる。

5 (公民－経済活動と消費者の権利，史料の読み取りなど)

重要 (1) 未成年取消権は，一定の条件を満たしていれば契約を取り消すことができる権利であり，これは未成年者は契約の知識が少なく経験が浅いためにみとめられている権利であるが，2022年4月より成人年齢が満18歳以上となったため，権利を適用できる年齢の範囲が小さくなった。なお，アのクーリング・オフ制度は，契約を解除できる期間が決まっていて(一般的には8日以内)，いつでも契約を解除できるわけではない。また，イの欠陥商品により消費者が被害を受けたときの企業の責任について定めたものはPL法[製造物責任法]である。そして，エの事業者の一定の行為により，消費者が誤認した状態で契約を結んだ場合に，その契約を取り消すことができると定めたものは消費者契約法である。

重要 (2) X　株式会社が倒産した場合に，株主は投資した金額以上の責任を負う必要はなく，これを株主の有限責任というので誤り。　Y　日本の企業のうち，約99％は中小企業であり，従業員の約70％は中小企業に勤めている。その一方で，生産額の約半分は大企業が占めているのが現状であるので誤り。　Z　ベンチャー企業とは，新しい技術や独自の経営ノウハウを元に，革新的な事業を展開する企業のことを表すので正しい。よって，キの組み合わせが正答である。

基本　(3)　市場での適正な競争をうながして消費者が不利益を得ないようにするために，1947年に独占禁止法が制定され，その運用には公正取引委員会があたっている。

(4)　1995年以降最も少なくなっているⅡが被服・はき物である。一方，割合が増え続けているⅢが交通・通信で，2005年にはⅠの食料との差が10%未満に縮まっていることがわかる。

6　**(公民－地方自治に関する問題)**

やや難　(1)　地方自治は，地域住民の生活に結びついた仕事を行っている。具体的には，アの高齢者施設を拡充して障がい者福祉を進めたり，イの病院や診療所などの医療施設を整備したりすることなどが挙げられる。なお，ウの社会保険やエの公害対策は自治体単位ではなく，厚生労働省や環境省など，政府が行うものである。

重要　(2)　地方自治において認められている直接請求権は，一定数以上の署名を集めて提出することで自治体に要望することができる権利である。このうち，条例の制定・改廃については全有権者数の50分の1以上の署名を集め，首長に提出して請求するのでカが正しい。なお，その後首長は地方議会に付議し，議会が決議をしてその結果を公表することになる。

(3)　地方公共団体の多くは自主財源が不足しており，地方公共団体間の財政格差をおさえるために，国から地方交付税交付金という補助金が支給される。なお，ウの国庫支出金も国から支給されるものだが，これは国が行う仕事を代わりに行うために支給されるものである。

★ワンポイントアドバイス★

制限時間に対して問題数は多くないものの，資料の読み取り問題や，正答を複数選ぶ問題など，時間がかかる問題も散見される。難問だと思ったら後回しにした上で，即答できる問題から先に攻略していこう。

＜国語解答＞《学校からの正答の発表はありません。》

一　(一)　A　ク　B　エ　(二)　エ　(三)　イ　(四)　ア　(五)　ウ　(六)　イ

二　(一)　①　イ　②　ア　(二)　エ

三　(一)　ア　(二)　エ　(三)　エ　(四)　エ　(五)　ウ　(六)　エ

四　(一)　イ　(二)　ウ　(三)　ウ　(四)　イ

○推定配点○

一(六)・三(六)　各2点×2　他　各1点×18　計22点

＜国語解説＞

一　(論説文一大意・要旨，内容吟味，文脈把握，接続後の問題，脱文・脱語補充)

(一)　A「人間には優れた脳がある」という前に対して，後で「人間の脳の仕組みはチンパンジーと比べても……大きな違いはない」と相反する内容を述べているので，逆接の意味を表すことばがあてはまる。　B「会話をすることで目標を共有し，そのための作業を分担することが可能になる」例として，後で「狩をする場合」を挙げているので，例示の意味を表すことばが当てはまる。

(二)　直前に「いわば」という言い換えの意味を表す語があるので，前の「コミュニケーション」の働きがあてはまる。同じ段落の「目標を共有し，そのための作業を分担する」に通じるのは，エの「組織」。他の選択肢は，「目標を共有」や「作業を分担」に通じるものではない。

基本　(三)　[11]段落に「これがコミュニケーション能力の提供してくれたもう一つの利益」とあるので，この前に「コミュニケーション能力の第二の効果」が書かれている。「個人が経験して獲得した知恵を他者にも伝達できる」と述べているイを選ぶ。

(四)　前後の文脈から，いろいろな方法を試みて失敗を繰り返しながら解決方法を探すという意味のことばが入る。アは「シコウサクゴ」，イは「アンチュウモサク」，ウは「ウオウサオウ」，エは「シュシャセンタク」と読む。

(五)　傍線部③の「エサが出る条件」は「環境」に対応している。「環境」の違いに合わせて「次第にレバーを押す行動が増えてくる」というのであるから，ラットは「レバーを押す」という行動パタンを学習したことになる。この内容を述べて理由としているウが最も適当。

やや難　(六)　人間の「コミュニケーション能力」によって，[11]段落「個人が経験して獲得した知恵を他者にも伝達できる」，[12]段落「次の世代がこれを継承し，また，これに新たな知識が付け加わってゆく」ことによって，[14]段落「料理のレシピも医学の知識も……知恵を寄せ集め，組み合わせ，体系化してきた」を「学習性による行動を多様にすることができる」と言い換えているイが最も適当。アの「あらゆる動物の中で」に通じる内容は本文に書かれていない。

二　(漢字の読み書き，ことわざ・慣用句)

(一)　①　「意匠」は工夫やデザインのこと。　②　「会心」は期待通りになり満足なこと。

(二)　「琴線に(　③　)」で，良いものに感銘を受けるという意味になる。

三　(論説文─大意・要旨，内容吟味，文脈把握，接続語の問題，脱文・脱語補充)

(一)　傍線部①の「個別的」は，一つ一つ別にしてとらえるという意味なので，アが最も適当。イとウは「個別的」の意味に合わない。エは「個性的」の意味。

重要　(二)　直後の文で「われわれはふだん言葉で考え，ものの名前でものを区別する」と述べ，同じ[3]段落の最後で「ものの区別は……実際に役に立つことを目的としている」と説明している。傍線部②は「美的知覚」について述べているので，「美的知覚」について述べている部分を探すと，[7]段落に「美的知覚とは，外面的，実用的な目的を排除し，それぞれ特殊な個に対する集中によって得られる直感的認識である」とある。ここから，実用的な目的のために名前で区別する「言語」と，実用的な目的を排除する「美的知覚」は相容れないことが読み取れる。この内容を「背反」という語を用いて理由としているエが最も適当。アの「ものとものとを区別させる」ことは，「言語があまり役に立たない」理由とはならない。イとウに通じる叙述はない。

(三)　「直接答える」には，[7]段落の「雨そのものを知ろうとする」ことが必要である。[7]段落では，そのためには「その雨に注意し，雨以外のものを排除し……雨そのもののために雨を経験するしかない」と述べている。この内容にエが適当。アの「明らかにしようとする」，イの「予測」，ウの「分析」は科学者の立場によるもので，「雨」が何であるか直接答えるものではない。

(四)　傍線部④の「傍観者の立場」を直後の文で「観照」「静観」と言い換えた後，直後の段落で「緊張した均衡の状態であり，積極的な認識である」と説明している。「積極的」を「自発的」と表現しているエを選ぶ。他の選択肢は，「緊張した均衡」や「積極的」という説明に合わない。

重要　(五)　「芸術」の営みについて，最終段落で「芸術が，ある余裕から生まれた『遊び』であり，義務や必然から解放された自由の享受」と説明している。この説明にウが適当。アの「実用的な営み」，イの「正しい生き方を追求する営み」，エの「よい，悪いの判断をする」の部分が適当ではない。

重要 (六) 本文は「芸術」について論じている。③・④段落で「言語」と，⑤～⑧段落で「科学」と，⑨～⑪段落で「倫理」と対比させて述べ，⑫段落で「芸術」の価値を改めて主張している。この文章の展開を説明したものとして最も適当なものはエ。

四 (古文―情景・心情，文脈把握，品詞・用法)

〈口語訳〉 蝶を愛する姫君がお住みになっているすぐ近くに，按察地の大納言の娘(が住んでいて)，奥ゆかしく並々ならぬ様子で，親たちが大切に育てなさること限りがない。

この姫君がおっしゃることには，「人々が，花や，蝶やと愛するのは，あさはかでよくない。人は誠実な心で，本当の姿を追究することが，心の在り方が趣がある」と，いろいろな虫の，恐ろしげなものを集めて，「これが変化するならその様子を見よう」と，いろいろな虫籠に，お入れさせなさる。「中でも毛虫が，趣深い様子が奥ゆかしい」と，朝も晩も，髪を耳にかけて，手のひらにのせてじっと見つめなさる。

年若い女房たちは恐ろしがるので，男の童で，怖がらず，身分の低い者を呼び集めて，虫籠の，虫たちを手に取らせ，名前を尋ね，今(名前が分からない)新しい虫には名前をつけて，おもしろがっていらっしゃる。

「人はみな，とりつくろうところがあるのがよくない」と，眉をまったくお抜きにならない。お歯黒も，「煩わしいいし，汚い」とおつけにならない。たいそう白い歯を見せて笑いながら，この虫たちを，朝に晩にと愛されたのだった。

基本 (一) イは連体修飾語を示す意味・用法で，他はすべて主語を示す意味・用法。

(二) 直前の「……中にもかはむしの，心深きさましたるこそ心にくけれ」と言って「手のうらに添へふせてまぼり給ふ」姫君の様子を見て，年若い女房たちは怖がっている。「まぼり給ふ」の意味に合うものを選ぶ。

(三) 直前の「人はすべて，つくろうふところあるはわろし」から，理由を読み取る。姫君は，人が自分をよく見せようと取りつくろうのはよくないと考えているので，ウが最も適当。

重要 (四) 「この姫君」で始まる段落の「人はまことあり，本地たづねたるこそ，心ばへをかしけれ」という言葉から，「大納言の御むすめの考え」を読み取る。「まこと」を誠実な心，「本地」を本当の姿と言い換えて説明しているイを選ぶ。他の選択肢は，この「大納言の御むすめ」の言葉に合わない。

★ワンポイントアドバイス★

読解問題では，理由を問う設問が多い。ふだんから傍線部の前後に着目して，文脈を意識した読み取りを心がけよう。

2022年度

入　試　問　題

2022年度

人間環境大学附属岡崎高等学校入試問題

【数　学】（45分）　　＜満点：22点＞

1　次の(1)から(8)までの問いに答えなさい。

(1)　$7-13-(-5)$　を計算しなさい。

(2)　$-\frac{3}{10}\div\left(-\frac{2}{5}\right)^2\times\frac{8}{3}$　を計算しなさい。

(3)　x についての方程式　$4x-a=2(x+a)-5$　の解が8のとき，a の値を求めなさい。

(4)　$(\sqrt{3}+\sqrt{2})^2-\frac{6}{\sqrt{6}}$　を計算しなさい。

(5)　方程式　$2x(x-3)=x^2-9$　を解きなさい。

(6)　$x=\frac{6}{5}$，$y=\frac{4}{5}$ のとき，$\frac{x+3y}{3}-\frac{3x-y}{4}$　の値を求めなさい。

(7)　グラフが，直線 $y=-4x$ に平行で，点（1，2）を通る直線の方程式を求めなさい。

(8)　次のデータの四分位範囲を求めなさい。

13，15，10，6，7，16，10，11，12

2　次の(1)から(4)までの問いに答えなさい。

(1)　点Pは正六角形ABCDEFの頂点Aにある。さいころを1個投げて，出た目の数と同じ数だけ点Pは頂点をB，C，D，……の順に矢印の向きに動く。さいころを2回投げたとき，点Pが2回目に初めて点Eに止まる確率を求めなさい。

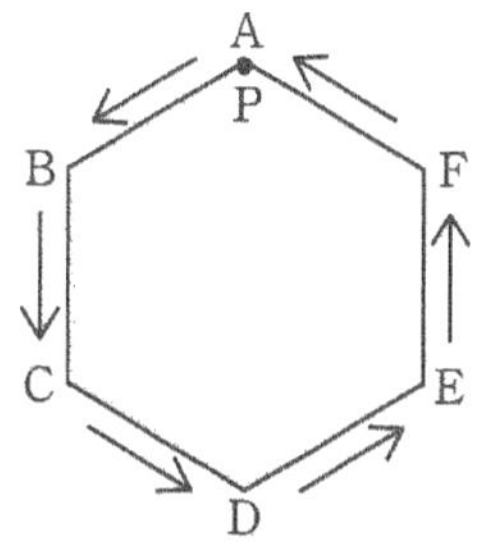

(2)　2けたの整数から，この整数の十の位の数と一の位の数を入れかえてできる整数を引くと，その差は9の倍数であることを，次のように証明したい。

[ア]，[イ]，[ウ] に，あてはまる最も適当な式を書きなさい。

なお，2か所の [ア]，[イ]，[ウ] には，それぞれ同じ式があてはまる。

> （証明）十の位の数を x，一の位の数を y とすると，2けたの整数は [ア] と表され，十の位の数と一の位の数を入れかえてできる整数は [イ] と表される。
> 差は（ [ア] ）－（ [イ] ）＝ [ウ]
> $x-y$ は整数だから，[ウ] は9の倍数である。
> したがって，2けたの整数から，この整数の十の位の数と一の位の数を入れかえてできる整数を引くと，その差は9の倍数である。

(3) 図で，Oは原点，A，Bはそれぞれ関数 $y=\frac{1}{2}x^2$，$y=ax^2$（a は定数）のグラフ上の点，Cは y 軸上の点で，四角形AOBCは平行四辺形である。

点Aの x 座標が－3，平行四辺形AOBCの面積が36のとき，次の①，②の問いに答えなさい。

① 点Cの座標を求めなさい。

② a の値を求めなさい。

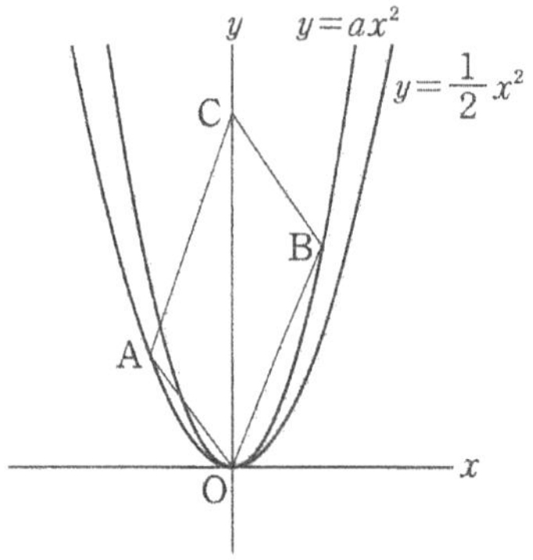

(4) 兄と弟が２地点A，BをAを出発点とし，AからBまでを１往復する。弟がAを出発して80秒後に兄が出発したところ，兄と弟が同時にAに戻ってきた。

兄の走る速さと弟の歩く速さがそれぞれ，秒速2.5m，秒速1.5mのとき，次の①，②，③の問いに答えなさい。

① AB間の距離は何mか，求めなさい。

② 弟が出発して x 秒後の弟のAからの距離を y mとするとき，弟がAに戻ってくるまでの x と y の関係をグラフに表しなさい。

③ ２人がすれ違うのは，弟が出発してから何秒後か，求めなさい。

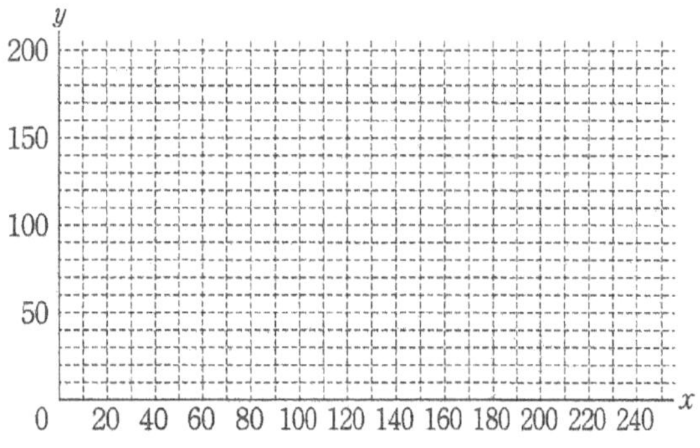

3 次の(1)から(3)までの問いに答えなさい。

ただし，円周率は π とする。

(1) 図で，A，B，Cは円Oの周上の点で，∠BAC＝21°，∠ABO＝47°のとき，∠ACOの大きさは何度か，求めなさい。

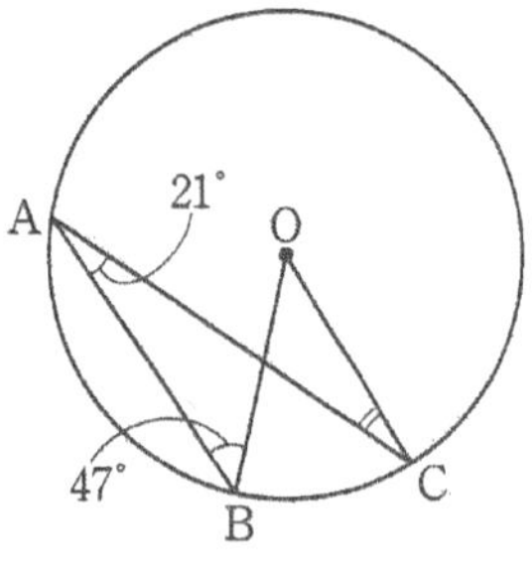

⑵　図で，四角形ABCDは平行四辺形，正五角形EFGHIの頂点E，Gはそれぞれ平行四辺形ABCDの辺AD，BC上にある。

∠HGC＝20°のとき，∠DEIの大きさは何度か，求めなさい。

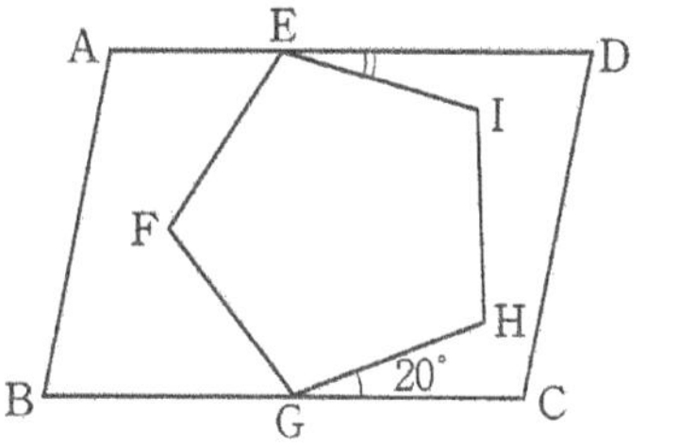

⑶　図で，四角形ABCDはAD//BCの台形で，半円Oは点E，C，Dでそれぞれ台形ABCDの辺AB，BC，ADと接している。

AB＝13cm，BC＝９cm，半円の半径が６cmのとき，次の①，②の問いに答えなさい。

①　ADの長さは何cmか，求めなさい。

②　辺DCを軸として，台形ABCDを１回転させてできる立体の体積は何cm^3か，求めなさい。

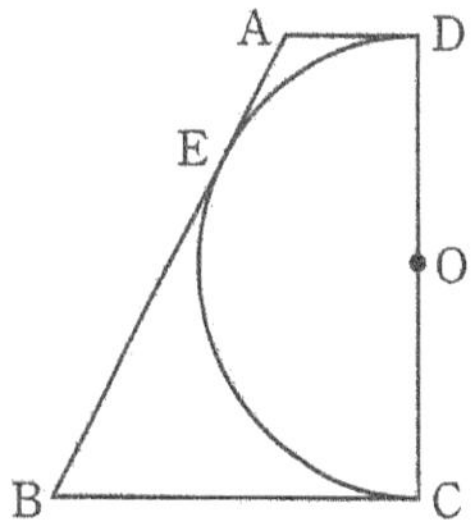

【英　語】（45分）　＜満点：22点＞

【注意】　１の問題は聞き取り検査です。「始め」という指示があってから，聞き取り検査が始まるまで，１分30秒あります。下の「答え方」をよく読みなさい。

1　指示に従って，聞き取り検査の問題に答えなさい。

「答え方」

問題は第１問と第２問の二つに分かれています。

第１問は１番から３番までの三つあります。それぞれについて，最初に会話文を聞き，続いて，会話についての問いと，問いに対する答え，ａ，ｂ，ｃ，ｄを聞きます。そのあと，もう一度，その会話文，問い，問いに対する答えを聞きます。必要があればメモをとってもよろしい。

問いの答えとして正しいものは解答欄の「正《せい》」の文字を，誤っているものは解答欄の「誤《ご》」の文字を，それぞれ○《まる》でかこみなさい。正しいものは，各問いについて一つしかありません。

第２問は，最初に英語の文章を聞きます。続いて，文章についての問いと，問いに対する答え，ａ，ｂ，ｃ，ｄを読みます。問いは問１と問２の二つあります。そのあと，もう一度，文章，問い，問いに対する答えを読みます。必要があればメモをとってもよろしい。

問いの答えとして正しいものは解答欄の「正《せい》」の文字を，誤っているものは解答欄の「誤《ご》」の文字を，それぞれ○《まる》でかこみなさい。正しいものは，各問いについて一つしかありません。

メモ欄（必要があれば，ここにメモをとってもよろしい。）

※放送台本は非公表です。

2　次の地図記号（map symbol）を見て，あとの問いに答えなさい。

説明文

Let’s check this map.

Can you find this symbol?

In this symbol, [　①　] a house.

This means a place for very old people.

I think it is because [　②　] when they walk.

（問い）あなたは外国人の友達と地図を確認しており，この地図記号について説明をすることになりました。説明文の [①] には，この地図記号が示す形を，[②] にはその理由を，それぞれ5語以上の英語で書き，英文を完成させなさい。

ただし，[①] には in ～（～に），[②] には use ～（～を使う）を必ず使うこと。また，下の語句を参考にしてもよい。

＜語句＞

枕　a stick　　～することができる　can ～　　老人　old people

3　早紀（Saki）と留学生のケイト（Kate）が会話をしています。二人の会話が成り立つように，下線部①から③までのそれぞれの（　）内に最も適当な語を入れて，英文を完成させなさい。ただし，（　）内に文字が示されている場合は，その文字で始まる語を解答すること。

Saki: Do you enjoy your school life in Japan?

Kate: Yes, I have a great time here in Japan. Everyone is kind to me.

Saki: I'm happy to hear that. By the way, ① I'm (i　　)(　　) your school life in your country.

Kate: Sure. What do you want to know?

Saki: Tell me about your school uniform. Does your school have a uniform, too?

Kate: No, it doesn't. Actually, ② I have to think about (w　　)(　　) wear to school every day. It is annoying. So, I think it's a good idea to have school uniforms in Japan. Everyone doesn't need to think about their clothes. Is there anything else you want to ask?

Saki: Well, ③ (h　　)(　　) school lunch? Does your school serve it?

Kate: No, we bring lunch boxes to school or buy lunch at a school cafeteria. Then we can eat it at the cafeteria or outside.

Saki: Sounds great!

（注）annoying　面倒な　　serve ～　～を提供する

4　次の文章を読んで，あとの(1)から(5)までの問いに答えなさい。

I first came to Japan about 45 years ago. If my memory is correct, the Japanese money of that time was different from the money that we all use today. There are at least two different ways. First, the 10,000 yen bills which we used 45 years ago were larger than they are now. Second, 500 yen coins were not（ A ）at that time. Instead, there were 500 yen bills.

The first stay of mine in Japan was for six months, and several years later I came back. I used 500 yen bills at restaurants, shops and so on during the first stay. When I came to Japan again, I had dinner at the restaurant and paid as in the old days. ① At that time,【get / was / I / to / the change / because / surprised】it was a 500 yen coin instead of a bill. Then I saw it for the first time. Though I did not get used to using the coins, now, it has become common for me.

About 20 years ago, I adapted my "500 Yen Coin Rule." The rule said that when I got a 500 yen coin somewhere, I could only use it before I returned home. It meant that I had to put it in a container when I got home. I thought this was a good way [②]. I bought a special large container. After that, I was looking forward to going home when I got the coin.

10 years later, finally, it was full of the coins. Imagine how happy I was when I counted the coins. I had about 1.5 million yen! I have continued this rule since then and I bought a new container. I am still waiting for the time to count a lot of coins next time!

（注） correct 正しい at least 最低でも bill 紙幣 coin 硬貨 pay 支払う
get used to ～ ～に慣れる adapt ～ ～を取り入れる container 容器
imagine ～を想像する million 百万

(1) （A）にあてはまる最も適当な語を，次の５語の中から選んで，正しい形にかえて書きなさい。
come get use keep play

(2) 下線①のついた文が，本文の内容に合うように，【 】内の語句を正しい順序に並べかえなさい。

(3) [②] にあてはまる最も適当な英語を，次の**ア**から**エ**までの中から一つ選んで，そのかな符号を書きなさい。

ア to get a lot of bills
イ to keep many coins
ウ to give a present
エ to make a large box

(4) 本文中では，500 Yen Coin Rule についてどのように述べられているか。最も適当なものを，次の**ア**から**エ**までの文の中から一つ選んで，そのかな符号を書きなさい。

ア When I bring a 500 yen coin home, I put it in a container.
イ I always use 1,000 yen bills to get 500 yen coins as the change.
ウ I have to use 500 yen coins at restaurants or shops twice a week.
エ If my friends find 500 yen coins, they tell me about that.

(5) 次の**ア**から**カ**までの文の中から，その内容が本文に書かれていることと一致するものを全て選んで，そのかな符号を書きなさい。

ア It has been about 30 years since the writer first came to Japan.
イ The size of the 10,000 yen bills is smaller than 45 years ago.
ウ The writer didn't use 500 yen coins when he visited Japan again.
エ For the rule, the writer had to get bills when he went out.
オ The writer has continued the "500 Yen Coin Rule" for 20 years.
カ Anyone who tries this rule can have 1.5 million yen for 10 years.

5 結衣（Yui）と留学生のステイシー（Stacy）が会話をしています。次の会話文を読んで，あとの(1)から(4)までの問いに答えなさい。

Stacy: Hi, Yui. How's it going today?
Yui: I'm tired because I have studied English hard for the exam since last week.
Stacy: You mean you didn't sleep well last night?
Yui: 【 a 】
Stacy: Why do you study it so hard?
Yui: ① Well, actually I'd like to study （ ア ） in your country in the future, so I'm doing it to be a successful English speaker.
Stacy: 【 b 】 We will surely meet together in my country again!
Yui: I hope so. By the way, when will you leave Japan?
Stacy: On the last day of next month. I don't have enough time to stay in Japan. I really miss you, Yui.
Yui: 【 c 】 Oh, I have a good idea! Why don't we go on a trip somewhere before you go back to your country?
Stacy: Sounds good! I like that!
Yui: Where would you like to go in Japan?
Stacy: I want to see a golden temple in Kyoto! I have （ A ） it on the TV program in my country but I don't remember the Japanese name. What's the name of it?
Yui: It's *Kinkakuji* temple. ② It's one of the most famous temples not only in Kyoto （ イ ） also in Japan.
Stacy: 【 d 】 How long does it take from here?
Yui: Maybe about 35 minutes to Kyoto if we get on *Shinkansen* from Nagoya.
Stacy: Only about 35 minutes? Awesome! It's very close to Nagoya! What else should we do or see for a good memory in Kyoto?
Yui: You can wear *kimono* in front of *Kiyomizudera* temple and take photos there!
Stacy: That's exciting for me! Will you also wear *kimono* with me?
Yui: 【 e 】 Let's take pictures in *kimono* to create our best memory in Japan!
Stacy: Yeah! I can't wait for the trip!

（注） program 番組　close to ～ ～に近い

(1) 次のページのアからオまでの英文を，会話文中の【a】から【e】までのそれぞれにあてはめて会話の文として最も適当なものにするには，【b】と【d】にどれを入れたらよいか，そのかな符号を書きなさい。ただし，いずれも一度しか用いることができません。

ア Me too.　　イ Definitely yes!　　ウ That's right.
エ I'm glad to hear that.　　オ Oh, I didn't know that!

(2) 下線①，②のついた文が，会話の文として最も適当なものとなるように，（ア），（イ）のそれぞれにあてはまる語を書きなさい。

(3) （A）にあてはまる最も適当な語を，次のアからエまでの中から選んで，そのかな符号を書きなさい。

ア see　　イ saw　　ウ seen　　エ seeing

(4) 次の英文は，この会話が行われた夜，ステイシー（Stacy）が母に送ったメールです。このメールが会話文の内容に合うように，次の（X），（Y）のそれぞれにあてはまる最も適当な語を書きなさい。

Dear Mom,

Today I talked with Yui about our farewell trip to Kyoto. She will take me there and show me around! We are going to visit *Kinkakuji* temple, one of the most (X) temples in Japan, and then take photos together wearing *kimono*! Sounds wonderful! I'm looking forward to going to Kyoto and experiencing a traditional Japanese culture there. I hope it will be a good (Y) while staying in Japan!

Love,
Stacy

【理　科】（45分）　　＜満点：22点＞

1　次の(1)，(2)の問いに答えなさい。

(1)　立方体の物体をばねばかりにつるし，値を測定したところ，2.5Nであった。

　次に，図のようにこの物体をばねばかりにつるしたまま水の中に全体を入れたところ，ばねばかりの値は1.4Nとなった。

　このとき，浮力について説明した次の文中の（①）にあてはまる図と（②）にあてはまる数値の組み合わせとして最も適当なものを，下の**ア**から**ク**までの中から選んで，そのかな符号を書きなさい。ただし，図中の矢印の長さは水圧の大きさを示しているものとする。

図

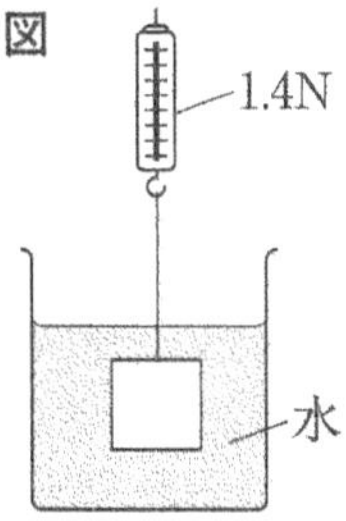

物体が水の中に入っているときの物体にはたらく水圧のようすを，正しく表した図は（　①　）であり，物体にはたらく浮力の大きさは（　②　）である。

ア　①
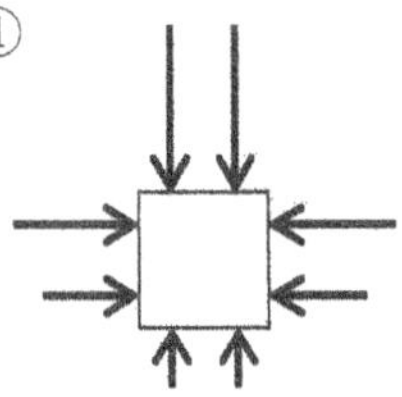
②　1.1N

イ　①
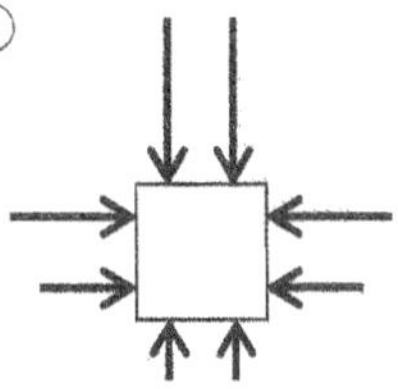
②　1.4N

ウ　①
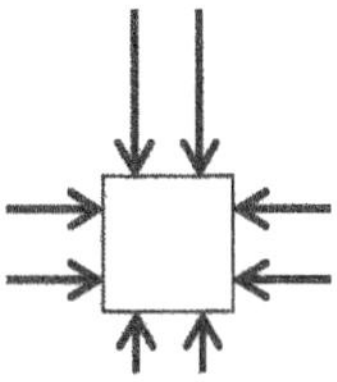
②　1.1N

エ　①
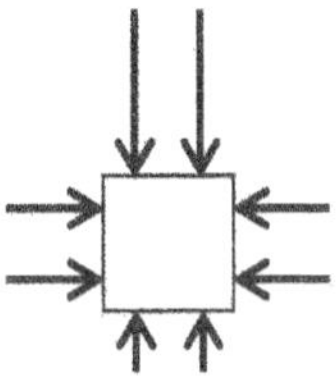
②　1.4N

オ　①
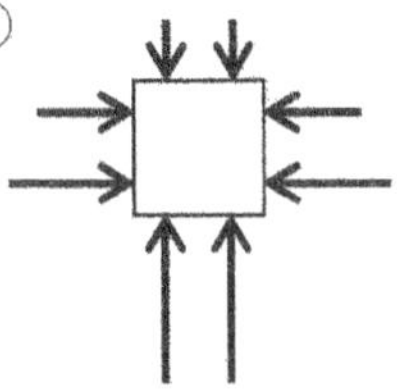
②　1.1N

カ　①
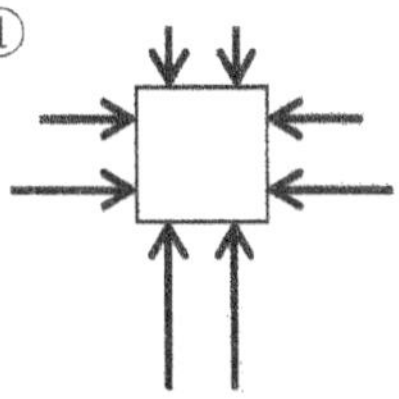
②　1.4N

キ　①
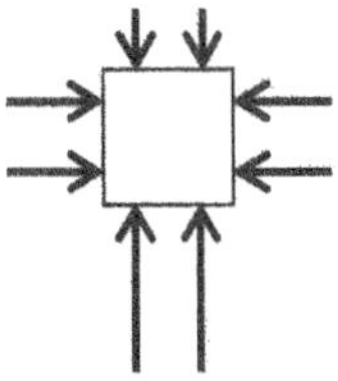
②　1.1N

ク　①
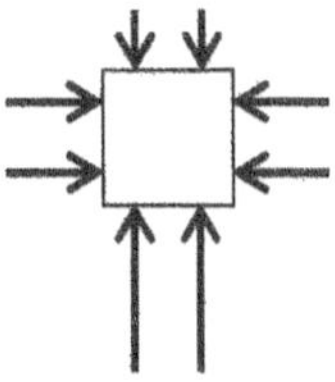
②　1.4N

(2) 気体が発生する化学変化について調べるため，次の〔実験１〕から〔実験４〕を行った。

〔実験１〕 うすい塩酸にマグネシウムを入れて気体Ａを発生させた。

〔実験２〕 うすい過酸化水素水に二酸化マンガンを加えて気体Ｂを発生させた。

〔実験３〕 塩酸に石灰石を入れて気体Ｃを発生させた。

〔実験４〕 塩化アンモニウムと水酸化ナトリウムの混合物に少量の水を加えて気体Ｄを発生させた。

〔実験１〕

〔実験２〕

〔実験３〕

〔実験４〕

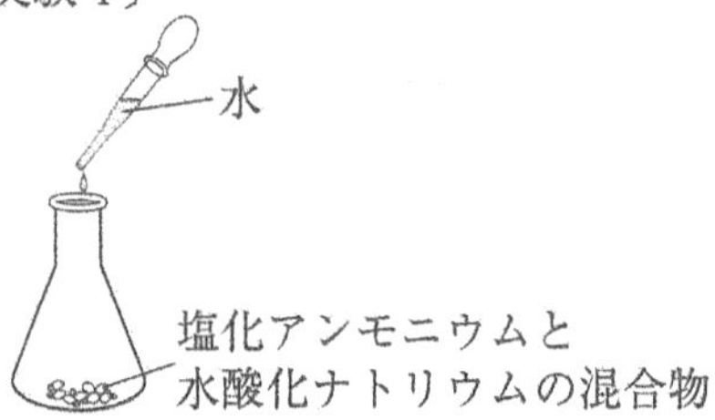

〔実験１〕から〔実験４〕において，発生した気体Ａ，Ｂ，Ｃ，Ｄと次に示す気体の捕集法ａ，ｂ，ｃの組み合わせとして最も適当なものを，下の**ア**から**カ**までの中から選んで，そのかな符号を書きなさい。

a

b

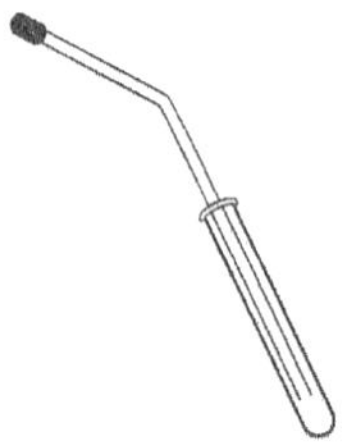

c

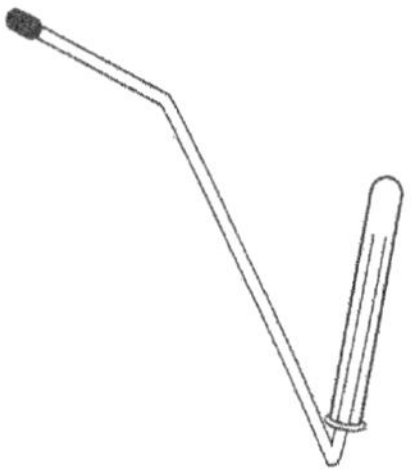

	気体Ａ	気体Ｂ	気体Ｃ	気体Ｄ
ア	a	b	c	b
イ	b	c	a	c
ウ	c	b	a	b
エ	a	a	b	c
オ	b	c	b	a
カ	c	a	c	a

2 血液は，心臓のはたらきにより，体内を循環してさまざまな物質を全身に運んでいる。全身の細胞は，血液から必要な養分を受けとり，生きるためのエネルギーをとり出している。**図**は，ヒトの血液の循環経路を表した模式図で，X，Y，Zは，小腸，じん臓，肝臓のいずれかの器官を示している。また，aからiは血管を示している。

次の(1)から(4)までの問いに答えなさい。

図

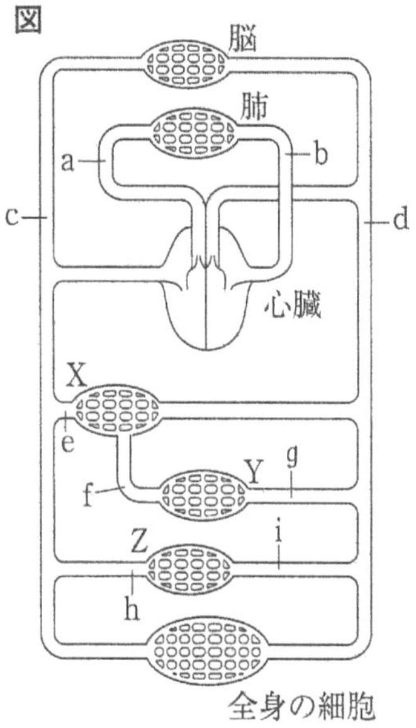

(1) **図**の心臓の拍動と血液の流れを説明したものとして正しいものを，次の**ア**から**ク**までの中から2つ選んで，そのかな符号を書きなさい。

ア 心室が縮んで，肺へ静脈血が流れ出る。
イ 心室が縮んで，肺へ動脈血が流れ出る。
ウ 心室が縮んで，肺以外の全身へ動脈血が流れ出る。
エ 心室が縮んで，肺以外の全身へ静脈血が流れ出る。
オ 心房が縮んで，肺へ静脈血が流れ出る。
カ 心房が縮んで，肺へ動脈血が流れ出る。
キ 心房が縮んで，肺以外の全身へ動脈血が流れ出る。
ク 心房が縮んで，肺以外の全身へ静脈血が流れ出る。

(2) 次の①から④の文は，**図**のaからiの，いずれかの血管の特徴を記したものである。各文と血管の組み合わせとして最も適当なものを，下の**ア**から**オ**までの中から選んで，そのかな符号を書きなさい。

① 二酸化炭素以外の，尿素などの不要な物質が最も少ない血液が流れている。
② アミノ酸やブドウ糖などの養分を最も多く含む血液が流れている。
③ 血圧が最も高い。
④ 養分の濃度が最も一定に保たれている血液が流れている。

ア ① b，② d，③ a，④ g
イ ① d，② b，③ c，④ e
ウ ① g，② a，③ e，④ e
エ ① i，② g，③ h，④ g
オ ① h，② f，③ d，④ e

(3) 器官Xでは，ある有機物が分解されてできたアンモニアが無害な尿素に変えられる。器官Xの名称を答えなさい。また，ある有機物とは何か。次の**ア**から**キ**までの中から1つ選んで，そのかな符号を書きなさい。

ア 炭水化物　**イ** タンパク質　**ウ** 脂肪　**エ** 炭水化物とタンパク質
オ 炭水化物と脂肪　**カ** タンパク質と脂肪　**キ** 炭水化物とタンパク質と脂肪

(4) 器官Zは，血液中の塩分や水分の量を調節する器官である。この器官の具体的なはたらきを10字以内で書きなさい。

ただし，句読点は書かなくてよいものとする。

3 炭酸水素ナトリウム（重曹《じゅうそう》）を加熱したときの変化について調べるため，次の〔実験1〕と〔実験2〕を行った。ただし，炭酸水素ナトリウムは加熱すると分解し，2種類の気体および白い固体Xを生じることがわかっている。

〔実験1〕

① 空のステンレス皿A，B，C，D，Eを用意し，電子てんびんでそれぞれのステンレス皿の質量を測定した。

② ステンレス皿Aに炭酸水素ナトリウムの粉末を入れて，ステンレス皿A全体の質量を測定した。

③ 粉末をステンレス皿Aの底面全体に広げて，**図1**のようにガスバーナーで一定時間加熱した。

④ ③のステンレス皿Aを冷やしてから，ステンレス皿A全体の質量を測定した。

図1

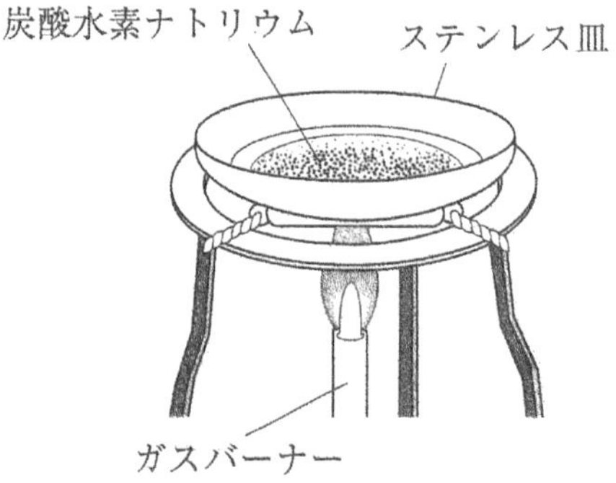

⑤ その後，ステンレス皿内の粉末をよくかき混ぜてから，③と④をくり返した。

⑥ 次に，空のステンレス皿B，C，D，Eに，質量の異なる炭酸水素ナトリウムの粉末をそれぞれ入れ，②から⑤までと同じことを行った。

〔実験2〕

① 試験管に炭酸水素ナトリウムを薬さじの小さじで1杯分入れ，精製水を5mL加え振り混ぜた。同様に別の試験管に白い固体Xを薬さじの小さじで1杯分入れ，精製水を5mL加え振り混ぜた。

② ①でつくった炭酸水素ナトリウム水溶液および白い固体Xの水溶液に，それぞれフェノールフタレイン液を2滴加えた。

表は，〔実験1〕の結果をまとめたものである。

表

ステンレス皿		A	B	C	D	E
〔実験1〕の①の空のステンレス皿の質量〔g〕		20.00	20.00	20.00	20.00	20.00
〔実験1〕の②のステンレス皿全体の質量〔g〕		22.00	24.00	26.00	28.00	30.00
〔実験1〕の③で加熱した回数と④のステンレス皿全体の質量〔g〕	1回	21.72	23.44	25.16	26.88	28.60
	2回	21.46	22.92	24.38	25.84	27.30
	3回	21.30	22.60	23.90	25.20	26.50
	4回	21.26	22.52	23.79	25.05	26.31
	5回	21.26	22.52	23.79	25.05	26.31

次の(1)から(4)までの問いに答えなさい。

(1) 〔実験1〕で，炭酸水素ナトリウムは加熱すると2種類の気体を生じる。その2種類の気体を次の【気体名】から2つ選び，ともに化学式で書きなさい。

【気体名】 水素，酸素，水（水蒸気），二酸化炭素

(2) 〔実験1〕で，炭酸水素ナトリウムの質量を0gから20.0gまでの間でさまざまに変えて

〔実験１〕の②から⑤までと同じことを行い，ステンレス皿全体の質量が変化しなくなるまで，加熱をくり返した。炭酸水素ナトリウムの質量と，白い固体Xの質量は，どのような関係になるか。横軸に炭酸水素ナトリウムの質量を，縦軸に白い固体Xの質量をとり，その関係を表すグラフを解答欄の**図２**に書きなさい。

図２

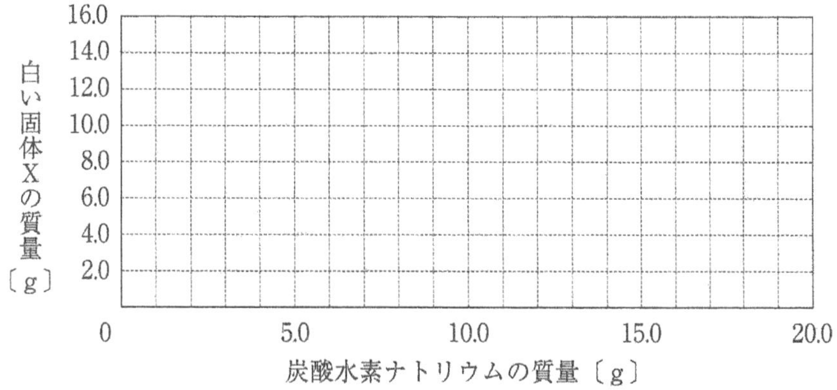

(3) 前のページの**表**で，ステンレス皿Eの１回目の加熱が終わった時，分解されずに残っている炭酸水素ナトリウムの質量は何gか，小数第１位まで求めなさい。

(4) 次の文章は，〔実験２〕の結果と性質について説明したものである。文章中の（Ⅰ）から（Ⅳ）にあてはまるものの組み合わせとして最も適当なものを，下の**ア**から**エ**までの中から選んで，そのかな符号を書きなさい。

> （　Ⅰ　）は，固体がすべて溶解したが，（　Ⅱ　）は，固体が一部試験管の底に沈殿したので，溶解度は（　Ⅰ　）の方が（　Ⅱ　）より大きい。
> （　Ⅲ　）の水溶液は，フェノールフタレイン液が濃い赤色を示したが，（　Ⅳ　）の水溶液は，フェノールフタレイン液が薄い赤色を示したので，（　Ⅲ　）の水溶液の方が（　Ⅳ　）の水溶液よりアルカリ性が強い。

ア　Ⅰ　炭酸水素ナトリウム，　Ⅱ　白い固体X，
　　Ⅲ　炭酸水素ナトリウム，　Ⅳ　白い固体X

イ　Ⅰ　炭酸水素ナトリウム，　Ⅱ　白い固体X，
　　Ⅲ　白い固体X，　Ⅳ　炭酸水素ナトリウム

ウ　Ⅰ　白い固体X，　Ⅱ　炭酸水素ナトリウム，
　　Ⅲ　炭酸水素ナトリウム，　Ⅳ　白い固体X

エ　Ⅰ　白い固体X，　Ⅱ　炭酸水素ナトリウム，
　　Ⅲ　白い固体X，　Ⅳ　炭酸水素ナトリウム

4　電流が磁界の中で受ける力を調べるため，次の〔実験１〕と〔実験２〕を行った。

〔実験１〕　次のページの**図１**のように，コイルとU字形磁石，電源装置，スイッチ，抵抗器，電流計を用いて装置をつくった。電源装置の電圧を6.0Vとし，スイッチを入れると，電流計は0.50Aを示し，コイルは磁界から大きさF_1の力を受け，コイルは**図２**の⇦の向きに動いた。

図１

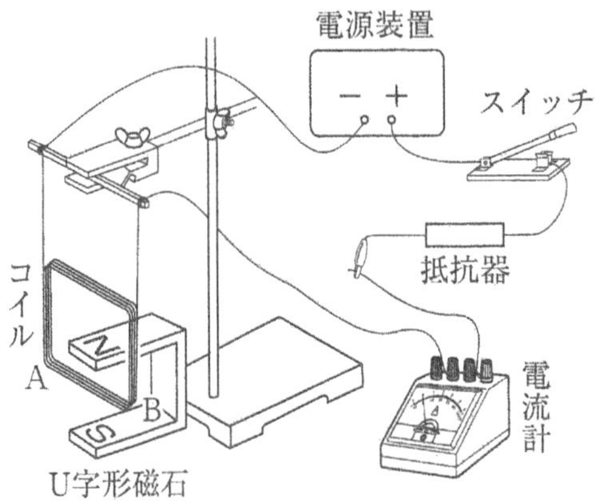

図２

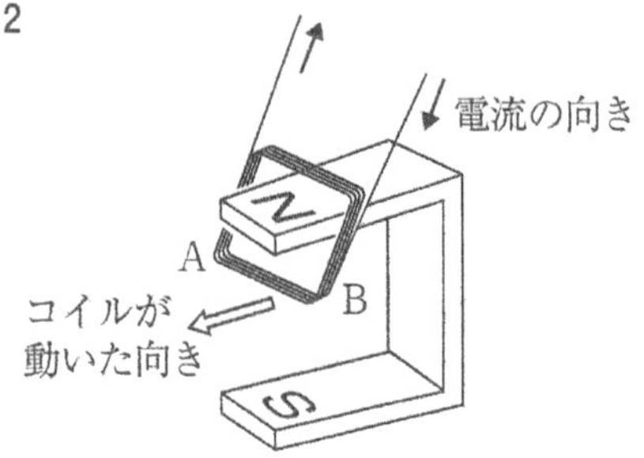

〔実験２〕　図３のように，〔実験１〕の装置で使った抵抗器と同じ抵抗器２個を直列につないだものをつくり，図１の抵抗器と入れ換え，スイッチを入れると，電流計はI_2〔A〕を示し，コイルは磁界から大きさF_2の力を受けた。次に，図４のように，〔実験１〕の装置で使った抵抗器と同じ抵抗器２個を並列につないだものをつくり，図３の抵抗器と入れ換え，スイッチを入れると，電流計はI_3〔A〕を示し，コイルは磁界から大きさF_3の力を受けた。

図３

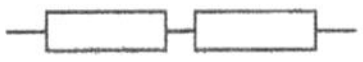

抵抗器２個を
直列につないだもの

図４

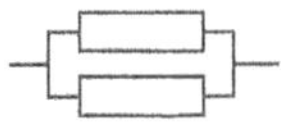

抵抗器２個を
並列につないだもの

次の(1)から(4)までの問いに答えなさい。ただし，抵抗器以外の抵抗は無視することができ，電源装置の電圧は6.0Vで一定とする。

(1)　〔実験１〕で使った抵抗器の抵抗の大きさは何Ωか，求めなさい。

(2)　〔実験１〕でコイルに電流が流れたとき，図２の導線ABのまわりに電流によってどのような磁界ができるか。最も適当なものを，次のアからエまでの中から選んで，そのかな符号を書きなさい。

ア

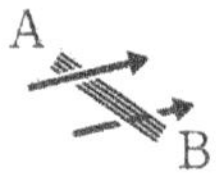

イ

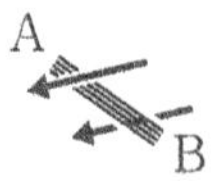

ウ

エ

(3)　〔実験１〕と〔実験２〕の結果から，電流I_2〔A〕，電流I_3〔A〕はそれぞれいくらか。また，コイルが磁界から受ける力の大きさF_1，F_2，F_3を比較したとき，その大小関係を正しく表したものはどれか。電流I_2〔A〕，電流I_3〔A〕，コイルが磁界から受ける力の大きさF_1，F_2，F_3の大小関係の組み合わせとして最も適当なものを，次のページのアからクまでの中から選んで，そのかな符号を書きなさい。

	電流 I_2	電流 I_3	F_1, F_2, F_3の大小関係
ア	0.25A	1.0A	$F_2 > F_3 > F_1$
イ	0.25A	1.0A	$F_2 > F_1 > F_3$
ウ	0.25A	1.0A	$F_3 > F_2 > F_1$
エ	0.25A	1.0A	$F_3 > F_1 > F_2$
オ	1.0A	0.25A	$F_2 > F_3 > F_1$
カ	1.0A	0.25A	$F_2 > F_1 > F_3$
キ	1.0A	0.25A	$F_3 > F_2 > F_1$
ク	1.0A	0.25A	$F_3 > F_1 > F_2$

(4) 電流が磁界から受ける力を利用しているものを，次の**ア**から**ク**までの中からすべて選んで，そのかな符号を書きなさい。

ア 乾電池　**イ** 発電機　**ウ** 白熱電球　**エ** 発光ダイオード
オ 電熱線　**カ** 電磁石　**キ** モーター　**ク** スピーカー

5 次の文章は，生徒が地震について作成したレポートである。

地震が起きると，はじめはカタカタと少し揺れる初期微動が始まり，その後，大きく揺れる主要動が起きることが多い。初期微動は，速さの速い波による揺れであり，主要動は，速さの遅い波による揺れである。また，①初期微動が始まってから主要動が始まるまでの時間は震源からの距離にほぼ比例することがわかった。

地震の揺れの大きさは，日本では10段階の震度で分けられている。以前起きた地震では，②家の棚にある食器類が音を立てており，外を見ると電線が少し揺れていたことがあった。

地震の揺れの大きさは，震源からの距離や地下の構造により異なるため，震度によって地震の規模を表すことはできない。そこで，地震の規模を表すためにマグニチュードを用いる。これは，地震が起こったときに放出されたエネルギーに対応するように決められている。

地球の表面は，プレートとよばれるかたい岩盤《がんばん》で覆《おお》われており，日本では４枚のプレートが押し合っている。③日本列島付近のプレートの境界で起きる地震は，日本海側では深い地点で起き，太平洋側では浅い地点で起きる。また，日本列島付近で起きるマグニチュード８近くの大きな地震は，プレートの境界で起きる。

次の(1)から(4)までの問いに答えなさい。

(1) 下線部①における，初期微動が始まってから主要動が始まるまでの時間の名称を漢字８字で答えなさい。

(2) 下線部②から，実際に体験した地震の震度階級を予想し，最も適当なものを，次の**ア**から**エ**までの中から選んで，そのかな符号を書きなさい。

ア 震度１　**イ** 震度３　**ウ** 震度５弱　**エ** 震度７

(3) 下線部③の様子を説明しているものとして最も適当なものを，次のページの**ア**から**エ**までの中から選んで，そのかな符号を書きなさい。

ア　大陸のプレートが海のプレートの下に沈みこみ，海のプレートが引きずり込まれてひずみが発生する。引きずりこまれた海のプレートがひずみに耐えきれなくなり，はね上がる。

イ　海のプレートが大陸のプレートの下に沈みこみ，大陸のプレートが引きずり込まれてひずみが発生する。引きずりこまれた大陸のプレートがひずみに耐えきれなくなり，はね上がる。

ウ　大陸のプレートが海のプレートの上に乗り上げ，大陸のプレートがそり上がる。そり上がった大陸のプレートが限界に達し，元に戻ろうとして反発する。

エ　海のプレートが大陸のプレートの上に乗り上げ，海のプレートがそり上がる。そり上がった海のプレートが限界に達し，元に戻ろうとして反発する。

(4)　**表**は，ある地震をA地点とB地点で測定したものである。P波の速さ，S波の速さ，震源で地震が起きた時刻の組み合わせとして，最も適当なものを，下の**ア**から**シ**までの中から選んで，そのかな符号を書きなさい。

表

地点	震源からの距離	初期微動が始まった時刻	主要動が始まった時刻
A地点	156 km	6時04分20秒	6時04分35秒
B地点	208 km	6時04分28秒	6時04分48秒

ア　P波の速さ2.6km/秒，　S波の速さ5.2km/秒，　地震が起きた時刻6時03分40秒
イ　P波の速さ2.6km/秒，　S波の速さ5.2km/秒，　地震が起きた時刻6時03分50秒
ウ　P波の速さ5.2km/秒，　S波の速さ2.6km/秒，　地震が起きた時刻6時03分40秒
エ　P波の速さ5.2km/秒，　S波の速さ2.6km/秒，　地震が起きた時刻6時03分50秒
オ　P波の速さ4.0km/秒，　S波の速さ6.5km/秒，　地震が起きた時刻6時03分41秒
カ　P波の速さ4.0km/秒，　S波の速さ6.5km/秒，　地震が起きた時刻6時03分56秒
キ　P波の速さ6.5km/秒，　S波の速さ4.0km/秒，　地震が起きた時刻6時03分41秒
ク　P波の速さ6.5km/秒，　S波の速さ4.0km/秒，　地震が起きた時刻6時03分56秒
ケ　P波の速さ10.4km/秒，　S波の速さ13.0km/秒，　地震が起きた時刻6時04分05秒
コ　P波の速さ10.4km/秒，　S波の速さ13.0km/秒，　地震が起きた時刻6時04分08秒
サ　P波の速さ13.0km/秒，　S波の速さ10.4km/秒，　地震が起きた時刻6時04分05秒
シ　P波の速さ13.0km/秒，　S波の速さ10.4km/秒，　地震が起きた時刻6時04分08秒

6　次の(1)，(2)の問いに答えなさい。

(1)　次のページの**図**は，種子植物の分類について表したものである。**図**中のA，B，C，Dに分類される植物の組み合わせとして最も適当なものを，次の**ア**から**カ**までの中から選んで，そのかな符号を書きなさい。

ア　A　ユリ，　B　イチョウ，　C　エンドウ，　D　タンポポ
イ　A　ユリ，　B　アブラナ，　C　タンポポ，　D　エンドウ
ウ　A　アブラナ，　B　アサガオ，　C　タンポポ，　D　エンドウ
エ　A　アブラナ，　B　イチョウ，　C　アサガオ，　D　エンドウ
オ　A　イチョウ，　B　ユリ，　C　タンポポ，　D　アサガオ
カ　A　イチョウ，　B　ユリ，　C　エンドウ，　D　タンポポ

図

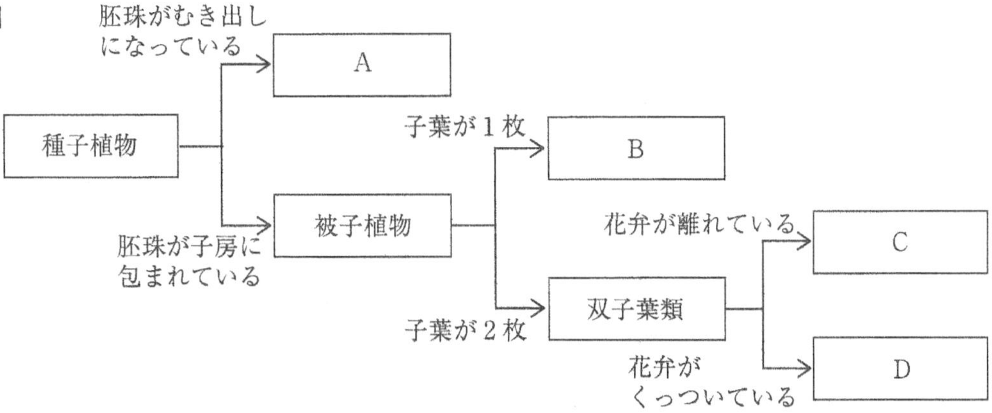

(2) ある冬の日の午前0時に，岡崎市のある地点で南の空を観測したところ，**図**のPの位置にオリオン座が見えた。10日後に，同じ場所からオリオン座を観測したときに，Pから西へ45°移動したQの位置に見えるのは，何時何分頃か。最も適当なものを，下の**ア**から**オ**までの中から選んで，そのかな符号を書きなさい。

図

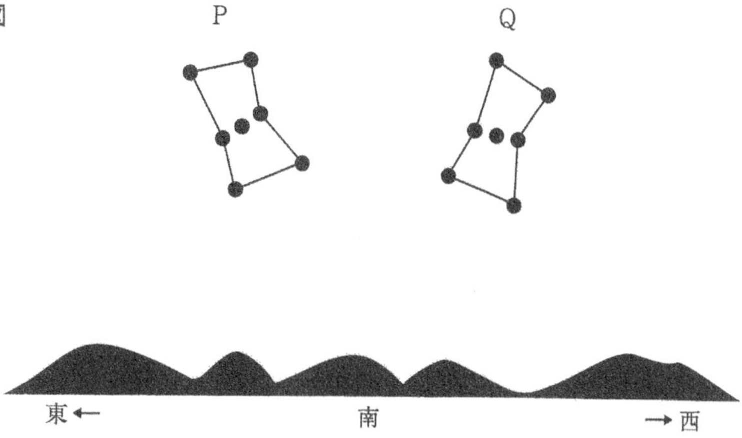

ア 午前2時頃　**イ** 午前2時20分頃　**ウ** 午前2時40分頃
エ 午前3時頃　**オ** 午前3時20分頃

【社　会】（45分）　＜満点：22点＞

1　次のⅠ，Ⅱの絵やⅢの写真は，産業や労働のようすなどに関するものである。あとの(1)から(3)までの問いに答えなさい。

Ⅰ

Ⅱ

Ⅲ

(1)　次の文章は，Ⅰの絵に関連して述べたものである。文章中の（①），（②）にあてはまることばの組み合わせとして最も適当なものを，下の**ア**から**エ**までの中から選んで，そのかな符号を書きなさい。

> 　Ⅰの絵は，鎌倉時代の備前《びぜん》国の福岡（現在の岡山県瀬戸内市長船《おさふね》町）を描いたものである。この時代の農村には，農具を造る鍛冶屋《かじや》や衣服の染物を行う紺屋《こうや》などの手工業者が住み着き，寺社の門前や交通の便利なところには（　①　）が開かれた。農業には牛や馬，鉄製の農具，草や木を焼いた灰の肥料が用いられ，同じ田畑で米と麦を交互に作る（　②　）も行われるようになった。

ア　①　関所，②　二期作　　**イ**　①　定期市，②　二期作

ウ　①　関所，②　二毛作　　**エ**　①　定期市，②　二毛作

(2)　Ⅱの絵は，世界遺産に登録されている群馬県の富岡製糸場である。富岡製糸場の操業が開始された年とほぼ同じ時期に起こった世界のできごとについて述べた文として最も適当なものを，次の**ア**から**エ**までの中から選んで，そのかな符号を書きなさい。

ア　フランスでナポレオンが革命の終結を宣言して，皇帝の位に就《つ》いた。

イ　ドイツ（プロイセン）でビスマルクの下，統一帝国が成立した。

ウ　イギリスでピューリタン革命が起こり，共和政が始まった。

エ　アメリカでルーズベルト大統領の下，ニューディール政策が始まった。

(3)　次の文章は，前のページのⅢの写真について説明した際に用いたメモの一部である。文章中の（③），［④］にあてはまることばと文の組み合わせとして最も適当なものを，下の**ア**から**エ**までの中から選んで，そのかな符号を書きなさい。

> Ⅲの写真は，太平洋戦争が激しくなるなかで，寺の鐘が兵器にするための金属として供出されている様子である。日本は，すべての国力を投入する総力戦として太平洋戦争を戦った。軍需品の生産が優先され，鍋や釜，寺の鐘などが供出された。また，それまで徴兵を猶予されていた文科系の大学生などが軍隊に召集される学徒（　③　）も行われた。労働力が不足したため，［　④　］。

ア　③　出陣，　④　女学生や未婚の女性も勤労動員の対象になり，軍需工場で働いた

イ　③　出陣，　④　多くの女子（女工）が紡績工場や製糸工場で長時間働いた

ウ　③　疎開，　④　女学生や未婚の女性も勤労動員の対象になり，軍需工場で働いた

エ　③　疎開，　④　多くの女子（女工）が紡績工場や製糸工場で長時間働いた

2　次のⅠ，Ⅱ，Ⅲの資料とW，X，Y，Zのカードは，生徒が歴史をさまざまな視点から考えることをテーマにした発表を行った際に用いたものの一部である。資料中のA，BとC，Dの部分は，それぞれの資料中の絵や写真の時期に関して，その直近の日本の前後の様子についての説明であり，それぞれW，X，Y，Zのカードのいずれかがあてはまる。あとの(1)から(4)までの問いに答えなさい。

（資料）

Ⅰ

【前の日本の様子】

日清戦争に勝利したことで自分たちは日本人であるという国民意識が定着し，賠償金も軍備の拡張や工業化のために使われた。

【後の日本の様子】

［　A　］

Ⅱ

【前の日本の様子】

［　B　］

【後の日本の様子】

［　C　］

Ⅲ

【前の日本の様子】

D

【後の日本の様子】

ソ連との国交が回復し，ソ連の支持も受けて国際連合に加盟したことにより，国際社会に復帰した。

（カード）

W　アメリカ軍が朝鮮に出兵すると，国内の治安維持のために警察予備隊が作られた。

X　富山県の魚津町で始まった，米の安売りを求める米騒動が全国に広がった。

Y　差別からの解放を目指す運動が広がり，京都で全国水平社が結成された。

Z　犠牲に苦しむ国民は，激しく政府を攻撃し，日比谷焼き打ち事件が起こった。

(1)　次の文章は，生徒が前のページのⅠの資料について発表した際に用いたメモの一部である。文章中の（①），（②）にあてはまる人名と地名の組み合わせとして最も適当なものを，下の**ア**から**カ**までの中から選んで，そのかな符号を書きなさい。

> 日露戦争の危機がせまる中で，キリスト教徒の（　①　）などは開戦に反対したが，ほとんどの新聞は開戦論を主張して世論を動かし，開戦した。両国とも戦争の継続が困難になると，アメリカの仲介により，ポーツマス条約が結ばれた。この条約で日本は，（　②　）の租借権などをロシアからゆずり受けた。

ア　①　内村鑑三《うちむらかんぞう》，　②　山東《さんとう》半島
イ　①　幸徳秋水《こうとくしゅうすい》，　②　山東半島
ウ　①　内村鑑三，　②　樺太《からふと》（サハリン）
エ　①　幸徳秋水，　②　樺太（サハリン）
オ　①　内村鑑三，　②　旅順《りょじゅん》・大連《だいれん》
カ　①　幸徳秋水，　②　旅順・大連

(2)　前のページのⅡの資料中のB，Cの部分にあてはまるカードとして最も適当なものを，WからZまでの中からそれぞれ選んで，その符号を書きなさい。

(3)　下の文章は，次のページのⅡの時期の日本の貿易額の推移をもとに，生徒がその当時の好況や工業化について発表した際に用いたメモの一部である。文章中の［　　］にあてはまる適当なことばを，「アメリカ」という語を用いて，5字以上10字以下で書きなさい。

> 日本では1915年から1918年ごろの大戦景気で［　　　　］が増える一方，欧米からの輸入が止まったことから，工業国としての基礎が築かれた。

Ⅱの時期の日本の貿易額の推移

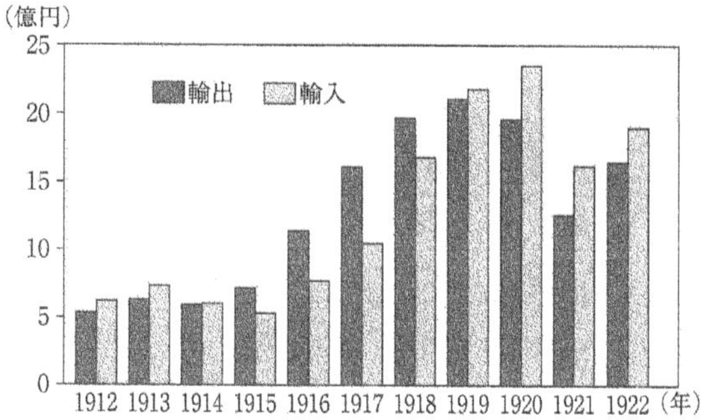

(「数字でみる日本の100年　改定第７版」をもとに作成)

(4)　次の文章は，生徒が前のページのⅢの資料について発表した際に用いたメモの一部である。文章中の（③），（④）にあてはまることばの組み合わせとして最も適当なものを，下のアからエまでの中から選んで，そのかな符号を書きなさい。

> この時に結ばれた条約で，連合国は，日本国とその領海に対する日本国民の完全な（　③　）。また，この条約を結ぶ講和会議に中国は招かれなかったが，日本は，台湾と澎湖《ほうこ》諸島に対する全ての（　④　）。

ア　③　主権を承認しなかった，　④　権利を放棄した
イ　③　主権を承認しなかった，　④　権利を放棄しなかった
ウ　③　主権を承認した，　④　権利を放棄した
エ　③　主権を承認した，　④　権利を放棄しなかった

3　次のⅠからⅣまでの表やグラフは，生徒が「東京2020オリンピック」の試合会場となった都道県や「1964年東京オリンピック」が開催された1964年ごろから現在までの日本の発電の推移についてのレポートを作成するために用意したものの一部である。あとの(1)から(4)までの問いに答えなさい。（Ⅱ～Ⅳは次のページにあります。）

なお，Ⅰの表中のA，B，C，Dは，それぞれ神奈川県，静岡県，千葉県，福島県のいずれかであり，Ⅱの表中のX，Y，Zは，大豆の収穫量，ねぎの収穫量，まぐろ類の漁獲量のいずれかである。

Ⅰ　４県の県内総生産，人口密度，農業産出額，製造品出荷額等

	県内総生産(億円)	人口密度(人/㎢)	農業産出額(億円)	製造品出荷額等(億円)
A	79 179	133.9	2 113	52 812
B	203 916	1 213.6	4 259	132 118
C	346 093	3 806.8	697	185 700
D	170 444	468.5	2 120	176 639

(「データでみる県勢　2021年版」をもとに作成)

Ⅱ　大豆の収穫量，ねぎの収穫量，まぐろ類の漁獲量の各都道府県が全国に占める割合　（%）

X		Y		Z	
千葉県	13.8	北海道	40.5	静岡県	18.5
埼玉県	12.2	宮城県	6.9	宮城県	11.6
宮城県	1.8	埼玉県	0.3	東京都	6.6

（「データでみる県勢　2021年版」をもとに作成）

Ⅲ　発電設備容量の推移

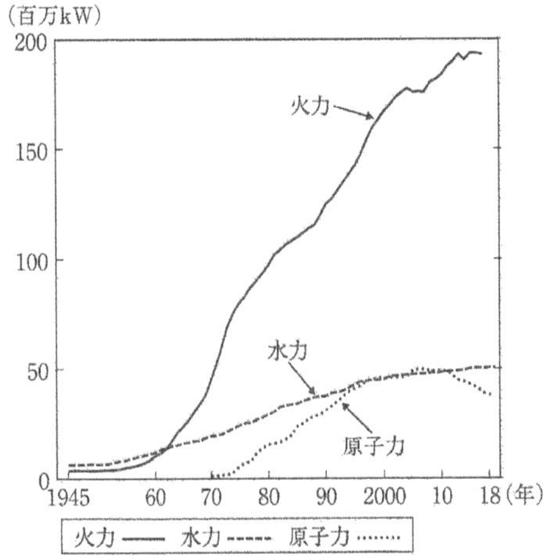

（「数字でみる日本の100年　改訂第７版」をもとに作成）

Ⅳ　発電電力量の推移

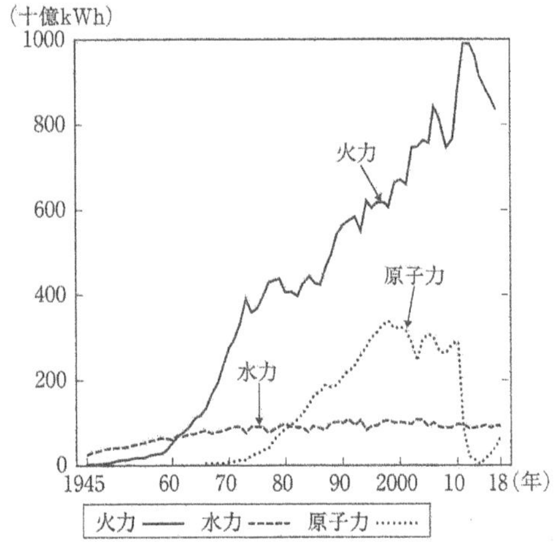

（「数字でみる日本の100年　改訂第７版」をもとに作成）

(1)　次の文中の（①），（②）にあてはまる符号とことばの組み合わせとして最も適当なものを，下のアからクまでの中から選んで，そのかな符号を書きなさい。

> （　①　）工業地域は，前のページのⅠの表中の（　②　）を中心に広がり，オートバイや楽器の製造やわき水を利用した製紙などの工業が発達している。

ア　①　京葉，②　A　　**イ**　①　東海，②　A　　**ウ**　①　京葉，②　B
エ　①　東海，②　B　　**オ**　①　京葉，②　C　　**カ**　①　東海，②　C
キ　①　京葉，②　D　　**ク**　①　東海，②　D

(2)　Ⅱの表中のX，Y，Zのうち，「ねぎの収穫量」を示すもの，「まぐろ類の漁獲量」を示すものを，それぞれ選んで，その符号を書きなさい。

(3)　次の文章は，「東京2020オリンピック」の試合会場の中心となった関東地方の地形や気候について説明したものである。文章中の［　　］にあてはまることばを，下の語群x，語群yのそれぞれから１語ずつ選び，それらの語を用いて，10字以上15字以下で書きなさい。

> 関東の内陸部の冬は，［　　　　］の季節風がふき，乾燥しています。一方，夏は，高温で蒸し暑く，山沿いを中心に雷雨が多く発生します。南部の海沿いは，黒潮の影響で冬でも比較的温暖です。

語群 **x** ：（からっ風，やませ）　　語群 **y** ：（北西，北東）

(4) 日本の発電設備容量および発電電力量の推移について，前のページのⅢ，Ⅳのグラフから読み取ることができる内容をまとめた文として最も適当なものを，次の**ア**から**エ**までの中から選んで，そのかな符号を書きなさい。

ア 2010年から2018年までの期間について，原子力の発電設備容量は増加しており，火力の発電電力量は減少している。

イ 1980年について，原子力より水力の方が発電設備容量は大きく，水力より原子力の方が発電電力量は大きい。

ウ 1970年と1990年について，1990年は1970年より，原子力の発電設備容量は５倍程度に増加しており，火力の発電電力量は３倍程度に増加している。

エ 2000年について，水力より火力の方が発電設備容量は３倍程度大きく，原子力より火力の方が発電電力量は２倍程度大きい。

4 次の会話文は，生徒A，BがSDGsについて話し合った際の会話の一部である。Ⅰの略地図は，世界の３州の一部を示したものであり，Ⅱの資料は，ヨーロッパ州にある国の首都の月別降水量と月別平均気温を示したものと，その国の周辺でさかんに生産される農作物の写真であり，Ⅲの表は，アフリカ州にある４国の人口等を示したものである。また，Ⅳの表は，アフリカ州の二酸化炭素の排出量上位３国を示したものである。あとの(1)から(3)までの問いに答えなさい。
（Ⅰ～Ⅳは次のページにあります。）

（会話文）

生徒A：SDGsという言葉を聞いたことはありますか。
生徒B：持続可能な開発目標のことで，2015年に国際連合で採択されました。2030年までに解決すべき17の目標（ゴール）が示されていますね。
生徒A：ＳＤＧｓが示す解決すべき目標（ゴール）は，どこか１つの国や州がかかえる課題を解決すれば目標（ゴール）に到達できるということではなく，世界全体にかかわる「地球的課題」であるので，全世界で考えていかなければいけません。
生徒B：例えば，次のページのⅠの略地図中の（　①　）州で最も面積が大きい国の「地球的課題」としてあげられるのが多文化社会の形成問題です。この国は，さまざまな文化を持つ人々によって成り立っていますが，アジア州からの移民の急増に反発する動きもあります。
生徒A：近年では，先住民である（　②　）の人々に対する政策も見直されており，彼らの権利が尊重され，彼らの先祖が住んでいた土地の所有権も認められましたね。
生徒B：世界には，まだまだ他にも「地球的課題」があるので，地球環境問題や貧困問題について，さらに学習をしていこうと思います。

Ⅰ　世界の３州の略地図

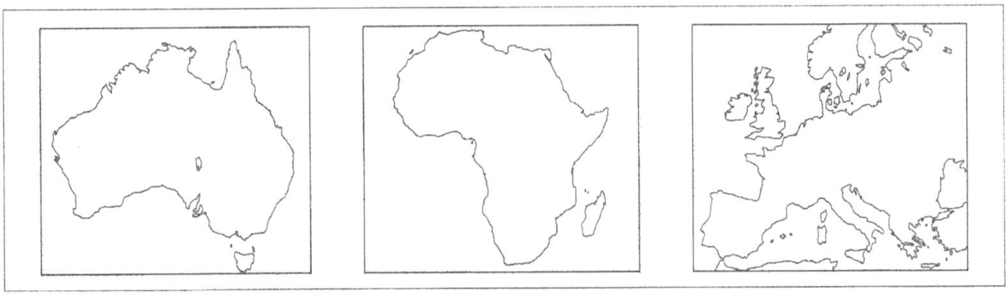

Ⅱ　ヨーロッパ州にある国の首都の月別降水量と月別平均気温およびその国の周辺でさかんに生産される農作物の写真

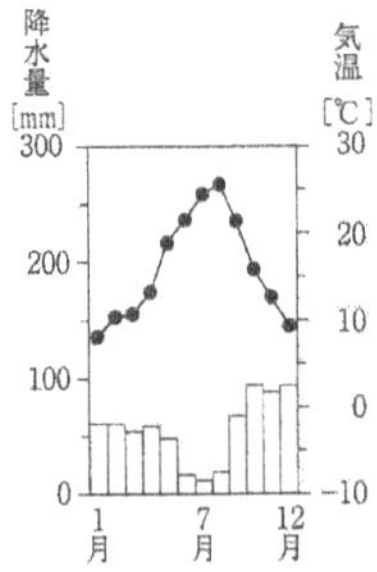

（理科年表　令和３年度版」などをもとに作成）

果実が食用や油となる（　Z　）

（　Z　）の果実

Ⅲ　アフリカ州にある４国の人口，国土面積に占める森林面積の割合，第１次産業人口割合

国　名	人口(千人)	森林面積(%)	第１次産業人口割合(%)
アルジェリア	43 851	0.8	10.0
エジプト	102 334	0.1	x
エチオピア	114 964	12.5	
南アフリカ共和国	59 309	7.6	

（「データブック　オブ・ザ・ワールド2021」をもとに作成）

Ⅳ　アフリカ州の二酸化炭素の排出量上位３国

国	二酸化炭素排出量(百万ｔ)
y	421.7
	209.2
	130.5

（「データブック　オブ・ザ・ワールド2021」をもとに作成）

(1)　会話文中の（①），（②）にあてはまる最も適当なことばを，それぞれカタカナで書きなさい。

(2)　次の文章は，Ⅱの資料についてまとめたものである。文章中の（③）とⅡの資料の写真（Z）にあてはまることばの組み合わせとして最も適当なものを，下のアからエまでの中から選んで，そのかな符号を書きなさい。なお，文章中の２か所の（③）には同じことばがあてはまる。

> Ⅱの資料の月別降水量と月別平均気温から，地中海沿岸に位置する（　③　）は，夏季に気温が高く，降水量が少ないという気候的な特徴があることがわかる。（　③　）周辺では，この特徴を生かし，Ⅱの資料の写真の（　Z　）の栽培がさかんである。

ア　③　ローマ，　Z　オリーブ　　**イ**　③　ローマ，　Z　ココやし

ウ　③　ロンドン，　Z　オリーブ　　**エ**　③　ロンドン，Z　ココやし

(3) 前のページのⅢの表中のxには下のa，b，cのいずれかの部分が，Ⅳの表中のyには，d，e，fのいずれかの部分があてはまる。x，yとa，b，c，d，e，fの組み合わせとして最も適当なものを，下のアからケまでの中から選んで，そのかな符号を書きなさい。

【表中のxにあてはまる部分】

a	b	c
24.3	66.7	5.2
66.7	5.2	24.3
5.2	24.3	66.7

【表中のyにあてはまる国名】

d	e	f
エジプト	アルジェリア	南アフリカ共和国
アルジェリア	南アフリカ共和国	エジプト
南アフリカ共和国	エジプト	アルジェリア

ア x：a， y：d　　イ x：a， y：e　　ウ x：a， y：f
エ x：b， y：d　　オ x：b， y：e　　カ x：b， y：f
キ x：c， y：d　　ク x：c， y：e　　ケ x：c， y：f

5 次のⅠからⅣ（次のページ）までの資料は，生徒が生産と労働についてのレポートを作成するために用意したものの一部である。あとの(1)から(3)までの問いに答えなさい。

なお，Ⅰ，Ⅱの資料中のA，B，Cは，それぞれ大型スーパー，コンビニエンスストア，百貨店のいずれかであり，同じ符号には同じ小売店があてはまる。

Ⅰ　事業所数の推移

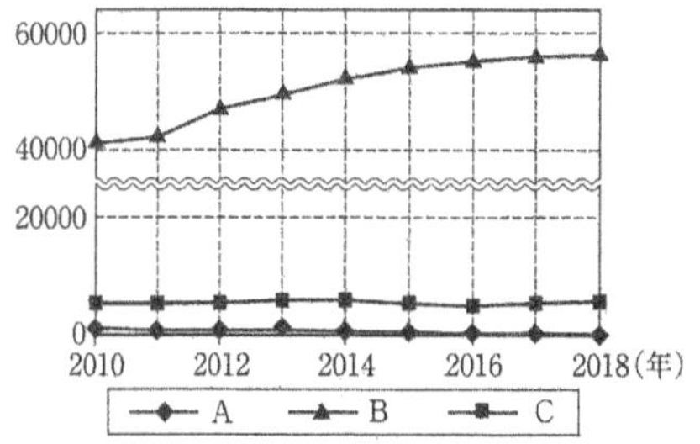

（数字でみる日本の100年　改定第7版をもとに作成）

Ⅱ　年間販売額の推移

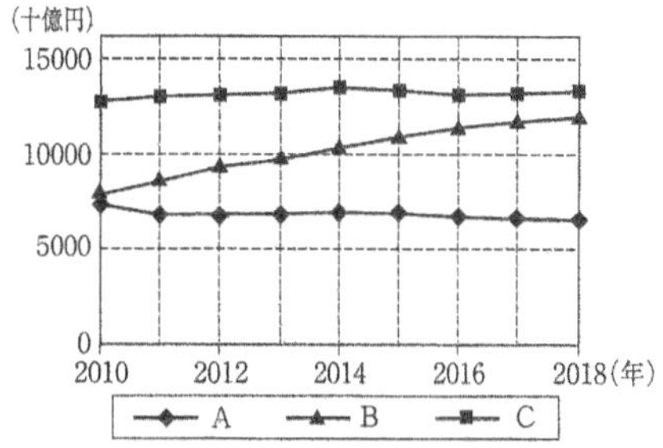

（数字でみる日本の100年　改定第7版をもとに作成）

Ⅲ　雇用形態別労働者の割合の男女比較（令和2年度）

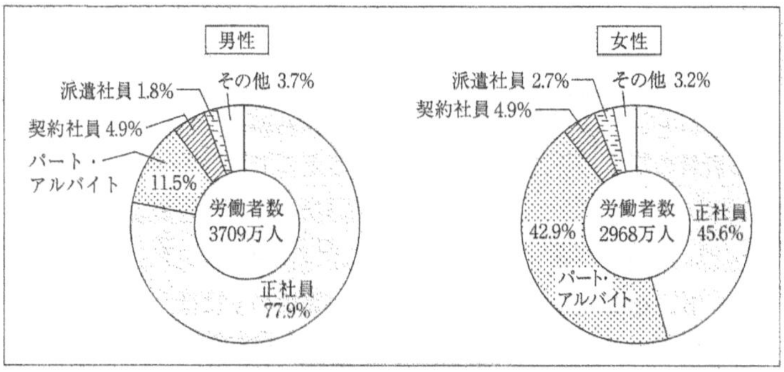

（注）四捨五入の関係で，合計しても100％にならない場合がある。

（総務省統計局のホームページをもとに作成）

Ⅳ　職業（大分類）別就業者数　（単位　千人）

	2000年	2005年	2010年	2015年
販売従事者	9 692	9 118	8 004	7 411
サービス職業従事者	6 306	6 810	6 845	6 857
生産工程従事者	10 462	9 609	8 471	7 960
専門的・技術的職業従事者	8 299	8 272	8 634	9 380
運搬・清掃・包装等従事者	3 719	3 893	3 706	3 897
建設・採掘従事者	3 542	3 223	2 676	2 591

（「数字でみる日本の100年　改定第７版」をもとに作成）

(1)　次の文章は，生徒が前のページのⅠ，Ⅱの資料をもとに作成したレポートの一部である。文章を参考にして，Ⅰ，Ⅱの資料中のA，Bの組み合わせとして最も適当なものを，下の**ア**から**カ**までの中から選んで，そのかな符号を書きなさい。

事業所数については，一貫して百貨店が他の２つより少ない状態が続いている。年間販売額については，2010年以降，コンビニエンスストアが毎年増加し続けているのに対し，大型スーパー，百貨店は，それぞれ前年よりも減少している年がある。

ア　A　大型スーパー，　B　コンビニエンスストア
イ　A　大型スーパー，　B　百貨店
ウ　A　コンビニエンスストア，　B　大型スーパー
エ　A　コンビニエンスストア，　B　百貨店
オ　A　百貨店，　B　大型スーパー
カ　A　百貨店，　B　コンビニエンスストア

(2)　次の文章は，生徒が前のページのⅢの資料をもとに，日本の労働環境について発表した際に用いたメモの一部である。文章中の（①）にあてはまる数字として最も適当なものを，下の**ア**から**エ**までの中から選んで，そのかな符号を書きなさい。また，文章中の（②）にあてはまる最も適当なことばを，漢字３字で書きなさい。

令和２年度の雇用形態別労働者の割合の男女比較では，男性の正社員の割合は８割程度に対して，女性の正社員の割合は５割程度になっていることから，男女合わせての正社員の割合は（　①　）割程度であることがわかる。
また，女性の正社員の割合が少ない理由としては，パートやアルバイト，契約社員などの（　②　）労働者として雇用される女性が多いことがあげられる。

ア　2　　**イ**　4　　**ウ**　6　　**エ**　8

(3)　Ⅳの表から読み取ることができる内容をまとめた文として最も適当なものを，次の**ア**から**エ**までの中から選んで，そのかな符号を書きなさい。

ア　表中の項目のうち「販売従事者」について，最も就業者数が多い年は2005年であり，最も少ない年は2015年である。

イ　表中の項目のうち「サービス職業従事者」と「専門的・技術的職業従事者」について，最も就業者数が多い年は2015年であり，最も少ない年は2005年である。

ウ　2005年以前において，表中の項目のうち，最も就業者数が多いのは「生産工程従事者」であり，最も少ないのは「運搬・清掃・包装等従事者」である。

エ　2010年以降において，表中の項目のうち，最も就業者数が多いのは「専門的・技術的従事者」であり，最も少ないのは「建設・採掘従事者」である。

6　次の会話文は，生徒と先生が基本的人権について話し合った際の会話の一部である。あとの(1)から(3)までの問いに答えなさい。

（会話文）

生徒：基本的人権とは何ですか。

先生：人間は一人一人がかけがえのない個人として尊重され，平等にあつかわれ，自分の意思で自由に生きることができなければなりません。それを権利として保障するものが基本的人権です。日本国憲法には，この基本的人権を尊重することが，①平和主義・国民主権とともに三大原理として示されています。

生徒：基本的人権は，日本国憲法の三大原理の一つにもなっている大切な権利なのですね。日本における基本的人権の歴史について教えてください。

先生：日本では，1889年に大日本帝国憲法が発布されました。この憲法では，主権は②天皇にあって，人権は「臣民ノ権利」として与えられていました。しかし，その権利は法律によって制限することができるものでした。太平洋戦争が終結し，新しい日本国憲法が発布されると，基本的人権は侵すことのできない永久の権利として尊重されるようになりました。

生徒：基本的人権は，憲法で保障されていて，とても大切なものなのですね。

先生：そうですね。その他にも日本国憲法には，国民の三大義務として，普通教育を受けさせる義務，勤労の義務，（　③　）の義務があり，人権の保障とともに，義務についても定められています。

(1)　次の文章は，日本国憲法における①平和主義と，日本の安全保障について説明したものである。文章中の X にあてはまる最も適当なことばを，下のアからエまでの中から選んで，そのかな符号を書きなさい。

太平洋戦争で多くの国々に多大な損害を与え，国民も大きな被害を受けた日本は，戦争を放棄して世界の平和のために努力するという平和主義をかかげた日本国憲法を制定した。一方，　X　ことが約束された。

ア　1960年にアメリカと日米安全保障条約を結び，日本の領域が攻撃されたときには，集団的自衛権を限定的に使う

イ　1960年にアメリカと日米安全保障条約を結び，日本の領域が攻撃されたときには，日米が共同で対応する

ウ　2015年に安全保障関連法を改正し，自衛隊が国外で，国際連合の平和維持活動（PKO）に

参加する

エ　2015年に安全保障関連法を改正し，日本の領域に設けられている基地に，アメリカ軍が駐留できる

(2)　次の文章は，日本国憲法における②天皇の地位や権限などについて説明したものである。文章中の（Y），（Z）にあてはまることばの組み合わせとして最も適当なものを，下の**ア**から**エ**までの中から選んで，そのかな符号を書きなさい。なお，文章中の２か所の（Y）には同じことばがあてはまる。

日本国憲法において，「天皇は，日本国の（　Y　）であり日本国民統合の（　Y　）であつて，この地位は，主権の存する日本国民の総意に基く」とある（第１条）。また，天皇は，国の政治についての権限を持たず，（　Z　）のような憲法に定められた国事行為のみを行う。

ア　Y　象徴，　Z　内閣総理大臣の任命
イ　Y　象徴，　Z　最高裁判所長官の指名
ウ　Y　元首，　Z　内閣総理大臣の任命
エ　Y　元首，　Z　最高裁判所長官の指名

(3)　会話文中の（③）にあてはまる最も適当なことばを，漢字２字で書きなさい。

ことの仏の、世の末に出で給ふべきにあらず。我行きて試みん」と思して、日の装束うるはしく《きちんと》して、びりやうの車に乗りて、御前多く具して《連れて》、集りつどひたる者ども退けさせて、車かけはづして《牛車から牛をはずして》しぢを立てて、梢を目もたたかず、《まばたきもせず、》あからめもせずしてまもりて、《よそ見もせずにじっと見守って》②一時ばかりおはするに、この仏しばしこそ花も降らせ、光をも放ち給ひけれ、あまりにあまりにまもられて《見つめられて》、しわびて《困り果てて》、大《おほき》なるくそとびの羽折れたる、土に落ちて惑ひふためくを《とまどい、ばたばたしているのを》、童部《わらはべ》ども寄りて打ち殺してけり。大臣は「③されぱこそ」とて、帰り給ひぬ。

さて、時の人④この大臣を、いみじくかしこき人にておはしますとぞののしりける《評判が高まった》。

（『宇治拾遺物語』による）

（注）○延喜の御門＝醍醐《だいご》天皇
○日の装束＝朝廷の公事のときの正装
○びりやうの車＝びろうの葉で屋根をふいた牛車
○御前＝先払いの供
○しぢ＝乗り降りするときの踏み台

㈠ ①仏現れておはします　とあるが、この仏の正体は、結局何であったのか。古文の中からそのまま抜き出して、五字以内で書きなさい。

㈡ ②一時ばかりおはする　の主語として最も適当なものを、次の**ア**から**エ**までの中から選んで、そのかな符号を書きなさい。

ア 集まりつどひたる者ども　**イ** 右大臣
ウ 仏　**エ** 童部ども

㈢ ③されぱこそ　とあるが、どういうことか。この内容の説明として最も適当なものを、次の**ア**から**エ**までの中から選んで、そのかな符号を書きなさい。

ア 本当の仏が、柿の木に実を実らせないはずはないということ
イ 本当の仏が、この世の末に現れるはずがないということ
ウ 本当の仏が、光を放って人々を困らせるはずがないということ
エ 本当の仏が、この世の末に滅ぶはずがないということ

㈣ ④この大臣を、いみじくかしこき人にておはします　とあるが、当時の人々がこの右大臣をほめたたえたのはなぜか。その理由として最も適当なものを、次の**ア**から**エ**までの中から選んで、そのかな符号を書きなさい。

ア 信心深く、仏に会いに行くときも朝廷の公事のときの正装で出かけたから。
イ 妖怪の正体を見破り、眼力で退治し、大騒ぎする人々の不安を取り除いたから。
ウ 世の末でも、人々の苦しい生活を豊かにするため、一生懸命に学問に励んだから。
エ 世間のうわさに惑わされず、自分の目で確認し、仏の正体を見破ったから。

の考えを要約して、七十字以上八十字以下で書きなさい。ただし、「知的」、「意味」、「適応」という三つのことばすべてを使って、「人間が抱く好奇心とは」という書き出しで書くこと。三つのことばはどのような順序で使ってもよろしい。

（注意）・句読点も一字に数えて、一字分のマスを使うこと。
・文は一文でも、二文以上でもよい。
・下段の枠を、下書きに使ってもよい。

㈣ ③逆説的な構図 とあるが、その内容として最も適当なものを、次の**ア**から**エ**までの中から選んで、そのかな符号を書きなさい。

ア 人間は生きるために環境に適応するが、適応できないと、逆に生命力が減少してしまうということ。

イ 人間は生きるために環境に適応するが、適応してしまうと、逆にさらに刺激を求め、生命力が増大するということ。

ウ 人間は生きるために環境に適応するが、適応できないと、逆に生きるという実感がわいて、生命力が増大するということ。

エ 人間は生きるために環境に適応するが、適応してしまうと、逆に生命力が緩んでしまうということ。

㈤ 本文の内容として最も適当なものを、次の**ア**から**エ**までの中から選んで、そのかな符号を書きなさい。

ア 人間の好奇心は動物の好奇心と同様に、生存に直接関係している。

イ 好奇心による刺激があることによって、動物にも人間にも精神的な障害が生じる。

ウ 人間は動物と違い、生活に直接関係していないものごとも好奇心の対象になる。

エ 老人と違い、生活に直接関係していない生命力があふれている子供ほど好奇心が強い。

※ 左の枠は、㈢の下書きに使ってもよい。ただし、解答は必ず解答用紙に書くこと。

人間が抱く好奇心とは

70

80

四

次の古文を読んで、あとの㈠～㈣までの問いに答えなさい。（本文の……の左側は現代語訳です。）

昔、延喜の御門《みかど》の御時、五条の天神のあたりに、大《おほき》なる柿の木の実ならぬあり。その木の上に①仏現れておはします。京中の人こぞりて参りけり。馬、車も立てあへず《停めるすきもなく》、人もせきあへず《せき止められないほどで》、拝みののしりけり《騒いだ》。かくする程に、五、六日あるに、右大臣殿心得ず思し給ひける間、「まそれは老人がものごとを体験しつくした結果というより、やはり、生命力に関係しているように思われる。さて、②人間が抱く好奇心は、とうぜんさまざまである。が、人間の好奇心が動物の探索と質的に異なる点は、それが知的だという点であろう。何を指して「知的」というかは問題だが、ここではそうした知的好奇心を、とりあえず、生存に一義的にかかわっていないものごとについての探求心、とでも定義しておこう。生存にかかわらぬというのは、たとえば、食物を探すとか、住処《すみか》を見つけだすとか、保温のために何かを身にまとうとか、そういう切実な要求に直接関係していない、という意味である。さらにいいかえれば、人間に特有のシンボルの操作に関係していて……いや、こういうのがいちばん適切かもしれない——つまり、なんらかの「意味」を探求したいという欲求、それが人間の好奇心だ、と。

2　ところで、生きるとはどういうことなのであろうか？　端的にいえば、生きるとは環境に適応することである。もし適応できなかったとしたら、そこに死が待っている。現存する地球上の生物は、まさしく適応することによって生き残ってきたのである。すなわち、適者生存である。この意味からすれば、人間のつくりだした文明や文化は、適応の体系だといってもいい。してみれば、さきの好奇心なるものは、じつは、「環境に適応するための探索」ということになる。

3　考えてみると、「好奇心」という言葉はおもしろい言葉である。それは読んで字のごとく、「奇を好む心」であるが、その「奇」というのは、変わったこと、つまり、日常の環境、自分がすっかり適応している環境、自分が馴《な》れ親しんでいる環境と異質なもののことである。異質だからこそ、「奇」と感じられるのだ。

4　ここでぼくは、あらためて、生きるということの③逆説的な構図を痛感せざるをえない。前記のように、人間は生きるために環境に適応しなければならないのだが、ひとたび環境に適応してしまうと、こんどは環境にすっかり慣れてしまったということが、逆に生きるという実感を失わせてしまう。つまり、生きるための刺激がなくなることで、生命の力がすっかり弛緩《しかん》してしまうのだ。別言すれば、そのような無重力状態が、生きるためのエネルギーを吸いとってしまうわけである。チンパンジーが〈退屈のあまり〉精神的な障害をきたすというのは、そうした生命力のまったき弛緩を意味しているのであろう。チンパンジーでさえそうなら、人間はなおのことである。

（森本哲郎《もりもとてつろう》『私のいる文章』による）

（注）○1～4は段落番号である。
○涸渇《こかつ》　なくなること。
○横溢《おういつ》　満ち溢れること。
○弛緩《しかん》　ゆるむこと。

㈠　1の段落の文章をさらに三つの段落に分けるとすると、第二段落はどこからどこまでか。第二段落の最初と最後の五字を抜き出して、書きなさい。

（注意）・句読点も一字に数えて、一字分のマスを使うこと。

㈡　①動物の探索　とあるが、それと関係の深い語句として最も適当なものを、次のアからエまでの中から選んで、そのかな符号を書きなさい。

ア　文明や文化　　**イ**　切実な要求
ウ　知的好奇心　　**エ**　無重力状態

㈢　筆者の考える　②人間が抱く好奇心　とはどのようなものか。筆者

(六) 次のアからカの文は、この文章を読んだ六人の生徒の感想である。本文の内容と合致するものとして最も適当なものを、次のアからカまでの中から選んで、そのかな符号を書きなさい。

ア 羨ましいと思う感情を積極的に表明していくことで、苦痛や困難から解放されるんだね。

イ 羨ましいと思う感情を持つことは、幸福な人生を送るための重要な要素だとわかったよ。

ウ 羨ましいと思う感情を弱くしていくためには、可能性を開発する努力が避けられないんだね。

エ 羨ましいと思う感情からどれほどがんばっても抜け出せないことを知ってショックだったよ。

オ 羨ましいと思う感情が生まれるのも消えるのも自然なことだと述べているよ。

カ 羨ましいと思う感情は自分が他人より優れていることを証明したいという願いから生まれるんだね。

二 次の(一)、(二)の問いに答えなさい。

(一) 次の①、②の文中の傍線部について、漢字はその読みをひらがなで書き、カタカナは漢字で書きなさい。

① 任務を遂行する。

② 意味シンチョウな言葉だ。

(二) 次の③の文中の傍線部と同じ漢字を用いるものを、あとの**ア**から**エ**までの中から選んで、そのかな符号を書きなさい。

③ 彼はシンキイッテンし、新生活を始めた。

ア 温暖なキコウだ。

イ 新キロクを達成した。

ウ 彼へのキタイは大きい。

エ 絶好のキカイが訪れた。

三 次の文章を読んで、あとの(一)から(五)までの問いに答えなさい。

[1] 子供というのは、例外なく好奇心を持っている。人間だけではない。動物でも子供は好奇心のかたまりである。それは本能に近いのかもしれない。動物学者はそれを探索と呼んでいる。むろん、①動物の探索は食物を探しだすという目的から備わったものであろう。しかし、かならずしもそれだけではない。彼らは探索そのものを愉《たの》しんでいるふしがあるという。動物学者日高敏隆《ひだかとしたか》氏によれば、「チンパンジーに探索を禁止すると、〈退屈のあまり〉精神的な障害をきたし、病気になったり異常な行動をはじめたりして死んでしまう」のだそうである。人間の好奇心も、もとをただせば動物の探索と根はおなじなのであろう。人間の場合は、同氏によると、「他の動物の場合のように、〈生きるための探索〉ではない」とのことだが、やはり、どこかで「生きる」こととつながっているのだと思う。まあ、その由来は動物学者に任せるとして、いずれにせよ、人間のつくりだした文化なるものは、人間の好奇心が生んだものといってよい。文明や文化は、好奇心の体系なのである。だから好奇心を失うことは、すなわち文化を衰弱させることであり、ひいては生命力を涸渇《こかつ》させることになる。好奇心とは、いってみれば、人間の生命力の関数なのであって、だからこそ、生命力が横溢《おういつ》している子供は、やたらと好奇心が強いのだ。老人になればなるほど好奇心は失われてゆく。

や苦しみはつきものだと言っていいだろう。

9 しかし、自分にとって実に多くの未開発の部分があるなかで、特に何かが「羨ましい」という感情に伴なって意識されてくるのは、その部分が特に開発すべきところ、あるいは、開発を待っているところとして、うずいていることを意味しているのである。

10 ある個人にとって、やらねばならぬことややれることは山ほどあるはずである。そのなかで「羨ましい」という感情は、どの「方向」に自分にとっての可能性が向かっているかという一種の方向指示盤としての役割をもって出現してきているのである。そして、はじめは困難や苦難を伴なうにしろ、自分が発見したことをやり抜いてゆくと、ある程度経《た》てば、その面白さもわかってくるし、その頃には「羨ましい」感情も弱くなってきているのがわかるだろう。

11 ここに簡単に書いてしまったことは、実際にやり抜くのはなかなか大変なときもある。しかし、「羨ましい」感情が強いとき、自分のなかに何かが未《いま》だ注目されずに棄てられているはずだと思って、探してみたり、いろいろ試みてみたりするのは、それほど悪くはない。そのためにエネルギーを消費する方が、他人に愚痴をまき散らしたり、他人の ⑥ を引張るためにエネルギーを使うよりは少しはましだと思われる。

（河合隼雄《かわいはやお》『こころの処方箋』による）

（注） ○1～11は段落番号である。

(一) A から C までのそれぞれにあてはまる最も適当なことばを、次のアからクまでの中からそれぞれ選んで、そのかな符号を書きなさい。

ア そのうえ　イ しかし　ウ そうして　エ すると

オ たとえば　カ つまり　キ なぜなら　ク あるいは

(二) ①他人を羨ましいと感じるときがある とあるが、「他人を羨ましいと感じる」ことにはどのような役割があるのか。文章中から適当な箇所を四十五字以内で抜き出して、最初と最後の五字を書きなさい。

（注意） ・句読点や記号も一字に数えて、一字分のマスを使うこと。

(三) ②プラスされるX とあるが、「X」とは何か。その説明として最も適当なものを、次のアからオまでの中から選んで、そのかな符号を書きなさい。

ア 自分のなかにある自分が他人に勝りたいという欲望。

イ 自分のなかにあるまだ気づいていない資質。

ウ 自分のなかの人生において欠かすことのできない条件。

エ 自分のなかの意図せずして湧きあがってくる指示。

オ 自分のなかの苦痛を取り除こうとする意志。

(四) ③ にあてはまることばとして最も適当なものを、次のアからオまでの中から選んで、そのかな符号を書きなさい。

ア 幸福　イ 裕福　ウ 優秀　エ 健康　オ 偉大

(五) ④ から ⑥ までにそれぞれあてはまることばの組み合わせとして最も適当なものを、次のアからカまでの中から選んで、そのかな符号を書きなさい。

ア	④ 首	⑤ 口	⑥ 手
イ	④ 首	⑤ 目	⑥ 手
ウ	④ 首	⑤ 口	⑥ 足
エ	④ 耳	⑤ 目	⑥ 足
オ	④ 耳	⑤ 口	⑥ 足
カ	④ 耳	⑤ 目	⑥ 手

【国　語】（四五分）〈満点：二二点〉

一　次の文章を読んで、あとの㈠から㈥までの問いに答えなさい。

[1] ①他人を羨ましいと感じるときがある。羨ましいなどと思ってはいけないと言う人もあるが、このような感情は勝手に生じてくるので、いかんともし難いものである。それはいけないというので、一所懸命に抑えこもうとしたり、羨ましいなどと感じる自分は悪い人間であると、自分を責めたり、卑下したりして、余計に問題を大きくしてしまう人もある。

[2] 羨ましい気持が起こったら、それは自然に生じてきたことだから、よしあしを言う前にそれはそれと認めることにしよう。そして、いったいそれがどのあたりから来ているか、考えてみることにしてはどうだろう。あんがいなことが見つかるものである。

[3] 羨ましいというのは、物にしろ能力にしろ、ともかく自分の持っていないものを他人が持っている、というところに生じてくる感情である。〔　A　〕、自分の持っていないものを他人が持っているときに必ず生じるとは限らないところに、その不思議さがある。

[4] 〔　B　〕、自分は数学の才能が無いときに、知人のなかに数学のできる人が居たとする。そんなとき、別にそれだからと言って、何も感じないときもある。〔　C　〕、自分の生きてゆくこととあまり関係がないのである。また、その人を尊敬することもある。羨ましいと感じるよりも、偉い人だと感じて尊敬の気持が湧いてくる。このような場合のことを考えると、羨ましいというのは、他人が何か自分の持っていないものを持っているという事実に②プラスされるXがないと生じない、ということがわかる。それでは、そのXは何なのだろうか。

[5] カウンセリングの場面で、「羨ましい」ということは比較的よく語られる。時には、自分の不幸を嘆く形で表現される。自分は若いときに病弱だったのでスポーツができなかった。それに比して、自分の弟はスポーツがよくできて、そのために有利な就職まで見つけてきた。同じ兄弟でありながらどうしてこんなに違うのだろう。弟に比べて自分は何と不幸なのだろうか、と嘆きは続くのである。ところで、この人の場合、スポーツのできる人や、［③］な人すべてに羨ましいと感じるのではなく、特に弟に対してそれを強く感じるというところに、何かヒントがあるように思われる。そこにXが存在している。

[6] カウンセリングのなかで「羨ましい」気持が表明されるとき、その話に［④］を傾けながら、その人と共にそのXの正体を見出そうと努力する。それはなかなかうまくゆかぬときもあるが、結論を言ってしまえば、その人の心のなかの何らかの未開発の可能性を見出すことになってくるのである。

[7] 先程の例で言えば、スポーツマンの弟を羨ましがっていた人が、弟は有利な就職ができたので羨ましいという話に変わり、そのうちに、自分は弟のことばかり言っているが、自分は現在の職場でやり抜かねばならぬことがあるのに、それが嫌でやっていない。これは自分が弟に比べて不利な職場に就職したので、それほど頑張らなくともいいという理由づけをして逃げていたことなのだ、というところまで話が進んでくる。

[8] 未開発の可能性などというと［⑤］あたりがいいが、人間というものは、なるべくなら難しいことや苦しいことは避けたいと願っているところがある。そして、可能性を開発してゆくとき、多くの場合に困難

2022年度

解　答　と　解　説

《2022年度の配点は解答欄に掲載してあります。》

＜数学解答＞

1　(1)　-1　　(2)　-5　　(3)　$a=7$　　(4)　$5+\sqrt{6}$　　(5)　$x=3$　　(6)　$\frac{1}{2}$

(7)　$y=-4x+6$　　(8)　5.5

2　(1)　$\frac{5}{36}$　　(2)　ア　$10x+y$

イ　$10y+x$　　ウ　$9(x-y)$

(3)　①　(0, 12)　　②　$a=\frac{5}{6}$

(4)　①　150m　　②　右図　　③　125秒後

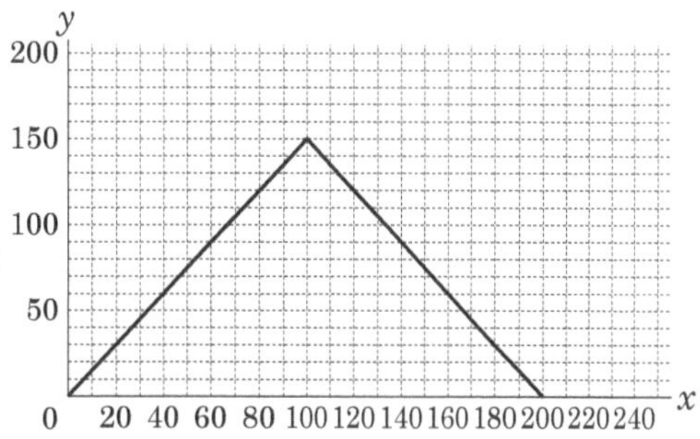

3　(1)　26度　　(2)　16度　　(3)　①　4cm

②　$532\pi\,\mathrm{cm}^3$

○配点○

1　各1点×8　　2　(3)②, (4)③　各2点×2　　他　各1点×5

3　(3)②　2点　　他　各1点×3　　計22点

＜数学解説＞

基本 **1**　(数・式の計算, 1次方程式, 平方根の計算, 2次方程式, 式の値, 直線の式, 四分位範囲)

(1)　$7-13-(-5)=7-13+5=12-13=-1$

(2)　$-\frac{3}{10}\div\left(-\frac{2}{5}\right)^2\times\frac{8}{3}=-\frac{3}{10}\times\frac{25}{4}\times\frac{8}{3}=-5$

(3)　$4x-a=2(x+a)-5$　　$4x-a=2x+2a-5$　　$4x-2x+5=2a+a$　　$3a=2x+5$　　この式に$x=8$を代入して, $3a=2\times8+5=21$　　$a=7$

(4)　$(\sqrt{3}+\sqrt{2})^2-\frac{6}{\sqrt{6}}=3+2\sqrt{6}+2-\frac{6\sqrt{6}}{6}=5+2\sqrt{6}-\sqrt{6}=5+\sqrt{6}$

(5)　$2x(x-3)=x^2-9$　　$2x^2-6x-x^2+9=0$　　$x^2-6x+9=0$　　$(x-3)^2=0$　　$x=3$

(6)　$\frac{x+3y}{3}-\frac{3x-y}{4}=\frac{4(x+3y)-3(3x-y)}{12}=\frac{4x+12y-9x+3y}{12}=\frac{-5x+15y}{12}=\left(-5\times\frac{6}{5}+15\times\frac{4}{5}\right)\div12=(-6+12)\div12=6\div12=\frac{1}{2}$

(7)　求める直線の式を$y=-4x+b$として, (1, 2)を代入すると, $2=-4\times1+b$　　$b=6$　　よって, 求める直線の式は, $y=-4x+6$

(8)　データを小さい順に並べると, 6, 7, 10, 10, 11, 12, 13, 15, 16　　第1四分位数は, $\frac{7+10}{2}=8.5$　　第3四分位数は, $\frac{13+15}{2}=14$　　よって, 四分位範囲は, $14-8.5=5.5$

2　(確率, 文字式の利用, 図形と関数・グラフの融合問題, 一次関数の利用とグラフの作成)

(1)　2回のサイコロの目の出方は全部で, $6\times6=36$(通り)　　そのうち, 点Pが2回目で初めて点Eに止まる場合は, (1, 3), (2, 2), (3, 1), (5, 5), (6, 4)の5通り　　よって, 求める確率は, $\frac{5}{36}$

(2)　十の位の数をx, 一の位の数をyとすると, 2けたの整数は$\underline{10x+y}$と表され, 十の位と一の位の数を入れかえてできる整数は$\underline{10y+x}$と表される。差は，$(\underline{10x+y})-(\underline{10y-x})=10x+y-10y+x=9x-9y=\underline{9(x-y)}$　$x-y$は整数だから，$\underline{9(x-y)}$は9の倍数である。

重要　(3)　①　$\triangle AOC=\dfrac{(\text{平行四辺形}AOBC)}{2}=\dfrac{36}{2}=18$　$\dfrac{1}{2}\times CO\times 3=18$から，$CO=18\times\dfrac{2}{3}=12$　よって，C(0，12)

②　$y=\dfrac{1}{2}x^2$に$x=-3$を代入して，$y=\dfrac{1}{2}\times(-3)^2=\dfrac{9}{2}$　$A\left(-3,\ \dfrac{9}{2}\right)$　ABとCOの交点をPとすると，平行四辺形の2つの対角線は互いを2等分することから，P(0，6)　点Bのx座標をbとすると，線分ABの中点が点Pになるので，$\dfrac{-3+b}{2}=0$　$b=3$　$a\times 3^2=9a$　B(3，$9a$)　$\left(\dfrac{9}{2}+9a\right)\div 2=6$　$\dfrac{9}{2}+9a=12$　$9a=12-\dfrac{9}{2}=\dfrac{15}{2}$　$a=\dfrac{15}{2}\times\dfrac{1}{9}=\dfrac{5}{6}$

重要　(4)　①　AB間の距離をxmとすると，時間の関係から，$\dfrac{2x}{1.5}=\dfrac{2x}{2.5}+80$　$\dfrac{4x}{3}=\dfrac{4x}{5}+80$　$\dfrac{20x}{15}-\dfrac{12x}{15}=80$　$\dfrac{8x}{15}=80$　$8x=1200$　$x=150$

②　$y=1.5x$に$y=150$を代入すると，$150=1.5x$　$x=100$　よって，弟が出発して100秒後に弟はB地点に着き，さらに100秒後にA地点に戻るので，(0，0)，(100，150)，(200，0)を直線で結んだグラフをかく。

③　$150\div 2.5=60$から，兄はA地点を出発して60秒後にB地点に着き，さらに60秒後にA地点に戻る。兄に関するグラフは，(80，0)，(140，150)，(200，0)を直線で結んだグラフになる。グラフから2人がすれ違うのは，弟が出発してから100秒後から140秒後の間であることがわかる。$100<x<140$において，弟に関する式を$y=-\dfrac{3}{2}x+b$として(100，150)を代入すると，$150=-\dfrac{3}{2}\times 100+b$　$b=300$　よって，弟に関する式は，$y=-\dfrac{3}{2}x+300$…(i)　兄に関する式を$y=\dfrac{5}{2}x+c$として(140，150)を代入すると，$150=\dfrac{5}{2}\times 140+c$　$c=-200$　よって，兄に関する式は，$y=\dfrac{5}{2}x-200$…(ii)　(i)と(ii)からyを消去すると，$-\dfrac{3}{2}x+300=\dfrac{5}{2}x-200$　$4x=500$　$x=125$　したがって，125秒後

3 (平面図形，空間図形の計量問題－角度，円の性質，三角形の比の定理，体積)

(1)　円周角の定理から，$\angle BOC=2\angle BAC=2\times 21^\circ=42^\circ$　ACとOBの交点をDとすると，△ABDにおいて，内角と外角の関係から，$\angle ADO=21^\circ+47^\circ=68^\circ$　△ODCにおいて，内角と外角の関係から，$\angle ACO=68^\circ-42^\circ=26^\circ$

(2)　正五角形の一つの角は，$\dfrac{180^\circ\times(5-2)}{5}=108^\circ$　点I，Hを通り直線ADに平行な直線を引き，EF，FGとの交点をそれぞれJ，Kとすると，平行線の錯角から，$\angle KHG=20^\circ$　$\angle IHK=108^\circ-20^\circ=88^\circ$　平行線の同側内角の和は180°だから，$\angle JIH=180^\circ-88^\circ=92^\circ$　$\angle EIJ=108^\circ-92^\circ=16^\circ$　平行線の錯角から，$\angle DEI=\angle EIJ=16^\circ$

重要　(3)　①　円の外部の点からその円に引いた2本の接線の長さは等しいから，BE=BC=9　AD=AE=AB−BE=13−9=4(cm)

②　直線BAとCDの交点をPとしてPDの長さをxとする。三角形の比の定理から，PD：PC=AD：BC　$x:(x+12)=4:9$　$9x=4x+48$　$5x=48$　$x=\dfrac{48}{5}$　$PC=\dfrac{48}{5}+12=\dfrac{108}{5}$　求める体積は，底面が半径9の円で高さが$\dfrac{108}{5}$の円錐の体積から，底面が半径4の円で高さが$\dfrac{48}{5}$の体積をひいたものだから，$\dfrac{1}{3}\times\pi\times 9^2\times\dfrac{108}{5}-\dfrac{1}{3}\times\pi\times 4^2\times\dfrac{48}{5}=\dfrac{2916}{5}\pi-\dfrac{256}{5}\pi=\dfrac{2660}{5}\pi=532(\text{cm}^3)$

★ワンポイントアドバイス★

2(4)③は，②のグラフに兄に関するグラフを描き入れて交点の座標を読み取ってもよいが，交点が格子点でないときは，計算で求めるようにした方がよいだろう。

＜英語解答＞

1　リスニング問題解答省略

2　(In this symbol,) you can see a stick in (a house.)　(I think it is because) they may use a stick (when they walk.)

3　①　interested in　②　what to　③　how about

4　(1)　used　(2)　(At that time,) I was surprised to get the change because (it was a 500 yen coin instead of a bill.)　(3)　イ　(4)　ア　(5)　イ，オ

5　(1)　b　エ　d　オ　(2)　ア　abroad　イ　but　(3)　ウ
(4)　X　famous　Y　memory

○配点○

1　各1点×5　2　2点　3　各1点×3(各完答)
4　(5)　2点(完答)　他　各1点×4　5　各1点×6((1)完答)　計22点

＜英語解説＞

1　リスニング問題解説省略。

2　(英作文問題)

(説明文)「この地図を見なさい。この記号を理解できますか。この記号では家［①］。これは，とても高齢の人々のための場所であることを意味します。それは，［②］からだと思います。」

①「家の中に杖がある」という内容の英文を書く。

②「杖」が高齢の人々のための場所であるという意味を理解し，「歩くときに杖を使う」などの英文を書く。

3　(会話文問題：語句補充)

早紀　：日本での学校生活を楽しんでいますか？
ケイト：はい，ここ日本ですばらしい時を過ごしています。誰もが私に親切です。
早紀　：そう聞いてうれしいです。ところで，①あなたの国での学校生活について私は興味をもっています。
ケイト：そうですね。何を知りたいですか。
早紀　：学校の制服について教えてください。あなたの学校にも制服はありますか。
ケイト：いいえ，ありません。実際②私は，毎日学校に何を着ていこうかと考えねばなりません。それは面倒です。だから私は日本に制服があるのはよい考えだと思います。みんな自分の服について考える必要がありません。他に何かたずねたいことはありますか？
早紀　：ええと，③学校の昼食はどうですか？　学校が出してくれますか？
ケイト：いいえ，私たちは学校にお弁当を持って行くか，学校のカフェテリアで昼食を買います。

そして私たちはそれをカフェテリアか屋外で食べられます。

早紀　：いいですね！

① <be interested in ～>で「～に興味を持つ」という意味を表す。

② <what to ～>で「何を～するべきか」という意味を表す。

基本 ③ <how about ～>で「～はいかがですか」という意味を表す。

4 (長文読解問題・説明文：語句補充，語句整序，内容吟味)

(全訳) 私が初めて日本に来たのは約45年前だ。私の記憶が正しければ，当時の日本のお金は，私たちが今日使っているお金とは異なっていた。少なくとも2つの異なる点がある。まず，45年前に使っていた1万円札は今より大きかった。第二に，当時500円硬貨は(A)使われていなかった。代わりに，500円札があった。

私が最初に日本に滞在したのは6か月で，数年後に戻ってきた。私は滞在の最初の日にレストランやお店などで500円札を使った。また日本に来たときは，レストランで夕食をとり，昔と同じように支払った。①当時，札ではなく500円硬貨だったので，お釣りをもらったときにはびっくりした。そのとき私は初めてそれを見た。コインを使うのに慣れていなかったが，今では当たり前になっている。

約20年前，私は「500円硬貨ルール」を採用した。どこかで500円硬貨をもらったら，帰宅するまでにしかそれを使えないというルールだった。それは，私が家に帰ったときに私がそれを容器に入れなければならないことを意味した。私はこれが②多くのコインを貯めておく良い方法だと思った。私は特別な大型の容器を買った。その後，コインをもらったら家に帰るのが楽しみだった。

10年後，ようやくコインがいっぱいになった。コインを数えたとき，私がどれほど幸せだったか想像してみてください。私は約150万円持っていた！　それ以来，このルールを継続し，新しい容器を買った。次回たくさんのコインを数えるときを私はずっと待っている！

(1) 日本では500円硬貨が使われていなかったと言っているので，use を使う。受動態の文なので過去分詞の形にする。

(2) <be surprised to ～>で「～して驚く」という意味を表す。また，直後の部分に理由が書いてあるときには because でつなぐ。

(3) 500円硬貨を使わないようにするための工夫について言っているので，イが答え。
ア 「多くの札をもらう」 文意が合わないので，誤り。 イ 「多くのコインをとっておく」
ウ 「プレゼントを与える」 文意が合わないので，誤り。 エ 「大きな箱を作る」 文意が合わないので，誤り。

(4) 「どこかで500円硬貨をもらったら，帰宅するまでにしかそれを使えないというルールだった。それは，私が家に帰ったときに私がそれを容器に入れなければならないことを意味した」とあるので，アが答え。 ア 「私が家に500円硬貨を持ち帰ったとき，私はそれを容器に入れる。」
イ 「お釣りとして500円硬貨をもらうために，私はいつも1,000円札を使う。」 1,000円札を使うとは書かれていないので，誤り。 ウ 「私は週に2回，レストランやお店で500円硬貨を使わねばならない。」 文中に書かれていない内容なので，誤り。 エ 「もし私の友人が500円硬貨を見つけたら，彼らは私のそのことを言う。」 文中に書かれていない内容なので，誤り。

重要 (5) ア 「筆者が日本に来てから約30年である。」「私が初めて日本に来たのは約45年前だ」とあるので，誤り。 イ 「1万円札の大きさは45年前より小さい。」「45年前に使っていた1万円札は今より大きかった」とあるので，答え。 ウ 「筆者は，再び日本を訪れたとき，500円硬貨を使わなかった。」「私は滞在の最初の日にレストランやお店などで500円札を使った」とあるので，誤り。 エ 「ルールのために，筆者は外出したとき札をもらわねばならなかった。」 文中に書かれていない内容なので，誤り。　オ　「筆者は『500円硬貨ルール』を20年間続けている。」　約20年前に始めて，今も続いていると言っているので，答え。　カ　「このルールに挑戦する人は誰でも10年間で150万円持てる。」　10年間で150万円になるとは限らないので，誤り。

5　(会話文問題：語句補充，内容吟味)

ステイシー：こんにちは，結衣。今日の調子はどうですか？
結衣　　　：先週から試験のために英語を一生懸命勉強したので疲れました。
ステイシー：昨夜はよく眠れなかったということですか？
結衣　　　：【 a 】その通りです。
ステイシー：なぜそんなに一生懸命勉強するのですか？
結衣　　　：①そうですね，将来あなたの国に留学したいので，英語を上手に話せるように頑張っています。
ステイシー：【 b 】それを聞いてうれしいです。私たちはまた私の国できっと会えるでしょう！
結衣　　　：そうだといいですね。ちなみに，いつ日本を離れますか？
ステイシー：来月の最終日です。私は日本に滞在する十分な時間がありません。あなたがいなくなると本当にさみしいです，結衣。
結衣　　　：【 c 】私もです。ああ，いい考えがあります！　帰国する前にどこかへ旅行に行きませんか？
ステイシー：いいですね！　そうしたいです！
結衣　　　：日本でどこに行きたいですか？
ステイシー：京都の黄金の院を見たいです！　自分の国でテレビ番組で見たことがありますが，日本の名前は覚えていません。その名前は何ですか？
結衣　　　：金閣寺です。②それは京都だけでなく，日本でも最も有名な寺のひとつです。
ステイシー：【 d 】ああ，私はそれを知りませんでした。ここからどれくらいかかりますか？
結衣　　　：名古屋から新幹線に乗れば京都まで35分くらいです。
ステイシー：たった35分ですか？　素晴らしいです！　名古屋にとても近いです！　京都で良い思い出を作るために，他に何をしたり，見たりしなければなりませんか？
結衣　　　：清水寺の前で着物を着て写真を撮ることができます！
ステイシー：それは私にとってエキサイティングです！　あなたも一緒に着物を着てくれませんか？
結衣　　　：【 e 】もちろんです！　日本で最高の思い出を作るために着物で写真を撮りましょう！
ステイシー：うん！　旅行が待ち遠しいです！

(1)　全訳参照。

(2)　ア　「留学する」は study abroad と表す。　イ　<not only A but also B>で「Aだけではなく B も」という意味になる。

基本　(3)　現在完了の文なので，<have ＋過去分詞>の形になる。

(4)　お母さんへ

　今日は結衣さんとお別れの京都旅行について話しました。 彼女は私をそこに連れて行き、案内してくれます！　私たちは日本で最も(X)有名な金閣寺を訪れ、着物を着て一緒に写真を撮ります。 素晴らしいですね！　京都に行って、日本の伝統文化を体験できるのを楽しみにしています。日本滞在中の良い(Y)思い出になることを願っています！

　敬具,

　ステイシー

X 「日本でも最も有名な寺のひとつ」とある。
Y 「日本で最高の思い出を作るために」とある。

★ワンポイントアドバイス★

5の(2)イには<not only A but also B>がある。これは<B as well as A>で同じ意味を表わせる。この文を書き換えるとIt's famous in Japan as well as in Kyoto.となる。構文によって比べ合うものの順番が変わることに注意する。

＜理科解答＞

1 (1) オ　(2) エ

2 (1) ア，ウ　(2) オ
(3) (器官X) 肝臓　(有機物) イ
(4) 尿を生成する[老廃物を取り除く，血液をろ過する，血液中の不要物を除去]

3 (1) H_2OとCO_2　(2) 右図
(3) 6.2g　(4) エ

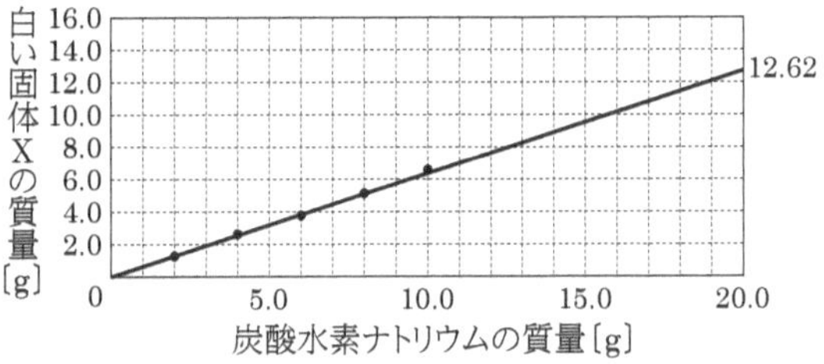

4 (1) 12Ω　(2) ウ　(3) エ
(4) キ，ク

5 (1) 初期微動継続時間　(2) イ　(3) イ　(4) ク

6 (1) カ　(2) イ

○配点○

1 各1点×2　2 各1点×5((1)完答)　3 (3) 2点　他 各1点×3
4 各1点×4　5 各1点×4　6 各1点×2　計22点

＜理科解説＞

1 (圧力・気体の発生とその性質)

基本 (1) 水深が深くなるほど，水圧は大きくなる。また，この物体にはたらく浮力の大きさは，2.5(N)－1.4(N)＝1.1(N)であるので，オが正しい。

重要 (2) 気体Aは水素，気体Bは酸素，気体Cは二酸化炭素，気体Dはアンモニアである。水素と酸素は水に溶けにくいので水上置換法で集める。二酸化炭素は水に少し溶け空気より重いので下方置換法で集める。アンモニアは水に非常に溶け空気より軽いので，上方置換法で集める。

重要 **2** (ヒトの体のしくみ)

基本 (1) 右心室が縮むと，肺へ静脈血が流れ出るので，アは正しい。左心室が縮むと，肺以外の全身へ動脈血が流れるので，ウは正しい。

(2) ①は腎臓を通った後の血管なので，hである。②は小腸と肝臓をつなぐ血管なのでfである。③は全身に血液を送っているdである。④は肝臓を通った後の血管なのでeである。

(3) 肝臓でアンモニアが無害な尿素に変えられる。アンモニアはタンパク質を消化するとき発生する。

(4) 器官Zは腎臓である。

3 (物質とその変化)

重要 (1) 炭酸水素ナトリウムは加熱すると，H_2OとCO_2が発生する。

基本 (2) Aでは炭酸水素ナトリウム2.00gが，21.26(g)－20.00(g)＝1.26(g)の白い固体となる。同様にBでは炭酸水素ナトリウム4.00gが，2.52gの白い固体に，Cでは炭酸水素ナトリウム6.00gが，3.79gの白い固体に，Dでは炭酸水素ナトリウム8.00gが，5.05gの白い固体に，Eでは炭酸水素ナトリウム10.00gが，6.31gの白い固体になることがわかる。それぞれの値を，表の大体の位置に点を打ち，点どうしが近くなるようにして，直線を引く。

やや難 (3) 炭酸水素ナトリウム10.00gがすべて反応すると，白い固体が6.31g出てくるので，気体は10.00(g)－6.31(g)＝3.69(g)発生する。1回目の加熱では，気体が30.00(g)－28.60(g)＝1.40(g)発生したので，1回目の加熱で分解された炭酸水素ナトリウムは，10.00(g)：3.69(g)＝x(g)：1.40(g)より，3.79gである。よって，1回目の加熱で分解されずに残っている炭酸水素ナトリウムは，10.00(g)－3.79(g)＝6.21(g)より，6.2gである。

重要 (4) 白い固体X(炭酸ナトリウム)は水によく溶けるが，炭酸水素ナトリウムは水に少ししか溶けない。よって，溶解度は，白い固体Xの方が炭酸水素ナトリウムより大きい。また，白い固体Xは強アルカリ性であるが，炭酸水素ナトリウムは弱アルカリ性である。

重要 4 (電流と電圧・磁界とその変化)

(1) 6.0(V)＝x(Ω)×0.50(A)より，12Ωである。

(2) BからAに電流が流れるので，右ねじの法則によりウとなる。

基本 (3) 電流I_2は，抵抗器を2個直列につないだので，電流は半分の0.25Aとなる。電流I_3は，抵抗器を2個並列につないだので，電流は2倍の1.0A流れる。よって，コイルが磁界から受ける力の大きさは電流が大きければ大きくなるので，$F_3>F_1>F_2$となる。

(4) 電流が磁界から受ける力を利用している道具は，モーター(キ)とスピーカー(ク)である。

5 (地震)

重要 (1) 初期微動が始まって主要動が始まるまでの時間を初期微動継続時間という。

(2) 食器類が音を立て，電線が少し揺れているときの震度は，だいたい震度3である。

重要 (3) 海のプレートが大陸のプレートの下に沈み込み，大陸のプレートが引きずり込まれひずみが生じ，それが発散される際に大陸のプレートが跳ね上がるのが，プレートの境界で起こる地震である。

基本 (4) P波の速度は，(208(km)－156(km))÷8(秒)＝6.5(km/秒)，S波の速さは，(208(km)－156(km))÷13(秒)＝4.0(km/秒)，地震が起きた時刻は，6時04分20秒－156(km)÷6.5(km/秒)＝6時03分56秒である。

6 (植物の種類とその生活・地球と太陽系)

重要 (1) 胚珠がむき出しになっている植物はイチョウ(A)である。子葉が1枚なのはユリ(B)である。花弁が離れているのはエンドウ(C)である。花弁がくっついているのはタンポポ(D)である。

やや難 (2) 星を同じ時刻，同じ場所で観察すると，1日1度東から西に動く。10日後の午前0時はPから10度西の空にある。よって，あと，35度動く時間がわかればよい。星は同じ日に観察すると東から西に1時間で15度動くので，35度動くには，35(度)÷15(度/時)＝$2\frac{1}{3}$時間＝2時間20分かかる。よって，10日後に，Qの位置にオリオン座が見えるのは，午前2時20分となる。

★ワンポイントアドバイス★

選択肢の数が多いので，消去法で対応しよう。

＜社会解答＞

1 (1) エ　(2) イ　(3) ア
2 (1) オ　(2) B (X)　C (Y)　(3) アメリカへの輸出　(4) ウ
3 (1) ク　(2) (ねぎの収穫量) X　(まぐろ類の漁獲量) Z
(3) からっ風という北西から　(4) エ
4 (1) ① オセアニア　② アボリジニ　(2) ア　(3) ウ
5 (1) カ　(2) ① (かな符号) ウ　② (ことば) 非正規　(3) エ
6 (1) イ　(2) ア　(3) 納税

○配点○

1 各1点×3　2 各1点×4((2)完答)　3 (3) 2点　他 各1点×3((2)完答)
4 各1点×3((1)完答)　5 (2) 2点　他 各1点×2　6 各1点×3　計22点

＜社会解説＞

1 (日本と世界の歴史―政治・外交・社会史，日本史と世界史の関連)

(1) Ⅰを注意深く考察すると，鎌倉時代に行われていた定期市と二毛作の様子が描かれていることがわかる。

(2) Ⅱの世界遺産富岡製糸場は，明治5年(1872)に，明治政府が日本の近代化のために設立して，10月4日には操業が開始された(19世紀中期)。ビスマルクのドイツ統一帝国成立が1862年(19世紀中期)。ナポレオンが皇帝となるのは1804年(19世紀前期)。ピューリタン革命は1642年～60年(17世紀)。ニューデール政策が1930年代(20世紀前期)。

(3) 学徒出陣は，太平洋戦争終盤の1943年に兵力不足を補うため，高等教育機関に在籍する20歳以上の学生を在学途中で徴兵し出征させたことである。勤労動員とは，同じく1943年以降に深刻な労働力不足を補うために，中等学校以上の生徒や学生が軍需産業や食料生産に動員されたことである。女学生や未婚の女性もその対象であった。

2 (日本と世界の歴史―政治・外交史，社会・経済史，各時代の特色，日本史と世界史の関連)

(1) キリスト教徒の内村鑑三，社会主義者の幸徳秋水，歌人の与謝野晶子ら少数の人々が，それぞれの立場から，日露戦争に反対した。ポーツマス条約で，ロシアは，①朝鮮における日本の優越権の承認，②日露両国軍隊の満州撤退，③関東州租借地(旅順，大連など)および東支鉄道南満州支線の譲渡，④北緯50度以南の樺太譲渡，⑤沿海州漁業権を日本に許すことなどを認めた。

(2) Ⅱはベルサイユ条約(1919年)をあらわしている。その直前の1918年に日本ではXの米騒動が起こっている。その直後の1922年にはZの全国水平社が成立している。

(3) 第一次世界大戦により，日本は大戦景気となった。開戦により欧米諸国からの輸入がほぼ途絶えたため，国内では重化学工業を中心に企業の成立が相次いだ。また，海外需要の急増によって，特に，アメリカへの輸出が増加し，海運業・造船業を中心に大きな利益が生まれた。

基本 (4)　Ⅲはサンフランシスコ平和条約調印を示している。1951年9月8日に結ばれたこの条約は，第二次世界大戦後の日本国と連合国(48か国)の平和条約である。この条約の発効により連合国による占領は終わり，日本国は主権を回復した。また，この時，日本は台湾と澎湖諸島に対する全ての権利を放棄した。

3 (日本の地理―諸地域の特色，人口，産業)

(1)　ⅠのAは福島県，Bは千葉県，Cは神奈川県，Dは静岡県である。東海工業地域は静岡県を中心に広がっている。。

(2)　Xは千葉県が収穫量第1位のねぎである。Yは北海道が収穫量第1位の大豆である。Zは静岡県が漁獲量第1位のまぐろである。

やや難 (3)　からっ風とは，主に山を越えて吹きつける下降気流のことを指す。山を越える際に温度，気圧ともに下がることで空気中の水蒸気が雨や雪となって山に降るため，山を越えてきた風は乾燥した状態となる。特に，関東の内陸部では，群馬県で冬に見られる北西風は「上州のからっ風」として有名で，「赤城おろし」とも呼ばれている。

重要 (4)　Ⅲ，Ⅳのグラフを注意深く考察する。Ⅲ発電設備量の推移では，2000年の水力と火力を比べると火力は水力の約3倍大きいことがわかる。Ⅳ発電電力量の推移では，2000年の原子力と火力を比べると，火力は原子力の約2倍大きいことがわかる。以上のことから，現在でも日本は火力発電に頼る部分が大きいことが理解できる。

4 (地理―世界の諸地域の特色，気候，産業)

(1)　1972年に多民族・多文化主義政策が確立されてから，政府はオーストラリア社会に住む様々な民族のためにサービスを行ないながら，絶え間なく多様な文化を受け入れ続けてきた。多言語放送メディアや電話による通訳・翻訳サービスもそのひとつである。オーストラリアには多言語・多文化放送局があり，ギリシャ語を始め，イタリア語，中国語，日本語，トルコ語，フランス語等，それぞれの民族グループで使用される多様な言語の番組が放送されている。内陸部でも，先住民アボリジニが多い地域では専用のラジオ・テレビ番組がある。

(2)　地中海性気候の地域では，その独特な農業様式である地中海式農業がおこなわれている。地中海沿岸が代表的で，夏季の高温乾燥に耐えるブドウ，オリーブ，オレンジなどの果樹栽培(おもに丘陵地斜面)が有名である。

やや難 (3)　Ⅲの表の4か国のうち第1次産業人口割合が最も多いのはエチオピア，最も少ないのは新興工業国となった南アフリカ共和国である。Ⅳの表の3か国のうち二酸化炭素排出量が最も多いのは南アフリカ共和国である。

5 (公民―経済生活，日本経済，その他)

重要 (1)　Ⅰ，Ⅱのグラフを注意深く考察すると，事業数，年間販売額，いずれも百貨店は1番少なく，振るわなくなってきているのが確認できる。事業数，年間販売額，いずれもコンビニエンスストアは，伸びてきているのがわかるが，年間販売額1位(大型スーパー)にはまだ届かない。

(2)　Ⅲの円グラフ中のパート・アルバイト，契約社員，派遣社員は，いずれも非正規雇用労働者である。この2つの円グラフからわかることは，日本では女性の正社員の割合が少なく，非正規労働者の割合が多いということである。

(3)　Ⅳの表を注意深く考察すると，専門的・技術的職業従事者が2000年以後，1番増加しているのが確認できる。逆に，建設・採掘従事者が1番減少していることもわかる。

6 (公民―憲法，政治のしくみ)

(1)　1960年1月に締結された「新日米安全保障条約」では，アメリカ軍が引き続き日本に駐留することの他，日本の領域内で日米どちらかが武力攻撃を受けた場合は共同作戦をとること，日米それぞれの防衛力を強化することなどが決められた。

(2)　国事行為とは，天皇が象徴たる地位に基づき国家機関として行う，憲法が定めた行為である。国家的意義を有する行為であると同時に，国政に関する権能を有しない象徴の中立性が守られるべく，内容に天皇が責任を負わない行為でなければならないと解されるのが通例である。

基本　(3)　国民の三大義務とは，日本国憲法に定められた日本国民に課せられた3つの義務のことで，それは，教育の義務(教育を受けさせる義務)，勤労の義務，納税の義務になる。

★ワンポイントアドバイス★

2(1)　ロシアはポーツマス条約で，賠償金の要求は拒否した。　2(3)　当時，海運業・造船業を中心に大きな利益がうまれるなどの好景気の下，巨額の富を手に入れた成金が現れた。

＜国語解答＞

一　(一)　A　イ　　B　オ　　C　カ　　(二)　(最初)どの「方向　　(最後)しての役割
　　(三)　イ　　(四)　エ　　(五)　オ　　(六)　ウ

二　(一)　①　すいこう　　②　深長　　(二)　③　エ

三　(一)　(最初)人間の好奇　　(最後)思われる。　　(二)　イ
　　(三)　(例)　(人間が抱く好奇心とは，)動物の探索と質的に異なり，知的でなんらかの「意味」を探求したいという欲求であり，その「環境に適応するための探索」であるというもの。
　　(四)　エ　　(五)　ウ

四　(一)　(くそ)とび　　(二)　イ　　(三)　イ　　(四)　エ

○配点○

一　(二)・(六)　各2点×2　　他　各1点×4((一)完答)　　二　各1点×3

三　(三)　2点　　他　各1点×5　　四　各1点×4　　計22点

＜国語解説＞

一　(論説文―大意・要旨，内容吟味，文脈把握，接続語の問題，脱文・脱語補充，ことわざ・慣用句)

(一)　A 「羨ましいというのは，物にしろ能力にしろ……自分の持っていないものを他人が持っている，というところに生じてくる」という前に対して，後で「自分の持っていないものを他人が持っているときに必ず生じるとは限らない」と相反する内容を述べているので，逆接の意味を表すことばがあてはまる。　B 「羨ましいというのは……自分の持っていないものを他人が持っているときに必ず生じるとは限らない」という前の例を，後で「自分は数学の才能が無いときに，知人のなかに数学のできる人が居たとする……何も感じないときもある」と挙げているので，例示の意味を表すことばがあてはまる。　C 「別にそれだからと言って，何も感じない」という前を，後で「自分の生きてゆくこととあまり関係がない」と言い換えているので，説明の意味を表すことばがあてはまる。

(二)　「役割」という語をキーワードに探すと，⑩段落に「『羨ましい』という感情は，どの『方

向』に自分にとっての可能性が向かっているかという一種の方向指示盤としての役割をもって出現してきている」とある。ここから，「羨ましいと感じる」ことの「役割」に相当する箇所を抜き出す。

(三)　直後の文で「そのXは何なのだろうか」と問いかけた後，6段落で「そのXの正体を見出そうと努力する……結論を言ってしまえば，その人の心のなかの何らかの未開発の可能性を見出すことになってくる」と述べている。この「未開発の可能性」を「まだ気づいていない資質」に言い換えて説明しているイが最も適当。アの「欲望」，ウの「条件」，エの「指示」，オの「意志」は，いずれも「可能性」という語にはそぐわない。

(四)　③ を含む文は「この人」について述べており，「この人」は「若いときに病弱だったのでスポーツができなかった」とある。「この人」が「羨ましいと感じる」可能性があるのは，「スポーツのできる人」や「健康」な人なので，「病弱」と対照的な「健康」があてはまる。

基本　(五)　「 ④ を傾けながら」で熱心に聞きながら，「 ⑤ あたり」で言葉に出して言う感じ，「 ⑥ を引張る」で他人の成功の邪魔をする，という意味になることばがあてはまる。

重要　(六)　10段落の「『羨ましい』という感情は，どの『方向』に自分にとっての可能性が向かっているかという一種の方向指示盤としての役割をもって出現してきている……自分が発見したことをやり抜いてゆくと，ある程度経てば，その面白さもわかってくるし，その頃には『羨ましい』感情も弱くなってきている」に着目する。「可能性が向かっている」方向に「やり抜いてゆく」を，「可能性を開発する」と言い換えているウが合致する。この10段落の内容に，エの「どれほどがんばっても抜け出せない」や，オの「生まれるのも消えるのも自然なこと」は合致しない。「『羨ましい』という感情」について，ア「積極的に表明していく」，イ「幸福な人生を送るための重要な要素」，カ「自分が他人より優れていることを証明したいという願い」とは述べていない。

二　(漢字の読み書き)

(一)　①　任務や仕事をやりとげること。「遂」の訓読みは「と(げる)」。　②「意味シンチョウ」は，表面に現れないが深い意味があるという意味。

(二)　③　心機一転　　ア　気候　　イ　記録　　ウ　期待　　エ　機会

三　(論説文─大意・要旨，段落・文章構成，内容吟味，文脈把握)

(一)　一つ目の段落には子供の好奇心について，二つ目の段落には人間の好奇心について，三つ目の段落には，人間の好奇心と動物の探索との違いが書かれている。「さて」という転換の意味を表す接続語に注目する。

(二)　直後の「食物を探し出す目的」について，1段落の後半で「食物を探すとか，住処を見つけだすとか，保温のために何かを身にまとうとか，そういう切実な要求」と説明している。イの「切実な要求」が，「動物の探索」と関係が深い。

重要　(三)　「知的」「意味」「適応」という三つのことばをヒントに「人間が抱く好奇心」について述べている部分を探し，一文にまとめる。1段落の「人間の好奇心が動物の探索と質的に異なる点は，それが知的だという点であろう」「なんらかの『意味』を探求したいという欲求，それが人間の好奇心だ」，2段落の「さきの好奇心なるものは，じつは，『環境に適応するための探索』ということになる」の部分を，書き出しと指定字数に合うようにまとめる。

(四)　「逆説的」は，真理にそむくようでいながら，実際には真理をついている様子を表す。「逆説的な構図」について，直後の文で「人間は生きるために環境に適応しなければならないのだが，ひとたび環境に適応してしまうと，こんどは環境にすっかり慣れてしまったということが，逆に生きるという実感を失わせてしまう」と説明している。この内容を述べているエが適当。他の選択肢は，この説明に適当ではない。

やや難 (五)　1段落の「人間の好奇心が動物の探索と質的に異なる点は，それが知的だという点」「知的好奇心を……生存に一義的にかかわっていないものごとについての探求心，とでも定義しておこう」としてウが適当。この内容にアは適当ではない。イの「好奇心による精神的な刺激」は「精神的な障害」の原因ではない。エの子供の好奇心の強さは「生活」に直接関係していない。

四　(古文—主題・表題，文脈把握，文と文節)

〈口語訳〉　昔，醍醐天皇の時代に，五条の天神のあたりに，大きな柿の木で実がならないものがあった。その木の上に仏が現れていらっしゃる。都中の人が集まってきてお詣りした。馬や，車は停めるすきもなく，人もせき止められないほどで，拝み騒いだ。

こうしているうちに，五,六日経って，右大臣殿が納得いかないとお思いになって，「本物の仏が，世の末に出ていらっしゃることはない。私が行って試してみよう」とお思いになって，正装をきちんとして，びろうの牛車に乗って，先導者を多く連れて，集まっている者たちを退かせ，牛車から牛をはずして踏み台を立て，(柿の木の)枝をまばたきもせず，よそ見もせずにじっと見守って，一時ばかり(そのままで)いらっしゃると，この仏はしばらくの間花を降らせ，光をも放っておられたが，あまりにもあまりにも(大臣に)見つめられて，困り果てて(正体を現し)，大きなとびで羽根が折れたのが，土に落ちてとまどいばたばたしているのを，子ども達が寄り集まって打ち殺してしまった。大臣は「やはり(本物ではなかった)」と(おっしゃって)，お帰りになった。

そこで，その時の人々(の間)では，この大臣を，たいそう賢い人でいらっしゃるとの評判が高まった。

(一)　「かくする程に」で始まる段落の「この仏しばしこそ花も降らせ，光をも放ち給ひけれ，あまりにあまりにまもられて，しわびて，大なるくそとびの羽折れたる，土に落ちて惑ひふためく」に着目する。ここから，仏の正体を抜き出す。

(二)　仏の正体を確かめようと「梢を目もたたかず，あからめもせずしてまもりて一時ばかり」いらっしゃったのは，イの「右大臣」。

(三)　「さればこそ」は，予想が的中したときに用いる。右大臣は「まことの仏の，世の末に出で給ふべきにあらず」と思っていたので，やはり本当の仏がこの世の末に現れるはずがないという内容のものを選ぶ。

重要 (四)　京の都中の人が柿の木に仏が現れたと大騒ぎをしている中，大臣は「まことの仏の，世の末に出で給ふべきにあらず」と思って，自分の目で仏の正体を見破ったという内容から判断する。アの信心深さや，イの人々の不安を取り除いたことに対してほめたたえたわけではない。ウの内容は，本文で述べていない。

★ワンポイントアドバイス★

読解問題では，キーワードや言い換えの語句に注目することで文脈をとらえることができる。文脈を丁寧に追って，筆者の考えを読み取ろう。

2021年度

入　試　問　題

2021年度

岡崎学園高等学校入試問題

【数　学】（45分）　　＜満点：22点＞

1　次の⑴から⑻までの問いに答えなさい。

⑴　$2-(-6)\div 2$ を計算しなさい。

⑵　$(-3a^3b)^2\times ab^3$ を計算しなさい。

⑶　$\dfrac{3x+2y}{2}-\dfrac{2x-y}{3}$ を計算しなさい。

⑷　$(\sqrt{2}-1)^2+\dfrac{6}{\sqrt{2}}$ を計算しなさい。

⑸　方程式 $x(x+8)=3(5x+6)$ を解きなさい。

⑹　次のように，自然数を一定の規則にしたがい並べた。はじめて50があらわれるのは何番目か，求めなさい。

1，2，3，2，3，4，3，4，5，4，5，…

⑺　点（2，3）を通り，傾き－2の直線の式を求めなさい。

⑻　大小2つのさいころを同時に投げ，大きいさいころの目の数を a，小さいさいころの目の数を b とするとき，$\dfrac{30}{ab}$が整数となる確率を求めなさい。

2　次の⑴から⑹までの問いに答えなさい。

⑴　右のヒストグラムは，あるクラスの生徒の体重を記録したものである。体重の軽い方から17番目の生徒が入っている階級の相対度数を求めなさい。

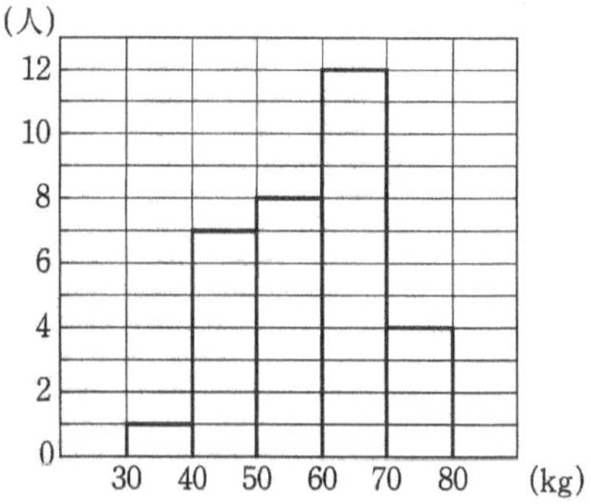

⑵　ある高校の生徒の男女の人数比は4：5で，自転車で通学している生徒と自転車で通学していない生徒の人数比は2：1である。男子で自転車で通学している生徒は276人，女子で自転車で通学していない生徒は170人のとき，この高校の生徒数は全員で何人か，求めなさい。

⑶　図で，D，Eはそれぞれ△ABCの頂点B，Cから対辺へ下した垂線と対辺との交点である。

このとき，次の①，②の問いに答えなさい。

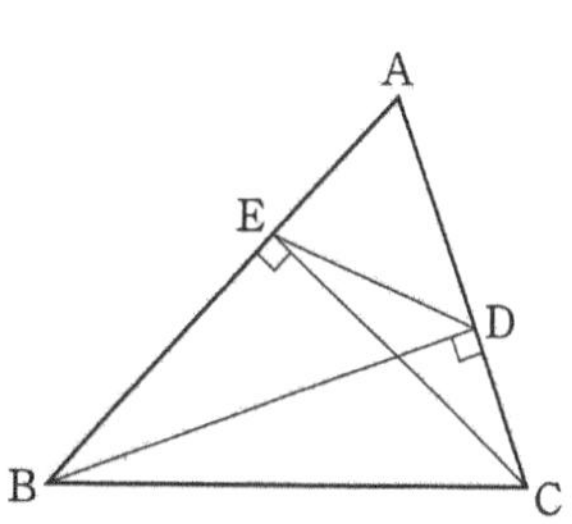

①　△ABD∽△ACEを次のページのように証明したい。

［あ］，［い］には，あてはまるものを入れ，（Ⅰ）には最も適当なものを，あとの**ア**から**ウ**までの中から選んで，そのかな符号を書きなさい。

（証明） △ABDと△ACEにおいて，
仮定より，　∠ADB＝∠ あ …（ⅰ）
共通な角より，∠BAD＝∠ い …（ⅱ）
（ⅰ），（ⅱ）より（　Ⅰ　）がそれぞれ等しいので，△ABD∽△ACEである。

② △ABC∽△ADEを次のように証明したい。
〔a〕，〔b〕には，あてはまるものを入れ式を完成させ，（Ⅱ）には最も適当なものを，下の**ア**から**ウ**までの中から選んで，そのかな符号を書きなさい。

（証明） △ABCと△ADEにおいて，
△ABD∽△ACEより，〔a　AB：AC＝　　：　　〕
よって　〔b　AB：　＝　　：　　〕…（ⅲ）
共通な角より，∠BAC＝∠DAE…（ⅳ）
（ⅲ），（ⅳ）より（　Ⅱ　）がそれぞれ等しいので，△ABC∽△ADEである。

ア　３組の辺の比　　**イ**　２組の辺の比とその間の角　　**ウ**　２組の角

⑷ 図で，Oは原点，Aは反比例 $y=\dfrac{24}{x}$ のグラフ上の点，B，Cはそれぞれ x 軸上，y 軸上の点で，四角形COBAは長方形である。また，D，Eはそれぞれ，四角形COBAの辺AB，CO上の点で，四角形CEDAも長方形である。

点Eの y 座標が３，長方形ＣＥＤＡの面積が16のとき，点Aの座標を求めなさい。

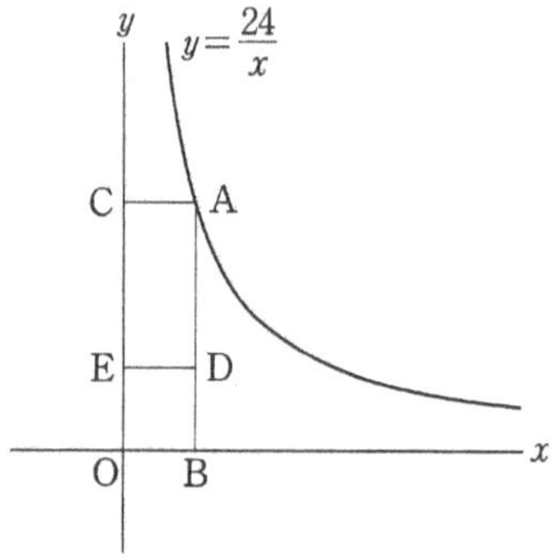

⑸ 図で，Oは原点，A，Bは関数 $y=\dfrac{1}{3}x^2$ のグラフ上の点，C，Dは関数 $y=-x^2$ のグラフ上の点，四角形ACDBはAB//CDの台形である。点A，Bの x 座標がそれぞれ－１，２，AB：CD＝１：２のとき，点Cの x 座標を求めなさい。

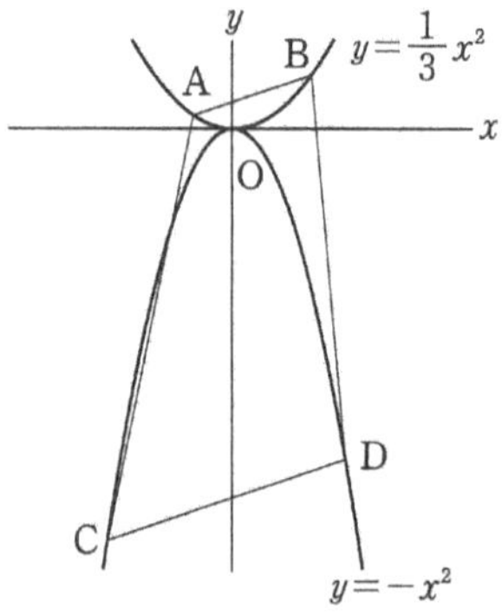

⑹ 900m離れた２地点A，Bがある。兄はAからBへ，弟はBからAへ一定の速さで歩いていく。弟は午前10時ちょうどにBを出発し，兄は弟が出発した後にAを出発したところ，弟がAに到着するのと同時に，兄はBに到着した。

兄と弟の速さがそれぞれ，分速90m，分速60mのとき，あとの①，②の問いに答えなさい。

① 弟が出発して x 分後のAまでの距離を y mとするとき，弟がAに到着するまでの x と y の

関係をグラフに表しなさい。

② 2人が出会うのは，午前10時何分か，求めなさい。

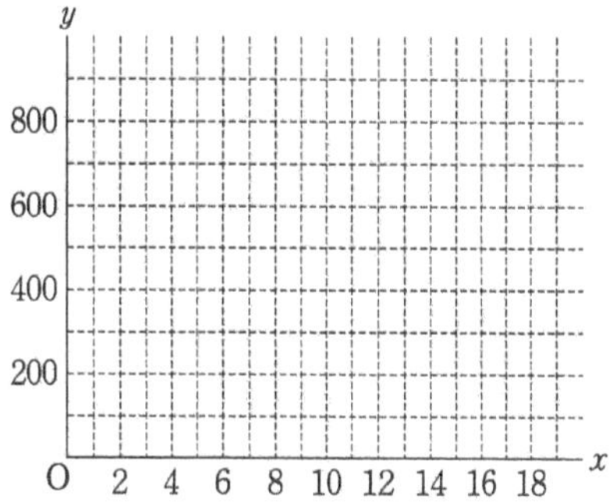

3 次の⑴から⑶までの問いに答えなさい。

⑴ 図で，A，B，C，Dは円Oの周上の点で，BCは円Oの直径で，AD // BCである。

∠ABC＝62°のとき，∠DOCの大きさは何度か，求めなさい。

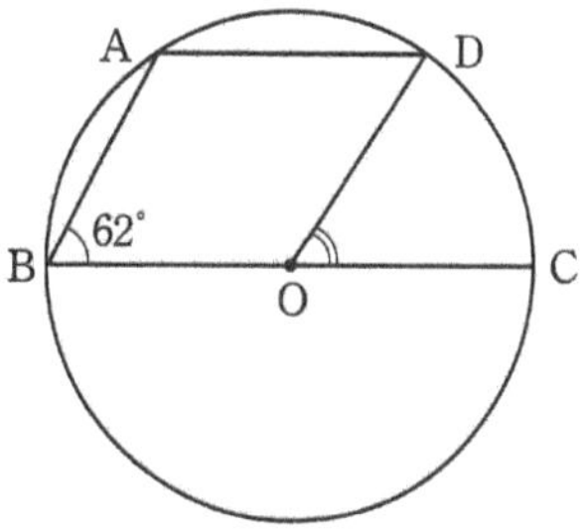

⑵ 図は，ある三角錐を展開した図である。四角形ABCDは正方形，E，Fはそれぞれ辺AB，ADの中点で，AB＝6㎝である。

△ECFを底面にしたときのこの三角錐の高さは何㎝か，求めなさい。

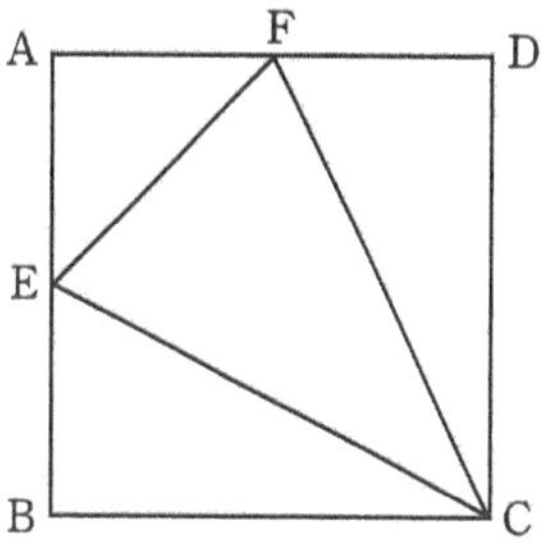

⑶ 図は，半球で，その表面積は$\frac{27}{4}\pi$ ㎠である。

この半球の体積は何㎤か，求めなさい。

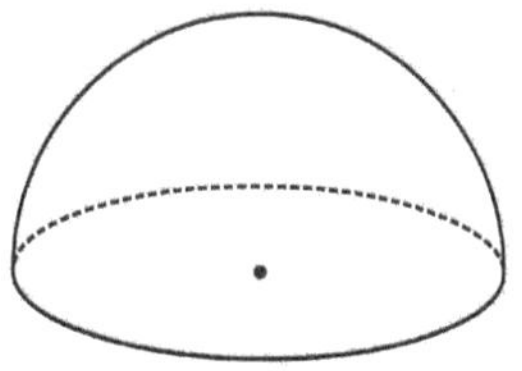

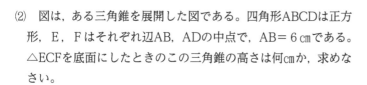

【英　語】（45分）　＜満点：22点＞

【注意】　1の問題は聞き取り検査です。「始め」という指示があってから，聞き取り検査が始まるまで，1分30秒あります。下の「答え方」をよく読みなさい。

1　指示に従って，聞き取り検査の問題に答えなさい。

「答え方」

問題は第1問と第2問の二つに分かれています。

第1問は，1番から3番までの三つあります。それぞれについて，最初に会話文を読み，続いて，会話についての問いと，問いに対する答え，a，b，c，dを読みます。そのあと，もう一度，その会話文，問い，問いに対する答えを読みます。必要があればメモをとってもよろしい。

問いの答えとして正しいものは解答欄の「正《せい》」の文字を，誤っているものは解答欄の「誤《ご》」の文字を，それぞれ○《まる》でかこみなさい。正しいものは，各問いについて一つしかありません。

第2問は，最初に英語の文章を読みます。続いて，文章についての問いと，問いに対する答え，a，b，c，dを読みます。問いは問1と問2の二つあります。そのあと，もう一度，文章，問い，問いに対する答えを読みます。必要があればメモをとってもよろしい。

問いの答えとして正しいものは解答欄の「正《せい》」の文字を，誤っているものは解答欄の「誤《ご》」の文字を，それぞれ○《まる》でかこみなさい。正しいものは，各問いについて一つしかありません。

メモ欄（必要があれば，ここにメモをとってもよろしい。）

※放送台本は非公表です。

2　次の表を見て，あとの問いに答えなさい。

作文のタイトルとして選んだ学校行事

修学旅行	(school trip)	20人　(50.0%)
学芸会	(school festival)	8人　(20.0%)
運動会	(sports day)	6人　(15.0%)
遠足	(field trip)	4人　(10.0%)
合唱コンクール	(chorus contest)	2人　(5.0%)

（問い）　40人のあるクラスで「小学校の頃好きだった学校行事」というタイトルの作文を書きました。この表から読み取れることは何か。また，あなた自身についての考えを次に示す答え方により，英語で述べなさい。ただし前半の下線部には about ～（～について），後半の下線部には because ～（～だから）を必ず使うこと。

＜答え方＞

下線部をそれぞれ5語以上の英語で書く。

Many ______________________________.

My favorite event was ______________________.

なお，下の語句を参考にしてもよい。

＜語句＞

作文　essay　　同級生　classmate　　～と協力する　cooperate with ～

3　真子（Mako）と留学生のステイシー（Stacie）が会話をしています。二人の会話が成り立つように，下線部①から③までのそれぞれの（　）内に最も適当な語を入れて，英文を完成させなさい。ただし，（　）内に文字が示されている場合は，その文字で始まる語を解答すること。

Mako: How was your school today, Stacie?

Stacie: I had a good time. Actually, I'm surprised with myself. Last year, I could not enjoy taking the classes because I did not understand Japanese well. But now, I do.

Mako: I'm glad to hear that. ①Which (s　　) do you like (　　)?

Stacie: I love the history class.

Mako: It's difficult, isn't it?

Stacie: Yes. But I enjoy using Japanese and learning Japanese history.

Mako: Do you want to go to some historic sites? ②I will (t　　)(　　) to Okazaki Castle this weekend.

Stacie: Really? That's wonderful! ③I (　　) never (s　　) one before, so I want to go there.

Mako: It will be nice. I will check my calendar.

（注） historic sites　歴史的な場所　　calendar　カレンダー

4　次の文章を読んで，あとの(1)から(5)までの問いに答えなさい。

Do you know how many countries there are in the world? How about the number of languages (　A　) in the world? It is said that there are about 3,000 languages in the world. If the number of dialects is also included, there are more than 7,000 languages. In 2020, Chinese is one of the most popular languages and a lot of people speak Chinese. Imagine that you talk to Chinese speakers in their language. What skills will you need to talk to them? Of course, you should understand Chinese words and the way to use them, but you also need to know their culture.

If you have Chinese friends, they will ask you some strange questions. Chinese people often ask their friends "Where are you going?" on the way. You may be surprised because this kind of question is too personal in Japan. Chinese people may also ask "Have you eaten lunch?" at noon. But it doesn't mean ①【 a /

want to / with / meal / they / have / you 】. It is just the same as "Hello!" or "Good afternoon!" You may also hear other questions from them. Chinese speakers like to ask "Do you have a baby?" or "How much did you get last month?" to their old friends. Sometimes it is difficult to answer the questions, but you don't have to worry. These questions are similar to "I am glad to see you." or "How are you?" So, you don't have to answer the questions seriously. You can just pretend not to hear them clearly or [②].

There are 196 countries in the world now, and each country has its own culture and history. You can find something new when you talk to friends grown up in different countries. Language is a tool for communication.

（注） dialect 方言　include ～ ～を含む　skill 技能　personal 個人的な
similar to ～ ～と同じような　seriously 真面目に　pretend not to ～ ～しないふりをする
grown up 成長した

(1) （A）にあてはまる最も適当な語を，次の５語の中から選んで，正しい形にかえて書きなさい。

find　see　look　speak　feel

(2) 下線①のついた文が，本文の内容に合うように，【　】内の語句を正しい順序に並べかえなさい。

(3) [②] にあてはまる最も適当な英語を，次のアからエまでの中から一つ選んで，そのかな符号を書きなさい。

ア you have to ask them
イ you don't have to ask them
ウ you can just greet them
エ you can't just greet them

(4) 本文中では，中国人のやりとりの特徴についてどのように述べられているか。最も適当なものを，次のアからエまでの文の中から一つ選んで，そのかな符号を書きなさい。

ア Chinese speakers don't have to talk to others.
イ Chinese speakers don't like to get information from others.
ウ Chinese speakers talk not only in Chinese but also in English.
エ Chinese speakers often ask others some difficult questions to answer.

(5) 次のアからカまでの文の中から，その内容が本文に書かれていることと一致するものを全て選んで，そのかな符号を書きなさい。

ア There are more than 7,000 dialects in the world.
イ When you talk to someone abroad, you need to know their culture.
ウ People often go out with friends to eat lunch at a restaurant in China.
エ If your Chinese friend ask you a question, you must answer it in Chinese.
オ Some countries don't have their own culture and history.
カ Language is a tool to express our ideas or feelings to others.

5 義雄（Yoshio）とロバート（Robert）が彼らの仕事について会話をしています。次の会話文を読んで，あとの(1)から(4)までの問いに答えなさい。

Robert: Hi, Yoshio. How's your job?

Yoshio: I have been away from my office for two weeks because the people are asked to stay at home.

Robert: I see. We hear the news about COVID-19 every day. And now we should put on a mask when we go out and work. Also, our customers should do that.

Yoshio: 【 a 】

Robert: Yeah. We always ask our customers to put on their mask when I cut and wash their hair.

Yoshio: Sounds difficult. Don't you cut a mask?

Robert: It's not going to happen. ① I'm good at cutting (   ). I started to work for this hair salon ten years ago.

Yoshio: You are so good at it.

Robert: I told you. ② So, what are you doing in your (   ) during the two weeks?

Yoshio: 【 b 】 I use my smart phone and computer from morning until night. I have to call and send e-mails to our customers.

Robert: 【 c 】

Yoshio: I'm telling them that many countries say that foreign people can't come to, and some schools say the students have to go to study abroad with their mother, father, or teacher. But the teachers say they cannot go with their students.

Robert: 【 d 】

Yoshio: Many students have decided not to go this year. Every travel company (A) a problem.

Robert: So, what do you do?

Yoshio: Now we have some interesting online programs.

Robert: You are working well. Good luck with you.

Yoshio: 【 e 】

（注） ask…to ～　…に～するよう求める　COVID-19　新型コロナウイルス感染症
put on ～　～を身に付ける　mask　マスク　hair salon　美容室　government　政府
decide not to ～　～しないと決心する　online　オンラインの

(1) あとのアからオまでの英文を，会話文中の【a】から【e】までのそれぞれにあてはめて，会話の文として最も適当なものにするには，【b】と【d】にどれを入れたらよいか，そのかな符号を書きなさい。ただし，いずれも一度しか用いることができません。

ア About what?

イ Really?

ウ I don't think they can.

エ Very busy.

オ Thanks.

⑵下線①，②のついた文が，会話の文として最も適当なものとなるように，それぞれの（　）にあてはまる語を書きなさい。

⑶（A）にあてはまる最も適当な語を，次のアからエまでの中から選んで，そのかな符号を書きなさい。

ア have　　イ has　　ウ had　　エ having

⑷ 次の英文は，この会話が行われた夜，義雄（Yoshio）が上司のホワイト（White）に送ったメールです。このメールが会話文の内容に合うように，次の（X），（Y）のそれぞれにあてはまる最も適当な語を書きなさい。

Mr. White

I would like to show my idea to everyone. It is about the online program. We already have some English-lesson programs with other Japanese students on the Internet, but my idea is that they talk about problems around the world with (X) people from many other countries. So, can you come and meet me before work? I want (Y) to give me some advice.

Sincerely yours,
Yoshio Sato

【理　科】（45分）　＜満点：22点＞

1　次の⑴，⑵の問いに答えなさい。

⑴　図のように，あらい水平な机の上に置いた質量300 g の物体Aに糸を付け，糸を滑車にかけて質量200 g の物体Bをつるすと，物体A，Bは動かなかった。物体Aの矢印は，このときの物体Aにはたらく力のうち水平方向の力（糸が引く力・摩擦力）を表している。

このとき，糸が引く力の大きさ，摩擦力の大きさはそれぞれいくらか。また，糸が引く力と摩擦力の２つの力の関係を何というか。糸が引く力の大きさ，摩擦力の大きさ，糸が引く力と摩擦力の２つの力の関係の組み合わせとして，最も適当なものを下の**ア**から**コ**までの中から選んで，そのかな符号を書きなさい。

ただし，糸の質量，滑車にかかる摩擦力，空気抵抗は無視でき，質量100 g の物体にかかる重力の大きさを１Nとする。

図

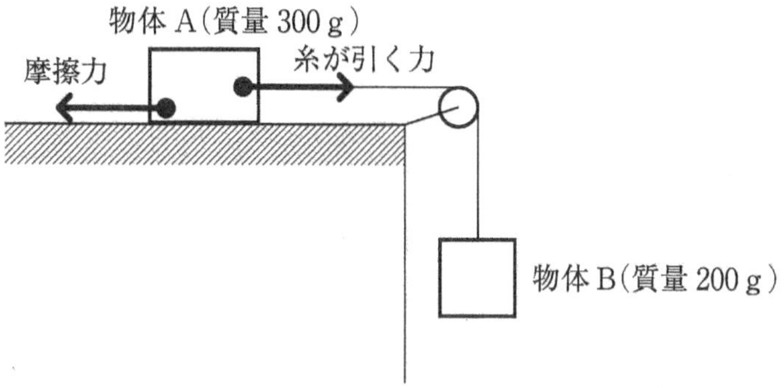

	糸が引く力	摩擦力	２つの力の関係
ア	2 N	2 N	つり合い
イ	2 N	2 N	作用反作用
ウ	3 N	3 N	つり合い
エ	3 N	3 N	作用反作用
オ	2 N	3 N	つり合い
カ	2 N	3 N	作用反作用
キ	2 N	5 N	つり合い
ク	2 N	5 N	作用反作用
ケ	3 N	5 N	つり合い
コ	3 N	5 N	作用反作用

⑵　大きさと種類の異なる金属柱A，Bがある。金属柱A，Bの種類は，それぞれ鉄，アルミニウム，亜鉛，マグネシウムのうちのいずれかである。金属柱A，Bの種類を調べるため，あとの〔実験１〕と〔実験２〕を行った。

〔実験１〕 **図１**のように，電子てんびんを用いて金属柱Ａ，Ｂの質量をそれぞれはかった。

〔実験２〕 **図２**のように，100mLメスシリンダー２本にそれぞれ水を入れ，50.0㎝^{3}の目もりに水面を合わせた。その後，金属柱Ａ，Ｂを別々にメスシリンダーの水中に完全に沈め，水面の目もりを読み取った。

図１

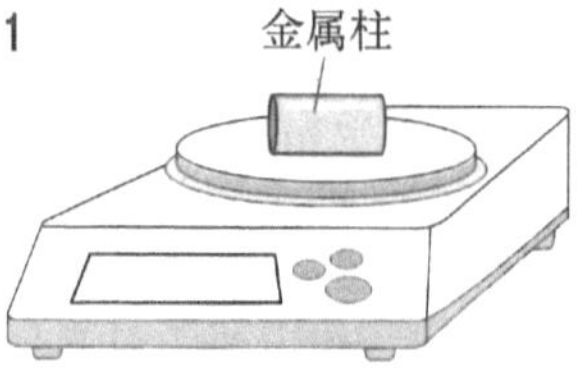

図２

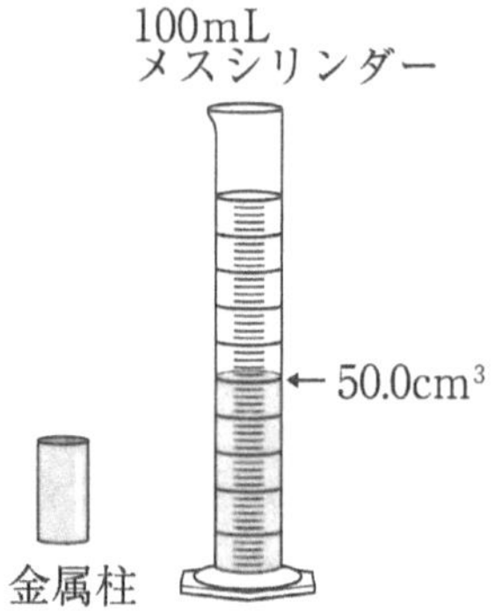

表１は，〔実験１〕と〔実験２〕の結果をまとめたものである。

表１

	金属柱A	金属柱B
質量〔g〕	45.7	90.6
水面の目もりの読み〔cm^3〕	75.9	61.5

表２は，ある資料に記されている金属の密度（20℃のときの値）である。

表２

金属	鉄	アルミニウム	亜鉛	マグネシウム
密度〔g/cm^3〕	7.87	2.70	7.13	1.74

以上のことから，金属柱Ａ，Ｂは，それぞれどの金属であると推定されるか。最も適当なものを，次の**ア**から**ク**までの中から選んで，そのかな符号を書きなさい。

	金属柱A	金属柱B
ア	鉄	アルミニウム
イ	鉄	マグネシウム
ウ	アルミニウム	鉄
エ	アルミニウム	亜鉛
オ	亜鉛	アルミニウム
カ	亜鉛	マグネシウム
キ	マグネシウム	亜鉛
ク	マグネシウム	鉄

2　図1は，地球の誕生から現在までを1年のカレンダーにたとえて作ったものである。あとの⑴から⑷までの問いに答えなさい。

図1

1月 1日	2月 下旬	3月	4月	5月	6月	7月	8月	9月	10月	11月 ①②	12月 ③④
地球の誕生	生命の誕生										

（注）　1日は，およそ1260万年（0.126億年）に相当する。
①は11月中旬，②は11月下旬，③は12月上旬，④は12月中旬を表す。

⑴　**図1**の1月1日である「地球の誕生」は，およそ何億年前だと考えられるか。最も適当なものを，次の**ア**から**カ**までの中から選んで，そのかな符号を書きなさい。

ア　2億年前　**イ**　6億年前　**ウ**　27億年前
エ　38億年前　**オ**　46億年前　**カ**　137億年前

⑵　**図1**の①から④までにあてはまるできごとの組み合わせとして最も適当なものを，次の**ア**から**キ**までの中から選んで，そのかな符号を書きなさい。

ア　①　節足動物の出現，②　魚類の出現，③　両生類の出現，④　は虫類の出現
イ　①　節足動物の出現，②　両生類の出現，③　は虫類の出現，④　ほ乳類の出現
ウ　①　節足動物の出現，②　は虫類の出現，③　両生類の出現，④　ほ乳類の出現
エ　①　魚類の出現，②　は虫類の出現，③　両生類の出現，④　ほ乳類の出現
オ　①　魚類の出現，②　節足動物の出現，③　両生類の出現，④　は虫類の出現
カ　①　魚類の出現，②　両生類の出現，③　は虫類の出現，④　ほ乳類の出現
キ　①　魚類の出現，②　両生類の出現，③　ほ乳類の出現，④　は虫類の出現

⑶　**図2**は，生物を分類する上で，共通点のある生物をAからFのグループに分けたものである。
①　全ての生物に分類上，共通することは何か。7字以内で述べなさい。
②　また，①の特徴をもつ生物のグループは，一般に何と呼ばれているか。

図2

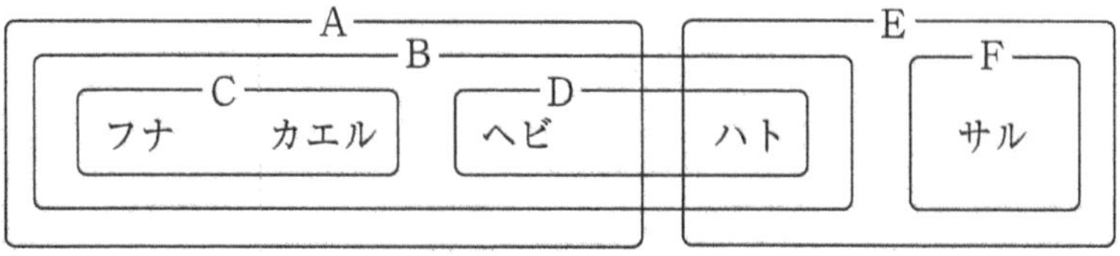

⑷　**図3**（次のページ）は，生物の周囲の温度と体温の関係を表したものである。グラフQを示す生物は**図2**のどのグループに分類されるか。**図2**のAからFまでの中から，最も適当なものを選んで，その符号を書きなさい。

図3

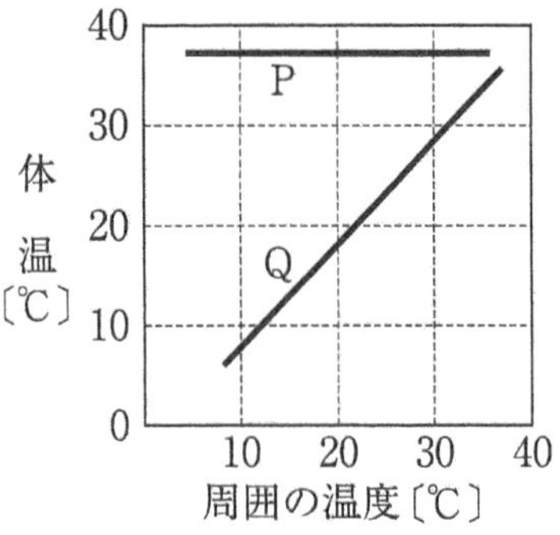

3　水の電気分解と発生した気体の体積の性質，また，電池について調べるため，次の〔実験１〕から〔実験３〕までを行った。

〔実験１〕　**図１**のように，電極にステンレス棒A，Bを用いて，ビーカーと気体捕集用アクリルの筒で電気分解装置を作り，ビーカーとアクリルの筒の中にうすい水酸化ナトリウム水溶液を入れた。

９Vの乾電池につなぎ，電流を20分間流すと，両方のアクリルの筒の中に気体が生じた。

図１

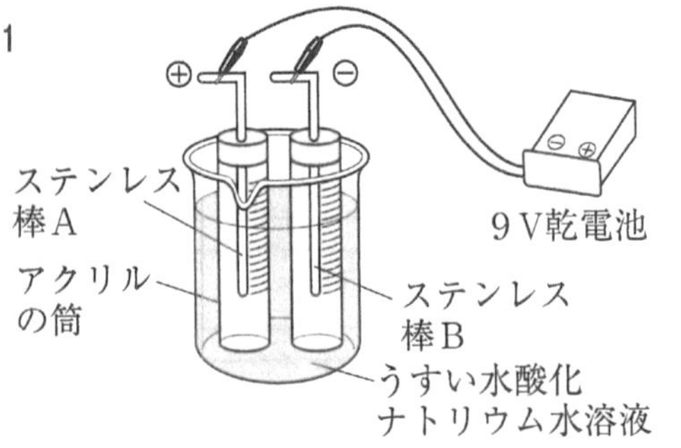

〔実験２〕　①　**図２**のように，水槽を用いて点火装置を付けたアクリルの筒に水素と酸素の混合気体を入れ，点火し，反応前後の体積の変化を調べた。なお，反応後は，アクリルの筒が冷えてから体積を測定した。

②　アクリルの筒に水素5.0cm³と酸素5.0cm³を入れ，点火し，反応後の気体の体積を測定した。

図２

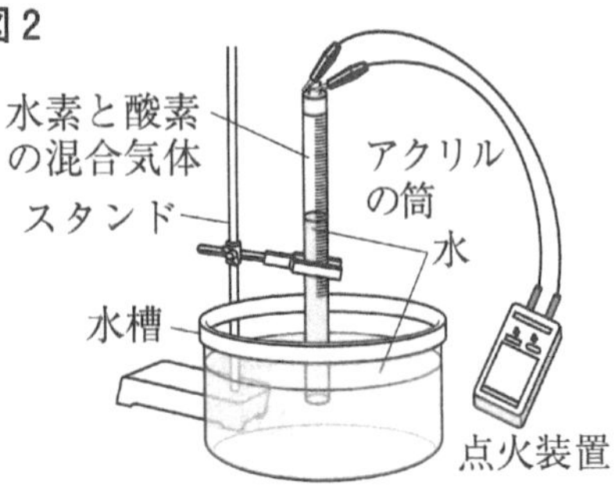

③　**表**のように，体積の合計が9.0cm³になるようにアクリルの筒に水素と酸素の混合気体を入れ，点火し，反応後の気体の体積を測定した。

表

水素の体積〔cm³〕	0	2.0	4.0	6.0	8.0	9.0
酸素の体積〔cm³〕	9.0	7.0	5.0	3.0	1.0	0

〔実験３〕　**図３**（次のページ）のように，銅板と亜鉛板，うすい塩酸を用いて電池を作り，プロペラ付きモーターに接続すると，プロペラが回り出し，銅板の表面から細かな気泡が発生した。

図３

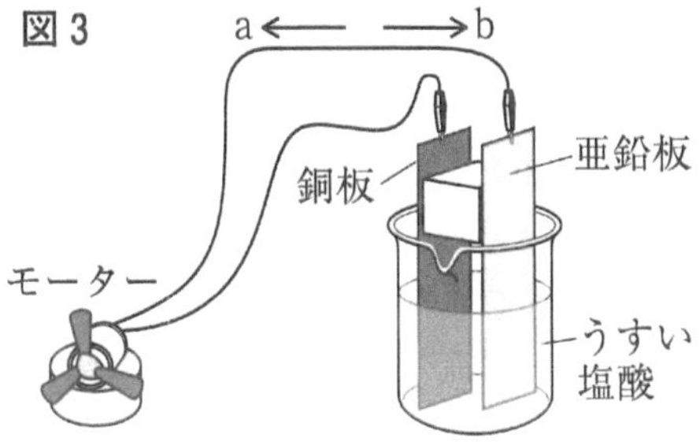

次の⑴から⑷までの問いに答えなさい。

⑴　次の文章は，〔実験１〕の結果について説明したものである。文章中の（Ⅰ）から（Ⅲ）までにあてはまる語と比の組み合わせとして最も適当なものを，下の**ア**から**カ**までの中から選んで，そのかな符号を書きなさい。

> ステンレス棒Ａ側は（　Ⅰ　）が発生し，ステンレス棒Ｂ側は（　Ⅱ　）が発生する。捕集した気体を観察すると，（　Ⅰ　）と（　Ⅱ　）の体積の比は，ほぼ（　Ⅲ　）である。

ア　Ⅰ　水素，Ⅱ　酸素，Ⅲ　１：１　　**イ**　Ⅰ　水素，Ⅱ　酸素，Ⅲ　１：２
ウ　Ⅰ　水素，Ⅱ　酸素，Ⅲ　２：１　　**エ**　Ⅰ　酸素，Ⅱ　水素，Ⅲ　１：１
オ　Ⅰ　酸素，Ⅱ　水素，Ⅲ　１：２　　**カ**　Ⅰ　酸素，Ⅱ　水素，Ⅲ　２：１

⑵　〔実験２〕の②で，反応後の気体の体積は何cm^3か。小数第１位まで答えなさい。

⑶　〔実験２〕の③で，入れた水素の体積と，反応後のアクリルの筒内に残った気体の体積との関係はどのようになるか。横軸に入れた水素の体積を，縦軸に反応後の気体の体積をとり，その関係を表すグラフを解答欄の図４に――で書きなさい。

図４

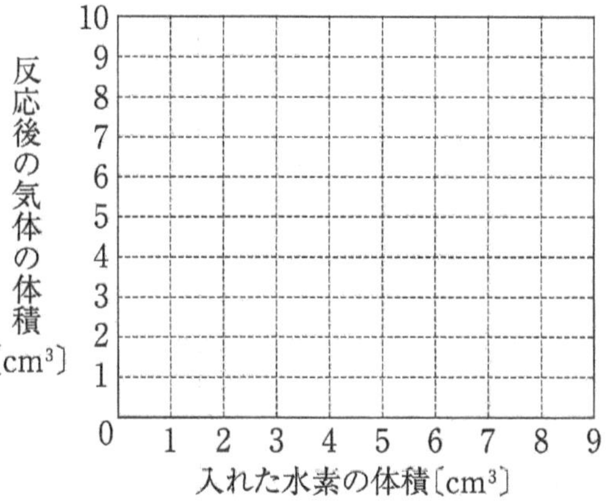

⑷　次の文章は，〔実験３〕の電池のしくみについて説明したものである。文章中の（Ⅰ）から（Ⅳ）までにあてはまる語の組み合わせとして最も適当なものを，あとの**ア**から**エ**までの中から選んで，そのかな符号を書きなさい。

> 亜鉛板の表面では，亜鉛原子が電子を（　Ⅰ　），亜鉛イオンとなって溶け出す。それと同時に銅板の表面では，（　Ⅱ　）が電子を（　Ⅲ　），（　Ⅳ　）となり，電気が流れる。

ア　Ⅰ　受け取り，Ⅱ　水素イオン，　Ⅲ　放出し，Ⅳ　水素分子

イ　Ⅰ　受け取り，Ⅱ　塩化物イオン，Ⅲ　放出し，　Ⅳ　塩素分子
ウ　Ⅰ　放出し，　Ⅱ　水素イオン，　Ⅲ　受け取り，Ⅳ　水素分子
エ　Ⅰ　放出し，　Ⅱ　塩化物イオン，Ⅲ　受け取り，Ⅳ　塩素分子

⑸　〔実験３〕の電池について，＋極と－極の金属板，電子の移動の向き，および電流の向きが正しいものの組み合わせを，次の**ア**から**ク**までの中から選んで，そのかな符号を書きなさい。
ただし，電子の移動の向きおよび電流の向きは，**図３**に記した矢印ａ，ｂで示してある。

	＋極	－極	電子の移動の向き	電流の向き
ア	亜鉛板	銅板	a	a
イ	亜鉛板	銅板	a	b
ウ	亜鉛板	銅板	b	a
エ	亜鉛板	銅板	b	b
オ	銅板	亜鉛板	a	a
カ	銅板	亜鉛板	a	b
キ	銅板	亜鉛板	b	a
ク	銅板	亜鉛板	b	b

4　凸レンズがつくる像について調べるため，あとの〔実験１〕から〔実験３〕までを行った。

〔実験１〕　**図１**のように，凸レンズから左に10㎝離して長さ10㎝の矢印の光源ＡＢを置いたところ，凸レンズから右に15㎝離して置いたスクリーンに光源ＡＢの像ＣＤがくっきりとうつし出された。ただし，光源のＡの位置が像のＣの位置，光源のＢの位置が像のＤの位置に対応するものとする。

〔実験２〕　**図２**のように，矢印の光源ＡＢの位置は変えずに，凸レンズの下半分をかくすように，不透明な紙を置き，スクリーン上の像を観察した。

図１

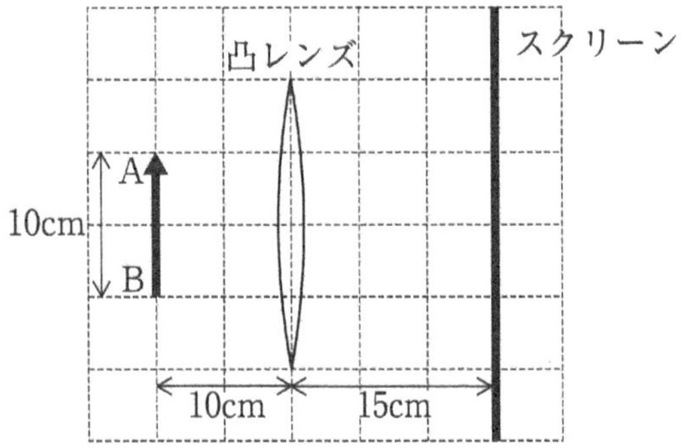

図２

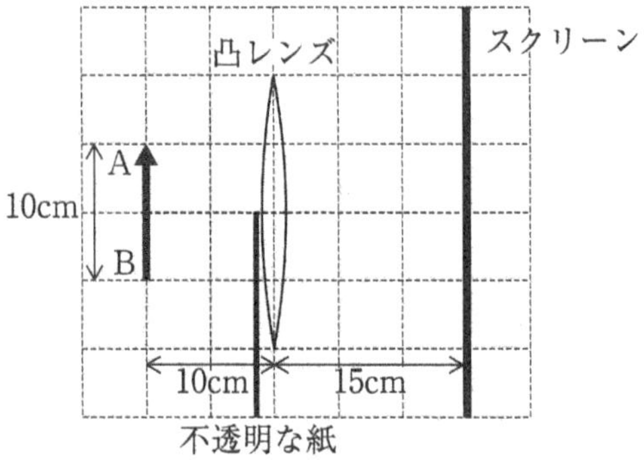

〔実験３〕　図３のように，矢印の光源ＡＢの位置を図１の位置から左に２㎝動かしたら，像ＣＤがぼやけてしまった。像ＣＤがくっきりとうつし出されるように，スクリーンの位置を動かした。

図３

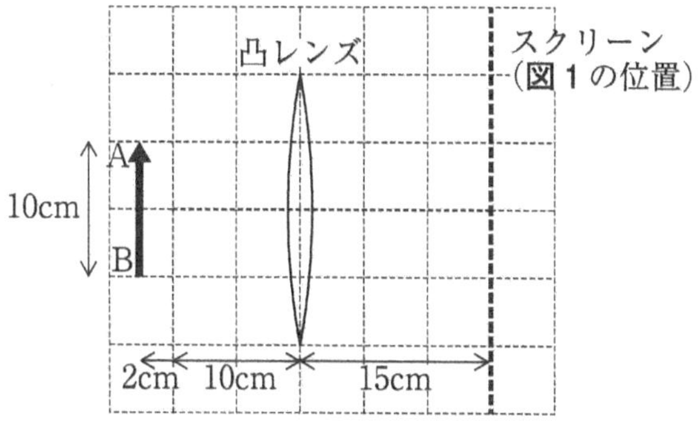

次の⑴から⑷までの問いに答えなさい。

⑴　〔実験１〕の像ＣＤはどのような像か，最も適当なものを，次の**ア**から**エ**までの中から選んで，そのかな符号を書きなさい。

ア　光源ＡＢと上下左右が同じ向きの実像
イ　光源ＡＢと上下左右が同じ向きの虚像
ウ　光源ＡＢと上下左右が逆向きの実像
エ　光源ＡＢと上下左右が逆向きの虚像

⑵　この凸レンズの焦点距離と像ＣＤの長さはそれぞれいくらか。焦点距離と像ＣＤの長さの組み合わせとして，最も適当なものを，次の**ア**から**カ**までの中から選んで，そのかな符号を書きなさい。

ア　焦点距離　５㎝，像ＣＤの長さ　7.5㎝
イ　焦点距離　５㎝，像ＣＤの長さ　15㎝
ウ　焦点距離　６㎝，像ＣＤの長さ　7.5㎝
エ　焦点距離　６㎝，像ＣＤの長さ　15㎝
オ　焦点距離　7.5㎝，像ＣＤの長さ　7.5㎝
カ　焦点距離　7.5㎝，像ＣＤの長さ　15㎝

⑶　〔実験２〕で観察される像はどのように見えるか。最も適当なものを，次の**ア**から**カ**までの中から選んで，そのかな符号を書きなさい。

ア　像ＣＤ全体が見え，像の明るさも変化しない。
イ　像ＣＤ全体が見えるが，像が暗くなる。
ウ　像ＣＤの中心からＣ側半分が見えなくなるが，像の明るさは変化しない。
エ　像ＣＤの中心からＤ側半分が見えなくなるが，像の明るさは変化しない。
オ　像ＣＤの中心からＣ側半分が見えなくなり，像が暗くなる。
カ　像ＣＤの中心からＤ側半分が見えなくなり，像が暗くなる。

⑷　〔実験３〕で，像ＣＤがくっきりとうつし出されるようにするには，スクリーンを図１の位置からどの向きに何㎝動かせばよいか，求めなさい。

5　図1は，ある地域に等高線を引いた図であり，数字は海面からの高さを表している。図2は地点A，B，Cをボーリングによって地質調査を行い，地層の重なりかたを柱状図で表したものである。3つの地点での地層は連続しており，断層などはなかった。また，地点Cの地層Xと，その上の地層とは，不整合の関係である。

図1

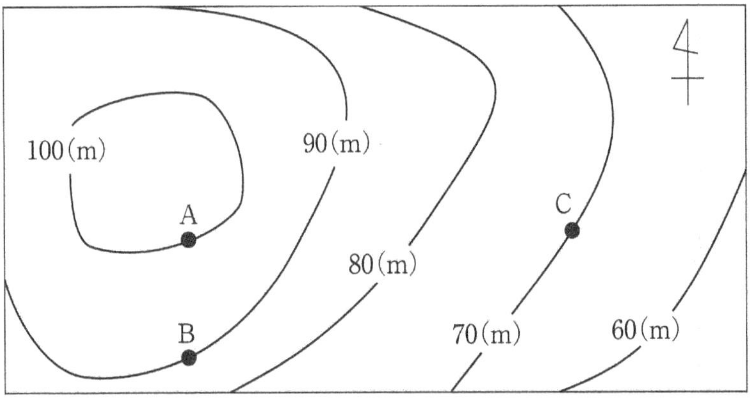

図2

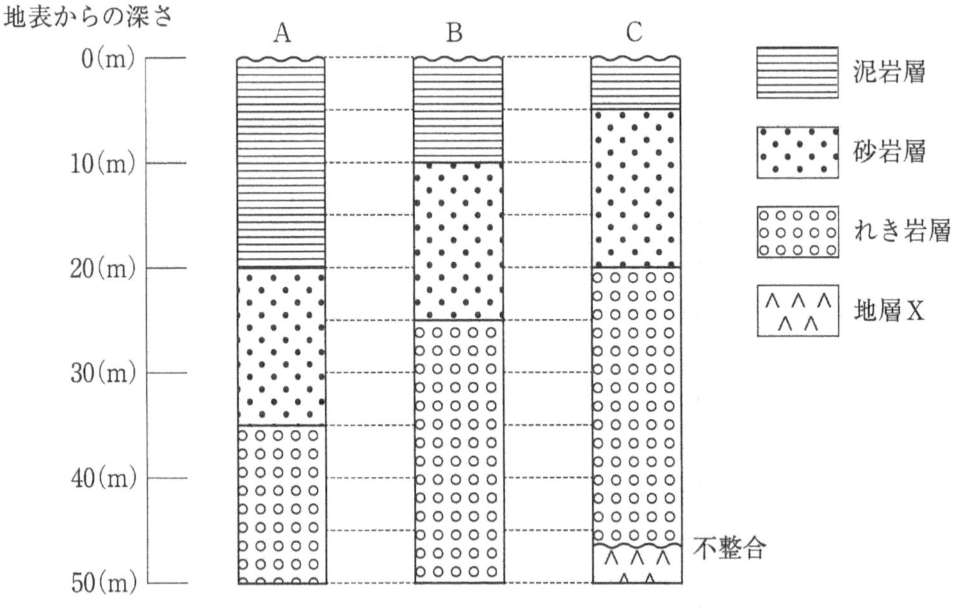

あとの(1)から(4)までの問いに答えなさい。

(1)　地点Cにおける，地層Xは，うすい塩酸をかけると溶けた。また，フズリナの化石も発見された。地層Xの堆積岩の種類と，堆積した時代の組み合わせとして，最も適当なものを，次の**ア**から**カ**までの中から選んで，そのかな符号を書きなさい。

ア　石灰岩，新生代　　**イ**　石灰岩，中生代　　**ウ**　石灰岩，古生代

エ　チャート，新生代　　**オ**　チャート，中生代　　**カ**　チャート，古生代

(2)　フズリナの化石のように，地層の時代を示す化石を何というか。漢字4字で書きなさい。

(3)　この地層が堆積していた時代に，この地域の大地がどうなっていったのか，最も適当なものを，

次の**ア**から**オ**までの中から選んで，そのかな符号を書きなさい。

ア　隆起していった　　**イ**　沈降していった

ウ　しゅう曲していった　　**エ**　火山活動が活発になっていった

オ　火山活動が収束していった

⑷　この地域の地層の傾きとして，最も適当なものを，次の**ア**から**オ**までの中から選んで，そのかな符号を書きなさい。

ア　東に傾いている　　**イ**　西に傾いている　　**ウ**　南に傾いている

エ　北に傾いている　　**オ**　水平である

6　次の⑴，⑵の問いに答えなさい。

⑴　エンドウで，子葉が黄色のものと，緑色のものを用意し，**図**のように親としてかけ合わせると，その子の子葉の色は，すべて黄色になった。この子どうしをかけ合わせた孫には，黄色のものと緑色のものが現れた。

このとき，孫の中で，子葉が緑色であるものは，全体の何％であると考えられるか。最も適当な値を，下の**ア**から**カ**までの中から選んで，そのかな符号を書きなさい。

図

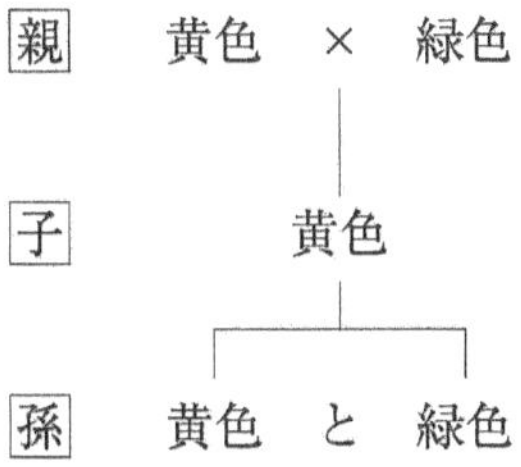

ア　10%　　**イ**　25%　　**ウ**　40%　　**エ**　50%　　**オ**　75%　　**カ**　85%

⑵　ある部屋の湿度を調べるため，コップと水を用いて次の〔実験〕を行った。

〔実験〕　室温が30℃の部屋で，**図1**のように金属製のコップにくみ置きの水を入れた。このコップ内に氷水を少量ずつ加えながら，ガラス棒でかき混ぜ，コップの表面を観察したところ水の温度が14℃になったときに，くもり始めた。

〔実験〕より，このときの部屋の湿度は何％と予想されるか。最も適当な値を，あとの**ア**から**オ**までの中から選んで，そのかな符号を書きなさい。

ただし，**図2**（次のページ）のグラフは，気温と飽和水蒸気量との関係を示したものである。

図1

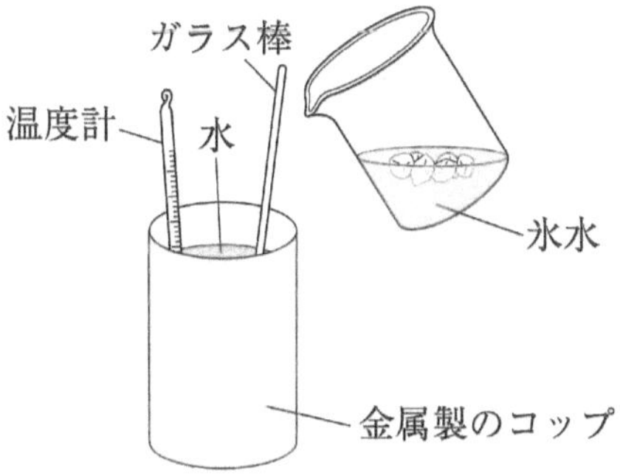

図２

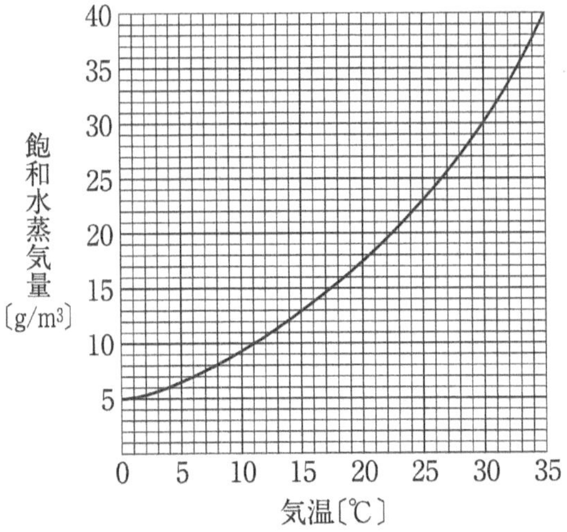

ア　10%　　イ　20%　　ウ　30%　　エ　40%　　オ　50%

【社　会】（45分）　＜満点：22点＞

1　次のⅠ，Ⅱ，Ⅲは，それぞれの時代の文化を代表する歴史遺産の写真と，その説明である。あとの(1)から(3)までの問いに答えなさい。

Ⅰ

（説明）
これは（　①　）文化を代表する建築物の法隆寺である。この寺院が最初に造られた当時，大陸から伝えられた仏教をもとにした文化が栄えた。再建されてはいるが，現存する世界最古の木造建築といわれている。

Ⅱ

（説明）
これは銀閣のある慈照寺の東求堂同仁斎とよばれる部屋である。この部屋が造られた当時，（　②　）という建築様式が発達した。この様式は床に畳を敷きつめ，寺院の部屋の様式を住居に取り入れたところに特徴がある。

Ⅲ

（説明）
これは13世紀に運慶らが製作した金剛力士像である。この像が置かれている東大寺の南大門が再建された当時，宋から新しい技術が取り入れられ，再建には貴族や武士だけでなく民衆の力が結集された。

(1)　Ⅰ，Ⅱの説明の中の（①），（②）にあてはまることばの組み合わせとして最も適当なものを，次の**ア**から**エ**までの中から選んで，そのかな符号を書きなさい。

ア　①　天平，②　校倉造　　**イ**　①　天平，②　書院造

ウ　①　飛鳥，②　校倉造　　**エ**　①　飛鳥，②　書院造

(2)　13世紀に起こった世界のできごとについて述べた文として最も適当なものを，次の**ア**から**エ**までの中から選んで，そのかな符号を書きなさい。

ア　イギリスでは名誉革命により権利章典が定められた。

イ　フランス革命により人権宣言が発表された。

ウ　ルターはドイツで宗教改革を始めた。

エ　チンギス・ハンの即位によりモンゴル帝国が成立した。

(3)　次のページの文章は，Ⅰ，Ⅱ，Ⅲの説明の中で「当時」として示されている時期のいずれかについて述べたものである。文章中の □ にあてはまる最も適当な文を，Ⅰ，Ⅱ，Ⅲのいずれかの説明の中から，そのまま抜き出して，23字で書きなさい。

> この時期の日本は，中国や朝鮮から多くのことを学んでいた。説明の中に「　　　」とあることから，豪族たちの中には，それまでの古墳にかわって寺を造ることで権威を示そうとするものも現れた。

2　次の年表は，津田《つだ》梅子《うめこ》についてまとめたものの一部である。あとの⑴から⑶までの問いに答えなさい。

年	津田梅子や日本に関するできごと
1864	現在の東京都新宿区に生まれる。
1871	岩倉《いわくら》使節団に同行して，アメリカへ留学する。
1882	日本へ帰国する。
A	再びアメリカへ留学する。この年，大日本帝国憲法が公布される。
1892	日本へ帰国し，女学校で教師生活を送る。
1900	女子英学塾を設立し，塾長となる。
B	女子英学塾の塾長を辞任する。この年，ベルサイユ条約が締結される。
1929	64歳で亡くなる。
1948	女子英学塾は，津田塾大学として開校する。

⑴　次の文章は，津田梅子が生まれたころの日本の貿易について述べたものである。文章中の（X），（Y），（Z）にあてはまることばの組み合わせとして最も適当なものを，下の**ア**から**ク**までの中から選んで，そのかな符号を書きなさい。

> 外国との自由な貿易の開始によって，日本の経済は大きな影響を受けた。外国からは毛織物，綿織物などが輸入され，日本からは（　X　）・茶などが輸出された。最大の貿易港は（　Y　）で，相手国は（　Z　）が中心だった。

ア　X　生糸，Y　横浜，Z　イギリス　　**イ**　X　生糸，Y　横浜，Z　アメリカ
ウ　X　生糸，Y　長崎，Z　イギリス　　**エ**　X　生糸，Y　長崎，Z　アメリカ
オ　X　綿糸，Y　横浜，Z　イギリス　　**カ**　X　綿糸，Y　横浜，Z　アメリカ
キ　X　綿糸，Y　長崎，Z　イギリス　　**ク**　X　綿糸，Y　長崎，Z　アメリカ

⑵　次の**ア**から**オ**までの文は，19世紀から20世紀に起こった世界のできごとについて述べたものである。このうち，年表中のAからBまでの間に起こった世界のできごとを三つ選び，それらを年代の古い順に並べたとき，２番目と３番目になるもののかな符号をそれぞれ書きなさい。

ア　インドネシアでアジア・アフリカ会議が開かれた。
イ　中国では清朝がほろび，中華民国が成立した。
ウ　ロシア革命により皇帝が退位した。
エ　ドイツではナチス政権が成立した。
オ　朝鮮は国名を大韓帝国に改めた。

⑶　次のグラフは，津田梅子が亡くなったころの日本における労働争議の発生件数を示したものであり，下の文章は，このグラフについて述べたものである。文章中の（　）にあてはまる最も適当なことばを，漢字４字で書きなさい。

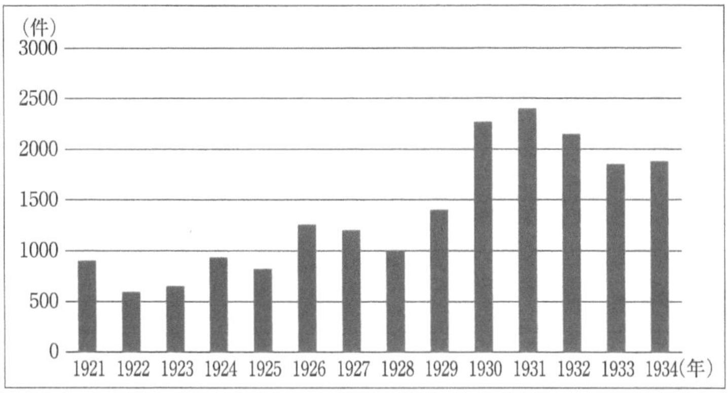

（「日本経済統計集 1868－1945」による）

グラフによると，1930年から1931年を中心に，労働争議の発生件数が最も多い。これはニューヨークの株価暴落に始まる（　　　　）の影響を受けて，日本でも深刻な不況が発生し，企業の収益が減少したのにともない，解雇や賃金引下げが行われたためである。

3　次のⅠ，Ⅲ，Ⅳの表は，九州地方の２県，中国地方の２県，四国地方の２県について調べるために集めたものであり，Ⅱの表は，ある自然災害の全国の月別観測回数を示したものである。あとの⑴から⑷までの問いに答えなさい。　（Ⅲ，Ⅳは次のページにあります。）

なお，Ⅰ，Ⅲ，Ⅳの表中のＡからＥまでのうち同じ符号には同じ県があてはまり，それぞれ高知県，佐賀県，広島県，福岡県，山口県のいずれかである。

Ⅰ　６県の人口，県庁所在地人口，県内第２位の都市人口，海面養殖業収獲量

県名	人口(千人)	県庁所在地人口(千人)	県内第2位の都市人口(千人)	海面養殖業収獲量(ｔ)
A	5 107	1 541	955	49 739
B	2 817	1 196	469	107 243
C	1 370	192	192	2 515
香川県	962	428	113	25 456
D	819	233	122	68 579
E	706	330	47	18 225

（「データでみる県勢　2020年版」をもとに作成）

Ⅱ　ある自然災害の全国の月別観測回数（2019年）　（単位　回）

月	1月	2月	3月	4月	5月	6月	7月	8月	9月	10月	11月	12月	合計
件数	158	131	138	111	124	185	130	104	105	107	128	143	1564

Ⅲ　ある自然災害の６県の年間観測回数

県名	2014年(回)	2019年(回)
A	19	30
B	28	31
C	19	23
香川県	15	12
D	7	21
E	30	36

（注）Ⅱ，Ⅲの「ある自然災害」とは，洪水，地震，高潮，火山噴火のうちのいずれかであり，同じ自然災害である。

（Ⅱ，Ⅲともに気象庁ホームページをもとに作成）

Ⅳ　６県の従業地・通学地別人口の割合

県名	2015年	
	県内(%)	他県(%)
A	（ x ）	1.6
B	18.4	1.1
C	9.3	1.6
香川県	15.0	1.1
D	13.5	（ y ）
E	12.4	（ z ）

（総務省統計局ホームページをもとに作成）

⑴　次の文章は，生徒がA，Bの県庁所在地について，Ⅰの表を用いて発表した際のメモの一部である。文章中の ① ，(②) にあてはまることばの組み合わせとして最も適当なものを，下のアからエまでの中から選んで，そのかな符号を書きなさい。

> A，Bの県庁所在地は裁判所や各省庁の出先機関，企業の支社や大学，博物館などもあり，ともに地方中枢都市として，地方の政治や経済，文化の中心的な役割を果たしている。Bの県庁所在地人口はAの県庁所在地人口よりも少ないが，県の人口に対する県庁所在地人口の割合はAより高く， ① ことや県内に県庁所在地人口の半数以上の人口の都市がないことから，Bの県庁所在地は（　②　）の地方中枢都市と考えられる。

ア　①　県庁所在地に県内の人口が集中している，　②　九州地方
イ　①　県庁所在地に県内の人口が集中している，　②　中国地方
ウ　①　県庁所在地以外の県内の他の都市に人口が分散している，②　九州地方
エ　①　県庁所在地以外の県内の他の都市に人口が分散している，②　中国地方

⑵　次の文は，Eの農業の特色について述べたものである。文中の（③），（④）にあてはまることばの組み合わせとして最も適当なものを，下のアからエまでの中から選んで，そのかな符号を書きなさい。

> Eでは，（　③　）な気候を生かし，なすなどの野菜を，ほかの地域と出荷時期をずらし，高い価格で売るために出荷時期を早める栽培方法である（　④　）がさかんであり，温室やビニールハウスなどの施設を利用して行う施設園芸農業が発達している。

ア　③　温暖，④　促成栽培　　イ　③　温暖，④　抑制栽培
ウ　③　冷涼，④　促成栽培　　エ　③　冷涼，④　抑制栽培

⑶　次のページのアからエまでの文は，生徒がⅠ，Ⅱ，Ⅲの表を用いて，Ⅱ，Ⅲの表が示している「ある自然災害」について発表した意見である。「ある自然災害」として適当なものを，アからエまでの中から選んで，そのかな符号を書きなさい。

ア　Ⅱの表より，月別観測回数の最多である月が６月であることから，「ある自然災害」は豪雨にともなう洪水である。

イ　Ⅱの表より，毎月の平均観測回数が約130回であり，季節的な関係がないことから，「ある自然災害」は地震である。

ウ　Ⅲの表より，太平洋に面する県の観測回数の２年間の合計が最多であることから，「ある自然災害」は台風にともなう高潮である。

エ　Ⅲの表より，中国山地や筑紫山地に接する県の観測回数の２年間の合計が多いことから，「ある自然災害」は火山噴火である。

⑷　Ⅳの表のｘ，ｙ，ｚにあてはまる数字の組み合わせとして最も適当なものを，次のアからカまでの中から選んで，そのかな符号を書きなさい。

ア　x　0.6，y　4.9，z　24.5
イ　x　0.6，y　24.5，z　4.9
ウ　x　4.9，y　0.6，z　24.5
エ　x　4.9，y　24.5，z　0.6
オ　x　24.5，y　0.6，z　4.9
カ　x　24.5，y　4.9，z　0.6

4　次のⅠの表は，アフリカ州にある４国の人口等を示したものであり，次のページのⅡの略地図中の①から④までは，Ⅰの表中のAからDまでのいずれかの国の都市の位置を示している。次のページのⅢのW，X，Y，Zのグラフは，Ⅱの略地図中の①から④までの都市のいずれかの月別平均気温と月別降水量を示している。あとの⑴から⑶までの問いに答えなさい。

なお，Ⅰの表中のA，B，C，Dは，エジプト，ナイジェリア，南アフリカ共和国，モロッコのいずれかであり，Ⅱの略地図中の①，②，③，④は，それぞれの国の都市であるアブジャ，カイロ，ケープタウン，ラバトのいずれかである。

Ⅰ　アフリカ州にある４国の人口，1人あたり国民総所得，貿易額（輸出／輸入），乳児死亡率

国名	人口 （千人）	1人あたり 国民総所得 （ドル）	貿易額 （輸出／輸入） （百万ドル）	乳児死亡率 （人）
A	100 388	3 010	25 108／57 857	18.8
B	58 558	5 430	94 026／93 324	28.8
C	36 472	2 860	29 328／51 272	20.0
D	200 964	2 100	62 396／43 007	64.6

（注）乳児死亡率は，生存出生児1000人のうち満１歳未満で死亡する人数を示している。

（「地理統計要覧　2020年版」などによる）

Ⅱ　略地図

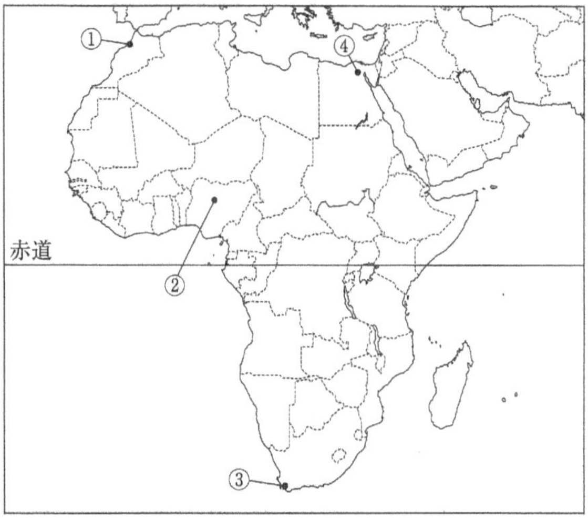

Ⅲ

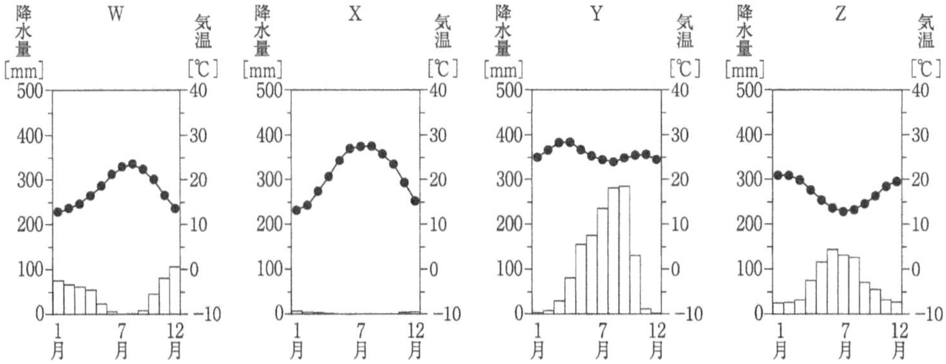

⑴　次の文章は，Ⅰの表中の４国について述べたものである。この文章を参考にして，B，Cの国の都市の位置をⅡの略地図中の①から④までの中からそれぞれ選んで，その番号を書きなさい。

> １人あたり国民総所得が最も多い国はダイヤモンドの産出が多く，２番目に多い国は古代文明が栄えた場所である。貿易額の差が２番目に小さい国はアフリカ第１の産油国である。乳児死亡率が２番目に低い国では，小麦の一種からつくられるクスクスを囲む食卓風景がみられる。

⑵　Ⅱの略地図中の②，④の都市について，Ⅰの表のうち，それぞれの国の記号と，Ⅲのグラフの記号の組み合わせとして最も適当なものを，次の**ア**から**タ**までの中からそれぞれ選んで，そのかな符号を書きなさい。

ア　A，W　**イ**　A，X　**ウ**　A，Y　**エ**　A，Z
オ　B，W　**カ**　B，X　**キ**　B，Y　**ク**　B，Z
ケ　C，W　**コ**　C，X　**サ**　C，Y　**シ**　C，Z
ス　D，W　**セ**　D，X　**ソ**　D，Y　**タ**　D，Z

⑶　次のページの表は，世界とアフリカ州，ヨーロッパ州，南北アメリカ州における面積と二酸化炭素排出量について示したものである。表から読み取れることを説明した文として最も適当なも

のを，下の**ア**から**エ**までの中から選んで，そのかな符号を書きなさい。

	面積（千km²）	（%）	二酸化炭素排出量（百万t）	（%）
世界	130 094		32 314	
アフリカ	29 648	22.8	1 157	3.6
ヨーロッパ	22 135	17.0	5 048	15.6
南北アメリカ	38 791	29.8	7 002	z

（「2020データブックオブ・ザ・ワールド」をもとに作成）

ア　表中のzにあてはまる数値を考えて，面積はアフリカとヨーロッパで世界の40%以上を占め，二酸化炭素排出量では，アフリカと南北アメリカで世界の30%以上を占める。

イ　表中のzにあてはまる数値を考えて，面積はアフリカとヨーロッパで世界の40%以上を占め，二酸化炭素排出量では，ヨーロッパと南北アメリカで世界の30%以上を占める。

ウ　表中のzにあてはまる数値を考えて，面積はアフリカと南北アメリカで世界の40%以上を占め，二酸化炭素排出量では，アフリカと南北アメリカで世界の30%以上を占める。

エ　表中のzにあてはまる数値を考えて，面積はアフリカと南北アメリカで世界の40%以上を占め，二酸化炭素排出量では，ヨーロッパと南北アメリカで世界の30%以上を占める。

5　次のレポートは，生徒が「日本の三権分立と各機関のおもなはたらき」について調べたものである。あとの(1)から(4)までの問いに答えなさい。

社会科レポート

テーマ「日本の三権分立と各機関のおもなはたらき」

○　三権分立

・三権分立とは国の権力を立法，行政，司法の①三権に分け，それぞれを国会，②内閣，裁判所という独立した機関が担当するしくみである。

・三権はたがいに抑制し合い，均衡を保つことで，権力の行き過ぎを防いでいる。

○　各機関のおもなはたらき

■　国会（立法権）

・法律案の審議や議決

・予算の審議や議決

■　内閣（行政権）

・法律で定められたことを実行する

・予算をつくり国会に提出する

■　裁判所（司法権）

・法にもとづいて争いの解決をはかる

・③裁判を通して，④国民の権利を守る

(1)　次のページの図は，①三権のかかわりについて示したものである。図の［A］，［B］にあてはまることばの組み合わせとして最も適当なものを，あとの**ア**から**カ**までの中から選んで，そのかな符号を書きなさい。

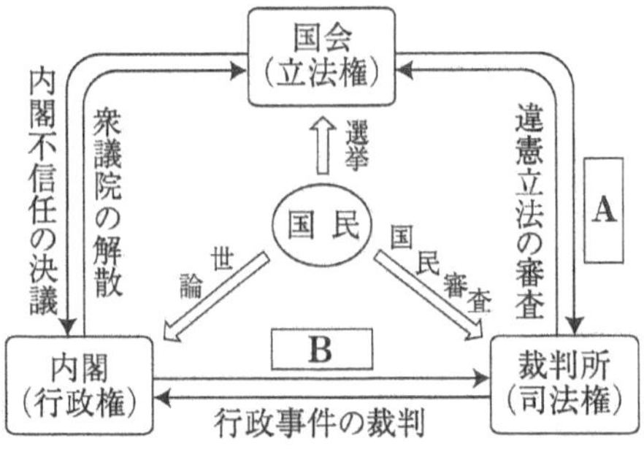

ア　A　法律案の提出，　　　　B　裁判官の弾劾裁判
イ　A　法律案の提出，　　　　B　最高裁判所長官の指名
ウ　A　最高裁判所長官の指名，B　法律案の提出
エ　A　最高裁判所長官の指名，B　裁判官の弾劾裁判
オ　A　裁判官の弾劾裁判，　　B　最高裁判所長官の指名
カ　A　裁判官の弾劾裁判，　　B　法律案の提出

⑵　次の文は，②内閣のしくみについて述べたものである。文中の（　）にあてはまる最も適当なことばを，漢字４字で書きなさい。

> 日本では内閣が国会の信任にもとづいて成立し，内閣が国会に対して連帯して責任を負う（　　　）制を採用している。

⑶　次の文章は，③裁判について述べたものである。文章中の（X），（Y），（Z）にあてはまることばの組み合わせとして最も適当なものを，下の**ア**から**エ**までの中から選んで，そのかな符号を書きなさい。なお，文章中の２か所の（X），（Y）には，それぞれ同じことばがあてはまる。

> 裁判には（　X　）裁判と（　Y　）裁判がある。（　X　）裁判は貸したお金を返してもらえないとか，建てた家に欠陥があったなど，私人の間の争いについての裁判である。自分の権利を侵害されていると考える人が裁判所に訴えを起こし，裁判所の審理が始まる。（　Y　）裁判は他人のものをぬすんだり，わいろを受け取ったりする犯罪行為について，有罪か無罪かを決定する裁判である。裁判は一つの事件について三回まで受けられる。第一審の判決に納得できない場合，第二審の裁判所に（　Z　）し，さらに不明があれば第三審の裁判所に訴えることができる。

ア　X　民事，Y　刑事，Z　控訴　　**イ**　X　刑事，Y　民事，Z　控訴
ウ　X　民事，Y　刑事，Z　上告　　**エ**　X　刑事，Y　民事，Z　上告

⑷　④国民の権利に関して述べた文として誤っているものを，次の**ア**から**エ**までの中から選んで，そのかな符号を書きなさい。

ア　被疑者や被告人は，答えたくない質問には答えなくてよい。
イ　被疑者や被告人は，弁護人を依頼する権利が保障されている。
ウ　被疑者は，検察官の出す令状がなければ，現行犯を除き逮捕されることはない。
エ　被疑者は，拷問による自白を証拠とされることはない。

6 次の文章は，生徒が人権についてまとめたものである。あとの(1)から(3)までの問いに答えなさい。

> 人権とは人が生まれながらにして持っている人間としての権利のことである。その権利は17から18世紀にイギリスやアメリカ，フランスにおいて市民階級によって行われた近代革命ののちにつくられた①宣言や憲法で保障された。
>
> 日本国憲法では平等権，自由権，②社会権と，それらを保障するための参政権などの基本的人権を，侵すことのできない永久の権利として保障している。しかし，人権が保障されているからといって，何でも好き勝手なことをしてもよいわけではない。
>
> 人権には他人の人権を侵害してはならないという限界がある。また，社会での共同生活のために制約を受けることがある。このような人権の限界のことを日本国憲法は社会全体の利益を意味する（　　　）ということばで表現している。

(1)　文章中の（　）にあてはまる最も適当なことばを，５字で書きなさい。

(2)　次の文は，①宣言にかかわるアメリカ独立宣言の一部である。文中の（X），（Y）にあてはまることばの組み合わせとして最も適当なものを，下の**ア**から**エ**までの中から選んで，そのかな符号を書きなさい。

> 人間はみな（　X　）に創られ，ゆずりわたすことのできない権利を神によってあたえられていること，その中には，生命，自由，（　Y　）の追求がふくまれていること，である。

ア　X　公平，Y　幸福　　**イ**　X　公平，Y　利益
ウ　X　平等，Y　幸福　　**エ**　X　平等，Y　利益

(3)　②社会権について述べた文として最も適当なものを，次の**ア**から**エ**までの中から選んで，そのかな符号を書きなさい。

ア　社会権はフランス人権宣言において世界で初めて認められた。
イ　社会権は大日本帝国憲法でも権利の一つとして認められていた。
ウ　社会権には居住・移転の自由や自由に経済活動をする権利も含まれている。
エ　社会権には労働組合をつくる権利などの労働基本権も含まれている。

四 次の古文を読んで、あとの㈠～㈣までの問いに答えなさい。（本文の……の左側は現代語訳です。）

今は昔、いつのころほひのことにかありけむ《いつごろのことであったのだろうか》、清水《きよみづ》に参りたりける女の、幼き子を抱《いだ》きて御堂《みだう》の前の谷をのぞき立ちけるが、いかにしけるにやありけむ《どうしたのであったろうか》、児《ちご》を**ア**取り落として谷に**イ**落とし入れてけり。遥《はる》かに**ウ**振り落とさるを**エ**見て、すべきやうもなくて《どうすることもできなくて》、御堂の方《かた》に向かひて手を摺《す》りて、「観音《くわんおん》、助け給《たま》へ。」となむまどひける《うろたえた》。今はなきものと思ひけれども、ありさまをも見むと思ひてまどひ下りて見ければ、観音のいとほしと思《おぼ》しめしけるにこそは、つゆ《まったく》傷もなくて、谷の底の木の葉の多く落ち積もれる上に落ちかかりてなむ臥《ふ》したりける。母喜びながら抱き取りて、いよいよ［①］を②泣く泣く礼拝《らいはい》し奉《たてまつ》りけり。

これを見る人みな、あさましがりて、ののしりけり《おどろきあきれて、大騒ぎした》となむ語り伝へたるとや。

（『今昔物語集《こんじゃくものがたりしゅう》』による）

（注）○清水＝京都にある清水寺。本堂の前が崖になっている。

㈠ 波線部**ア**から**エ**までの中から、主語が他と異なるものを一つ選んで、そのかな符号を書きなさい。

㈡ ［①］にあてはまる最も適当なことばを、古文の中からそのまま抜き出して、二字で書きなさい。

㈢ ②泣く泣く とあるが、この時の「母」の感情として最も適当なものを、次の**ア**から**エ**までの中から選んで、そのかな符号を書きなさい。

ア 後悔　**イ** 感謝　**ウ** 怒り　**エ** 悲しみ

㈣ 次の**ア**から**エ**までの中から、その内容がこの文章に書かれていることと一致するものを一つ選んで、そのかな符号を書きなさい。

ア 女は、谷底をのぞきこみながら子の無事を祈った。

イ 女は、子供の無事を確かめるために谷底におりた。

ウ 子は、降り積もった落ち葉の上に倒れていた。

エ 見ていた人は、子を落とした女を激しく非難した。

エ（Dさん）　大きな失敗をおそれて冒険をしなくなったため、発想力が貧困になってしまい、やるべきことがわからなくなったのも理由のひとつだと思うよ。

㈡　筆者は、第七段落から第九段落にかけて、②そう　の内容を具体的に述べている。それを要約して、六十字以上七十字以下で書きなさい。ただし、「自分」、「世の中」、「成功」という三つのことばをすべて使って、「現代の若者は、……」という書き出しで書くこと。三つのことばはどのような順序で使ってもよろしい。

（注意）・句読点も一字に数えて、一字分のマスを使うこと。
・文は一文でも、二文以上でもよい。
・次の枠を、下書きに使ってもよい。

※　左の枠は、㈡の下書きに使ってもよい。ただし、解答は必ず解答用紙に書くこと。

現代の若者は、

60

70

㈢　③現代的な価値観　とあるが、その内容として最も適切なものを、次の**ア**から**エ**までの中から選んで、そのかな符号を書きなさい。

ア　自分にとって最適な何か
イ　進行した多様化
ウ　常識的によいといわれていること
エ　もう一つの現実

㈣　④　にあてはまる最も適当なことばを、次の**ア**から**エ**までの中から選んで、そのかな符号を書きなさい。

ア　弱者救済
イ　弱いものいじめ
ウ　独立独歩
エ　お互いさま

㈤　⑤網の目　と同じ内容を示す本文中のことばを、次の**ア**から**エ**までの中から一つ選んで、そのかな符号を書きなさい。

ア　しがらみ
イ　奈落の底
ウ　滑り台
エ　悲惨な状況

㈥　⑥それ　の内容として最も適当なことばを、次の**ア**から**エ**までの中から選んで、そのかな符号を書きなさい。

ア　人心の安定
イ　社会の安定
ウ　絶体絶命の危機
エ　隣人の同情

開いていく努力は必要でしょう。しかし、人はそもそも一人では生きていけないのです。それは生きものとしての宿命のようなものです。だから、やはり「人とともに生きていく」という考え方が、社会の土台にならなければなりません。

18 人心の安定と社会の安定は密接に関係しています。たとえば絶体絶命の危機に陥っても、自分の隣に確実に隣人がいて、金銭の面倒までは見てくれないにしても無視されることはなく、少なくとも同情はしてくれる。そのようなことが当たり前になっていれば、人はそれほどひどい恨みの情を抱いたり社会に憎しみを覚えたりはしないはずです。

19 また⑥それは社会全体の創造性のようなことにも関係してきます。「失敗しても生死にかかわるほどのことじゃない」という安心感があれば、人は思いきってチャレンジすることができます。逆に、「失敗したらあとがない」と追い詰められたら、極端に慎重にならざるをえません。その結果、みんなが大きな冒険をしなくなって社会全体が萎縮《いしゅく》してしまうのです。大失敗がなくなるので無駄は減るかもしれませんが、革新的なものも生まれなくなります。なんのおもしろみもない世界になっていくような気がします。

20 三つ目は、いま述べた二つのこととも関係するのですが、価値観が画一化し、選択肢が少なくなったために発想力が貧困になって、何をしたらいいかわからなくなったことです。

21 失敗しても誰も助けてくれませんから、みな恐怖にかられて必死に走りはするのです。しかし、そうでありながら、自分は何をめざすのかという目標が見つかりません。これでいいのだという確信が持てないのに止まるわけにもいかないので、無闇に走っていかざるをえないのです。その果てに精も根も尽きはててしまう。これもまた、いま多くの人が心の病に陥っている大きな理由だと思います。

（姜尚中《カンサンジュン》『心の力』による）

（注）○ 1～21は段落符号である。
○ パレスチナ＝西アジアの地中海南東岸の地方。
○ ボヘミアン＝社会の規範に縛られないで、自由奔放に放浪的な生活をする人。
○ スローライフ＝人生をゆったり楽しもうという考え方。
○ サヴァイヴァル＝困難な状況を切り抜けて生き延びること。
○ サッチャー＝イギリスの政治家。イギリス初の女性首相として'79年から'90年まで在職した。

㈠ 次の**ア**から**エ**までの会話は、この文章を読んだ生徒四人が、①本質的な理由について意見を述べ合ったものである。その内容が間違っているものを一つ選んで、そのかな符号を書きなさい。

ア（Aさん） 人びとが同じような価値観を持つようになり、自分にとってのよりよい価値を見つけることができなくなったのが第一の理由だね。

イ（Bさん） それと、多くの人が他人と深くつきあうことを避けるようになり、他人を助けたり、他人に助けられたりすることがなくなったことが関係していると思う。

ウ（Cさん） Aさんの言うように価値観が画一的になってきたことにより、複数の選択肢を考えられる柔軟性がなくなってしまう状況が起こっているよ。

眺めれば、多くの場合、やはり③現代的な価値観によって担保されたスローライフで、真正の自給自足やサヴァイヴァルではないことに気づくでしょう。「そうは言っても、金がなきゃ話にならない」とか「老後はちゃんと困らないようにしてある」とか、何かあてにできるものを確保した上でのものなのではないでしょうか。

10 代替案を考えられない心は幅のない心であり、体力のない心だと思います。言い換えれば、心の豊かさとは、究極のところ複数の選択肢を考えられる柔軟性があるということなのです。現実はいま目の前にあるものだけではないとして、もう一つの現実を思い浮かべることのできる想像力のことなのです。

11 二つ目は、人と人とのつながりが薄れ、危機に陥っても誰も助けてくれない、少なくともそう思っている人びとが多いということです。

12 たとえば、大学を卒業しても職につけない人、リストラにあって再就職の見込みもない人、成果をあげられず仕事が回ってこない人、健康保険料を払えず病気の治療もできない人、心を病んで家から出ることもできなくなってしまった人……。そういう人を見ても、手が差し伸べられなくなりつつあります。

13 誰しもそういう人を気の毒に思わないわけではないのです。痛ましくも思うのです。しかし、見て見ぬふりをしてしまう人が多いのです。明日はわが身かもしれないと恐れるあまり、かかわりあいになることを避け、ガードを固めているのです。ふと見渡せば、われわれはみな孤立して、〝隣人〟を失ってしまいつつあるのではないでしょうか。

14 私たちはいつから相互扶助の精神を忘れたのでしょう。いつから「　④　」が死語になったのでしょう。いまでは、困っている人を助けないことを冷血と非難するより、むしろ、怠け者に足をひっぱられるのは不合理だという考え方のほうが先に立ちます。悲しいことですが、社会全体の通念がすでにそうなりつつあります。

「働かない者になぜ金をやるのか」「できない者に仕事を与える必要はない」「失敗したのはリスク管理能力がないからだ」

15 このような考え方には、すべての責任を個人の問題に還元して、社会に不利益が生じないようにしようとする意識がそこには見えます。

16 友人関係などもそうです。たいていの人が深い人づきあいをすることを避け、いざとなったらサッと切ることができるような関係しか築こうとしません。そこに一抹の物足らなさはあるのです。しかし、突っこんだ関係になってあとで面倒なことになるほうを心配するのです。

「社会は存在しない。あるのは家族とせいぜい個人だけだ」というサッチャー流の新自由主義に対してはまだ多くの人びとが違和感を持っていた時代、社会はみなが互いを支えあう⑤網の目のようなものであるという感覚が生きていた時代、私たちはよい意味でそのしがらみにからめ取られて生きていました。じっさい、それがあるから、人は多少失敗しても即座に奈落の底に落ちたりせずにすんでいたのです。でもいまは違います。個人はばらばらの原子のように切り離されていますから、ひとたびことが起これば、即座に滑り台を落ちるように悲惨な状況に突き落とされてしまうのです。

17 もちろん、こう言ったからといって、全面的に昔に戻れと主張しているわけではないのです。人の助けを借りず、自分の力で前途を切り

㈡　次の③の文中の傍線部と同じ漢字を用いるものを、あとのアからエまでの中から一つ選んで、そのかな符号を書きなさい。

③　彼はタイダな生活を送っている。

ア　仕事に対してダキョウを許さない。

イ　人間はダラクした、と言う人がいる。

ウ　とうとう彼のダジュンが回ってきた。

エ　自動車がダセイで進む。

三　次の文章を読んで、あとの㈠から㈥までの問いに答えなさい。

1　それにしても――。私たちはいったいなぜこれほど生きづらくなったのでしょう。お金がないからでしょうか。先行きの保証がないからでしょうか。夢が持てないからでしょうか。仕事がないからでしょうか。それとも、生き甲斐を見つけられないからでしょうか。

2　そのいずれも少しずつ当たっているのですが、私はより①本質的な理由として次の三つについて考えてみたいと思います。

3　まず一つ目は、グローバリゼーションが進み、多様化が進むどころか、むしろ人びとの価値観が画一化し、「代替案《オルタナティヴ》」というものを考えられなくなったことです。

4　どんなものごとでも答えは一つではありません。常識的によいといわれていることのほかにも、自分にとって最適の何かがあるはずです。しかし、多くの人がそれを見つけられなくなっているのです。

5　たとえば、進学、就職、収入、社会活動、人間関係、恋愛、あるいは趣味や暮らし方……。どのような生き方が賢くて、どのような働き方が尊敬されて、どのような生活スタイルがカッコいいのか。そうしたことについての価値観が異様なくらい画一的になっていて、それ以外のものを思いめぐらす想像力がないのです。一つの価値観しか持っていないと、それが崩れたときに逃げ場がないという恐ろしさがあります。

《中略》

6　それにもかかわらず、いま自分が手にしている価値観を捨てられない人が多いのです。それを捨て去っても人生は続く、いくらでも別の人生はあるというふうに考えられなくなっているのかもしれません。

7　私が青春時代を送ったころには、②そうではなかった気がします。一九七〇年代、多くの若者はこの日本に理想や希望があるなどとは思っておらず、こんな社会なんかくそっくらえだと息まき、むしろ中国やパレスチナにパラダイスがあると信じていたりしました――実際にはその多くはまったくの幻想であったわけですが。とにかく、目の前の社会に自分を合わせようとは思わず、ナップザック一つかついでいっそそっちへ行ってしまおうと本気で言ったりしていました。それがよかったのか悪かったのかは別として、少なくともボヘミアンになることをあまり恐れていませんでした。

8　しかしいまは、自分が生きている世の中が生きづらいと思ったとき、多くの人がそれについていけない自分のほうを否定しがちです。世の中がおかしいと思っても、自分のほうを曲げてそこで成功しようとするのです。いったいいつの間に私たちはこんなにものわかりがよくなったのでしょうか。

9　いや、いまだって田舎へ移ってスローライフを始めたりする個性派はいるという反論があるかもしれません。しかし、それらをじっくり

（注）○ 1～21は段落符号である。

㈠ [A]から[C]までのそれぞれにあてはまる最も適当なことばを、次の**ア**から**ク**までの中からそれぞれ選んで、そのかな符号を書きなさい。

ア ところが　**イ** つまり　**ウ** そのうえ　**エ** すると
オ たとえば　**カ** せめて　**キ** そのため　**ク** そして

㈡ ①どうして植物は大きさを自由に変化させることができるのだろうか とあるが、その理由として適当なものを、次の**ア**から**オ**までの中から二つ選んで、そのかな符号を書きなさい。

ア 体の部位による役割分担が明確であるから。
イ 一部がなくなっても平気で生きていけるから。
ウ 小さな単位が集まってできているから。
エ 基本パーツを繰り返すことで成長するから。
オ 形を自由に変えることができるから。

㈢ ② から ⑤ までにそれぞれあてはまることばの組み合わせとして最も適当なものを、次の**ア**から**オ**までの中から選んで、そのかな符号を書きなさい。

ア ② 生物　③ 植物　④ 植物　⑤ 動物
イ ② 植物　③ 動物　④ 動物　⑤ 生物
ウ ② 動物　③ 植物　④ 生物　⑤ 植物
エ ② 生物　③ 動物　④ 動物　⑤ 植物
オ ② 植物　③ 生物　④ 生物　⑤ 動物

㈣ 本文の表現上の特徴としてあてはまらないものを、次の**ア**から**オ**までの中から一つ選んで、そのかな符号を書きなさい。

ア 比喩を多用することで、身近で分かりやすく話を展開している。
イ 倒置法を用いて、結論を先に述べ、理解しやすくしている。
ウ 具体例を多く出し、イメージをつかみやすくしている。
エ 同じことを繰り返して何度も念押しし、定着しやすくしている。
オ 比較・対比する内容を並べ、特徴をよりはっきり示している。

㈤ 次の文章は、筆者自身が本文の内容をまとめたものの一部であるが、言葉の使い方が誤っているため、本文の内容と合わないものがある。①から⑤までの文の中から、本文の内容と合わないものを一つ選んで、その番号を書きなさい。また、どの言葉をどう直せば本文の内容と合うようになるか、「(間違った内容)→(正しい内容)」という形で書きなさい。

> ①植物は自在に変化する。②人間は多少の違いはあっても、誰もが同じような形で同じような大きさをしている。③これに対して、動物は形も大きさも自由自在である。④同じ植物でも大きくなったり、小さかったりするし、縦に伸びたり、横に枝を伸ばしたり、形もさまざまである。⑤そして、環境に合わせて自分を変化させるのである。

二

次の㈠、㈡の問いに答えなさい。

㈠ 次の①、②の文中の傍線部について、漢字はその読みをひらがなで書き、カタカナは漢字で書きなさい。

① 生活の格差を是正する。
② 河川のテイボウを造り直す。

を積み重ねるように、植物は大きさだけでなく、形さえも自由に変えることができるのである。

12 動物は大きな会社がたくさんの組織から成り立っているように、それぞれの器官が役割分担を持ちながら、一つの体を作っている。［ A ］、総務部だけが独立して会社が成り立つようなことはありえない。

13 ［ B ］、先述のように、植物の体は個人事業主が集まった商店街のような構造をしている。そのため、文房具屋さんがノートの仕入れや販売を行い、隣のラーメン屋は新メニューを企画してラーメンやチャーハンを販売するように、それぞれの店が営業や経理や商品開発などを行っている。あまりたくさんの店がなくなれば、商店街として立ち行かなくなってしまうかも知れないが、隣の文房具屋さんがなくなっても、ラーメン屋だけで営業をしていくことはできる。同じようにパーツの集まりである植物は、すべての器官が独立して成立しやすいようになっている。

14 ［ C ］、私たちの体は頭がなくなったときに、再び新しい頭が生えてくるようなことはない。それどころか、脳という生きる上で大切な中枢器官を失えば、私たちは瞬く間に死んでしまう。

15 ところが植物は、たとえば茎の先端がなくなってしまったとしても、横から枝が伸びてきて伸び続ける。葉がなくなれば、新しい葉が出てくるし、根がちぎれれば、新しい根が伸びてくる。基本はパーツの組み合わせだから、新たにパーツを増やしながら、新しい茎や葉、根を作っていけば良いのである。

16 植物のこの性質を利用したのが、挿し木や挿し芽である。

17 植物の枝を取ってきて、土に挿してやれば、やがて根を出して新しい植物が再生する。植物はこうして部分から全体を再生させて増やすことができるのである。

18 部分から全体が再生するという植物の性質は、細胞一個であっても成立する。

19 ［②］は、基本構造の繰り返しと言ったが、細胞レベルで見てみれば、すべての［③］が基本構造の繰り返しである。すべての［④］は、「細胞」という基本単位でできている。この細胞が集まって、人間の頭や手足を作ったり、植物の葉や根を作っているのだ。細胞の構造はどれも同じで、細胞の中には、体を作るためのすべての情報が入っている。この情報を使って、細胞はさまざまな器官になっているのである。

20 そう考えれば、たとえば、人間は細胞の中にすべての情報を持つはずだから、一個の細胞から、人間の体が再生できるはずである。

ところが、それは簡単にはできない。［⑤］の細胞は、一度、皮膚になったり、内臓になったりという役割を与えられてしまうと、その役割分担が染みついてしまったかのように、他の器官に分化することがなかなかできないのだ。

21 ところが植物は、「基本構造の繰り返し」が細胞レベルにまで行きわたっている。そのため、一つの細胞を培養してあげれば、すべての器官を作り上げて、植物の体を再生することができるのである。このように、一つの細胞から、すべての器官を作り上げることができるという植物の細胞の特徴は「全能性」と呼ばれている。

（稲垣栄洋《いながきひでひろ》『植物はなぜ動かないのか』による）

【国　語】（四五分）　〈満点：二二点〉

一　次の文章を読んで、あとの㈠から㈤までの問いに答えなさい。

1 植物は、動物に比べると変化しやすい。

2 図鑑を見ると、ヒマワリは大きさが二～三メートルと記されている。しかし、一メートルくらいで咲いているヒマワリもよく見かける。低いものでは、五〇センチに満たないくらいの大きさで咲いているものさえある。一方、ヒマワリの高さは、ギネス記録が競われていて、世界一高いヒマワリは九メートルを超えているという。

3 同じ花を咲かせているヒマワリでも、小さなものと大きなものでは、一〇倍以上も差があるのである。

4 植物の大きさは決まっているようで、決まっていない。たとえば、同じマツの木でも数十メートルもあるような見上げるほどの巨樹もあれば、樹齢一〇〇年を超えていても小さな鉢に収まっている盆栽もある。あるいは、アサガオも、二階にまで届くほど伸びているものもあれば、行燈《あんどん》仕立ての小さなアサガオもある。植物の大きさは自由自在なのである。

5 動物では、このようなことは起こらない。

6 動物のサイズは、大小があってもおおよそ決まっている。どんなに大きなネズミでもウシのように大きくなることはない。逆にウシはどんなに小さくてもネズミより小さくなることはない。人間でも、背の高い人でも身長は二メートル余り、どんなに小さな人でも大人であれば、一メートルはあるだろうから、大きい人と小さい人とは二倍程度の差しかない。

7 植物は、大きさを自在に変化させることによって、さまざまな環境に適応することができる。それにしても、①どうして植物は大きさを自由に変化させることができるのだろうか。

8 動物は体の部位によって役割分担が決まっている。たとえば足は歩いて移動するためのものであるし、顔には情報を得るための目や耳がついている。体の中の内臓は食べたものを消化吸収し、心臓は血液を巡らせる。

9 それに比べると、植物は役割分担が明確ではない。茎の上の方の葉っぱも、下の方の葉っぱも、同じように光合成をしたり、呼吸をしたりしている。動物は手足の数は四本と決まっているし、目や耳の数も決まっているが、植物は枝や葉の数は決まっていない。また、動物は顔がないと生きていけないが、植物は枝や葉っぱが少しくらいなくなっても平気で生きていくことができる。動物は、大きな会社が開発部や製造部、営業部、総務部、経理部などさまざまな部署から成り立っているように、それぞれの器官が役割分担をして一つの体を作っている。これに対して、植物は個人事業主が集まった商店街のように、小さな単位が集まってできているのである。そのため、商店街が商店の数によって長くなったり、短くなったりするように、植物も自在に大きさを変えることができるのである。

10 植物は「茎があり枝があり、葉がつく」という基本パーツから構成されている。

11 植物は、この基本パーツを繰り返すことによって成長する。そのため、植物の体のつくりは基本パーツが集合したモジュール構造と呼ばれている。このモジュール構造によって、まるで、おもちゃの積み木

MEMO

大切なことはメモしておこうネ！

2021年度

解 答 と 解 説

《2021年度の配点は解答欄に掲載してあります。》

＜数学解答＞《学校からの正答の発表はありません。》

1 (1) 5　(2) $9a^7b^5$　(3) $\dfrac{5x+8y}{6}$　(4) $3+\sqrt{2}$　(5) $x=-2,\ 9$

(6) 144番目　(7) $y=-2x+7$　(8) $\dfrac{17}{36}$

2 (1) 0.375　(2) 954人

(3) ① あ (AEC)　い (CAE)　Ⅰ (ウ)

② 〔a　AB：AC＝AD：AE〕　〔b　AB：AD＝AC：AE〕　Ⅱ (イ)　(4) $\left(\dfrac{8}{3},\ 9\right)$

(5) $-\dfrac{16}{9}$　(6) ① 右図　② 午前10時9分

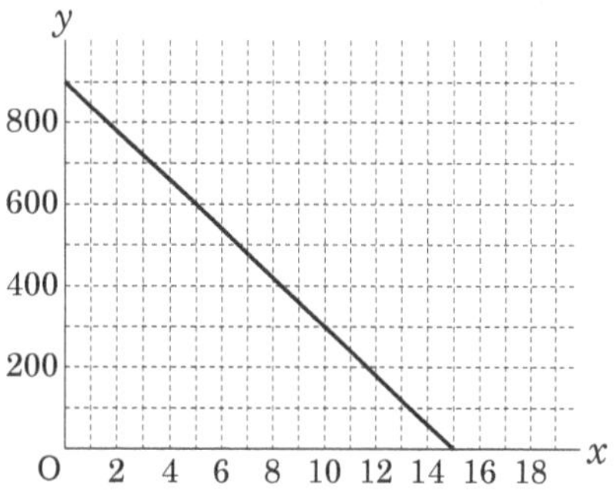

3 (1) 56度　(2) 2cm　(3) $\dfrac{9}{4}\pi\,\mathrm{cm}^3$

○配点○

1　各1点×8　2　(2)，(3)②，(5)　各2点×3　他　各1点×5

3　各1点×3　計22点

＜数学解説＞

基本 **1** (数・式の計算，平方根の計算，2次方程式，規則性，一次関数，確率)

(1) $2-(-6)\div2=2-(-3)=2+3=5$

(2) $(-3a^3b)^2\times ab^3=9a^6b^2\times ab^3=9a^7b^5$

(3) $\dfrac{3x+2y}{2}-\dfrac{2x-y}{3}=\dfrac{3(3x+2y)-2(2x-y)}{6}=\dfrac{9x+6y-4x+2y}{6}=\dfrac{5x+8y}{6}$

(4) $(\sqrt{2}-1)^2+\dfrac{6}{\sqrt{2}}=2-2\sqrt{2}+1+\dfrac{6\sqrt{2}}{2}=3-2\sqrt{2}+3\sqrt{2}=3+\sqrt{2}$

(5) $x(x+8)=3(5x+6)$　$x^2+8x=15x+18$　$x^2-7x-18=0$　$(x+2)(x-9)=0$

$x=-2,\ 9$

(6) 3個ずつ区切って考えると，はじめて50があらわれるのは，48組目の3番目である。よって，$3\times47+3=144$(番目)

(7) $y=-2x+b$に(2，3)を代入すると，$3=-2\times2+b$　$b=7$　よって，$y=-2x+7$

(8) 大小2つのさいころの目の出方は全部で，$6\times6=36$(通り)　そのうち，$\dfrac{30}{ab}$が整数となるのは，abが30の約数になるときだから，$(a,\ b)=(1,\ 1)$，(1，2)，(1，3)，(1，5)，(1，6)，(2，1)，(2，3)，(2，5)，(3，1)，(3，2)，(3，5)，(5，1)，(5，2)，(5，3)，(5，6)，(6，1)，(6，5)の17通り　よって，求める確率は，$\dfrac{17}{36}$

2 (統計，方程式の応用問題，三角形の相似の証明問題，図形と関数・グラフの融合問題，一次関数の利用とグラフの作成)

基本 (1) 全生徒の人数は，$1+7+8+12+4=32$(人)　体重の軽い方から17番目の生徒が入っているのは60kg以上70kg未満の階級で度数は12人だから，求める相対度数は，$\dfrac{12}{32}=0.375$

重要 (2) 男女の人数比が4：5から，男子を$4a$人，女子を$5a$人，自転車で通学している生徒と自転車で通学していない生徒の人数比は2：1から，それぞれを$2b$人，b人とする。男子で自転車で通学していない生徒は，$b-170$(人)になるから，$276+b-170=4a$　$4a-b=106$…①　女子で自転車で通学している生徒は$2b-276$(人)になるから，$2b-276+170=5a$　$5a-2b=-106$…②　①×2−②から，$3a=318$　$a=106$　よって，この高校の生徒数は，$4a+5a=9a=9\times106=954$(人)

(3) ① △ABDと△ACEにおいて，仮定より，∠ADB＝∠AEC…(i)　共通な角より，∠BAD＝∠CAE…(ii)　(i)，(ii)より2組の角がそれぞれ等しいので，△ABD∽△ACE

② △ABCと△ADEにおいて，△ABD∽△ACEより，AB：AC＝AD：AE　よって，AB：AD＝AC：AE…(iii)　共通な角より，∠BAC＝∠DAE…(iv)　(iii)，(iv)より2組の辺の比とその間の角がそれぞれ等しいので，△ABC∽△ADE

(4) 点Aのx座標をaとすると，$A\left(a,\ \frac{24}{a}\right)$　(四角形COBA)$=\frac{24}{a}\times a=24$　(四角形EOBD)$=24-18=8$　$3a=8$から，$a=\frac{8}{3}$　$24\div\frac{8}{3}=24\times\frac{3}{8}=9$　よって，$A\left(\frac{8}{3},\ 9\right)$

重要 (5) $y=\frac{1}{3}x^2$…①　①に$x=-1$，2を代入して，$y=\frac{1}{3}\times(-1)^2=\frac{1}{3}$，$y=\frac{1}{3}\times2^2=\frac{4}{3}$　$A\left(-1,\ \frac{1}{3}\right)$，$B\left(2,\ \frac{4}{3}\right)$　直線ABの傾きは，$\left(\frac{4}{3}-\frac{1}{3}\right)\div\{2-(-1)=1\div3=\frac{1}{3}$　点Cのx座標をcとする。AB：CD＝1：2から，(点A，Bのx座標の差)：(点C，Dのx座標の差)＝1：2　$\{2-(-1)\}$：(点C，Dのx座標の差)＝1：2　(点C，Dのx座標の差)＝6　よって，点Dのx座標は，$c+6$　$C(c,\ -c^2)$，$D(c+6,\ -(c+6)^2)$　直線CDの傾きが$\frac{1}{3}$になることから，$\frac{-(c+6)^2-(-c^2)}{c+6-c}=\frac{1}{3}$　$-c^2-12c-36+c^2=2$　$12c=-38$　$c=-\frac{38}{12}=-\frac{19}{6}$

重要 (6) ① 900÷60＝15から，(0，900)，(15，0)を直線で結んだグラフを描く。

② 弟のxとyの関係の式は，$y=-60x+900$…(i)　兄のxとyの関係の式を$y=90x+b$として，(15，900)を代入すると，$900=90\times15+b$　$b=-450$　よって，$y=90x-450$…(ii)　(i)，(ii)からyを消去すると，$-60x+900=90x-450$　$150x=1350$　$x=9$　したがって，2人が出会うのは，午前10時9分

3 (角度，空間図形の計量問題)

(1) 補助線AOを引くと，△OABは二等辺三角形だから，∠AOB＝180°−62°×2＝56°　AD//BCより錯角は等しいので，∠DAO＝AOB＝56°　∠AOD＝180°−56°×2＝68°　よって，∠DOC＝180°−56°−68°＝56°

重要 (2) △AEFを底面としたときの三角錐の高さは6cmになるから，三角錐の体積は，$\frac{1}{3}\times\frac{1}{2}\times3\times3\times6=9$　△ECFの面積は，$6\times6-\frac{1}{2}\times3\times3-\frac{1}{2}\times6\times3-\frac{1}{2}\times3\times6=36-\frac{9}{2}-9-9=\frac{27}{2}$　よって，求める長さを$h$cmとすると，三角錐の体積の関係から，$\frac{1}{3}\times\frac{27}{2}\times h=9$　$h=9\times\frac{2}{9}=2$(cm)

(3) この半球の半径を$r$cmとすると，表面積から，$4\pi r^2\times\frac{1}{2}+\pi r^2=\frac{27}{4}\pi$　$3\pi r^2=\frac{27}{4}\pi$　$r^2=\frac{27\pi}{4}\times\frac{1}{3\pi}=\frac{9}{4}$　$r>0$から，$r=\frac{3}{2}$　よって，この半球の体積は，$\frac{4}{3}\pi\times\left(\frac{3}{2}\right)^3\times\frac{1}{2}=\frac{9}{4}\pi$(cm^3)

★ワンポイントアドバイス★

2(6)②は，①のグラフに兄に関するグラフを描き入れて交点の座標を読み取ってもよい。交点が格子点にないときは，計算で求めるようにしよう。

＜英語解答＞《学校からの正答の発表はありません。》

1 リスニング問題解答省略
2 (Many) students wrote about school trip (.)　(My favorite event was) chorus contest because I enjoyed singing with my classmates (.)
3 ① subject, best　② take, you　③ have, seen
4 (1) spoken　(2) (But it doesn't mean) they want to have a meal with you (.)　(3) ウ　(4) エ　(5) イ，カ
5 (1) b エ　d ウ　(2) ① hair　② house [home]　(3) イ　(4) X foreign　Y you

○配点○
2・4(5)　各2点×2　他　各1点×18(3・5(1)各完答)　計22点

＜英語解説＞

1 リスニング問題解説省略。

2 (英作文問題)

1文目は「多くの」から始まるので，表の中で一番多く選ばれた修学旅行について書くとよい。「多くの生徒が修学旅行について書いた。」などとする。2文目は「私の好きな行事は」から始まるので，どれか好きな行事を選んで自由に書く。わかりやすい理由をつけることを忘れないようにする。

3 (会話文問題：語句補充)

マコ　　　：ステイシー，今日の学校はどうだった？
ステイシー：楽しかったわ。実は，私は自分自身に驚いているの。去年私は日本語を上手に話せなかったので，授業を受けることを楽しめなかったの。でも今は楽しめるわ。
マコ　　　：そう聞いてうれしいわ。①どの科目が一番好きなの？
ステイシー：歴史の授業が好きよ。
マコ　　　：難しくない？
ステイシー：ええ。でも私は日本語を使ったり日本の歴史を学んだりするのを楽しむわ。
マコ　　　：どこか歴史的な場所に行きたい？　②今週末にあなたを岡崎城に連れて行くわ。
ステイシー：本当？　それはすごい！　③まだ見たことがないから，そこに行きたいな。
マコ　　　：すばらしいわよ。自分のカレンダーをチェックするね。

基本 ① 動詞が like の場合には，better や best を使う。
② <take A to B>で「AをBに連れて行く」という意味を表す。
③ 「これまでに～したことがない」という意味は，現在完了の経験用法を用いて表す。

4 (長文読解問題・説明文：語句補充，語句整序，内容吟味)

(全訳) 世界にいくつの国があるか知っていますか？ 世界で話されている言語の数はどうですか？ 世界には約3,000の言語があると言われています。方言の数も含めると，7,000以上の言語があります。2020年，中国語は最も人気のある言語の1つであり，多くの人が中国語を話します。あなたが中国語を話す人と彼らの言語で話すと想像してみてください。彼らと話すにはどのような技術が必要ですか？ もちろん，あなたは中国語の単語とそれらの使い方を理解する必要がありますが，その文化も知る必要があります。

もしあなたが中国人の友達を持っているなら，彼らはあなたにいくつかの奇妙な質問をするでしょう。中国人はよく友達に道の途中で「どこへ行くの？」と尋ねます。こういった質問は日本では個人的すぎるので，あなたはびっくりするかもしれません。中国人はまた正午に「昼食を食べましたか？」と尋ねることもあります。しかし，それは①彼らがあなたと食事をしたいという意味ではありません。「ハロー！」や「こんにちは！」と同じです。また，彼らから他の質問を聞くかもしれません。中国語を話す人は古い友達に「赤ちゃんはいますか？」，または「先月いくら得ましたか？」と尋ねるのが好きです。その質問に答えるのが難しい場合もありますが，心配する必要はありません。これらの質問は，「お会いできてうれしいです。」や「お元気ですか？」と似ています。したがって，質問に真剣に答える必要はありません。はっきりと聞こえないふりをすることも，②ただ挨拶することもできます。

現在，世界には196か国があり，それぞれの国には独自の文化と歴史があります。さまざまな国で育った友達と話すと，何か新しいことがわかります。言語はコミュニケーションのためのツールです。

(1) 「話される言語」とするので，speak を使う。直前の languages を修飾するので，過去分詞の形にする。

基本 (2) <want to ～>で「～したい」という意味を表す。

(3) 相手はふつうに挨拶をしてきただけなので，ただ挨拶を返せばよいと言っている。よって，ウが答え。 ア 「あなたは彼らに尋ねなければならない」 文意が合わないので，誤り。 イ 「あなたは彼らに尋ねる必要がない」 文意が合わないので，誤り。 ウ 「あなたは彼らにただ挨拶することができる」 エ 「あなたは彼らにただ挨拶することができない」 文意が合わないので，誤り。

(4) 第2段落の具体例から考える。中国人は友達に「赤ちゃんはいますか？」や「先月いくら得ましたか？」と尋ねるのが好きだとあり，その質問に答えるのは難しいときがあると言っているので，エが答え。 ア 「中国語を話す人は他の人と話す必要がない。」 文中に書かれていない内容なので，誤り。 イ 「中国語を話す人は他の人から情報を得ることを好まない。」 文中に書かれていない内容なので，誤り。 ウ 「中国語を話す人は中国語だけでなく英語でも話す。」 文中に書かれていない内容なので，誤り。 エ 「中国語を話す人はよく他の人に答えるのが難しい質問をする。」

重要 (5) ア 「世界には7,000以上の方言がある。」「方言の数も含めると，7,000以上の言語がある」と言っているので，誤り。 イ 「外国の誰かと話すとき，あなたはその文化を知る必要がある。」 第1段落の最後の文の内容に合うので，答え。 ウ 「中国では人々はしばしばレストランで昼食を食べるために友達と出かける。」 文中に書かれていない内容なので，誤り。 エ 「もしあなたの中国人の友達が質問をしたら，あなたはそれに中国語で答えなければならない。」 ただの挨拶だから真剣に答える必要はないと言っているので，誤り。 オ 「ある国々は独自の文化や歴史を持っていない。」 文中に書かれていない内容なので，誤り。 カ 「言語は私たちの考えや感情を他の人に表す道具である。」　最後の文の内容に合うので，答え。

5 （会話文問題：語句補充，内容吟味）

ロバート：こんにちは，義雄。君の仕事はどうだい？

義雄　　：みんな家にいるように言われたので，ぼくは2週間ほどオフィスから離れているよ。

ロバート：なるほど。COVID－19に関するニュースを毎日聞くよね。そして今，ぼくたちは外出して仕事をするときにマスクを着ける必要があるね。また，お客様もそうしなければいけないよね。

義雄　　：【a】本当？

ロバート：そうだよ。ぼくが髪を切って洗うときは，常にマスクをつけるようお客様にお願いしてるんだ。

義雄　　：難しそうだね。マスクを切らないかい？

ロバート：それはないな。①ぼくは髪を切るのが得意だからね。ぼくは10年前にこのヘアサロンで働き始めたんだ。

義雄　　：君はそれがとても得意なんだね。

ロバート：そう言っただろう。②それで君は2週間のあいだ君の家で何をしているの？

義雄　　：【b】とても忙しいよ。ぼくは朝から晩までスマートフォンとコンピューターを使っているよ。お客様に電話したりメールを送信したりする必要があるんだよ。

ロバート：【c】何について？

義雄　　：多くの国が外国人は来られないと言うし，ある学校は，お母さん，お父さん，先生と一緒に留学しなければならないと言うんだ。でも，先生たちは生徒と一緒に行くことはできないと言ってるんだよ。

ロバート：【d】それはできないだろうね。

義雄　　：今年は行かないことにした学生が多いよ。すべての旅行会社が問題をかかえているよ。

ロバート：それで，君はどうするの？

義雄　　：興味深いオンラインプログラムがいくつかあるんだ。

ロバート：君はよく働いてるね。頑張ってね。

義雄　　：【e】ありがとう。

（1）　全訳参照。

（2）　①　会話の内容からロバートはヘアサロンで働いていることがわかるので，「髪を切る」となる。　②　義雄は2週間にわたってずっと家にいたことがわかる。

（3）　every がつく語は単数扱いになるので，動詞は三単現の形になる。

（4）　ホワイトさん

私の考えを皆さんにお見せしたいと思います。それはオンラインプログラムについてです。インターネット上で他の日本人学生との英語レッスンプログラムはすでにいくつかありますが，私のアイデアは，彼らは他の多くの国からの(X)外国人と世界中の問題について話し合うことです。それで，仕事の前に私に会いに来てくれませんか？　(Y)あなたが私にアドバイスをくれることを望みます。

敬具

佐藤義雄

X　直後に from many other countries とあるので，「外国人」だとわかる。

Y　<want A to ～>で「Aに～してほしい」という意味を表す。

★ワンポイントアドバイス★

5の(4)には<want A to ～>がある。似た表現に<ask A to ～>(Aに～するよう頼む)があり，please の命令文で書き換えられる。(例) I asked him to see me. (私は彼に会ってくれるよう頼んだ。)＝I said to him, “Please see me.”

<理科解答>《学校からの正答の発表はありません。》

1 (1) ア (2) ク

2 (1) オ (2) イ (3) ① 背骨をもつ ② セキツイ動物 (4) A

3 (1) オ (2) 2.5cm^3 (3) 右図 (4) ウ (5) カ

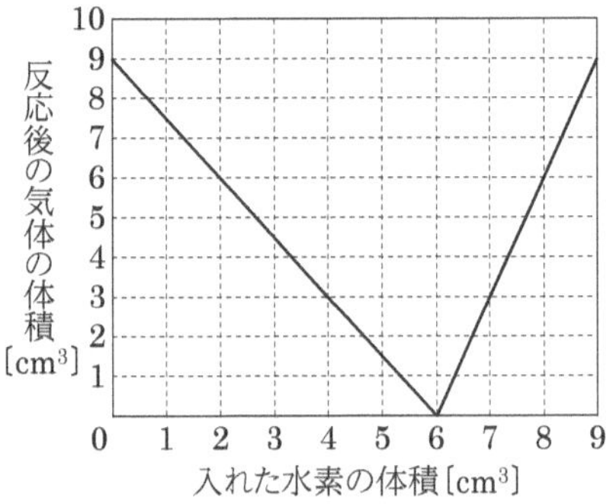

4 (1) ウ (2) エ (3) イ (4) 左に3cm動かす

5 (1) ウ (2) 示準化石 (3) イ (4) ア

6 (1) イ (2) エ

○配点○

1 各1点×2　2 (3) 2点(完答)　他 各1点×3

3 (2)・(3) 2点(完答)　他 各1点×3　4 各1点×4　5 各1点×4

6 各1点×2　計22点

<理科解説>

1 (小問集合－力，物体の密度)

重要 (1) 物体Aと物体Bは動かなかったのだから，物体A，物体Bにはたらく力はそれぞれつりあっている。質量200gの物体Bにはたらく重力は2Nだから，それとつりあう糸にかかる力も2Nである。糸が物体Aを右向きに引く力も2Nだから，それとつりあう摩擦力も2Nである。なお，物体Aにかかる重力は3Nだが，台が物体Aを押す力も3Nで，上下方向につりあっており，左右方向には3Nはかかっていない。また，作用反作用の力は，例えば糸が物体Aを引く力と，物体Aが糸を引く力のように，力を加える物体と受ける物体を逆にした関係である。

(2) 水が50.0cm^3入ったメスシリンダーに金属柱Aを入れると，表1のように75.9cm^3になったのだから，金属柱Aの体積は，75.9－50.0＝25.9(cm^3)である。よって，密度は45.7g÷25.9cm^3＝1.76…(g/cm^3)となる。表2で最も近いのはマグネシウムである。水が50.0cm^3入ったメスシリンダーに金属柱Bを入れると，表1のように61.5cm^3になったのだから，金属柱Aの体積は，61.5－50.0＝11.5(cm^3)である。よって，密度は90.6g÷11.5cm^3＝7.87…(g/cm^3)となる。表2で最も近いのは鉄である。

2 (動物のなかま－地球の歴史と動物の特徴)

(1) 地球の誕生は，およそ46億年前のことである。問題中の数値を使うと，地球の歴史を1年に例えたとき，1日が0.126億年に相当するので，0.126×365＝45.99(億年)となる。

やや難 (2) 古生代の初めに三葉虫などの節足動物が出現し，続いてセキツイ動物の魚類が出現した。古生代の半ばに生物が陸上に進出し，両生類も出現した。その後，ハ虫類が出現し，中生代に恐竜として繁栄した。中生代にはホ乳類も出現した。順序どおりなのは，ア，イ，カである。また，1日が0.126億年に相当するので，1か月はおよそ$0.126 \times 30 = 3.78$(億年)にあたる。①は11月中旬なので，3.78億$\times 1.5 = 5.67$(億年)前あたりである。古生代は5.4億年前から2.5億年前だから，①は古生代の最初ごろにあたり，節足動物の出現があてはまる。また，④は12月中旬なので，3.78億$\times 0.5 = 1.89$(億年)前あたりであり，すでに中生代に入っているので，ハ虫類の出現には遅すぎ，ホ乳類の出現があてはまる。

(3) 図2の5種類の動物は，どれも背骨を中心とする内骨格系を持つ動物であり，セキツイ動物のなかまである。

(4) グラフPは，体温が常に一定な恒温動物であり，ホ乳類と鳥類があてはまる。図2ではEにあたる。一方，グラフQは，周囲の温度に合わせて体温も変わる変温動物であり，図2ではE以外の動物，つまりAがあてはまる。

3 (電気分解－水の電気分解と電池)

(1) 水に電流を流すと，陽極のA側では酸素が発生し，陰極のB側では水素が発生する。このときの化学反応式は，$2H_2O \rightarrow O_2 + 2H_2$であり，酸素と水素の体積比は1：2である。

(2) 水素と酸素が反応して水ができるときの体積比は，水素：酸素＝2：1である。だから，水素5.0cm^3と酸素5.0cm^3を混ぜた場合は，水素5.0cm^3と酸素2.5cm^3が反応して水となり，酸素2.5cm^3が余る。

重要 (3) 水素と酸素が反応して水ができるときの体積比は，水素：酸素＝2：1である。そこで，表のうちでは，水素6.0cm^3と酸素3.0cm^3を混ぜたときに，余ることなく反応する。それぞれのときに余る量を求めると次の通りである。これをグラフに表せばよい。

水素の体積〔cm^3〕	0	2.0	4.0	6.0	8.0	9.0
酸素の体積〔cm^3〕	9.0	7.0	5.0	3.0	1.0	0
反応した水素の体積〔cm^3〕	0	2.0	4.0	6.0	2.0	0
反応した酸素の体積〔cm^3〕	0	1.0	2.0	3.0	1.0	0
残った気体の体積〔cm^3〕	酸素9.0	酸素6.0	酸素3.0	0	水素6.0	水素9.0

(4) 亜鉛板では，亜鉛Znが電子を放出して亜鉛イオンZn^{2+}となって溶ける。電子は回路を通ってモーターを回し，銅板へ到着する。銅板の表面では，塩酸HClに含まれる水素イオンH^+が電子を受け取って水素原子Hとなり，すぐ2つ結びついて水素分子H_2となって気体として出てくる。

(5) 実験3では，ビーカーが電池となっている。溶けて電子を放出する亜鉛板が－極であり，反対側の銅板が＋極である。電子は，亜鉛板からモーターを通り銅板へaの向きに流れる。電流は，＋極である銅板からモーターを通り－極の亜鉛板へbの向きに流れる。

4 (光の性質－凸レンズがつくる像)

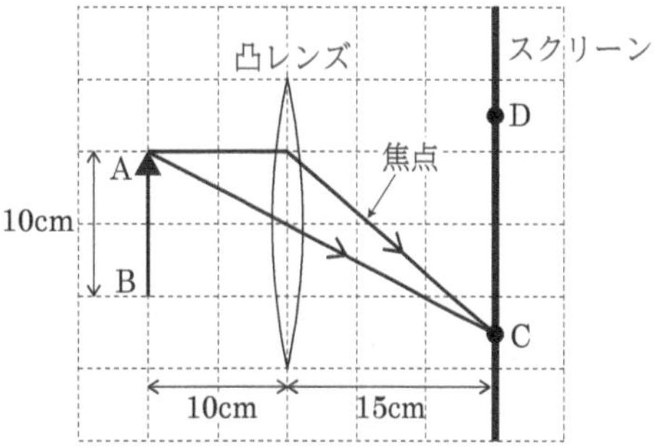

(1) スクリーンには，倒立の実像ができる。倒立の実像CDは光源ABに対し，上下左右が逆向きである。

重要 (2) 図1に像の作図を書き込む。焦点が分かっていないので，まずAからレンズの中心を通る直線を引く。スクリーンの位置は分かっているので，Aの像であるCの位置が作図で決まる。次に，Aから光軸に平行に進み，レンズで屈折して焦点を通る線を作図する。Cに着くように線を引けば，焦点の位置も決まる。作図より，焦点距離は6cmである。また，Bの像のDも同じように作図すれば，像CDの長さは15cmとなる。

(3)　凸レンズの一部を隠しても，光は隠していない部分を通って像まで進む。そのため，像の形や大きさ，向きなどは全く変わらない。ただし，光の量が減るために，やや暗くなる。

(4)　図3では，凸レンズから光源ABまでの長さが12cmになった。これは，(2)で求めた焦点距離6cmのちょうど2倍である。このとき，倒立の実像CDの位置も，凸レンズから焦点距離のちょうど2倍の12cmとなる。よって，スクリーンは最初の位置よりも左へ3cm動かせばよい。

5 (地層と岩石－地質柱状図)

(1)　地層Xの堆積岩は，塩酸をかけると溶けることから石灰岩である。また，フズリナは古生代後期のプランクトンである。

(2)　地層ができた時代を示す化石を示準化石という。フズリナは古生代後期の示準化石である。

(3)　この地域の地層は，下から順にれき岩，砂岩，泥岩の順に重なっている。つまり，粒がだんだん小さくなっている。大きい粒であるれきは，流れの速い陸地の近くの浅い海底で堆積したものである。小さい粒である泥は，流れの遅い深い海底で堆積したものである。よって，この場所は地層が堆積当時，徐々に深い海に変わっていったことが分かる。なお，図2には火山灰層や凝灰岩層がないので，火山活動があった証拠はない。

重要　(4)　泥岩層と砂岩層の境界に着目する。標高100mの地点Aでは，境界は深さ20mにあるので，境界の標高は100－20＝80(m)である。標高90mの地点Bでは，境界は深さ10mにあるので，境界の標高は90－10＝80(m)である。標高70mの地点Cでは，境界は深さ5mにあるので，境界の標高は70－5＝65(m)である。以上より，地点Aと地点Bでは，境界の標高が同じ80mなので，南北方向に地層は傾いていない。地点Cでは，地点Aよりも境界の標高が低い65mなので，東に下がるように地層が傾いていることがわかる。

6 (小問集合－遺伝、湿度)

(1)　子がすべて黄色になったので，黄色の遺伝子が顕性(優性)，緑色の遺伝子が潜性(劣性)である。黄色の遺伝子をA，緑色の遺伝子をaとすると，子の遺伝子はAaであり，孫の遺伝子は，AA：Aa：aa＝1：2：1となる。このうちaaが緑色なので，全体の25％となる。

(2)　図2より，30℃での飽和水蒸気量は30g/m^3である。14℃で水滴ができ始めたので，実際に含まれる水蒸気量は12g/m^3である。よって，湿度は12÷30×100＝40(％)となる。

★ワンポイントアドバイス★

実験や観察を含んだ問題をよく練習し，長めの問題文から手早く要点をつかめるように心がけよう。

＜社会解答＞《学校からの正答の発表はありません。》

1　(1)　エ　(2)　エ　(3)　大陸から伝えられた仏教をもとにした文化が栄えた

2　(1)　ア　(2)　(2番目)　イ　(3番目)　ウ　(3)　世界恐慌

3　(1)　イ　(2)　ア　(3)　イ　(4)　カ

4　(1)　B　③　C　①　(2)　②　ソ　④　イ　(3)　エ

5　(1)　オ　(2)　議院内閣　(3)　ア　(4)　ウ

6 (1) 公共の福祉 (2) ウ (3) エ

○配点○

1 (3) 2点 他 各1点×2 2 各1点×3 3 各1点×4

4 (2) 2点 他 各1点×2 5 各1点×4 6 各1点×3 計22点

＜社会解説＞

1 (日本と世界の歴史―政治・外交・社会史)

基本 (1) 蘇我氏は，聖徳太子とともに仏教を広めようとしたので，飛鳥地方を中心に，日本で最初の仏教文化が栄えた。これを飛鳥文化といい，法隆寺がその代表とされる。銀閣と同じ敷地にある東求堂堂仁斎は代表的な書院造で，足利義政の書斎であった。

(2) 名誉革命(17世紀)，フランス革命(18世紀)，宗教改革(16世紀)，モンゴル帝国成立(13世紀)。

(3) それまで，自然の神々を信じていた人々は，仏教の教えに圧倒されるとともに，祖先の死後の世界での幸福や，病気の回復をいのる手段として仏教を信じるようになった。

2 (日本と世界の歴史―社会・経済史，各時代の特色，日本史と世界史の関連)

(1) 開国により，貿易が始まると，外国からは，毛織物，綿織物，武器，艦船などが輸入され，日本からは，生糸，茶などが輸出された。最大の貿易港は横浜で，相手国はイギリスが中心であった。

(2) 1889年に大日本帝国憲法が公布された。1919年にベルサイユ条約が締結された。この間となるのはオ：大韓帝国成立(1897年)→イ：中華民国成立(1912年)→ウ：ロシア革命(1917年)である。

重要 (3) 1929年のアメリカから始まった世界恐慌の影響で全世界は経済危機に見舞われた。グラフを考察すると，1929年を機に労働争議が増加しているのが分かる。

3 (日本の地理―日本の諸地域の特色，人口，産業)

(1) Ⅰの表と文章を考察すると，Aは福岡県，Bは山口県とわかる。県の人口に対する県庁所在地人口の割合を比べると，山口市のほうが福岡市よりも高い。

(2) Eは高知県である。高知平野では多くの収入が得ることができる促成栽培が盛んである。

重要 (3) Ⅱの表を考察すると，発生件数と季節との関係が認められないのが理解できる。地震は，発生件数と季節との関係はないので，イが正解となる。

(4) Aは福岡県，Dは広島県，Eは高知県である。広島県は本州四国連絡橋の一つであるしまなみ海道(尾道―今治ルート)の影響で他県への従業地・通学地別人口の割合が1番高い。逆に高知県は1番低い。福岡県は九州の中心都市福岡市への集中度が高く，県内への従業地・通学別人口の割合が1番高い。

4 (地理―世界の諸地域の特色，気候)

(1) Bは南アフリカ共和国であり，同国のケープタウンは③にあたる。Cはモロッコであり，同国のラバトは①にあたる。文章を考察すると，他のAはエジプト，Dはナイジェリアになる。

(2) ②はナイジェリアのアブジャで，熱帯で雨季と乾季があるサバナ気候に属する。したがって，雨温図はYが該当する。④はエジプトのカイロで，乾燥帯で，雨がとても少なく砂や岩の砂漠が広がる砂漠気候に属する。したがって，雨温図はXが該当する。

やや難 (3) 表を注意深く考察すると，面積は，アフリカ＋南北アメリカ＝22.8＋29.8で世界の40％以上であることが分かる。二酸化炭素排出量は，ヨーロッパ＋南北アメリカ＝5048＋7002＝12050(百万t)となり，世界全体におけるヨーロッパ＋南北アメリカの二酸化炭素排出量の％は，12050÷32314≒0.3729となり，約30％以上ということが理解できる。したがって，エが正解となる。

5 (公民―政治のしくみ，日本経済)

(1) 地位にふさわしくない行為をした裁判官を辞めさせるかどうか判断する弾劾裁判は，国会の仕事である。したがって，国会から裁判所にのびている矢印は「裁判官の弾劾裁判」である。内閣は最高裁判所長官の指名権を持っている。したがって，内閣から裁判所に伸びている矢印は「最高裁判所長官の指名」である。

基本 (2) 日本国憲法は議院内閣制を採用している。内閣は国権の最高機関である国会の信任にもとづいて成立し，国会に対して連帯して責任を負う。

(3) 民事裁判は権利や義務についての対立をたがいに対等の立場で争う裁判である。刑事裁判は，犯罪にあたる行為があったかどうかを判断し，有罪の場合に刑罰を言い渡す裁判である。裁判は，多くの場合，地方裁判所，家庭裁判所，簡易裁判所のいずれかで行われ(第一審)，その判決に不満があれば，上級の裁判所に控訴し，さらに不満があれば上告できる。

(4) 令状を出すのは検察官ではなく，裁判官であるため，ウは誤りとなる。

6 (公民―政治のしくみ)

(1) 日本国憲法は，自由及び権利は「濫用してはならないのであって，常に公共の福祉のためにこれを利用する責任を負う」(第12条)とし，人権が制限されることを公共の福祉という言葉で表している。

(2) アメリカ独立宣言の冒頭では，平等権と幸福などの追求権が示されている。

(3) 社会権には労働基本権などが含まれている。社会権が初めて認められたのはワイマール憲法であるので，アは誤り。大日本帝国憲法では社会権は認められていないので，イは誤り。居住・移転の自由，経済活動の自由は，自由権に属するので，ウも誤りとなる。

★ワンポイントアドバイス★

5(1) 三権分立においては，内閣・国会・裁判所，それぞれの権力の抑制と均衡が保たれている。5(3) 裁判は慎重に行う必要があり，同一の事件について3回まで裁判を受けることができる三審制を採用している。

＜国語解答＞《学校からの正答の発表はありません。》

一 (一) A キ　B ア　C オ　(二) ウ・エ　(三) オ　(四) イ
(五) (番号) ③　(直し) 動物→植物

二 (一) ① ぜせい　② 堤防　(二) ③ エ

三 (一) エ　(二) (例) (現代の若者は,)自分が生きている世の中が生きづらいと思ったとき，それについていけない自分を否定しがちで，自分を曲げてそこで成功しようとする。
(三) ウ　(四) エ　(五) ア　(六) ア

四 (一) ウ　(二) 観音　(三) イ　(四) ウ

○配点○

一 (二)・(五) 各2点×2　他 各1点×3

二 (一)・(二) 各2点×2　他 各1点×4　三・四 各1点×7　計22点

＜国語解説＞

一 （説明文―大意・要旨，文脈把握，接続語の問題，脱文・脱語補充，表現技法）

やや難 （一） A 「動物は大きな会社がたくさんの組織から成り立っているように，それぞれの器官が役割分担を持ちながら，一つの体を作っている」という前から当然予想される内容が，後に「総務部だけが独立して会社が成り立つようなことはありえない」と続いているので，順接の意味を表すことばがあてはまる。 B 「動物は大きな会社がたくさんの組織から成り立っているように……一つの体を作っている」という前に対して，後で「植物の体は個人事業主が集まった商店街のような構造をしている」と相反する内容を述べているので，逆接の意味を表すことばがあてはまる。 C 前の「動物は……それぞれの器官が役割分担を持ちながら，一つの体を作っている」と「植物は，すべての器官が独立して成立しやすいようになっている」ことを説明するために，後で「私たちの体は頭がなくなったときに……瞬く間に死んでしまう」「ところが植物は，たとえば茎の先端がなくなってしまったとしても，横から枝が伸びてきて伸び続ける」という例を挙げているので，例示の意味を表すことばがあてはまる。

（二） 「植物は大きさを自由に変化させることができる」理由は，[9]段落～[11]段落に書かれている。[9]段落の「植物は個人事業主が集まった商店街のように，小さな単位が集まってできているのである。そのため……植物も自在に大きさを変えることができる」から，ウの理由が読み取れる。また，[11]段落の「植物は，この基本パーツを繰り返すことによって成長する……植物は大きさだけでなく，形さえも自由に変えることができる」から，エの理由が読み取れる。

（三） ② 直後の「基本構造の繰り返し」と言われていたのは何か。[11]段落で「植物は，この基本パーツを繰り返すことによって成長する」「植物の体のつくりは基本パーツが集合したモジュール構造と呼ばれている」から，［②］にあてはまるのは「植物」。 ③・④ 「細胞レベルで見れば」「基本構造の繰り返し」であるのは何か。③と④を含む文の後に「この細胞が集まって，人間の頭や手足を作ったり，植物の葉や根を作っている」とあるので，［③］・［④］には「人間」と「植物」の両方を含むことばがあてはまる。 ⑤ 直後の段落の冒頭に「ところが植物は」とあるので，[20]段落は「植物」に対する「動物」についての内容が書かれている。

（四） 本文は，具体例や比喩を挙げて，植物と動物の違いを繰り返して説明しているが，イの倒置法は用いられていない。

重要 （五） [11]段落の「植物は大きさだけでなく，形さえも自由に変えることができる」という本文の内容と，③の「動物は形も大きさも自由自在である」は合わない。③の文の「動物」を「植物」に直す。

二 （漢字の読み書き）

（一） ① 悪い点を改めて正すこと。「是」を使った熟語は，他に「是非」などがある。 ② 河川の氾濫を防ぐために築くコンクリートなどで造られた構築物。「堤」の訓読みは「つつみ」。

（二） ③ 怠<u>惰</u>　ア <u>妥</u>協　イ <u>堕</u>落　ウ <u>打</u>順　エ <u>惰</u>性

三 （論説文―内容吟味，文脈把握，指示語の問題，脱文・脱語補充）

やや難 （一） 傍線部①「本質的な理由」を三つ挙げており，「まず一つ目は」で始まる[3]段落，「二つ目は」で始まる[11]段落，「三つ目は」で始まる[20]段落でそれぞれ説明している。[3]段落の「人びとの価値観が画一化し，『代替案』，というものを考えられなくなったこと」を，Aさんの意見はふまえている。Cさんの意見も[10]段落の内容に合っている。Bさんの意見は，[11]段落の「人と人とのつながりが薄れ，危機に陥っても誰も助けてくれない」をふまえている。三つ目のDさんの意見は，[20]段落の「価値観が画一化し，選択肢が少なくなったために」と間違っている。

やや難 （二） 「現代の若者は……」という書き出しの指定から，筆者の青春時代と比較した「現代の若者」

の考え方をまとめればよい。指定語の「自分」,「世の中」,「成功」が含まれている⑧段落の内容に注目する。「自分が生きている世の中が生きづらいと思ったとき」や「自分のほうを否定しがち」「自分のほうを曲げてそこで成功しようとする」などの表現を用いて，60字以上70字以下になるようにまとめる。

(三)　一つ後の文の「『そうは言っても，金がなきゃ話にならない』とか『老後はちゃんと困らないようにしてある』とか，何かあてにできるものを確保した上でのもの」に通じるものを選ぶ。⑦段落で述べている筆者の青春時代のボヘミアンになることを恐れない考え方とは，対照的な考え方であることもヒントになる。

基本　(四)　［　④　］を含む文は，直前の文と同じ内容を繰り返している。お互いに助け合うという意味を表す「相互扶助」と同じ意味を表すことばがあてはまる。ウは他人にたよらず自分の信じるところにしたがって行動するという意味なので，適当ではない。

(五)　「あみ(の)め」と読む。直前の「社会はみなが互いを支え合う」に通じるものを選ぶ。同じ文の「そのしがらみにからめ取られて生きていました」に着目する。同じ段落で，「網の目」がないと，人は失敗すると「奈落の底」に落ち，「滑り台を落ちるように悲惨な状況に突き落とされてしまう」とあるので，イ・ウ・エは適当ではない。

重要　(六)　「社会全体の創造性のようなことにも関係」するのは何かを考える。直後の文の「『失敗しても生死にかかわるほどのことじゃない』という安心感があれば，人は思いきってチャレンジすることができます」や，⑱段落の「人心の安定と社会の安定は密接に関係しています」などの記述から判断する。

四　(古文ー大意・要旨，情景・心情，脱文・脱語補充，文と文節)

〈口語訳〉　今は昔，いつごろのことであったのだろうか，清水寺に参詣した女が，幼い子を抱いて本堂の前の谷をのぞいて立っていたところ，どうしたのであったろうか，子を取り落として谷に落としてしまった。はるか(下の方に子が)振り落とされたのを見て，どうすることもできなくて，(女は)本堂の方に向かって手をすり合わせて，「観音様，助けてください。」と(言って)うろたえた。(女は)今となっては(子は)死んでしまったものと思ったけれども，(子の)様子を見ようと思ってうろたえながら(谷を)下りて見ると，観音様が哀れとお思いになられたことには，(子は)まったく傷もなく，谷の底の木の葉が多く散り積もっている上に落ちて横になっていた。母は喜びながら(子を)抱きかかえて，ますます観音様を泣きながら拝み申し上げたのだった。

これを見た人はみな，おどろきあきれて，大騒ぎしたと語り伝えられているとのことだ。

(一)　ア　「児を取り落とし」たのは，「母」である「女」。　イ　「児を取り落として谷に落とし入れ」たのは,「母」である「女」。　ウ　谷に「振り落とさ」れたのは,「児」。　エ　谷に「振り落とさ」れた「児」を「見」たのは,「母」である「女」。

(二)　女が谷に子を取り落として観音様に助けを求めたところ，子は助かったのである。女が「泣く泣く礼拝し奉」ったのは，観音様だとわかる。［　①　］にあてはまるのは，「観音」。

(三)　同じ文に「母喜びながら抱き取りて」とある。谷に取り落とした子が観音様のおかげで生きていたとわかったときの「母」の感情を選ぶ。

重要　(四)　「つゆ傷もなくて，谷の底の木の葉の多く落ち積もれる上に落ちかかりてなむ臥したりける」に，ウが一致する。アは,「御堂の方に向かひて手を摺りて,『観音，助け給へ。』となむまどひける」に一致しない。イは,「今はなきものと思ひけれども」に一致しない。最終文の「ののしりて」は大騒ぎしたという意味なので，非難したとあるエも一致しない。

★ワンポイントアドバイス★

60字以上70字以下で，指示語の内容をまとめる設問には積極的に取り組みたい。指定語は，制約ではなく大きなヒントだ。下書き用紙をうまく使いたい。

MEMO

大切なことはメモしておこうネ！

2020年度

入　試　問　題

2020
年
度

2020年度

岡崎学園高等学校入試問題

【数　学】（45分）　＜満点：22点＞

1　次の⑴から⑼までの問いに答えなさい。

⑴　$4-3\times(-2)$ を計算しなさい。

⑵　$-\frac{3}{2}\div\left(-\frac{3}{4}\right)^2$ を計算しなさい。

⑶　$\sqrt{12}+\sqrt{3}-\sqrt{27}$ を計算しなさい。

⑷　方程式 $(x+9)(x-2)=10x$ を解きなさい。

⑸　長さ２ｍのひもを切り，Ａ，Ｂの２つに分けたとき，Ａの長さはＢの長さの３倍より24㎝短くなった。Ａ，Ｂの長さは何㎝か，求めなさい。

⑹　関数 $y=\frac{2}{3}x+\frac{8}{3}$ と $y=ax^2$（aは定数）について，xの変域が $-4\leqq x\leqq 2$ のときのyの変域が等しいとき，aの値を求めなさい。

⑺　底面の半径が３㎝で，高さが４㎝の円錐の体積を求めなさい。ただし，円周率はπとする。

⑻　Ａ，Ｂ，Ｃ，Ｄ，Ｅの５人の中から２人の委員をくじをひいて選ぶとき，Ａが委員に選ばれる確率を求めなさい。

⑼　図で，Ｆは正五角形ABCDEの内部の点で，△FCDが正三角形であるとき，∠FBCの大きさは何度か，求めなさい。

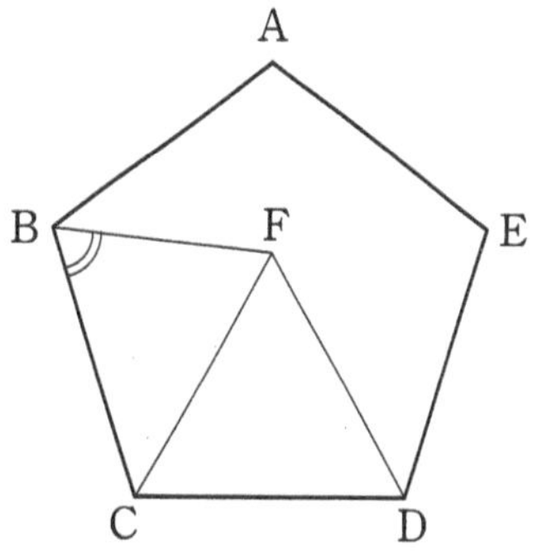

2　次の⑴から⑷までの問いに答えなさい。

⑴　右の表は，生徒の身長を調べ，度数分布表に整理したものの一部である。（ア）に当てはまる値を求めなさい。
ただし，☆には同じ値が入るとは限らない。

身長(cm)	度数(人)	相対度数
以上　未満 130～140	☆	0.05
140～150	☆	0.10
150～160	☆	0.30
160～170	（ア）	0.35
170～180	6	☆
180～190	☆	0.05
計	☆	1.00

⑵　図で，△ABCはAB＝ACの二等辺三角形，Dは∠ABCの二等分線と辺ACとの交点，Eは∠ACBの二等分線と辺ABとの交点，Fは線分BDとCEとの交点である。このとき，△FBCが二等辺三角形であることを次のように証明したい。（Ⅰ），（Ⅱ），（Ⅲ）にあてはまる最も適当なものを，下の**ア**から**ケ**までの中からそれぞれ選んで，そのかな符号を，また（a）にあてはまることばを書きなさい。

（証明）　△EBCと△DCBにおいて，
　　仮定より，∠EBC＝（　Ⅰ　）……①
　　　　　　　∠DBC＝（　Ⅱ　）……②
　　　　　　　∠ECB＝（　Ⅲ　）……③
　①，②，③より　∠DBC＝∠ECB
　したがって　　　∠FBC＝∠FCB
△FBCにおいて，（　a　）が等しいので，
△FBCは二等辺三角形である。

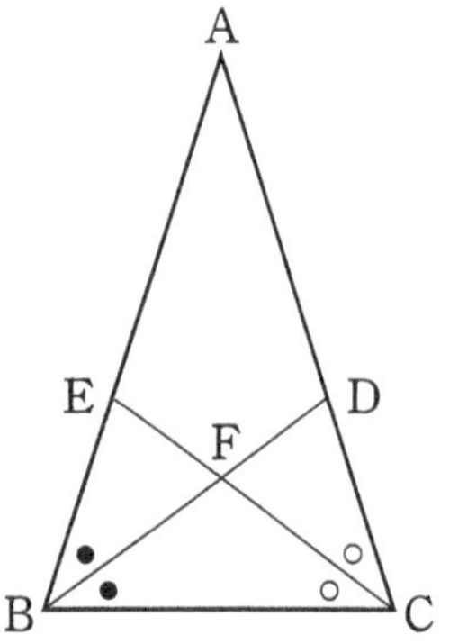

ア　∠EBD　　**イ**　∠DBC　　**ウ**　∠DCE　　**エ**　∠ECB　　**オ**　∠EBC

カ　∠DCB　　**キ**　∠BFC　　**ク**　$\frac{1}{2}$∠EBC　　**ケ**　$\frac{1}{2}$∠DCB

⑶　図で，Oは原点，A，Bは関数$y=\frac{1}{3}x^2$のグラフ上の点，Cは直線ABとx軸との交点で，CA：AB＝4：5　である。

点Aのx座標が負，点Bのx座標が6のとき，直線ABの式を求めなさい。

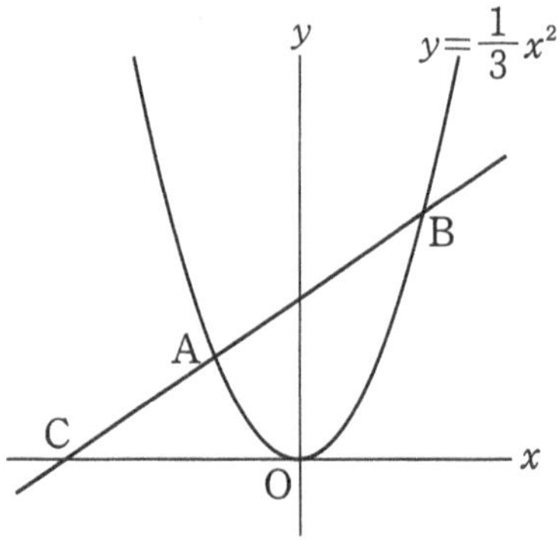

⑷　図で，3つの長方形ABCD，EFGH，IJKLの辺BC，FG，JKは直線ℓ上にあり，点CとF，点GとJが重なっている。

2つの長方形ABCD，EFGHを固定し，長方形IJKLの頂点Kが点Bに重なるまで，秒速1㎝で移動させる。頂点Jが点Gを出発してからx秒後に長方形IJKLと他の2つの長方形が重なる部分の面積をy㎠とする。

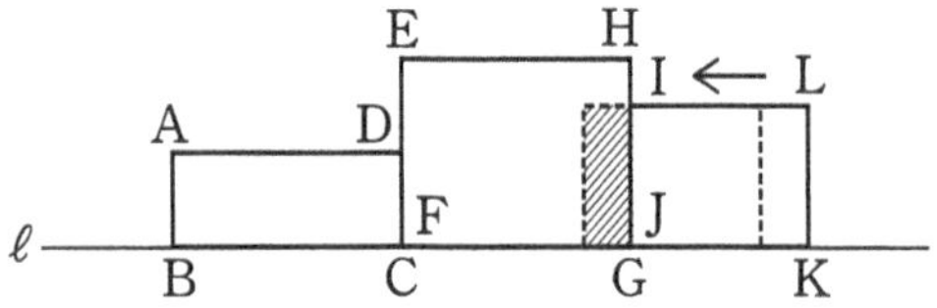

AB＝2㎝，EF＝4㎝，IJ＝3㎝，BC＝FG＝JK＝5㎝のとき，次の①，②の問いに答えなさい。

①　xとyの関係をグラフに表しなさい。

②　長方形IJKLと他の2つの長方形が重なる部分の面積が12㎠となるのは何秒後と何秒後か，求めなさい。

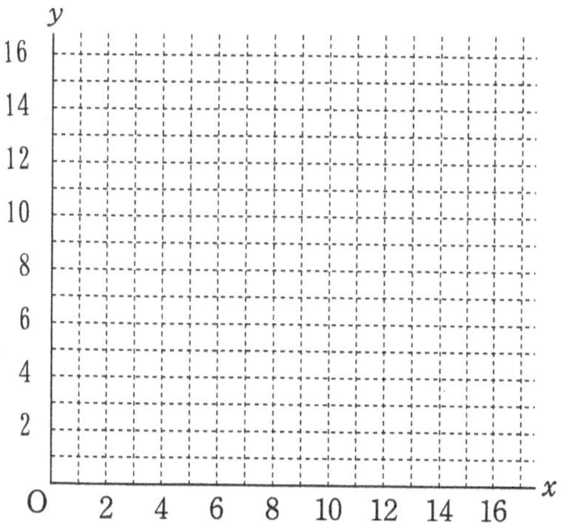

3 次の(1)から(3)までの問いに答えなさい。

(1) 図で，A，B，C，D，Eは円Oの周上の点，BDは円Oの直径で，$AE \parallel BC$ である。

$\angle EAC = 57^\circ$ のとき，$\angle ABD$の大きさは何度か，求めなさい。

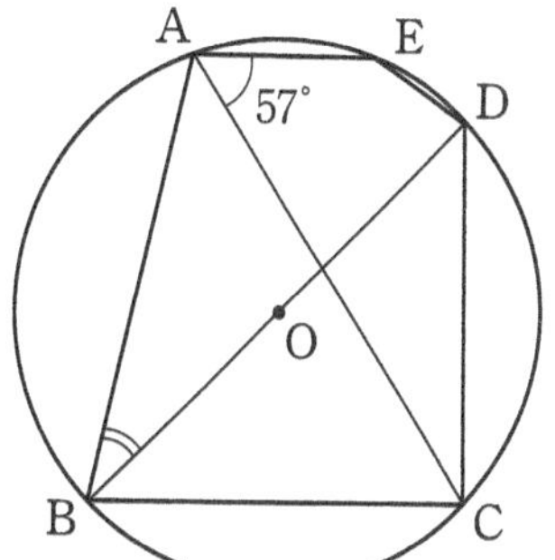

(2) 図は，3つの長方形ADEB，BEFC，CFDAを側面とし，$\angle ABC = \angle DEF = 90^\circ$ の2つの直角三角形ABC，DEFを底面とする三角柱である。また，P，Qはそれぞれ辺AD，BE上の点である。

AB＝6cm，BC＝8cm，BE＝10cm，AP＝2cmのとき，A，P，Q，B，C，Fを頂点とする立体の体積が，もとの三角柱の体積の半分となった。このとき，次の①，②の問いに答えなさい。

① 台形PDEQの面積は何cm^{2}か，求めなさい。

② 線分BQの長さは何cmか，求めなさい。

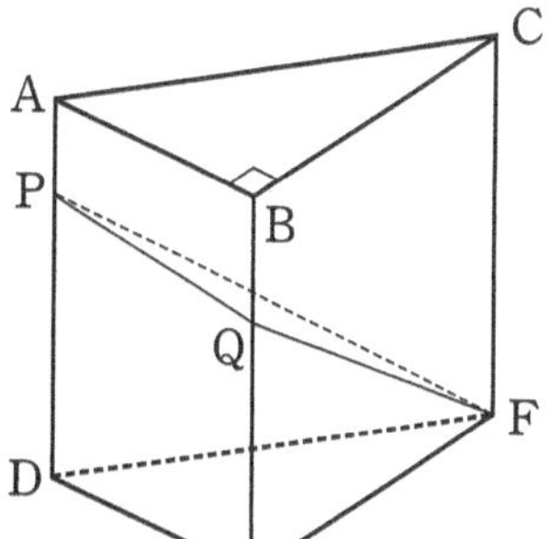

(3) 図で，四角形ABCDは長方形であり，Eは辺ABの中点，Fは辺BC上の点で，BF：FC＝2：1である。また，G，Hはそれぞれ線分AFとED，ECとの交点である。

AB＝16cm，AD＝18cm，AF＝20cmのとき，次の①，②の問いに答えなさい。

① 線分AGの長さは何cmか，求めなさい。

② △GEHの面積は何cm^{2}か，求めなさい。

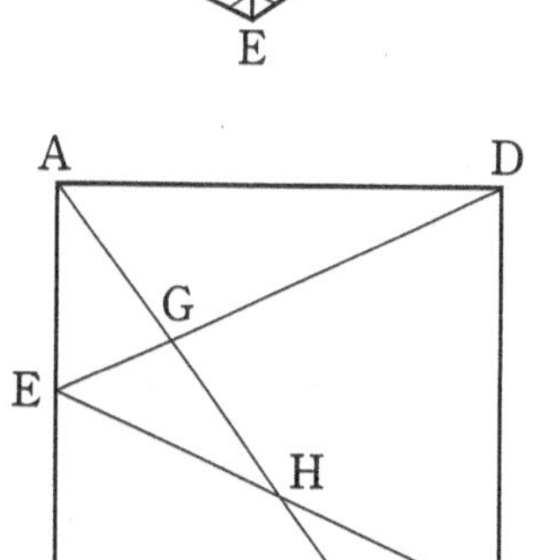

【英　語】（45分）　＜満点：22点＞

【注意】 1の問題は聞き取り検査です。「始め」という指示があってから，聞き取り検査が始まるまで，1分30秒あります。

1　指示に従って，聞き取り検査の問題に答えなさい。

「答え方」　問題は第1問と第2問の二つに分かれています。

第1問は，1番から3番までの三つあります。それぞれについて，最初に会話文を読み，続いて，会話についての問いと，問いに対する答え，a，b，c，dを読みます。そのあと，もう一度，その会話文，問い，問いに対する答えを読みます。必要があればメモをとってもよろしい。

問いの答えとして正しいものは解答欄の「正《せい》」の文字を，誤っているものは解答欄の「誤《ご》」の文字を，それぞれ○《まる》でかこみなさい。正しいものは，各問いについて一つしかありません。

第2問は，最初に英語の文章を読みます。続いて，文章についての問いと，問いに対する答え，a，b，c，dを読みます。問いは問1と問2の二つあります。そのあと，もう一度，文章，問い，問いに対する答えを読みます。必要があればメモをとってもよろしい。

問いの答えとして正しいものは解答欄の「正《せい》」の文字を，誤っているものは解答欄の「誤《ご》」の文字を，それぞれ○《まる》でかこみなさい。正しいものは，各問いについて一つしかありません。

メモ欄（必要があれば，ここにメモをとってもよろしい。）

＜聞き取り検査指示＞

第1問

1番　Woman　: May I leave here now?

Man　: No, not yet.　You can go home after finishing the test.

Woman　: Oh, I see.

Question　: What will the woman do before going home?

a　She will do her homework.　　b　She will have a test.

c　She will read a book.　　d　She will go to hospital.

2番　Man　: Did you go to Shizuoka yesterday?

Woman　: Yes, we did.　We swam in the sea there.　It was fun and we took many pictures.

Man　: You had a great Saturday.

Question　: What day is it today?

a　Saturday　　b　Sunday　　c　Monday　　d　Tuesday

3番　Woman　: Clean your room, Bobby!

Man　: I'll do it now, Mom.

Woman　: Good.　I'll help you after washing the dishes.

Question　: What will the mother do first?

a　She will clean a room.

b　She will help her son.

c　She will cook dinner.

d　She will wash the dishes.

第2問　I'm Mika.　My family is very busy this week because we are going to live in a new city soon!　Now there are four people in my family, but in the new house my grandmother will live with us.

All of our family are excited, but I'm worried because I have to go to a new school.　It's sad that I have to say goodbye to my friends.　I hope I can make a lot of friends there, too.

問1　How many people will live in the new house?

a　Two people.　b　Four people.　c　Five people.　d　Six people.

問2　What is Mika worried about?

a　She is worried about living with her grandmother.

b　She is worried about living with her grandfather.

c　She is worried about going to a new school.

d　She is worried about her piano.

2　右の絵を見て，あとの問いに答えなさい。

（問い）　この絵はどのような状況を表しているか。また，あなた自身は，なぜこの少年に注意をしようと思うか。次に示す答え方により，英語で述べなさい。ただし，前半の下線部には ride（～に乗る），後半の下線部には may（～かもしれない）を必ず使うこと。

<答え方>　下線部をそれぞれ5語以上の英語で書く。

In this picture, a boy is ＿＿＿＿＿＿ a smartphone.

I will tell him to stop using his smartphone because ＿＿＿＿＿＿.

なお，下の語句を参考にしてもよい。

<語句>　～しながら　while ～ ing　　～に気づく　notice ～　　～に衝突する　hit ～

3　恵美（Emi）と留学生のトム（Tom）が会話をしています。二人の会話が成り立つように，下線部①から③までのそれぞれの（　）内に最も適当な語を入れて，英文を完成させなさい。ただし，（　）内に文字が示されている場合は，その文字で始まる語を解答すること。

Emi : Tom, it has been a year since you came to Japan.　What do you think of your life here?

Tom: It was hard last year, but now I really enjoy staying here.

Emi : I'm glad to hear that.　Have you ever heard of the fireworks festival in

Okazaki Park?

Tom: No, I haven't. ① What (　　　) it (l　　　)? We don't have such event in the U.K.

Emi : Oh, really? Fireworks are so beautiful in the night sky that many people visit there and enjoy seeing them every summer.

Tom: I see. ② I've never seen them before, so I am really (　　　)(　　　) to them.

Emi : ③(　　　)(a　　　) going to Okazaki Park on that day? We can watch them with the big sound.

Tom: That's a good idea. I can't wait to see them on the day of the fireworks festival in August.

（注） fireworks　花火

4　次の文章を読んで，あとの(1)から(5)までの問いに答えなさい。

Have you ever been on a crowded train in the morning? Those trains in Japan are well known around the world. We can even visit websites (A) foreign people how to avoid crowded trains in Japan. But these things may be different in the future.

In the past, Japanese people thought it was important to work hard for long hours to make more money. But now, many people do not think it is good to work so long at the office if they want to be happier. Also, the government of Japan is now thinking that Japanese people need a new work-style to have better lives. Actually, for some jobs, workers no longer have to take a train to go to work. Instead, they can [①] by using computers. This is called "telework."

Some companies in Japan have already started telework. In some cases, workers work at home two days a week. In other cases, they can telework more often. Newspapers report that many workers like working at home. Why do they like it?

Telework has many good points. For example, if workers do not go to their office, they can spend more time with their family, and take care of babies or elderly parents at home. And teleworkers do not have to use money when they do not use trains or buy lunch. Another good thing about working at home is that they can work faster ② because there 【to / are talking / who / them / no other workers / are】.

In fact, telework has some problems, too. Teleworkers often work longer if they do not decide when to stop working, so some of them cannot separate their personal life from their work life. And sometimes they are not happy because they do not have much time with other workers.

For many people, work is important in their lives. But if you work too much, you may have problems. It is necessary to think about your personal life and work life. It is also important to choose a work-style that is good for you. Maybe,

Japanese people will give up crowded morning trains someday.

（注） avoid ～　～を避ける　　office　会社　　work-style　働き方
telework　テレワーク，テレワークをする　　a week　一週間に
teleworker　テレワークをする人　　separate ～　～を切り離す

(1) （A）にあてはまる最も適当な語を，次の5語の中から選んで，正しい形にかえて書きなさい。

begin　　give　　keep　　make　　tell

(2) ① にあてはまる最も適当な英語を，次のアからエまでの中から一つ選んで，そのかな符号を書きなさい。

ア　work at home or outside the office
イ　take a vacation from work
ウ　create something interesting and helpful
エ　get information on the Internet

(3) 下線②のついた文が，本文の内容に合うように，【　】内の語句を正しい順序に並べかえなさい。

(4) 本文中では，テレワークの長所や短所についてどのように述べられているか。最も適当なものを，次のアからエまでの文の中から一つ選んで，そのかな符号を書きなさい。

ア　Elderly parents of teleworkers can help them with their jobs at home.
イ　Teleworkers often enjoy lunch outside the house with their families.
ウ　It is not important for teleworkers to decide when to stop working.
エ　Some teleworkers think that they need time to be with other workers.

(5) 次のアからカまでの文の中から，その内容が本文に書かれていることと一致するものを全て選んで，そのかな符号を書きなさい。

ア　In the past, Japanese people had many different kinds of ideas about work-styles.
イ　The government of Japan wants Japanese people to work longer and harder than before.
ウ　Some teleworkers have to go to the office several days a week.
エ　If workers can separate their personal and work lives, they will be happier.
オ　For a lot of people, work is more important than any other thing in life.
カ　All Japanese people like taking crowded trains in the morning.

5　健（Ken）と留学生スーミ（Su-mi）が会話をしています。次の会話文を読んで，あとの(1)から(4)までの問いに答えなさい。

Su-mi : Ken, are you thinking about studying abroad?

Ken　: 【 a 】 I've wanted to study abroad since I was a junior high school student. I want to speak English naturally.

Su-mi : Have you decided ①(ア) you are going to go?

Ken　: I'm planning to study in the United States.

Su-mi : 【 b 】 Look at this book I'm reading. The book (A) that more than fifty percent of all Japanese that studied abroad went to English-speaking countries.

Ken　: Why do many people go to English-speaking countries?

Su-mi : In my opinion, they are trying to improve their English.

Ken　:【 c 】

Su-mi : Ken, do you know where foreign students in Japan come from?

Ken　:【 d 】Please tell me about them.

Su-mi : Well, almost seventy percent of all foreign students in Japan come from countries like China, Korea, and Vietnam. ② Do you know why studying in Japan is so (イ) with Asians?

Ken　: Yes, I do. They can study agriculture, technology, and so on. Also, their cultures have many things in common with ours.

Su-mi : That's right.

Ken　: By the way, tomorrow, at school, we will have to talk about how Japanese people keep their health.

Su-mi :【 e 】

Ken　: In Japan, many people have dogs. They have to walk with them every day. This helps them to keep their health. They can also throw a ball to play with their dogs.

Su-mi : Wow, I didn't know that. In other words, by having dogs, you keep your health easily.

Ken　: That's right.

（注） naturally　自然に　　improve ～　～を改善させる　　Vietnam　ベトナム（国名）
Asian　アジア人　　agriculture　農業　　in common　共通に　　by the way　ところで
play with ～　～と一緒に遊ぶ　　in other words　言いかえれば

⑴ 次のアからオまでの英文を，会話文中の【a】から【e】までのそれぞれにあてはめて，会話の文として最も適当なものにするには，【b】と【d】にどれを入れたらよいか，そのかな符号を書きなさい。ただし，いずれも一度しか用いることができません。

ア No, I don't.
イ Really?
ウ How do they do that?
エ Yes, I am.
オ I think so, too.

⑵ 下線①，②のついた文が，会話の文として最も適当なものとなるように（ア），（イ）のそれぞれにあてはまる語を書きなさい。

⑶ （A）にあてはまる最も適当な語を，次のアからエまでの中から選んで，そのかな符号を書きなさい。

ア knows　イ tells　ウ says　エ asks

⑷ 次のページの英文は，この会話が行われた夜，スーミが母国にいる母親に送ったメールです。このメールが会話文の内容に合うように，次の（X），（Y）のそれぞれにあてはまる最も適当な

語を書きなさい。

Hi, Mom.
Today, I talked with Ken about studying abroad.
Ken is thinking about going to the United States.
I also talked with him about (X) to keep the health.
Japanese people love their dogs.
(Y) with their dogs is a good way to keep their health.
They can also throw a ball to play with their dogs.
Hope to see you soon.
Love,
Su-mi

【理　科】（45分）　＜満点：22点＞

1　次の⑴，⑵の問いに答えなさい。

⑴　次の**表**は，セキツイ動物の５つのなかま（ＡからＥ）のもつ特徴を３つの項目について比較したものである。セキツイ動物の５つのなかま（ＡからＥ）はそれぞれどのような生物か。最も適当なものを，下の**ア**から**オ**までの中から選んで，そのかな符号を書きなさい。

表

セキツイ動物のなかま／比較した項目	A	B	C	D	E
呼吸の方法	肺	えら（子） 肺　など	肺	えら	肺
子孫の残し方	卵生	卵生	胎生	卵生	卵生
体温の保ち方	変温	変温	恒温	変温	恒温

ア　A　鳥類　B　魚類　C　ホニュウ類　D　両生類　E　ハチュウ類
イ　A　魚類　B　ホニュウ類　C　両生類　D　ハチュウ類　E　鳥類
ウ　A　ハチュウ類　B　両生類　C　鳥類　D　魚類　E　ホニュウ類
エ　A　ハチュウ類　B　両生類　C　ホニュウ類　D　魚類　E　鳥類
オ　A　両生類　B　魚類　C　ホニュウ類　D　鳥類　E　ハチュウ類

⑵　水溶液Ａ，Ｂ，Ｃ，Ｄ，Ｅは，砂糖，食塩，片栗粉，ブドウ糖，炭酸水素ナトリウムの水溶液のいずれかである。この５つの水溶液を区別するため，次の〔実験１〕から〔実験４〕を行った。なお，水溶液の濃度はいずれも0.5％とする。

図

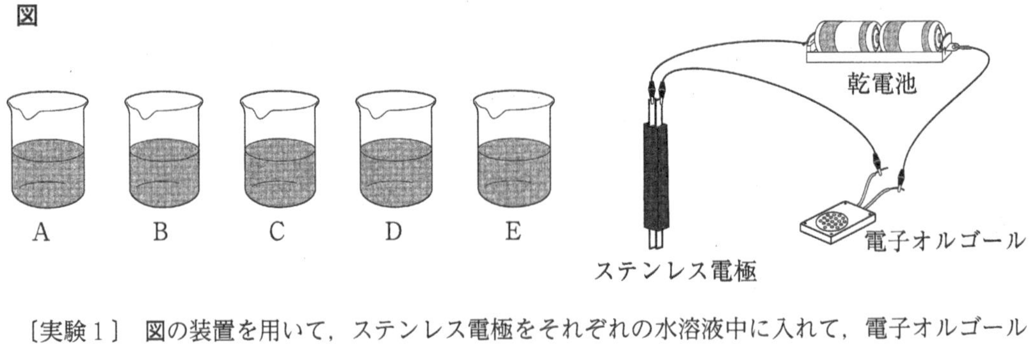

〔実験１〕　**図**の装置を用いて，ステンレス電極をそれぞれの水溶液中に入れて，電子オルゴールが鳴るかどうか調べた。水溶液Ａ，Ｂは電子オルゴールが鳴り，水溶液Ｃ，Ｄ，Ｅは鳴らなかった。

〔実験２〕　水溶液Ａ，Ｂをそれぞれ少量ずつ試験管にとり，うすい塩酸を２，３滴加えたところ，水溶液Aは気体を発生し，水溶液Bは変化が見られなかった。

〔実験３〕 水溶液C，D，Eをそれぞれ少量ずつ試験管にとり，ヨウ素液を２，３滴加えたところ，水溶液Eだけが濃い青色になった。

〔実験４〕 水溶液C，D，Eをそれぞれ少量ずつ試験管にとり，ベネジクト液を５，６滴加え，沸騰石を入れ加熱したところ，水溶液Dだけが赤褐色《せきかっしょく》の沈殿を生じた。

〔実験１〕から〔実験４〕の結果から，水溶液A，B，C，D，Eに含まれる物質として最も適当なものを，次の**ア**から**ク**までの中から選んで，そのかな符号を書きなさい。

	水溶液A	水溶液B	水溶液C	水溶液D	水溶液E
ア	食塩	炭酸水素ナトリウム	砂糖	ブドウ糖	片栗粉
イ	食塩	炭酸水素ナトリウム	砂糖	片栗粉	ブドウ糖
ウ	食塩	炭酸水素ナトリウム	ブドウ糖	砂糖	片栗粉
エ	食塩	炭酸水素ナトリウム	片栗粉	砂糖	ブドウ糖
オ	炭酸水素ナトリウム	食塩	砂糖	ブドウ糖	片栗粉
カ	炭酸水素ナトリウム	食塩	砂糖	片栗粉	ブドウ糖
キ	炭酸水素ナトリウム	食塩	ブドウ糖	砂糖	片栗粉
ク	炭酸水素ナトリウム	食塩	片栗粉	砂糖	ブドウ糖

2 植物のはたらきについて調べるため，次の〔実験〕を行った。

〔実験〕 図のように，３本の試験管A，B，Cを用意し，AとBにはタンポポの葉を入れ，A，B，Cそれぞれにガラス管で息を吹き込んでゴム栓をした。また，Bはアルミニウムはくで周りをおおった。その後すべての試験管に日光を十分にあて，（　X　）を少し入れ，ゴム栓をしてよく振ったところ，BとCは白くにごったが，Aはにごらなかった。

図

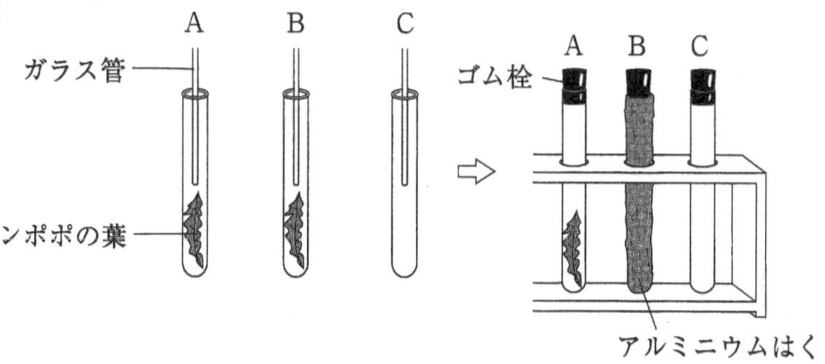

次の⑴から⑸までの問いに答えなさい。

⑴ 試験管に息を吹き込んだのは，試験管内の何という気体の量を増やすためか。次の**ア**から**オ**までの中から選んで，そのかな符号を書きなさい。

ア 窒素　**イ** 酸素　**ウ** 二酸化炭素　**エ** 一酸化炭素　**オ** 水素

⑵ 〔実験〕手順の（X）にあてはまる試薬は何か。漢字３字で書きなさい。

(3) 実験結果からわかることを次のようにまとめた。文中の（①）と（②）のそれぞれにあてはまる語の組み合わせとして最も適当なものを，下の**ア**から**カ**までの中から選んで，そのかな符号を書きなさい。

植物の葉は，（　①　）を行うときに（　②　）を吸収する。

ア　①呼吸，　②窒素　　**イ**　①呼吸，　②酸素
ウ　①呼吸，　②二酸化炭素　　**エ**　①光合成，　②窒素
オ　①光合成，　②酸素　　**カ**　①光合成，　②二酸化炭素

(4) 試験管Cのように，１つの条件以外を同じにして実験結果を比較するために行う実験を何というか。次の**ア**から**カ**までの中から選んで，そのかな符号を書きなさい。

ア　比較実験　　**イ**　対比実験　　**ウ**　対称実験
エ　対照実験　　**オ**　参考実験　　**カ**　証明実験

(5) 実験に使用するタンポポの葉を，枯れて茶色になったものに変えて，試験管Aと同じように実験を行った。（X）を少し入れてよく振ったとき，試薬にどのような変化が起こるか。８字以内で述べなさい。

3　うすい塩酸とうすい水酸化ナトリウム水溶液を混ぜ合わせたときの中和反応について調べるため，次の〔実験〕を行った。

〔実験〕 **図１**のように，うすい塩酸10cm³をビーカーにとり，緑色のBTB液を３，４滴加えると，水溶液の色が黄色になった。次に，ガラス棒でかき混ぜながら，その溶液に目もりの付いた注射器を用いてうすい水酸化ナトリウム水溶液を２cm³ずつ加えていき，水溶液の色の変化を観察した。**表**は，結果をまとめたものである。

図１

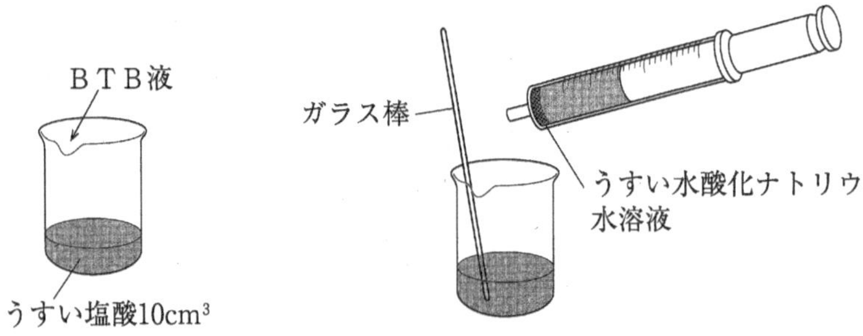

表

加えたうすい水酸化ナトリウム水溶液の体積	2cm³	4cm³	6cm³	8cm³	10cm³	12cm³	14cm³	16cm³
水溶液の色	黄色	黄色	黄色	緑色	青色	青色	青色	青色

次のページの**図２**は，結果に基づき，加えたうすい水酸化ナトリウム水溶液の体積とビーカー中の水素イオンの数との関係を表したものである。なお，うすい塩酸10cm³に含まれる水素イオンの数をN〔個〕とする。

図２

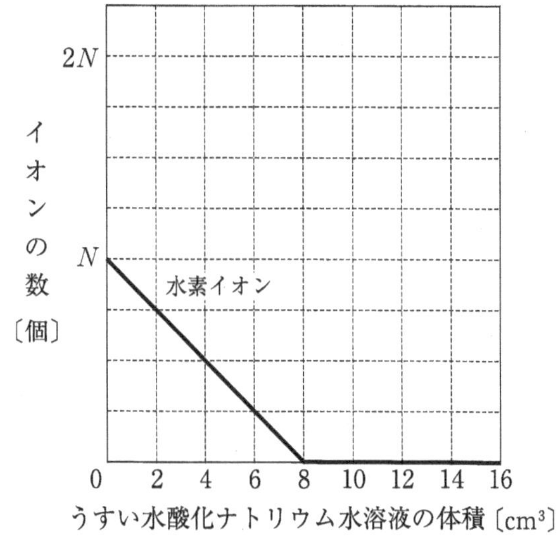

次の⑴から⑷までの問いに答えなさい。

⑴　塩酸中での塩化水素の電離はイオン式を使って，

$$HCl \longrightarrow H^{+} + Cl^{-}$$

と表される。これにならって，水酸化ナトリウムの電離をイオン式を使って書きなさい。

⑵　この中和反応において生じる物質を，次の**ア**から**キ**までの中から２つ選んで，そのかな符号を書きなさい。

ア　水　　**イ**　水素　　**ウ**　酸素　　**エ**　塩素　　**オ**　ナトリウム

カ　塩化ナトリウム　　**キ**　硫酸ナトリウム

⑶　加えたうすい水酸化ナトリウム水溶液の体積とビーカー中のナトリウムイオンの数との関係を表すグラフを解答欄の**図２**に ━━ で書きなさい。

また，加えたうすい水酸化ナトリウム水溶液の体積とビーカー中の水酸化物イオンの数との関係を表すグラフを解答欄の**図２**に ---- で書きなさい。

⑷　〔実験〕で用いたうすい水酸化ナトリウム水溶液が100cm³ある。この溶液を完全に中和するためには，〔実験〕で用いたうすい塩酸が何cm³必要か。最も適当なものを，次の**ア**から**オ**までの中から選んで，そのかな符号を書きなさい。

ア　80cm³　　**イ**　100cm³　　**ウ**　120cm³　　**エ**　125cm³　　**オ**　180cm³

4　電力量と発熱について調べるため，〔実験１〕と〔実験２〕を行った。

〔実験１〕　①　**図１**のように，発泡ポリスチレンのコップに，6.0Ｖを加えたとき18Ｗの電力を消費する電熱線と室温の水100ｇを入れ，水温をはかった。

②　電源装置の電圧計が6.0Ｖを示すようにして，電流を流した。

③　水をゆっくりかき混ぜながら，

図１

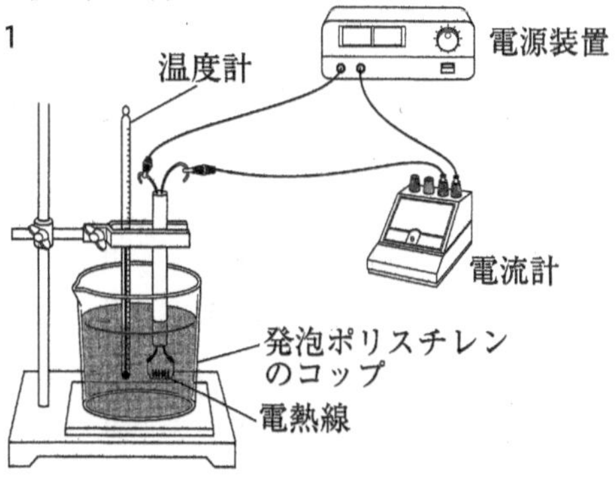

4分間電流を流したのち，水温をはかった。

〔実験1〕の①では，水温は15.0℃，〔実験1〕の③では，水温は24.8℃であった。

〔実験2〕 ① **図2**のように，〔実験1〕で用いたものと同じ発泡ポリスチレンのコップと電熱線を2つずつ用意し，2つの電熱線を直列につなぎ，電熱線と室温の水50gをそれぞれのコップに入れ，水温をはかった。

② 電源装置の電圧計が6.0Vを示すようにして，水をゆっくりかき混ぜながら，4分間電流を流したのち，水温をはかった。

図2

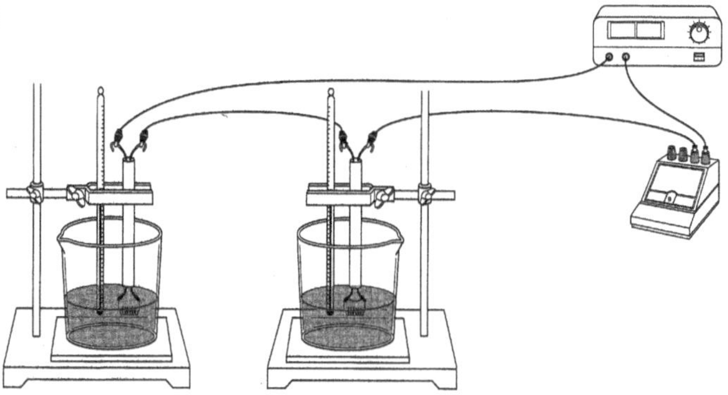

次の⑴から⑷までの問いに答えなさい。

⑴ この電熱線の抵抗は何Ωか。最も適当なものを，次の**ア**から**エ**までの中から選んで，そのかな符号を書きなさい。

ア 2.0Ω　**イ** 3.0Ω　**ウ** 6.0Ω　**エ** 9.0Ω

⑵ 〔実験1〕において，この電熱線から4分間に発生する熱量は何Jか。最も適当なものを，次の**ア**から**エ**までの中から選んで，そのかな符号を書きなさい。

ア 72J　**イ** 108J　**ウ** 324J　**エ** 4320J

⑶ 物質1gの温度を1℃上昇させるのに必要な熱量を比熱（単位J/(g・℃)）という。水の比熱について考察した次の文章中の（Ⅰ），（Ⅱ）にあてはまる値と語の組み合わせとして最も適当なものを，下の**ア**から**ク**までの中から選んで，そのかな符号を書きなさい。

> この実験結果から水の比熱を求めると（ Ⅰ ）となる。実験では，電熱線から発生する熱量の全てが水の温度を上げるのに使われるのではなく，一部が発泡ポリスチレンのコップや空気などに移ってしまうため，本当の比熱の値より（ Ⅱ ）値となる。

ア Ⅰ 4.1J/(g・℃)，　Ⅱ 小さい
イ Ⅰ 4.1J/(g・℃)，　Ⅱ 大きい
ウ Ⅰ 4.2J/(g・℃)，　Ⅱ 小さい
エ Ⅰ 4.2J/(g・℃)，　Ⅱ 大きい
オ Ⅰ 4.3J/(g・℃)，　Ⅱ 小さい
カ Ⅰ 4.3J/(g・℃)，　Ⅱ 大きい
キ Ⅰ 4.4J/(g・℃)，　Ⅱ 小さい
ク Ⅰ 4.4J/(g・℃)，　Ⅱ 大きい

⑷　〔実験２〕の①と②で求められる水温の上昇は何℃と予想されるか。最も適当なものを，次の**ア**から**エ**までの中から選んで，そのかな符号を書きなさい。

ア　約2.5℃　　**イ**　約5.0℃　　**ウ**　約10.0℃　　**エ**　約20.0℃

5　気団には，冷たい空気からなる寒気団と温かい空気からなる暖気団がある。この性質の異なる気団が接する境の面を前線面といい，前線面と地表面が交わるところを前線という。

図１は，２種類の前線を模式的に表したものである。

図１

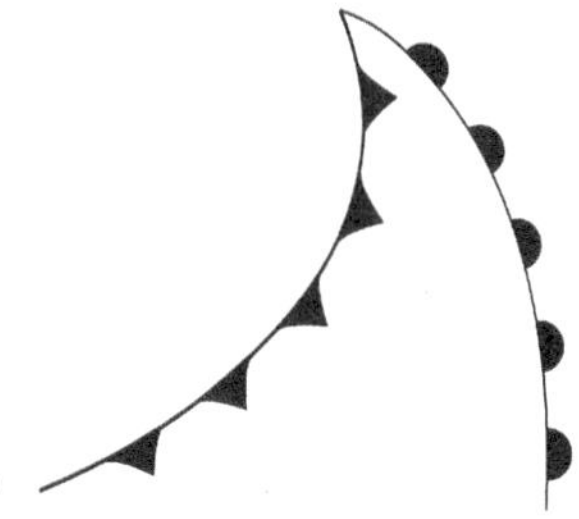
前線Ｐ　　前線Ｑ

次の⑴から⑷までの問いに答えなさい。

⑴　前線Ｐと前線Ｑの名称の組み合わせとして，最も適当なものを，次の表の**ア**から**カ**までの中から選んで，そのかな符号を書きなさい。

	前線Ｐ	前線Ｑ
ア	温暖前線	停滞前線
イ	温暖前線	へいそく前線
ウ	温暖前線	寒冷前線
エ	寒冷前線	停滞前線
オ	寒冷前線	へいそく前線
カ	寒冷前線	温暖前線

⑵　次の文章中の（①）と（②）に，それぞれにあてはまる語の組み合わせとして最も適当なものを，下の**ア**から**カ**までの中から選んで，そのかな符号を書きなさい。

> 前線Ｐは，寒気が暖気を持ち上げることで，（　①　）が発生し，局所的に強い雨が降る。また，前線Ｐが通過すると，風向きは（　②　）。そして，気温が下がる。

ア　①乱層雲，　②変化しない

イ　①乱層雲，　②北よりから，東または南よりへ変化する

ウ　①乱層雲，　②南よりから，西または北よりへ変化する

エ　①積乱雲，　②変化しない

オ　①積乱雲，　②北よりから，東または南よりへ変化する

カ　①積乱雲，　②南よりから，西または北よりへ変化する

⑶　次のページの**図２**のＡ，Ｂ，Ｃは，2018年３月９日から３月11日までの午前９時の天気図を示したものである。Ａ，Ｂ，Ｃの天気図を日付の早い順に記号で書きなさい。なお，天気図中のＬは低気圧を，Ｈは高気圧を表している。

⑷　次のページの**図２**のＡ，Ｂ，Ｃの中で，日本で最も広範囲に雨が降っていることを表している天気図はどれか。最も適当なものを選んで，その記号を書きなさい。

図２

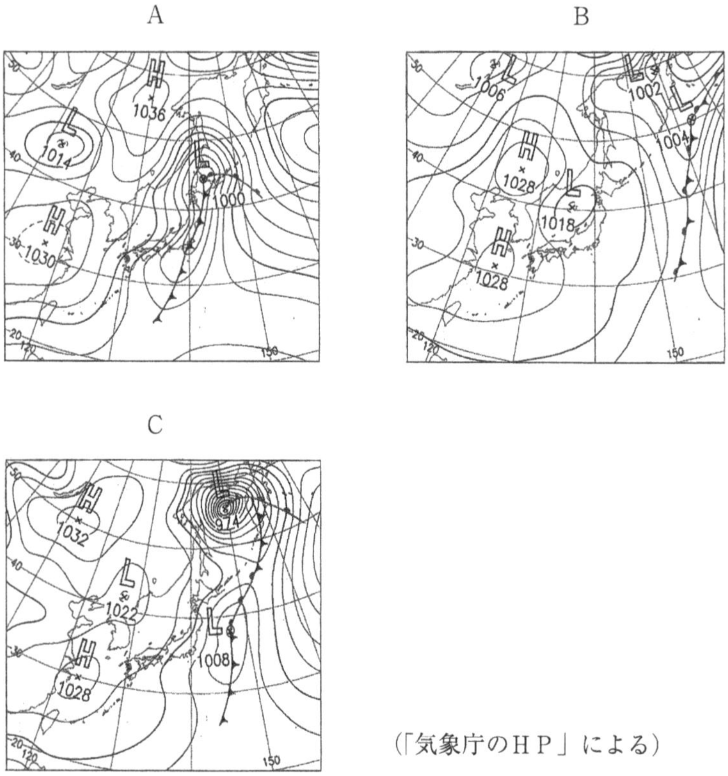

（「気象庁のＨＰ」による）

6　次の⑴，⑵の問いに答えなさい。

⑴　**図**のように，船が岸壁に向かって一定の速さ7.5m／ｓで近づいている。この船が岸壁の手前700mの位置で，岸壁に向かって汽笛を鳴らしたら，反射音が4.0秒後に聞こえた。音の速さは何m／ｓか，小数第１位まで求めなさい。

図

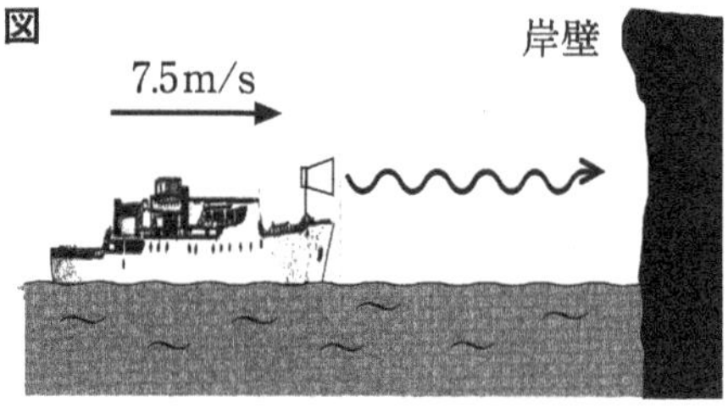

⑵　**表**は，日本のある地点で発生した地震について，震源からの距離，Ｐ波やＳ波が到着した時刻を，それぞれ，Ａ，Ｂ，Ｃの３つの地点でまとめたものである。また，Ａ地点における初期微動継続時間は15秒であった。

表中のⅠからⅢにあてはまる距離や時刻の組み合わせとして，最も適当なものを，次のページの**ア**から**ク**までの中から選んで，そのかな符号を書きなさい。

表

	震源からの距離	Ｐ波が到着した時刻	Ｓ波が到着した時刻
Ａ地点	140km	Ⅰ	５時32分55秒
Ｂ地点	Ⅱ	５時32分56秒	５時33分23秒
Ｃ地点	392km	５時33分16秒	Ⅲ

ア　Ⅰ　5時32分40秒，　Ⅱ　266km，　Ⅲ　5時33分51秒
イ　Ⅰ　5時32分40秒，　Ⅱ　266km，　Ⅲ　5時33分58秒
ウ　Ⅰ　5時32分40秒，　Ⅱ　252km，　Ⅲ　5時33分51秒
エ　Ⅰ　5時32分40秒，　Ⅱ　252km，　Ⅲ　5時33分58秒
オ　Ⅰ　5時32分36秒，　Ⅱ　266km，　Ⅲ　5時33分51秒
カ　Ⅰ　5時32分36秒，　Ⅱ　266km，　Ⅲ　5時33分58秒
キ　Ⅰ　5時32分36秒，　Ⅱ　252km，　Ⅲ　5時33分51秒
ク　Ⅰ　5時32分36秒，　Ⅱ　252km，　Ⅲ　5時33分58秒

【社　会】（45分）　＜満点：22点＞

1　次のA，B，Cの絵は，それぞれの時代の戦いを示したものであり，下の①，②，③の文は，それぞれA，B，Cに関して説明したものである。あとの⑴から⑶までの問いに答えなさい。

A

B

C

①	Aで描かれた戦いでは，異国からの襲来に御家人たちは，勇んで戦い，苦労しながらも，これを退けた。
②	Bで描かれた戦いでは，織田信長《おだのぶなが》は，鉄砲のほか，木で組んだ柵や堀を利用して，戦いを有利に進めた。
③	Cで描かれた戦いでは，西郷《さいごう》軍は，次第に政府軍に追い詰められ，鹿児島の城山に立てこもって戦った西郷は，ここで自害した。

⑴　①の文で説明された時代の武士について述べた文として最も適当なものを，次の**ア**から**エ**までの中から選んで，そのかな符号を書きなさい。

ア　名字，帯刀などの特権を持ち，忠義を重んじる道徳意識を持つようになった。

イ　板ぶきの簡素な屋敷である館に住み，笠懸や流鏑馬などの武芸の訓練に励んだ。

ウ　農民たちと浄土真宗（一向宗）の信仰で結び付き，各地で一向一揆を起こした。

エ　地位や武力を利用して土地の開発を進め，領地を皇族や貴族，寺社などに寄進した。

⑵　次の文は，②の文中の織田信長について述べたものである。文中の（　）にあてはまる最も適当なことばを，漢字3字で書きなさい。

織田信長は，1582年に，家臣の明智光秀《あけちみつひで》にそむかれて，京都の（　　　）で自害した。

⑶　③の文で説明された時代の文化について述べた文として最も適当なものを，次の**ア**から**エ**までの中から選んで，そのかな符号を書きなさい。

ア　樋口一葉《ひぐちいちよう》，与謝野晶子《よさのあきこ》などの女性の文学者が活躍した。

イ　杉田玄白《すぎたげんぱく》らは，ヨーロッパの解剖書を翻訳した「解体新書」を出版した。

ウ　芥川龍之介《あくたがわりゅうのすけ》は，知性的な短編小説で人々に新鮮な印象をあたえた。

エ　川端康成《かわばたやすなり》や大江健三郎《おおえけんざぶろう》は，すぐれた純文学の作品を発表した。

2　次の表中のA，B，C，Dの文は，生徒が17世紀以降の日本と外国との関係について発表したときの資料の一部である。あとの⑴から⑷までの問いに答えなさい。

A	ルソンやシャムの日本町（日本人町）が栄える。
B	欧米に岩倉使節団が派遣される。
C	アメリカやイギリスとともにシベリアに出兵する。
D	満州国に日本からの移民が進められる。

⑴　次の資料は，表中のAの時期に作成された文書と，その内容であり，下の文章は，表中のAの文中の下線部の日本町について述べたものである。文章中の（X），（Y）にあてはまることばの組み合わせとして最も適当なものを，あとのアからエまでの中から選んで，そのかな符号を書きなさい。なお，文章中の2か所の（Y）には，同じことばがあてはまる。

資料

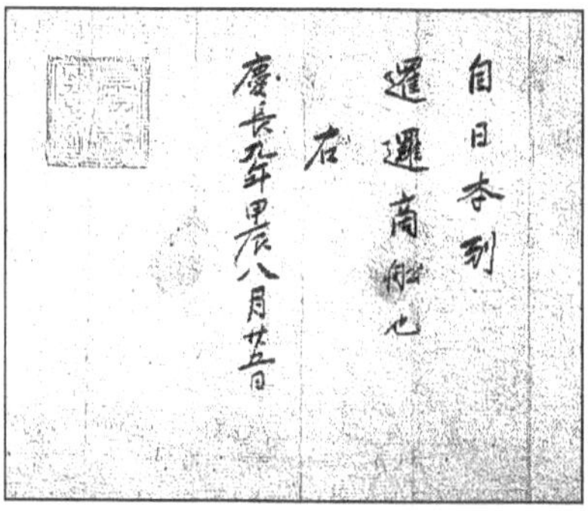
（文書）

（内容）
日本より
シャムに到る商船なり
右
慶長九年八月二十五日

> 徳川家康《とくがわいえやす》は，貿易の発展に努め，資料のような文書を発行した。この文書を持った船による（　X　）貿易が行われると，多くの日本人が（　Y　）へ移住し，（　Y　）の各地に日本町ができた。

ア　X　勘合，　Y　東南アジア　　**イ**　X　勘合，　Y　西ヨーロッパ
ウ　X　朱印船，　Y　東南アジア　　**エ**　X　朱印船，　Y　西ヨーロッパ

⑵　次の文章は，生徒が表中のBの時期の日本の領土の確定についてまとめたメモの一部である。文章中の □ にあてはまることばを，「設置」，「廃止」，「琉球藩」の三つの語を用いて，10字以上15字以下で書きなさい。

> 日本政府は，日本と清の両方に属する関係を結んでいた琉球王国を琉球藩としたのち，軍隊の力を背景に，琉球の人々の反対をおさえ，□ しました。このことは，琉球処分とよばれています。この処分によって琉球は，日本領に編入されました。

⑶　表中のCの時期とほぼ同じ時期の日本と朝鮮（韓国）との関係について述べた文として最も適当なものを，次のアからエまでの中から選んで，そのかな符号を書きなさい。

ア　日本は，韓国の外交権をうばって保護国にし，韓国統監府を置いた。
イ　日本は，日韓基本条約を結び，韓国政府を朝鮮半島の唯一の政府として承認した。
ウ　朝鮮と日本の国交が回復し，朝鮮は，朝鮮通信使を日本に派遣した。
エ　朝鮮では，三・一独立運動が起こったが，朝鮮総督府は，武力で鎮圧した。

⑷　表中のDの時期以降の日本と外国との関係について述べた文として最も適当なものを，次のアからエまでの中から選んで，そのかな符号を書きなさい。

ア　近衛文麿《このえふみまろ》内閣は，ドイツ，イタリアと日本との間に　日独伊三国同盟を結んだ。
イ　ポルトガルの商人やスペインの商人と日本との間で，南蛮貿易が行われた。
ウ　小村寿太郎《こむらじゅたろう》外相が，アメリカと条約を結び，関税の自主権が完全に回復した。
エ　ロシアやドイツ，フランスからの三国干渉を受け入れ，遼東半島を清に返還した。

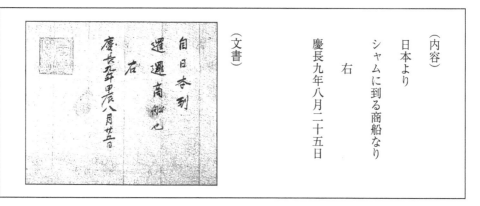

3 次のⅠの表は，近畿地方の7府県のコンビニエンスストア販売額等を示したものであり，Ⅱの地形図は，滋賀県彦根市の一部を示したものである。あとの⑴から⑶までの問いに答えなさい。

なお，Ⅰの表中のA，B，C，Dは，京都府，奈良県，兵庫県，三重県のいずれかである。

Ⅰ　7府県のコンビニエンスストア販売額，農業産出額，製造品出荷額等，海面漁獲量，人口密度

府県名	コンビニエンスストア販売額（億円）	農業産出額（億円）	製造品出荷額等（十億円）	海面漁獲量（百ｔ）	人口密度（人/km²）
A	1 171	740	5 449	101	543
B	830	1 107	9 895	1 704	309
C	390	436	1 819	－	368
D	2 217	1 690	15 105	559	653
滋賀県	610	636	7 297	－	347
大阪府	3 452	353	15 820	183	4 530
和歌山県	396	1 116	2 613	222	205

（注）表中の「－」は，まったくないことを示している。（「統計要覧　2019年版」による）

Ⅱ　滋賀県彦根市の地形図（縮尺2万5千分の1）（※編集の都合で，80％に縮小してあります。）

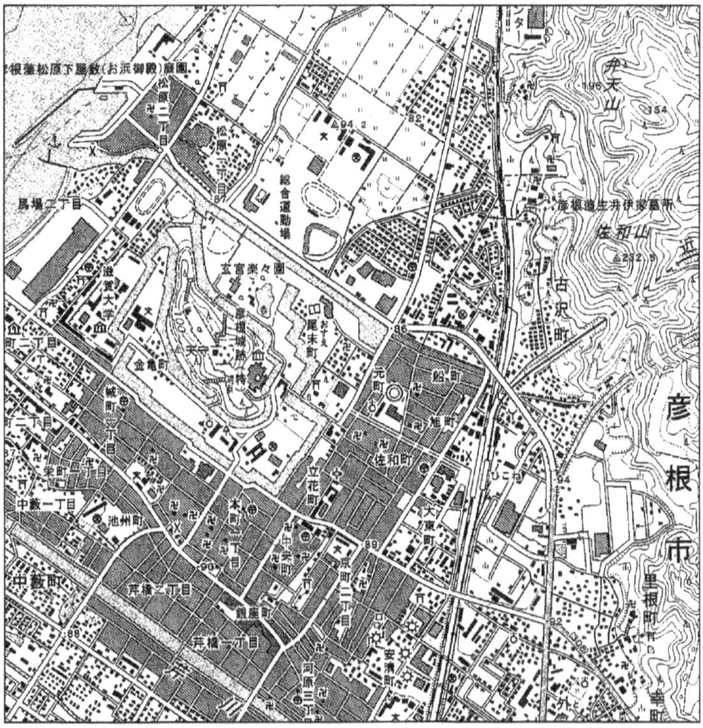

ものさし

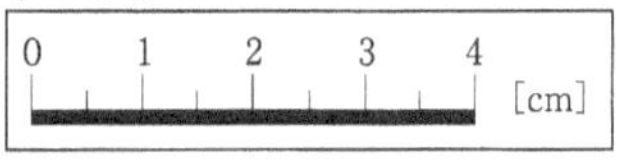

⑴　次のページの略地図は，Ⅰの表中の4府県について，人口密度を，〈例〉に従って図示したものである。残りの3府県の人口密度についても，〈例〉に従って略地図中に図示しなさい。

なお，該当する府県に属する島には，図示しなくてもよい。

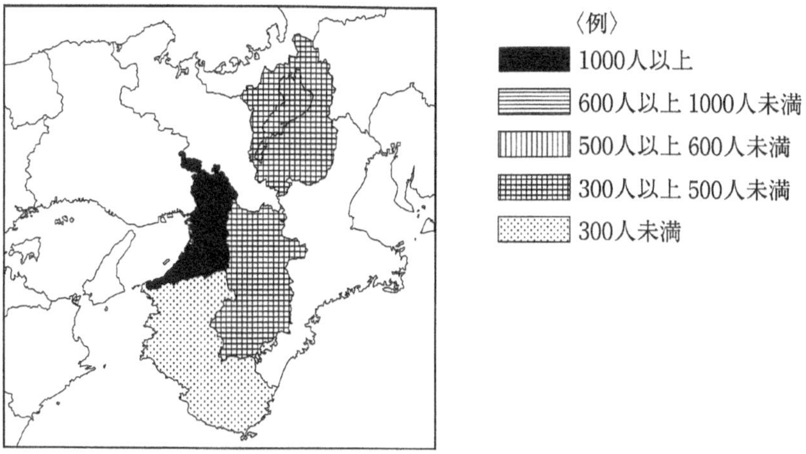

⑵　前のページのＩの表中のＡについて述べた文として最も適当なものを，次のアからエまでの中から選んで，そのかな符号を書きなさい。

ア　東大寺や唐招提寺などの文化財は，歴史的価値が評価され，世界遺産に登録されている。

イ　この府県に位置する志摩半島には，海岸線が複雑に入り組んだリアス海岸がみられる。

ウ　近郊農業が盛んで，賀茂《かも》なすや九条ねぎは，高い価格で取り引きされている。

エ　この府県に位置するポートアイランドでは，マンションや商業施設が整備されている。

⑶　Ⅱの地形図から読み取ることができる内容について述べた文として最も適当なものを，次のアからエまでの中から選んで，そのかな符号を書きなさい。

ア　彦根城跡には，図書館が二つと博物館が一つ隣接している。

イ　「ひこね」駅からみて総合運動場は，ほぼ北東の方角に位置している。

ウ　佐和山からそのふもとの古沢町にかけては，桑畑が広がっている。

エ　市役所から１km以内に裁判所と税務署がある。

4　次のＩの表は，アジアの４国の人口密度等を示したものであり，Ｘ，Ｙは，Ｉの表中のＡ，Ｂ，Ｃ，Ｄのうちの２国でみられる世界遺産の写真と説明文である。あとの⑴，⑵の問いに答えなさい。

なお，Ｉの表中のＡ，Ｂ，Ｃ，Ｄは，インド，カンボジア，サウジアラビア，モンゴルのいずれかである。

Ｉ　アジアの４国の人口密度，国民総所得，米の生産量，自動車保有台数，観光客数

国　名	人口密度 （人/km^2）	国民総所得 （億ドル）	米の生産量 （万ｔ）	自動車 保有台数 （万台）	観光客数 （万人）
A	89.7	179	983	19	501
B	2.0	109	－	11	40
C	15.2	7 012	－	713	1 805
D	411.9	22 123	15 876	4 604	1 457

（注）表中の「－」は，まったくないことを示している。

（「データブック オブ・ザ・ワールド 2019」などによる）

X

説明文

国の北西部に位置しており，最初は，ヒンドゥー教寺院として建設されたが改修され，現在は，仏教寺院となっている。

Y

説明文

国の北部に位置しており，1632年から1653年にかけて建設されたお墓である。美しい外観からイスラーム建築の代表とされる。

⑴　次の略地図中の●に位置するa，b，c，dは，Ⅰの表中のA，B，C，Dのいずれかの国の首都を示している。X，Yの世界遺産がある国の首都と，略地図中のa，b，c，dの組み合わせとして適当なものを，下の**ア**から**ク**までの中からそれぞれ選んで，そのかな符号を書きなさい。

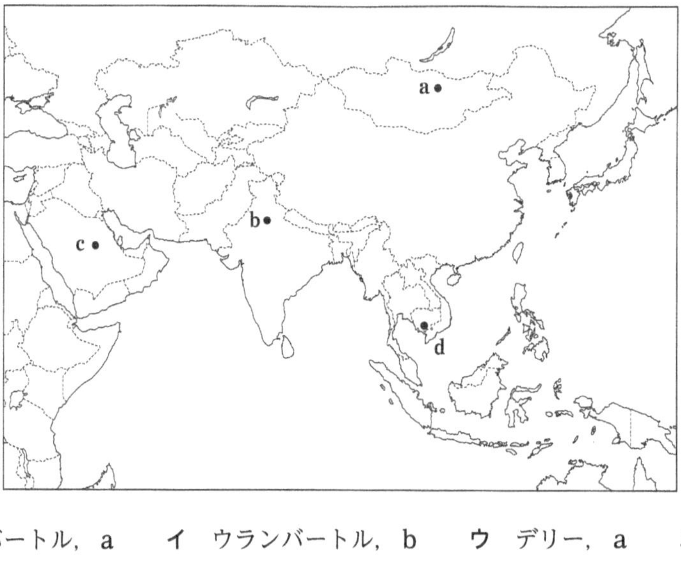

ア　ウランバートル，a　**イ**　ウランバートル，b　**ウ**　デリー，a　**エ**　デリー，b
オ　プノンペン，c　**カ**　プノンペン，d　**キ**　リヤド，c　**ク**　リヤド，d

⑵　次のページの写真は，前のページのⅠの表中のA，B，C，Dのいずれかの国でみられる伝統的な住居である。写真の住居がみられる国の首都の月別平均気温と月別降水量を示したグラフを，下の**ア**から**エ**の中から選び，そのかな符号を書きなさい。

なお，**ア**から**エ**は，インド，カンボジア，サウジアラビア，モンゴルの首都のいずれかのものである。

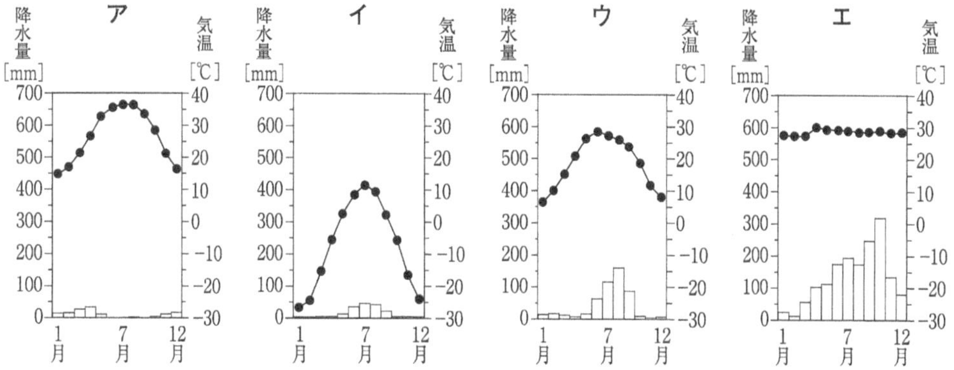

（「データブック オブ・ザ・ワールド 2019」などによる）

5 次の表は，2019年６月に実施された「国民生活に関する世論調査」の中の「政府に対する要望」という設問に対して回答（複数回答）された上位７項目と，その割合を示したものである。あとの(1)から(4)までの問いに答えなさい。

項　　目	割合(％)
医療・年金等の社会保障の整備	66.7
①景気対策	52.5
②高齢社会対策	50.7
③雇用・労働問題への対応	37.1
少子化対策	36.1
物価対策	34.6
④税制改革	32.2

（「内閣府　政府に対する要望」をもとに作成）

(1) ①景気対策として，不景気時に行われる財政政策について述べた文として最も適当なものを，次の**ア**から**エ**までの中から選んで，そのかな符号を書きなさい。

ア　減税を行い，公共事業への支出を増やす。

イ　増税を行い，公共事業への支出を増やす。

ウ　減税を行い，公共事業への支出を減らす。

エ　増税を行い，公共事業への支出を減らす。

(2)　次の文は，②高齢社会対策に関連して述べたものである。文中の（　）にあてはまる最も適当なことばを，漢字４字で書きなさい。

40歳以上のすべての人は，2000年に導入された（　　　）に加入し，寝たきりなどにより日常生活で支援が必要となった場合，自宅や施設でサービスを受けることができる。

(3)　③雇用・労働問題に関して，次の表は，2013年および2018年の労働力人口・雇用者・完全失業者，非正規職員の推移を示したものである。表について述べた文として最も適当なものを，下の**ア**から**エ**までの中から選んで，そのかな符号を書きなさい。

年	合計	労働力人口（万人）	雇用者（万人）	完全失業者（万人）	非正規職員（万人）
2013年	男女	6 577	5 553	265	1 906
	男	3 773	3 147	162	610
	女	2 804	2 406	103	1 296
2018年	男女	6 831	5 936	166	2 120
	男	3 817	3 266	99	669
	女	3 014	2 670	67	1 451

（「総務省　労働力調査」をもとに作成）

ア　2018年の労働力人口は，2013年に比べて男女ともに減少している。

イ　2018年の労働力人口と雇用者の差は，2013年に比べて男女とも増加している。

ウ　2013年の労働力人口に対する完全失業者の割合は，男女ともに５％未満である。

エ　2018年の雇用者に対する非正規職員の割合は，男女とも50％を超えている。

(4)　④税制について述べた文として最も適当なものを，次の**ア**から**エ**までの中から選んで，そのかな符号を書きなさい。

ア　消費税は，所得の少ない人ほど所得にしめる税負担は，小さくなる。

イ　酒税や関税は，納税者と担税者が一致しない間接税である。

ウ　相続税などの国税は，直接税であるが，市町村民税などの地方税は，間接税である。

エ　所得税には，所得が少ない人ほど税率が高くなる累進課税制度がとられている。

6　次のページの表は，第25回参議院議員通常選挙（2019年７月）における６都道府県の選挙当日の有権者数，投票者数，棄権者数を示したものであり，下の文章は，生徒が表について話し合ったときの会話の一部である。あとの(1)から(3)までの問いに答えなさい。

なお，表中のA，B，Cは，愛知県，鳥取県，山形県のいずれかである。

都道府県名	選挙当日の有権者数(人)	投票者数(人)	棄権者数(人)
東京都	11 396 789	5 900 049	5 496 740
A	6 119 143	2 948 450	3 170 693
北海道	4 569 237	2 456 307	2 112 930
京都府	2 126 435	987 180	1 139 255
B	925 158	561 961	363 197
C	474 342	237 076	237 266

(総務省ホームページをもとに作成)

aさん： 最近の選挙では，棄権者数の増加も問題になっているね。
bさん： 今回の選挙でも愛知県や京都府は，棄権者数の方が多くなってしまったようだね。
aさん： 「選挙に行っても何も変わらない」という無力感などが指摘されているからね。
bさん： ①選挙制度が複雑でわからないから，関心を持たない人もいるのかなぁ。
aさん： それでも山形県は，都道府県別でみても最も高い投票率だったようで，関心の高さを感じるね。
bさん： この棄権者数と一票の格差については，大きな課題だね。
aさん： 東京都と鳥取県のように明らかに有権者数が違う地域の調整も難しいだろうけれど，②直接請求権や条例の制定などの地方自治にもつながるので，選挙制度改革の議論が進んで欲しいね。

(1) 表中のA，B，Cにあてはまる県名の組み合わせとして最も適当なものを，次の**ア**から**カ**までの中から選んで，そのかな符号を書きなさい。

ア A 愛知県， B 鳥取県， C 山形県　　**イ** A 愛知県， B 山形県， C 鳥取県
ウ A 鳥取県， B 愛知県， C 山形県　　**エ** A 鳥取県， B 山形県， C 愛知県
オ A 山形県， B 愛知県， C 鳥取県　　**カ** A 山形県， B 鳥取県， C 愛知県

(2) 次の文は，①選挙制度に関して述べたものである。文中の（ ）にあてはまる最も適当なことばを，漢字4字で書きなさい。

日本の選挙制度には，一つの選挙区で一人の代表を選ぶ小選挙区制，二人以上を得票の多い順に選ぶ大選挙区制，得票に応じて各政党の議席数を決める（　　　）制などがある。

(3) ②直接請求権について述べた文として最も適当なものを，次の**ア**から**エ**までの中から選んで，そのかな符号を書きなさい。

ア 監査請求を求める場合，有権者の3分の1以上の署名が必要であり，請求先は，選挙管理委員会である。

イ 議会の解散請求を求める場合，有権者の3分の1以上の署名が必要であり，請求先は，首長である。

ウ 解職請求を求める場合，有権者の50分の1以上の署名が必要であり，請求先は，選挙管理委員会である。

エ 条例の制定・改廃を求める場合，有権者の50分の1以上の署名が必要であり，請求先は，首長である。

㈠ ①いみじき の現代語訳として最も適当なものを、次の**ア**から**エ**までの中から選んで、そのかな符号を書きなさい。

ア 霊験がある　**イ** 希少である　**ウ** 効用がある

エ 高価である

㈡ ②かく戦ひし給ふ の「かく」の内容として最も適当なものを、次の**ア**から**エ**までの中から選んで、そのかな符号を書きなさい。

ア 四方から取り囲んで

イ 大根のために夢中で

ウ 命を惜しまず勇敢に

エ 財産を朝夕守るために

㈢ ［③］にあてはまる最も適当なことばを、古文の中からそのまま抜き出して、三字で書きなさい。

㈣ ④かかる徳 の説明として最も適当なものを、次の**ア**から**エ**までの中から選んで、そのかな符号を書きなさい。

ア 農作物を大切にして健康になったこと

イ 危険が迫ったところを助けられたこと

ウ 心穏やかに生活することができたこと

エ 人々の貧しい生活が豊かになったこと

野元さんに（　A　）だったと言われ、自分も（　B　）と思っていたことを思い出し、強く母親を懐《なつ》かしむ思いがあふれだした。

㈢ ③闇が音も飲みこんでしまった　とあるが、この部分に用いられている表現技法は何か。最も適当なものを、次の**ア**から**エ**までの中から選んで、そのかな符号を書きなさい。

ア　反復法　**イ**　擬態法　**ウ**　擬人法　**エ**　倒置法

㈣ ④目が冴《さ》えてきた　とあるが、この場面での「目が冴える」の表す意味として最も適当なものを、次の**ア**から**エ**までの中から選んで、そのかな符号を書きなさい。

ア　見守ってその番をすること　**イ**　ぼんやりと眺めていること

ウ　目を開けて見つめること　**エ**　見え方がはっきりすること

㈤ ⑤暗いところに足を突っこむみたいな気持ちになった　とあるが、これはどのような気持ちか。最も適当なものを、次の**ア**から**エ**までの中から選んで、そのかな符号を書きなさい。

ア　闇の世界に入り、好奇心で冒険するような気持ち

イ　気分が晴れず、疲れて動きたくないような気持ち

ウ　未知の世界に飛び込み、確かめたいような気持ち

エ　動く自由を奪われて、苦しくなったような気持ち

㈥ ⑥この家で暮らしていた圭に、わたしは一度も電話をしなかった　とあるが、その理由として、最も適当なものを、次の**ア**から**エ**までの中から選んで、そのかな符号を書きなさい。

ア　「圭」は自分とは遠い存在になっていて、心が通じないと感じたから。

イ　「圭」と会っていないので、電話では話が通じないはずだと思ったから。

ウ　「圭」と自分とは以前から性格が合わず、苦手な「弟」であったから。

エ　「圭」は母親にしか心を開かず、私には冷たいはずだと思ったから。

四　次の古文を読んで、あとの㈠から㈣までの問いに答えなさい。（本文の左側は現代語訳です。）

筑紫《つくし》《九州》に、なにがしの押領使《地方の治安を守る役人》などいふやうなるもののありけるが、土大根を万《よろづ》に①いみじき薬とて、朝ごとに二つづつ焼きて食ひける事、年久しくなりぬ。或時《あるとき》、館《たち》の内に人なかりける隙《ひま》をはかりて《ねらって》、敵《かたき》襲ひ来たりて囲み攻めけるに、館のうちに兵《つはもの》二人出で来て、命を惜しまず戦ひて、皆追ひかへしてげり《追い返してしまった》。いと不思議に覚えて、「日比《ひごろ》ここにものし給ふ《住む》と も見ぬ人々の、②かく《このように》戦ひし給ふは、いかなる人ぞ」と問ひければ、「年来《としごろ》《長年》頼みて、朝な朝な召《め》しつる［　③　］らにさぶらふ」といひて失《う》せにけり《消えうせてしまった》。

深く信をいたしぬれば、④かかる徳もありけるにこそ。

（『徒然草』による）

まったお母さんの鼻に顔を近づけて、お母さんが息をしているかどうか、何度も確かめた。お母さんをぜったい守ろう、とあのときわたしは心に決めたのだ。なのに、わたしは守れなかった。

（中略）

[2] 目がさめると、部屋は暗かった。隣の部屋もしずまっていた。おばあちゃんも眠ったのだ。圭の寝息がきこえる。

家は夜にすっぽりと包まれていた。

目をあけていると、闇が戸の隙間《すきま》からじわじわとにじむように部屋に入りこんでいるような気がした。何の音もしなかった。③闇が音も飲みこんでしまったような気がした。

④目が冴《さ》えてきた。

野元さんがお母さんについて話したことは、わたしの知らないことだった。そうだったのか、お母さんて、そういう人だったのか、と思おうとすると、⑤暗いところに足を突っこむみたいな気持ちになった。お母さんは、わたしの知らない長い長い時間を生きて、だれにも話さなかったたくさんのことを胸にしまったまま亡くなったんだということが、すうっと体に染《し》みるようにわかった。

わたしはまばたきをした。空中に何かが漂《ただよ》っているような気がした。部屋の大きさが寝るまえよりも広がっているような気がした。部屋の一部が溶けてあいまいになっているような気がしたけれど、そっちには目をむけないようにした。隣の部屋で寝ているのが、おばあちゃんではなくてお母さんだったらいいのに、と思った。

（中略）

わたしは目を開いた。

それから寝ている圭を見た。圭は上向いて寝ていた。くちびるを少しあけて、規則正しい呼吸をしていた。

お母さんが亡くなったあと、⑥この家で暮らしていた圭に、わたしは一度も電話をしなかった。それまでも電話で圭と話したことはなかったから、気軽に電話できなかった、というのもあるけれど、わたしは、圭はどこか高い木の上に登っている気がしていた。おーい、と下から呼んでも声が届かないくらいに高い木のてっぺんにいて、どこか遠くの空のほうを見ているような気がしていた。下にいるわたしには気づかずに、雲をながめているような気がしていた。わたしのそばでもなく、お母さんのそばでもない場所に圭はいて、わたしからは見えないものを見ているような、そんな気がしていた。

（岩瀬成子《いわせじょうこ》『地図を広げて』による）

（注）　○デンタルクリニック＝歯科医院。

㈠ ①野元さんはあらたまった声で言った　とあるが、なぜ、彼女は「あらたまった声」で言う必要があったのか。その理由として最も適当なものを、次の**ア**から**エ**までの中から選んで、そのかな符号を書きなさい。

ア　「鈴」の反応が弱かったので、もっと注意を引きたかったから。

イ　母親の人柄について、一番大切なことを伝えようとしたから。

ウ　母親の思い出について、たくさんあることを強調したいから。

エ　昔のことに熱中しすぎて、思わず感情的になってしまったから。

㈡ ②急に胸の中から何かがあふれそうになった　とある。次の文は、ここでの「鈴」の心情を説明したものである。

（A）、（B）にあてはまることばを本文中のことばを用いてそれぞれ十字以内で書きなさい。

三　次の文章を読んで、あとの㈠から㈥までの問いに答えなさい。

（本文にいたるまでのあらすじと説明）

　中学入学前の春、四年前に両親が別れ、父親と二人暮らしをしている13歳の女の子「吹《ふき》井《い》鈴《すず》」のもとに、母親が倒れた　という知らせが届く。母はそのまま亡くなってしまい、母親のもとにいた弟の「圭《けい》」が、「鈴」たちと一緒に暮らすことになった。なお、文章[1]は母の友人である野元《のもと》さんの家の場面、文章[2]は母の実家に泊まる場面である。

[1]　野元さんは、わざわざやってきた亡くなった友人の娘に、自分が知っていることを伝えようとしているのかもしれなかった。

「窮屈《きゅうくつ》ですか？」

「どう言えばいいのかしら。純粋な人だったんだと思うわ、わたしとちがって。あの人にはね、ちょっとほかの人にはない感じの純粋さがあったっていうか。それで、わたしともときどきけんかになって、よくわたしがしかられてた。高校生のときの話よ。ずっと昔の話」

　野元さんは、お母さんのいいところをほめてくれようとしているんだなと思った。わたしはうなずいた。

「百代《ももよ》さんと」と言いかけて、野元さんはふふっと思いだしたように笑った。「試験勉強はまったくしないでおこうって約束したことがあったの。その結果、二人ともさんざんな成績だったんだけど、それでも、百代さんのほうが成績は良かったのよ。あの人、授業中の先生の話をぜんぶ頭に入れてたんじゃないかな。あー、でもどうだろう。家でこっそり勉強もしていたのかなあ。いやあ、そんな感じじゃなかったな、やっぱり。勉強するなんてかっこ悪いって思うようなところが、百代さんにはあったから」

　野元さんはふふっと、また口の中で笑った。

（中略）

　野元さんに、お母さんはわたしのことを何か言っていませんでしたか、ときいてみたい、と思った。

「野良猫《のらねこ》の餌《えさ》やりもね、じつは百代さんがはじめたことなのよ。デンタルクリニックの人が気づいて、百代さんが来るのを待ち受けてもんくを言ったこともあったらしいわ。迷惑だからやめてほしいって。たぶんあのあたりの自治会からも注意を受けていたんじゃないかな。野良猫には餌をやるなって。でも、百代さんはやめなかった。だからわたしが引きついでいるの。やめないの」

　野元さんはかすかに笑った。

　お母さんと猫のことで何か思いだせることはないかと考えてみたけれど、猫とお母さんが結びつく場面は浮かんでこなかった。

「猫だって、だれかが守ってやらなきゃって、あの人」

　はい。わたしはうなずいた。お母さんについて、知らないことばかりが増えていくようだった。

「鈴ちゃん」と、①野元さんはあらたまった声で言った。

　思わず野元さんを見た。

「鈴ちゃんのお母さんってすてきな人だったのよ」

　どきん、と胸が鳴った。②急に胸の中から何かがあふれそうになった。

　わたしはお母さんを守りたいと思っていたんじゃなかったっけ、と思った。お母さんが高い熱が出て寝こんだとき。わたしは、眠ってし

エ　言葉の力は、それを発した人間と完全には切り離せない。

(六)　自分と向き合う時間をつくる読書に対して、筆者は、テレビをどのようなものと考えているか。テレビについて述べているAとBの二つの形式段落の内容を要約して、七十五字以上八十五字以下で書きなさい。ただし、「テレビは、」という書き出しで書き、「テレビの時間」、「読書の時間」、「なぜなら」という三つのことばを使い、二つの文で書くこと。三つのことばは、どのような順序で使ってもよろしい。

（注意）　句読点も一字に数えて、一字分のマスを使うこと。

(七)　次のアからオの文は、この文章を読んだ五人の生徒の感想である。本文の内容と合致するものを、一つ選んで、そのかな符号を書きなさい。

ア　読書は、目の前にはいないが、著者との対話であるため、人は過度のプレッシャーを感じるんだね。

イ　人は、インターネットを活用して、情報をうまく処理することによって、人間性を高めることができるようになるんだ。

ウ　読書するときは、つらくても最後まで読まないと、達成感や想像力を培うことができないことが分かったわ。

エ　人は、一人の著者の著作を読むよりも、さまざまな分野の著者の作品を読むことによって人として成長していくのね。

オ　人は、読書によって、今はもういない人や外国の人など、時と場所が離れた人と出会うことができるようになるのね。

※下の枠は、(六)の下書きに使ってもよい。ただし、解答は必ず解答用紙に書くこと。

テレビは、

75　85

二　次の(一)、(二)の問いに答えなさい。

(一)　次の①、②の文中の傍線部について、漢字はその読みをひらがなで書き、カタカナは漢字で書きなさい。

①　講演会で示唆に富む話を聞いた。

②　三月になり、寒気がユルんできた。

(二)　次の③の文中の傍線部と同じ漢字を用いるものを、あとのアからエまでの中から一つ選んで、そのかな符号を書きなさい。

③　優勝賞金をカクトクする。

ア　海で魚をホカクする。

イ　稲のシュウカクの時期になった。

ウ　新しい行事をキカクする。

エ　列のカンカクをあける。

ビは、自分の外側の問題に興味を喚起させる力はあるが、自分自身と向き合う時間はつくりにくい媒体だ。

B テレビの時間はテレビをつくる側が管理している。どのようなテンポでどんな情報を組み合わせれば視聴者が退屈しないのかを計算しながら時間の流れをつくっている。読書の場合は、読書の速度を決めるのは、主に読者の方だ。途中で休んでもいいし、速いスピードで読みつづけてもいい。読書の時間は、読者の側がコントロールしているのである。

本のおもしろさは、一人の著者がまとまった考えを述べているにもかかわらず、言葉がその著者の身体からは一度切り離されているところにある。たとえば吉田兼好の『徒然草』を読む。兼好の身体はとうにこの世にはない。しかし、言葉は残っている。兼好の見事な論理と表現は、何百年の時を超えて、感情のひだをも伝えるようにこちらの胸に迫ってくる。

外国の著者の場合は、いっそうその感が強い。私はゲーテが好きで、ゲーテを自分のおじさんのようにも感じている。しかし、ゲーテと私とは時も場所も離れた関係にある。こちらから積極的に本を読まなければ、向こうからは来てはくれない。訪ねていって話を聴く。そうしたゲーテの家の「門を叩く」という構えがなければ、出会いは起きない。

時と場所が離れた人間と出会うということは、ふだんのコミュニケーションとは違う楽しい緊張感を味わわせてくれる。

（齋藤孝《さいとうたかし》『読書力』による）

（注）○シェイクスピア＝イギリスの劇作家。
○ゲーテ＝ドイツの詩人・小説家・劇作家。

㈠ 〔①〕にあてはまる最も適当なことばを、次の**ア**から**エ**までの中から選んで、そのかな符号を書きなさい。

ア つまり　**イ** だから
ウ しかし　**エ** そして

㈡ 〔②〕には、「欠くことができないこと」という意味のことばが入る。その意味のことばを漢字三字で書きなさい。

㈢ ③人間の総合的な成長は、優れた人間との対話を通じて育まれる　とあるが、その理由が書いてある一文を文章中から三十字以内で抜き出し、その最初の七字を書きなさい。

（注意）句読点も一字に数えて、一字分のマスを使うこと。

㈣ 〔④〕にはたとえの内容が入る。最も適当なものを、次の**ア**から**エ**までの中から選んで、そのかな符号を書きなさい。

ア 曇った日の山登りのように、山頂にたどり着いたが、素晴らしい景色が見えなかったという気持ち
イ タマネギの皮を剥《む》くように、いくら剥いていっても何もなかったという気持ち
ウ 積み上げていた砂山が途中で崩れてしまったという気持ち
エ 自分の宝物を、ごみと一緒にうっかり捨ててしまったという気持ち

㈤ 〔⑤〕に入る最も適当な一文を、次の**ア**から**エ**までの中から選んで、そのかな符号を書きなさい。

ア 言葉の力は、それを発した人間から完全に独立している。
イ 言葉の力は、それを発した人間とは完全に無関係である。
ウ 言葉の力は、それを発した人間を完全には肯定しない。

【国　語】（四五分）〈満点：二二点〉

一　次の文章を読んで、あとの㈠から㈦までの問いに答えなさい。

一人の静かな時間は人を育てる。

　人と楽しくコミュニケーションする中でももちろん人間性は養われるが、一人きりになって静かに自分と向き合う時間も、自己形成には必要だ。音楽を聴きながらボーっと一人でいる時間も楽しい。

〔　①　〕、読書は、一定の精神の緊張を伴う。この適度の緊張感が充実感を生む。読書は、一人のようで一人ではない。本を書いている人との二人の時間である。著者は目の前にいるわけではないので、必要以上のプレッシャーはない。しかし、深く静かに語りかけてくる。優れた人の選び抜かれた言葉を、自分ひとりで味わう時間。この時間に育つものは、計り知れない。読書好きの人はこの一人で読書する時間の豊かさを知っている。

　インターネットの隆盛に伴って、すべてを情報として見る見方がいっそう進むであろう。素早く自分に必要な情報を切り取り、総合する力は、これからの社会に〔　②　〕な力である。しかし何かに使うために断片的な情報を処理し総合するというだけでは、人間性は十分に培われ得ない。

　③人間の総合的な成長は、優れた人間との対話を通じて育まれる。身の回りに優れた人がいるとは限らない。しかし、本ならば、現在生きていない人でも、優れた人との話を聞くことができる。優れた人との出会いが、向上心を刺激し、人間性を高める。

　読書力さえあれば、あらゆる分野の優れた人の話を落ち着いて聞くことができる。実際に面と向かって話を聞く場合よりも、集中力が必要だ。言葉の理解がすべてになるので、緊張感を保たなければ読書は続けられない。自分から積極的に意味を理解しようとする姿勢がなければ、読書にはならない。読書の習慣は、人に対して積極的に向かう構えを培うものだ。

　「自分は本当に何がしたいのか」、「自分は向上しているのか」といった問いを自分自身に向けるのは、時に辛いことだ。自分自身が何者であるかを内側に向かって追求していくだけでは、自己を培うことは難しい。〔　④　〕に襲われることもある。読書の場合は、優れた相手との出会いがあり、細かな思考内容までが自分の内側に入ってくる。

　自分自身の内側だけを見つめているのではとうてい見えてこない世界に開かれるのが、読書のおもしろさだ。〔　⑤　〕情報だけではさしたる影響力を持たない場合でも、その言葉が誰か知っている人の言葉であれば、別の生きた意味を持ってくる。何でもない言葉でもシェイクスピアのセリフだと聞けば、とたんにすごみを増してくる。

　誰のものともわからない言葉よりも、本という形で著者がまとまった考えを述べてくれている言葉の方が、深く心に入ってきやすい。一人の著者の考え方に慣れて、次々に同じ著者の著作を読むのも、ある時期の読書としては効果的だ。そのことで読書が人との対話の時間になりうるのだということを知ることになる。

［A］　一日のうちで、自分と向き合う時間が何もないという過ごし方もできる。テレビを見ている時間が、典型的にそれだ。テレビの娯楽番組を見ていれば、自分に向き合う必要もないし、テレビはそのような隙《すき》も与えない。自分と向き合うことを主題としたテレビ番組は多くない。テレ

2020年度

解　答　と　解　説

《2020年度の配点は解答欄に掲載してあります。》

＜数学解答＞

1　(1)　10　　(2)　$-\frac{8}{3}$　　(3)　0

(4)　$x=-3,\ 6$　　(5)　A　144cm　　B　56cm

(6)　$a=\frac{1}{4}$　　(7)　$12\pi\,\mathrm{cm}^3$　　(8)　$\frac{2}{5}$

(9)　66度

2　(1)　14　　(2)　Ⅰ　カ　　Ⅱ　ク　　Ⅲ　ケ

a　2つの角　　(3)　$y=\frac{2}{3}x+8$　　(4)　①　右図

②　4秒後と8秒後

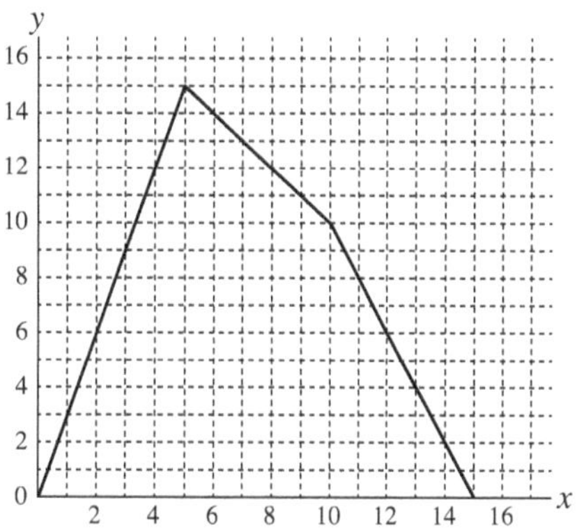

3　(1)　33度　　(2)　①　$45\mathrm{cm}^2$　　②　3cm

(3)　①　$\frac{15}{2}$cm　　②　$18\mathrm{cm}^2$

○配点○

1　各1点×9((4)・(5)各完答)　　2　(3)・(4)①　各2点×2　　他　各1点×3((2)・(4)②各完答)

3　(3)②　2点　　他　各1点×4　　計22点

＜数学解説＞

1　(数・式の計算，平方根，二次方程式，方程式の応用，一次関数，関数$y=ax^2$，円錐の体積，確率，角度)

(1)　$4-3\times(-2)=4-(-6)=4+6=10$

(2)　$-\frac{3}{2}\div\left(-\frac{3}{4}\right)^2=-\frac{3}{2}\div\frac{9}{16}=-\frac{3}{2}\times\frac{16}{9}=-\frac{8}{3}$

(3)　$\sqrt{12}+\sqrt{3}-\sqrt{27}=2\sqrt{3}+\sqrt{3}-3\sqrt{3}=0$

(4)　$(x+9)(x-2)=10x$　　$x^2+7x-18=10x$　　$x^2-3x-18=0$　　$(x+3)(x-6)=0$　　$x=-3,\ 6$

(5)　Aの長さを$x$cmとすると，Bの長さは$(200-x)$cmと表される。Aの長さは，Bの長さの3倍より24cm短くなったから，$x=(200-x)\times3-24$　　$x=144$(cm)　　また，Bの長さは，$200-x=200-144=56$(cm)

(6)　関数$y=\frac{2}{3}x+\frac{8}{3}$は右上がりの直線で，$x$の値が増加するとき$y$の値も増加するから，$y$の最小値は$x=-4$のとき，$y=\frac{2}{3}\times(-4)+\frac{8}{3}=0$　　yの最大値は$x=2$のとき，$y=\frac{2}{3}\times2+\frac{8}{3}=4$　　よって，yの変域は$0\leqq y\leqq4$…①　　関数$y=ax^2$がxの変域に0を含むときのyの変域は，$a>0$なら，$x=0$で最小値$y=0$，xの変域の両端の値のうち，絶対値の大きい方のxの値でyの値は最大になる。また，$a<0$なら，$x=0$で最大値$y=0$，xの変域の両端の値のうち，絶対値の大きい方のxの値でyの値は最小になる。本問はxの変域に0を含み，yの変域が①に等しいことから，yの最小値が0だから，$a>0$の場合であり，xの変域の両端の値のうち，絶対値の大きい方の$x=-4$で最大値$y=4$

よって，$4=a\times(-4)^2$　　$a=\frac{1}{4}$

(7)　$\frac{1}{3}\times\pi\times3^2\times4=12\pi(\mathrm{cm}^3)$

(8)　A，B，C，D，Eの5人の中から2人の委員をくじをひいて選ぶとき，2人の委員の選び方は(A，B)，(A，C)，(A，D)，(A，E)，(B，C)，(B，D)，(B，E)，(C，D)，(C，E)，(D，E)の10通り。このうち，Aが委員に選ばれるのは～～を付けた4通りだから，求める確率は$\frac{4}{10}=\frac{2}{5}$

(9)　正五角形の内角の和は$180°\times(5-2)=540°$だから，1つの内角の大きさは$\frac{540°}{5}=108°$　　よって，$\angle\mathrm{BCF}=\angle\mathrm{BCD}-\angle\mathrm{FCD}=108°-60°=48°$　　△BCFはBC＝FCの二等辺三角形だから，$\angle\mathrm{FBC}=(180°-\angle\mathrm{BCF})\div2=(180°-48°)\div2=66°$

2 （統計・標本調査，図形の証明，図形と関数・グラフ，関数とグラフ，グラフの作成）

基本　(1)　170cm以上180cm未満の階級の相対度数は，$1.00-(0.05+0.10+0.30+0.35+0.05)=0.15$だから，$6:(\text{ア})=0.15:0.35=3:7$より，$(\text{ア})=6\times\frac{7}{3}=14$(人)

(2)　仮定(△ABCがAB＝ACの二等辺三角形)より，∠EBC＝∠DCB…①　　$\angle\mathrm{DBC}=\frac{1}{2}\angle\mathrm{EBC}$…②　　$\angle\mathrm{ECB}=\frac{1}{2}\angle\mathrm{DCB}$…③　　①，②，③より，∠DBC＝∠ECB　　したがって，∠FBC＝∠FCB　　△FBCにおいて，2つの角が等しいので，△FBCは二等辺三角形である。

重要　(3)　点Bは$y=\frac{1}{3}x^2$上にあるから，そのy座標は，$y=\frac{1}{3}\times6^2=12$　　よって，B(6，12)　　点Aのy座標をtとすると，平行線と線分の比の定理より，(点Aのy座標－点Cのy座標)：(点Bのy座標－点Aのy座標)＝CA：AB＝4：5　　つまり，$(t-0):(12-t)=4:5$　　$5t=4(12-t)$　　これを解いて，$t=\frac{16}{3}$　　点Aは$y=\frac{1}{3}x^2$上にあるから，そのx座標は，$\frac{16}{3}=\frac{1}{3}x^2$　　$x^2=16$　　$x=\pm4$　　$x<0$より，$\mathrm{A}\left(-4,\ \frac{16}{3}\right)$　　直線ABの傾きは，$\left(12-\frac{16}{3}\right)\div\{6-(-4)\}=\frac{20}{3}\div10=\frac{2}{3}$　　直線ABの式を$y=\frac{2}{3}x+b$とおくと，点Bを通るから，$12=\frac{2}{3}\times6+b$　　$b=8$　　よって，直線ABの式は，$y=\frac{2}{3}x+8$

重要　(4)　①　右図1～3の場合に分けて考える。点Jが辺FG上にあるとき(図1)，つまり$0\leqq x\leqq5$のとき，$\mathrm{JG}=1\mathrm{cm}\times x=x(\mathrm{cm})$より，$y=3\times x=3x(\mathrm{cm}^2)$だから，$0\leqq x\leqq5$における$x$と$y$の関係を表すグラフは，2点(0，0)，(5，15)を結んだ線分となる。点Jが辺BC上にあるとき(図2)，つまり$5\leqq x\leqq10$のとき，$\mathrm{ND}=\mathrm{JC}=\mathrm{JG}-\mathrm{FG}=1\mathrm{cm}\times x-5=x-5(\mathrm{cm})$，$\mathrm{IN}=\mathrm{IJ}-\mathrm{AB}=3-2=1(\mathrm{cm})$より，$y=3\times5-1\times(x-5)=-x+20(\mathrm{cm}^2)$だから，$5\leqq x\leqq10$における$x$と$y$の関係を表すグラフは，2点(5，15)，(10，10)を結んだ線分となる。点Kが辺BC上にあるとき

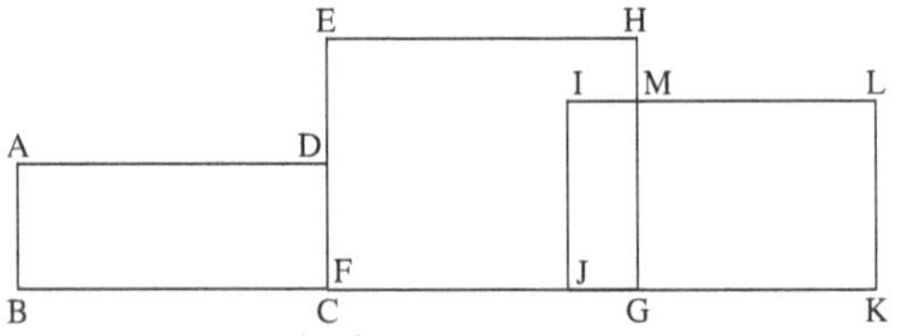

(図1)

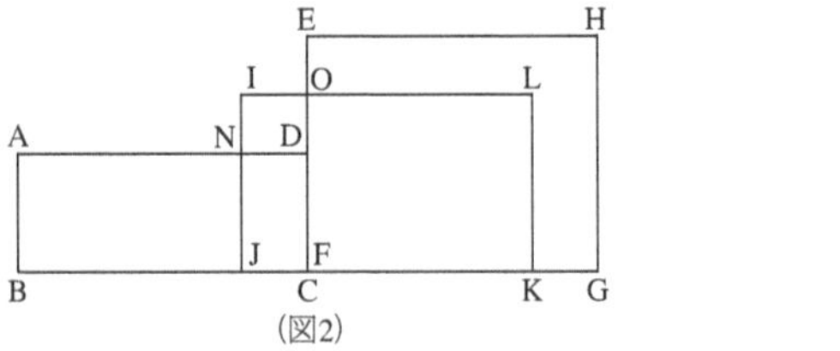

(図2)

(図3), つまり$10 \leqq x \leqq 15$のとき, BK=BC+FG+JK−JG=5+5+5−1×x=15−x(cm)より, $y=2\times(15-x)=-2x+30$(cm²)だから, $10 \leqq x \leqq 15$におけるxとyの関係を表すグラフは, 2点(10, 10), (15, 0)を結んだ線分となる。

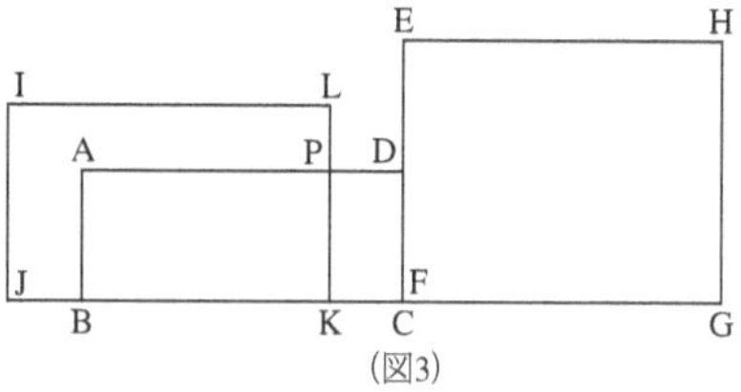

(図3)

② ①のグラフより, 長方形IJKLと他の2つの長方形が重なる部分の面積, つまりyの値が12となるのは, $x=4$と$x=8$のときだから, 4秒後と8秒後である。

3 (角度, 面積, 線分の長さ)

基本 (1) AE//BCで, 平行線の錯角は等しいから, ∠ACB=∠EAC=57°　直径に対する円周角は90°だから, ∠BCD=90°　よって, ∠ACD=∠BCD−∠ACB=90°−57°=33°　弧ADに対する円周角なので, ∠ABD=∠ACD=33°

(2) ① 三角柱ABC−DEFの体積は, $\frac{1}{2}\times6\times8\times10=240$(cm³)　A, P, Q, B, C, Fを頂点とする立体の体積が, もとの三角柱の体積の半分となるということは, 四角錐F−PDEQの体積が, もとの三角柱の体積の半分となるということだから, 四角錐F−PDEQの体積は, 240÷2=120(cm³)　よって, 四角錐F−PDEQの体積は, $\frac{1}{3}\times$(台形PDEQの面積)×EF=120より, 台形PDEQの面積は, $\frac{120\times3}{\mathrm{EF}}=\frac{120\times3}{8}=45$(cm²)

② ①より, 台形PDEQの面積は, $\frac{1}{2}\times$(PD+QE)×DE=45だから, PD+QE=$\frac{45\times2}{\mathrm{DE}}=\frac{45\times2}{6}=$15(cm)　QE=15−(10−2)=7(cm)　よって, BQ=10−7=3(cm)

重要 (3) ① BF:FC=2:1より, BF=BC×$\frac{2}{2+1}=18\times\frac{2}{3}=12$(cm)　線分AFの中点をPとする。△ABFで, 中点連結定理より, EP=$\frac{1}{2}$BF=$\frac{1}{2}\times12=6$(cm)　EP//BF　よって, EP//ADでもあるから, 平行線と線分の比の定理より, AG:GP=AD:EP=18:6=3:1　AG=AP×$\frac{3}{3+1}=\frac{1}{2}$AF×$\frac{3}{4}=\frac{1}{2}\times20\times\frac{3}{4}=\frac{15}{2}$(cm)

やや難 ② EP//ADで, 平行線と線分の比の定理より, DG:GE=AD:EP=18:6=3:1　同様, EP//FCで, EH:HC=EP:FC=EP:(BC−BF)=6:(18−12)=6:6=1:1　△CGEと△CDEで, 高さが等しい三角形の面積比は, 底辺の長さの比に等しいから, △CGE:△CDE=GE:DE=1:(3+1)=1:4　よって, △CGE=$\frac{1}{4}$△CDE　△GEHと△CGEで, 同様に△GEH:△CGE=EH:EC=1:(1+1)=1:2　よって, △GEH=$\frac{1}{2}$△CGE=$\frac{1}{2}\times\frac{1}{4}$△CDE=$\frac{1}{2}\times\frac{1}{4}\times\frac{1}{2}$×CD×AD=$\frac{1}{2}\times\frac{1}{4}\times\frac{1}{2}\times16\times18=18$(cm²)

★ワンポイントアドバイス★

2(4)①は, 長方形IJKLの位置によって場合分けして考えてみよう。3(3)①は, 点Eを通り辺BCに平行な直線を引いて, 平行線と線分の比を使うことを考えてみよう。

＜英語解答＞

1　第1問　1番　a　誤　b　正　c　誤　d　誤
　　　　　2番　a　誤　b　正　c　誤　d　誤
　　　　　3番　a　誤　b　誤　c　誤　d　正
　　第2問　問1　a　誤　b　誤　c　正　d　誤
　　　　　問2　a　誤　b　誤　c　正　d　誤

2　(In this picture, a boy is) riding a bike while using (a smartphone.)
(I will tell him to stop using his smartphone because) he may hit a car(.)

3　(順に)　① is, like　② looking, forward　③ How, about

4　(1)　telling　(2)　ア　(3)　(because there) are no other workers who are talking to them(.)　(4)　エ　(5)　ウ，エ

5　(1)　b　イ　d　ア　(2)　ア　where　イ　popular　(3)　ウ
(4)　X　how　Y　Walking

○配点○
1　各1点×5(各完答)　2　2点　3　各1点×3(各完答)　4　(5)　2点(完答)
他　各1点×4　5　各1点×6((1)完答)　計22点

＜英語解説＞

1　リスニング問題解説省略。

2　(英作文問題)

(前半)「この絵では，男の子がスマートフォンを＿＿＿＿＿＿＿＿。」にあてはまる内容にする。絵によると，男の子はスマートフォンを見ながら自転車に乗っている。よって，「乗っている」を現在進行形で表し，「～しながら」を〈while using ～〉という表現を使って表すとよい。

(後半)「＿＿＿＿＿＿＿＿なので，私は彼にスマートフォンを使うのを止めるように言おうと思う。」にあてはまる内容にする。例えば「車にぶつかるかもしれない」という内容が考えられ，「～かもしれない」という意味を表すmayやcanを使って表すとよい。

3　(会話文問題：語句補充)

(全訳)　恵美：トム，あなたが日本に来てから1年ですね。ここでの生活についてどう思いますか。
トム：去年は大変でしたが，今はここにいることをよく楽しんでいます。
恵美：そう聞いてうれしいです。岡崎公園での花火大会について聞きましたか。
トム：いいえ，聞いていません。①それはどのようですか。イギリスにはそんな催し物はありません。
恵美：ああ，そうですか。花火は夜空でとても美しいので，毎年多くの人がそこを訪れて，花火を見るのを楽しみます。
トム：なるほど。②これまでに見たことがないので，それが楽しみです。
恵美：③その日に岡崎公園に行くのはどうですか。大きな音とともにそれらを見ることができます。
トム：それはいい考えです。8月の花火大会の日が待ち遠しいです。

① 〈like ～〉は「～のような(に)」という意味を表す。
② 〈look forward to ～〉で「～を楽しみにする」という意味を表す。
③ 〈how about ～ ing〉は「～するのはどうですか」という意味を表す。

4 （長文読解問題・説明文：語句補充，語句整序，内容吟味）

（全訳） あなたは午前中に混雑した電車に乗ったことがありますか。日本の列車は世界中で有名です。日本では混雑した電車を避ける方法を外国人に(A)伝えるウェブサイトを訪れることもできます。しかし，これらのことは将来変わるかもしれません。

以前は，日本人は，より多くのお金を稼ぐために長時間働く事が大切だと考えていました。しかし，今，多くの人々は，彼らが幸せになりたいときに，オフィスでそんなに長く働くのは良いことだとは思いません。また，日本政府は，日本の人々は，より良い生活を送るために新しい働き方が必要だと考えています。実際，一部の仕事では，労働者はもはや仕事に行くために電車に乗る必要はありません。代わりに，コンピュータを使用して①自宅やオフィスの外で作業することができます。これは「テレワーク」と呼ばれています。

日本の一部の企業は，すでにテレワークを開始しています。場合によっては，労働者は週に2日自宅で働きます。他のケースでは，テレワークがより頻繁に行われます。新聞は，多くの労働者が自宅で働くのが好きだと報じています。なぜ彼らはそれが好きなのでしょうか。

テレワークには多くの良い点があります。例えば，仕事をしてオフィスに行かなければ，家族と過ごす時間が増え，家庭で赤ちゃんや高齢の両親の世話をすることができます。そして，テレワークをする人は，電車を使ったり，昼食を買ったりしないとき，お金を使う必要がありません。自宅で働くことのもう一つの良い点は，②彼らと話をする他の労働者がいないので，彼らはより速く働くことができるということです。

実際には，テレワークにもいくつかの問題があります。仕事をやめる時を決めないと，テレワークをする人は長く働くことが多いので，仕事の生活から個人的な生活を切り離すことができない人もいます。そして，時には彼らは他の労働者と多くの時間を共有しないので，彼らは幸せではありません。

多くの人にとって，仕事は彼らの生活の中で重要です。しかし，あなたがあまりにも多くの仕事をすると，あなたは問題を抱えるかもしれません。自分の個人的な生活や仕事の生活について考える必要があります。自分に良い働き方を選ぶことも大切です。たぶん，日本人はいつか混雑した朝の電車をあきらめるでしょう。

(1) 外国人に「伝える」という意味になるので，tell を使う。直前の websites を修飾するので，現在分詞の形にする。

(2) 「テレワーク」について説明しているので，アが当てはまる。イ「仕事からの休暇をとる」，ウ「何か面白くて役に立つものをつくる」，エ「インターネット上の情報を得る」

(3) 主格の関係代名詞の who 以下が workers を修飾している。

(4) 第5段落の最後の文の内容に合うので，エ「他の労働者と共に過ごす時間が必要だと感じるテレワークをする人もいる。」が答え。ア「テレワークをする人の年配の両親は家で彼らの仕事を手伝うことができる。」，イ「テレワークをする人はよく家族といっしょに家の外でランチを楽しむ。」，ウ「いつ仕事をやめるかを決めることはテレワークをする人にとって大切なことではない。」

重要 (5) ア 「過去においては，日本人は働き方について様々に異なる種類の考えを持っていた。」 第2段落の第1文の内容に合わないので，誤り。 イ 「日本の政府は人々に，以前より長く熱心に働いてほしいと思っている。」 第2段落の第3文の内容に合わないので，誤り。 ウ 「あるテレワークをする人たちは週に数日はオフィスに行かねばならない。」 第3段落の第2文の内容に合うので，正しい。 エ 「テレワークをする人たちは個人の生活と仕事上の生活を分ければ，より幸せになるだろう。」 第6段落の内容に合うので，正しい。 オ 「多くの人々にとって，働くことは生活において他の何よりも大切だ。」 文中に書かれていない内容なので，誤り。 カ 「すべての日本人は朝の混雑した電車に乗るのが好きだ。」 文中に書かれていない内容なので，誤り。

5 （会話文問題：語句補充，内容吟味）

（全訳） スーミ：健，あなたは留学について考えていますか。

健　　：【a】はい，考えています。ぼくは中学生のときから外国で勉強したいと思っています。ぼくは英語を自然に話したいです。

スーミ：(ア)どこに行くか決めましたか。

健　　：アメリカ合衆国で勉強することを計画しています。

スーミ：【b】本当ですか。私が読んでいるこの本を見てください。その本には，留学したすべての日本人のうち50パーセント以上が英語圏に行ったと(A)書いてあります。

健　　：なぜ多くの人が英語圏に行くのですか。

スーミ：私の意見では，彼らは英語を上達させようとしているのです。

健　　：【c】ぼくもそう思います。

スーミ：健，日本にいる外国人の生徒たちがどこから来るか知っていますか。

健　　：【d】いいえ，知りません。それについて教えてください。

スーミ：ええと，日本にいる外国人の生徒のほぼ70パーセントは中国，韓国そしてベトナムから来ます。②日本で学ぶことがなぜアジア人たちにそれほど(イ)人気があるか知っていますか。

健　　：はい，知っています。彼らは農業や工業技術などを学べるからです。また，彼らの文化は私たちのものと多くの点で共通しています。

スーミ：その通りです。

健　　：ところで，明日学校で，ぼくたちは，日本人がどのようにして健康を保つかについて話さなければなりません。

スーミ：【e】人々はどのようにしているのですか。

健　　：日本では，多くの人たちが犬を飼っています。彼らは犬といっしょに毎日歩かねばなりません。これが健康を保つのに役立っています。彼らはまた犬と一緒に遊ぶためにボールを投げることもできます。

スーミ：わあ，私はそれを知りませんでした。言いかえれば，犬を飼うことによって，あなたたちは容易に健康を保てるのですね。

健　　：その通りです。

基本 (1) 全訳参照。

(2) （ア） 健が行くところについて尋ねている。 （イ） 外国人の生徒が多く来ることから考える。

(3) 本に「～と書いている」という意味を表すときには，動詞の say を使う。

(4) （全訳） こんにちは，ママ。／今日，私は健と留学について話しました。／健はアメリカ合衆国に行くことを考えています。／私はまた，健康を保つ(X)方法について彼と話しました。／日本人は犬を愛しています。／犬と一緒に(Y)歩くのは健康を保つ良い方法です。／彼らはまた犬と一緒に遊ぶためにボールを投げることもできます。／すぐに会いたいです。／愛をこめて，／スーミ

★ワンポイントアドバイス★

3③には〈how about ～ ing〉が使われている。これは相手を勧誘する言い方で，助動詞を用いて〈shall we ～〉でも表現できることを覚えておこう。この文を書き換えると Shall we go to Okazaki Park? となる。

＜理科解答＞

1 (1) エ　(2) オ

2 (1) ウ　(2) 石灰水　(3) カ　(4) エ
(5) 白くにごる。

3 (1) $NaOH \rightarrow Na^{+} + OH^{-}$　(2) ア，カ　(3) 右図
(4) エ

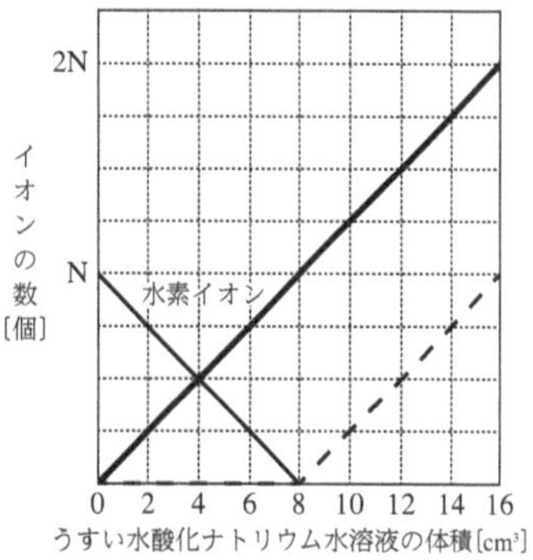

4 (1) ア　(2) エ　(3) ク　(4) イ

5 (1) カ　(2) カ　(3) A→C→B　(4) A

6 (1) 342.5m/s　(2) エ

○配点○

1 各1点×2　2 各1点×5　3 (3) 2点　他 各1点×3　4 各1点×4
5 各1点×4　6 各1点×2　計22点

＜理科解説＞

1 (小問集合―動物の分類，水溶液の区別)

(1) 子孫の残し方が胎生のCがホニュウ類である。体温の保ち方がほぼ一定な恒温動物なのは，ホニュウ類と鳥類なので，Eが鳥類である。残るA，B，Dのうち，えら呼吸のDが魚類，途中で呼吸の方法が変わるBが両生類，肺呼吸のAがハチュウ類である。

重要 (2) 実験1で電流が流れたAとBは，水に溶けてイオンになる電解質の水溶液であり，食塩か炭酸水素ナトリウムである。AとBのうち，実験2で塩酸を加えて気体が発生したAは炭酸水素ナトリウムであり，発生した気体は二酸化炭素である。よって，Bが食塩である。実験3でEのヨウ素液の色が変わったのはデンプンがあったためであり，それは片栗粉である。実験4でDにベネジクト液を加えて加熱したときに赤褐色の沈殿ができたのはブドウ糖だからである。

2 (植物のはたらき―呼吸と光合成の実験)

重要 (1) はく息の中には二酸化炭素が含まれている。二酸化炭素は呼吸によって発生し，光合成によって使われる。

(2) 二酸化炭素があるかどうかを調べるには，石灰水を使えばよい。二酸化炭素が石灰水に混ざると白くにごる。

(3) 実験の結果で，Aに石灰水を入れても白くにごらなかった。これは，Aのタンポポの葉に光が当たって光合成をおこない，二酸化炭素が使われたためである。

(4) 試験管Aと試験管Cを比べると，二酸化炭素がなくなったのがタンポポの葉の働きのためだと確認できる。このような試験管Cを対照実験という。

(5) 枯れて茶色になった葉では，光合成をおこなわないので，二酸化炭素が減らない。そのため，試験管に石灰水を入れて振ると，石灰水は白くにごる。

3 （酸・アルカリ・中和―中和反応）

(1)　水酸化ナトリウムNaOHは，水に溶けると，ナトリウムイオンNa^+と水酸化物イオンOH^-に分かれる。このようにイオンに分かれることを電離という。

(2)　水酸化ナトリウムNaOHが，塩酸に含まれる塩化水素HClと反応すると，塩化ナトリウムNaClと水H_2Oができる。これは，アルカリと酸から，塩と水ができる中和反応である。

重要 (3)　ビーカーに最初は塩酸が入っていて，あとから水酸化ナトリウム水溶液を加えていくので，ナトリウムイオンNa^+も水酸化物イオンOH^-も，ビーカー中の最初の数は0である。水酸化物イオンOH^-は，塩酸に含まれる水素イオンH^+と結びついて水H_2Oになる。そのため，水酸化物イオンOH^-の数は，中和が終わるまで0のままであり，水素イオンがなくなってから増え始める。一方，ナトリウムイオンNa^+は，水中では塩化物イオンCl^-と結びつかずイオンのままである。そのため，ナトリウムイオンNa^+の数は，最初から増えていく。

(4)　問題文の実験では，塩酸10cm^{3}とちょうど中和する水酸化ナトリウム水溶液は8cm^{3}であり，体積比は10：8である。問いで，水酸化ナトリウム水溶液を100cm^{3}にしたとき，ちょうど中和する塩酸の体積は，10：8＝x：100より，x＝125cm^{3}となる。

4 （電力と熱―比熱の測定）

(1)　電熱線に6.0Vの電圧を加えたときの電力が18Wである。電力は電流と電圧の積なので，流れる電流は$\frac{18W}{6.0V}$＝3.0(A)である。よって，抵抗は$\frac{6.0V}{3.0A}$＝2.0(Ω)である。

(2)　4分間は，4×60＝240(秒)である。その発熱量は，6.0V×3.0A×240秒＝4320(J)，あるいは，18W×240秒＝4320(J)となる。

やや難 (3)　比熱，つまり，水1gの温度を1℃上げるのに必要な熱量をx(J)とする。実験1では，100gの水の温度が15.0℃から24.8℃まで上がっているので，24.8－15.0＝9.8(℃)上昇したことになる。よって，水の温度上昇につかわれた熱量は，100g×9.8℃×x＝980x(J)となる。これが(2)で求めた4320Jと等しいと考えると，980x＝4320より，x＝4.408…で，約4.4J/(g･℃)となる。しかし，実際には4320Jの熱の一部が水に与えられず，他に逃げることもあるため，本当のxの値はもっと小さいはずである。求めた4.4という値は，本当の値よりもやや大きい。ちなみに，本当の水の比熱は約4.2J/(g･℃)である。

やや難 (4)　実験2では，(1)で求めた2.0Ωの電熱線を2つ直列にしたので，全体の抵抗は4.0Ωとなっていて，流れる電流は$\frac{6.0V}{4.0Ω}$＝1.5(A)である。電熱線1つにかかる電圧は，6.0Vの半分で3.0V，あるいは，1.5A×2.0Ω＝3.0(V)である。よって，電力は3.0V×1.5A＝4.5(W)となる。これは，実験1の18Wに比べて4分の1である。一方，実験1は水の量が100gだったが，実験2では50gなので，温度は2倍上昇しやすい。(3)で計算したように，実験1では水の温度は9.8℃上昇したが，実験2では，$9.8\times\frac{1}{4}\times2=4.9$(℃)上昇する。

5 （天気の変化―前線と天気）

(1)　前線Pは，寒気が強く，通過すると温度が下がる寒冷前線である。前線Qは，暖気が強く，通過すると温度が上がる寒冷前線である。

重要 (2)　前線Pは寒冷前線であり，寒気が暖気の下にもぐりこんで暖気を押し上げるので，たて方向に積乱雲が発達して，短時間に強い雨が降る。その後，西または北の風となり，気温は急に下がる。

(3)　日本の上空には偏西風が吹いているため，日本付近の多くの高気圧や低気圧は，西から東へと移動する。天気図Aで北海道にある低気圧Lは，Cでは北東(右上)へ移動し，Bではさらに北東へ移動して画面から出て行った

(4) 前線の近くでは雨が多い。日本列島に広く前線がかかっているのは，天気図Aである。

6 (小問集合－音の速さ、地震波の伝わり方)

やや難 (1) 船が汽笛を鳴らしたとき，船から岸壁まで700mであった。しかし，その4.0秒後には船は，7.5×4.0＝30(m)進んでいるので，船から岸壁までは700－30＝670(m)になった。よって，汽笛の音が船から出て岸壁で反射して船まで戻ってくる経路の長さは，700＋670＝1370(m)である。音の速さは，長さを時間で割って，1370÷4.0＝342.5(m/s)となる。

(2) 初期微動継続時間は，P波が到着してからS波が到着するまでの時間である。A地点の初期微動継続時間が15秒間だから，空欄Ⅰに入る時刻は，5時32分55秒の15秒前で，5時32分40秒である。次に，Bの初期微動継続時間は，5時32分56秒から5時33分23秒までの27秒間である。震源からの距離は初期微動継続時間に比例するので，A地点の値と比をつくると，空欄Ⅱに入る距離は，140km：15秒＝x：27秒より，x＝252kmである。最後に，C地点の初期微動継続時間は，140km：15秒＝392km：yより，y＝42秒間である。よって，空欄Ⅲに入る時刻は，5時33分16秒の42秒後で，5時33分58秒である。

★ワンポイントアドバイス★

基本事項については，読んで覚えるだけではなく，必ず問題を解いて練習し，知識と解き方を定着させよう。

＜社会解答＞

1 (1) イ　(2) 本能寺　(3) ア

2 (1) ウ　(2) 琉球藩を廃止し，沖縄県を設置
(3) エ　(4) ア

3 (1) 右図　(2) ウ　(3) エ

4 (1) X カ　Y エ　(2) イ

5 (1) ア　(2) 介護保険　(3) ウ　(4) イ

6 (1) イ　(2) 比例代表　(3) エ

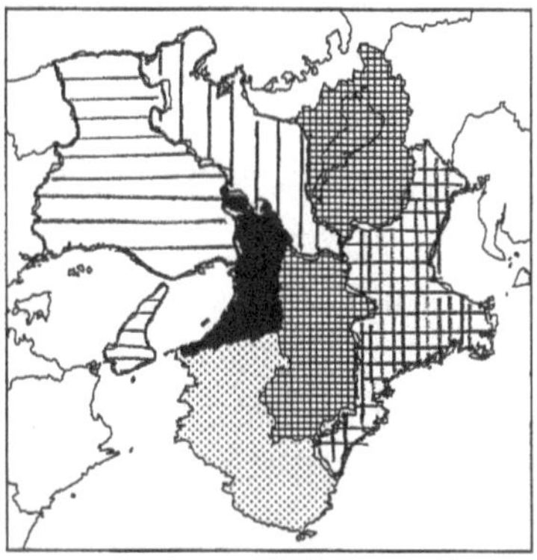

○配点○

1 各1点×3　2 (2) 2点　他 各1点×3

3 (1) 2点　他 各1点×2

4 (1) 2点(完答)　他 1点　5 各1点×4　6 各1点×3　計22点

＜社会解説＞

1 (歴史－日本史の各時代の特色，政治史)

(1) ①は鎌倉時代の武士について書かれている。鎌倉時代の武士の生活は，簡素な屋敷に住み，武芸に励む毎日であった。したがって，イが正解である。

(2) ②は織田信長についての説明であるが，東海・近畿・北陸地方をほぼ統一した信長は，武田氏を滅ぼした後，中国地方の毛利氏を討とうとした。しかし，家臣の明智光秀に攻められ，京都の本能寺で自害した。

(3) ③は西南戦争(1877年)であり，明治時代の出来事である。この時代の近代文学として有名な

作家には，樋口一葉や与謝野晶子がいるので，正解はアとなる。

2 （歴史―日本史と世界史の社会・経済史，各時代の特色，日本史と世界史の関連）

(1) 徳川家康は，近隣の国々との友好的な外交に取り組んだ。それと同時に，貿易による利益を重視し，大名や大商人に海外渡航を許可する朱印状をあたえ，貿易を統制下においた。これを朱印船貿易という。この結果，東南アジア各地に日本人の商人が進出し日本町がつくられた。

(2) 1874年の台湾出兵を機に，琉球藩民が日本の国民であることを清に認めさせ，清から賠償金をとった。政府は，これによって琉球の領有権が認められたものとして，琉球藩が清と直接関係を持つことを禁止した。清はこれに抗議したが，1879年には軍隊を派遣して廃藩置県を行い沖縄県を設置した。

(3) シベリア出兵(1918～1922年)と同時期に三・一独立運動(1919年)が起きている。

(4) 表中Cの満州国への移民が進められたのは昭和初期で日独伊三国同盟(1940年)の時期である。イは戦国時代，ウ，エはいずれも明治時代で誤りである。

3 （地理―日本の諸地域の特色，人口，産業，地形図）

(1) 略地図に図示してあるのは滋賀県，奈良県，和歌山県，大阪府である。残りの3県である京都府，兵庫県，三重県の表中の人口密度を参考に注意深く図示する。

(2) Aは京都府である。賀茂なすや九条ねぎは京都府で生産されるものであるから，正解はウとなる。

(3) 2万5千分の1の地形図上の4cmが実際の1kmにあたる。地形図上中央の市役所から，南西の方角約5000mのところの立花町に税務署が，ほぼ西の方角約7500mのところの玄宮楽々園の中に裁判所がある。

4 （地理―世界の人々の生活と環境，諸地域の特色，気候）

(1) Xはカンボジアにあるアンコールワットの画像である。カンボジアの首都はプノンペンで，dにあたる。Yはインドにあるタージマハールである。インドの首都はデリーで，bにあたる。

(2) この画像は，モンゴルなどにいる遊牧民の伝統的な住居ゲルである。モンゴルは砂漠気候で気温も低いイの雨温図にあたる。

5 （公民―経済生活，日本経済）

(1) 不景気のときには市場の資金量を増やさなければならないので，減税を行い公共事業を増やすなどの政策が必要となる。

(2) 高齢化の進展に対応するため，介護保険制度が導入された。介護保険制度は，40歳以上の人が加入し介護が必要になったときに介護サービスを受けられるという制度である。

(3) 労働力人口に対する完全失業率の割合は，完全失業率÷労働力人口×100で求められる。2013年の男(162÷3773×100＝約4%)，女(103÷2804×100＝約4%)であり，選択肢の中ではウが正解となる。

(4) 消費税は所得には関係なく一律なのでアは誤り，町村民税は直接税なのでウは誤り，累進課税とは所得が多い人ほど税率が高くなるしくみなのでエは誤りとなる。

6 （公民―政治のしくみ）

(1) 選挙当日の有権者数から考えて，3県の中で最も多いAは愛知県，Bは山形県，最も少ないCは鳥取県となる。

(2) 日本では，衆議院議員の選挙は，小選挙区制と全国を11のブロックに分けて行う比例代表制を組み合わせた小選挙区比例代表並立制がとられている。

(3) アは3分の1，イは首長，ウは50分の1，それぞれのところが誤りとなる。

★ワンポイントアドバイス★

1(3)この時代の他の著名な作家には，坪内逍遥，二葉亭四迷，夏目漱石，正岡子規などがいる。5(4)所得税には，所得が多くなればなるほど税率(所得に対する税率)が高くなる累進課税の方法がとられている。

＜国語解答＞

一　(一)　ウ　　(二)　不可欠　　(三)　優れた人との出　　(四)　イ　　(五)　エ
(六)　(例)　テレビは，自分自身と向き合う時間はつくりにくい媒体だ。なぜなら，読書の時間は，読者の側がコントロールしているが，テレビの時間は，テレビをつくる側が管理しているからだ。(83字)　　(七)　オ

二　(一)　①　しさ　　②　緩(んで)　　(二)　③　ア

三　(一)　イ　　(二)　A　お母さんがすてきな人(10字)　　B　お母さんを守りたい(9字)
(三)　ウ　　(四)　エ　　(五)　ウ　　(六)　ア

四　(一)　ウ　　(二)　ウ　　(三)　土大根　　(四)　イ

○配点○
一　(六)　2点　　他　各1点×6　　二～四　各1点×14　　計22点

＜国語解説＞

一　(説明文―大意・要旨，内容吟味，文脈把握，接続語の問題，脱文・脱語補充，表現技法)

(一)　前の「ボーっと一人でいる時間も楽しい」に対して，後で「一定の精神の緊張を伴う」と相反する内容を述べているので，逆接の意味を表すことばがあてはまる。

(二)　設問にある語句の意味からも予想することができる。「ふかけつ」と読む。

(三)　傍線部③の「人間の総合的な成長」や「優れた人間との対話」という語をふまえて，理由が書いてある一文を探す。同じ段落の最終文「優れた人との出会いが，向上心を刺激し，人間性を高める。」が理由に相当する。

(四)　直前の文の「自分自身が何者であるかを内側に向かって追求していくだけでは，自己を培うことは難しい」という様子をたとえる内容が入る。直後の段落に「自分自身の内側だけを見つめているのではとうてい見えてこない世界」とあるように，自分の内側だけを見つめても何も見えてこないことをたとえているものを選ぶ。

(五)　同じ段落の「その言葉が誰か知っている人の言葉であれば，別の生きた意味を持ってくる。何でもない言葉でもシェイクスピアのセリフだと聞けば，とたんにすごみを増してくる」や，直後の段落の「誰のものともわからない言葉よりも，本という形で著者がまとまった考えを述べてくれている言葉の方が，深く心に入ってきやすい」などの説明に着目する。言葉と人は切り離せないと述べているものを選ぶ。

やや難　(六)　一文目は，Ⓐの段落の最終文「テレビは……自分自身と向き合う時間はつくりにくい媒体だ」を中心に要約する。指定語に「なぜなら」とあるので，二文目はテレビが「自分自身と向き合う時間は作りにくい媒体」である理由を述べる。Ⓑ段落の「テレビの時間はテレビをつくる側が管理している」，「読書の時間は，読者の側がコントロールしている」を要約し，理由を示す「～からだ。」で結ぶ。

重要 (七)　「本のおもしろさは」で始まる段落と「外国の著者の場合は」で始まる段落の内容と，オの生徒の感想が合致する。

二　(漢字の読み書き)

(一)　①　それとなく教え知らせること。「唆」の訓読みは「そそのか(す)」。　②　音読みは「カン」で，「緩慢」「緩衝」などの熟語がある。

(二)　③　獲得　ア　捕獲　イ　収穫　ウ　企画　エ　間隔

三　(小説―情景・心情，内容吟味，文脈把握，語句の意味，表現技法)

(一)　「あらたまった声で」という表現から，野元さんが鈴に大切なことを伝えようとしていると想像できる。後の「鈴ちゃんのお母さんってすてきな人だったのよ」という野元さんの言葉は，鈴に鈴の母親の人柄を伝えようとするものである。

(二)　説明した文の内容から，(A)には鈴の母親について野元さんが鈴に言った内容が入る。傍線部②の直前で，野元さんは「鈴ちゃんのお母さんってすてきな人だったのよ」と言っている。ここから(A)にあてはまることばをぬきだす。(B)には母親について鈴が思ったことが入る。傍線部②の直後の文の「わたしはお母さんを守りたいと思っていたんじゃなかったっけ」から，(B)にあてはまる言葉をぬきだす。十字以内とあるので，短くなりすぎないよう意識して八字以上十字以内を目安にする。

基本 (三)　人ではない「闇」を人に見立てて「飲みこんでしまった」と表現している。人以外のものを人にたとえて表現する「擬人法」が用いられている。

やや難 (四)　[2]の文章の冒頭「目がさめると，部屋は暗かった」から，鈴は夜中に目がさめたとわかる。「冴える」は，はっきりと見えるという意味であることから判断する。鈴が夜中に目がさめ，母親について思いをめぐらせている場面である。

重要 (五)　直前の「野元さんがお母さんについて話したことは，わたしの知らないことだった。そうだったのか，お母さんて，そういう人だったのか，と思おうとすると」に続く部分であることから，「暗いところに足を突っこむみたいな気持ち」は，お母さんについて知らなかったことをもっと確かめたいような気持ちを表しているとわかる。

(六)　直後の文以降の「それまでも電話で圭と話したことはなかったから，気軽に電話できなかった，というのもあるけれど，わたしは，圭はどこか高い木の上に登っている気がしていた。おーい，と下から呼んでも声が届かないくらい高い木のてっぺんにいて……わたしからは見えないものを見ているような，そんな気がしていた」という描写から，鈴と圭の関係を考える。その上で，鈴が圭に一度も電話をしなかった理由を読み取る。

四　(古文―指示語の問題，脱文・脱語補充，口語訳)

〈口語訳〉　筑紫に，何とかという名前の押領使などという(役目の)者がいたが，大根を全て(の病)によく効く薬だといって，毎朝二本ずつ焼いて食べることが，長年になっていた。ある時，(押領使の)屋敷の中に家来がいなかったすきをねらって，敵がおそって来て(屋敷を)囲んで攻めた時に，(誰もいないはずの)屋敷の中に武士が二人出て来て，命を惜しまず戦って，(敵を)みな追い返してしまった。(押領使は)とても不思議に思われて，「数日来ここに住んでいらっしゃるとも見えない人々が，このように戦いなさるのは，どのようなお方ですか」と尋ねたところ，「長年(あなたが)頼りにして，毎朝召し上がっていた大根たちでございます」と言って消えうせてしまった。

深く信じていたからこそ，このような功徳もあったのであろう。

(一)　「いみじ」は程度がはなはだしい，という意味を表す。直後の「薬」を修飾していることから，薬としての効果が非常にあるという現代語訳になる。

(二)　直前の「日比ここにものし給ふとも見ぬ人々」は，前の「兵二人」を指す。「兵二人」は，

「敵」が「襲ひ来た」時に「命を惜しまず戦ひて，皆追ひかへしてげり」とある。

(三)　直前の「年来頼みて，朝な朝な召しつる」のは何かを考える。本文の前半「押領使」が「土大根を万にいみじき薬とて，朝ごとに二つづつ焼きて食ひける」に着目する。「兵二人」が，自らの正体を明かす場面である。

重要 (四)　ここでの「徳」は，恩恵の意味で用いられている。「土大根を万にいみじき薬とて」長年頼りにしていたことによって受けた恩恵とはどのようなものであったのかを読み取る。「館の内に人なかりける隙をはかりて，敵襲ひ来たりて囲み攻めけるに，館のうちに兵二人出て来て，命を惜しまず戦ひて，皆追ひかへしてげり」が，「徳」の具体的な内容にあたる。

★ワンポイントアドバイス★

一(六)の要約の問題にどれだけ時間がかけられるかがポイントだ。二つの段落の要約をまとめることが要求されているが，指定語が大きなヒントになっている。ふだんから同様の問題を解いたり，自分で要約をしたりするなどして対策をしておくことが，大きなアドバンテージとなる。

MEMO

大切なことはメモしておこうネ！

2019年度

★★★★★★★★★★★★★★★★★★★★★★★★

入　試　問　題

2019年度

岡崎学園高等学校入試問題

【数　学】（45分）　　＜満点：22点＞

1　次の⑴から⑼までの問いに答えなさい。

⑴　$2+6\div(-2)$ を計算しなさい。

⑵　$\dfrac{2x+3}{3}-\dfrac{x+1}{2}$ を計算しなさい。

⑶　$(\sqrt{3}+1)^2-\dfrac{6}{\sqrt{3}}$ を計算しなさい。

⑷　$(x+1)(x-3)-(x+7)$ を因数分解しなさい。

⑸　方程式 $x^2+2x=1$ を解きなさい。

⑹　ある品物を定価の３割引きで売ると180円の利益がでる。また，定価の４割引きで売ると60円損する。このとき，この品物の定価は何円か，求めなさい。
　ただし，消費税は考えないものとする。

⑺　関数 $y=ax^2$（a は定数）について，x の値が－２から４まで増加したときの変化の割合が１となるとき，a の値を求めなさい。

⑻　A，Bの２本のひもがある。BはAより20％長く，Bの長さが150㎝のとき，Aの長さは何㎝か，求めなさい。

⑼　ある数 a の小数第3位を四捨五入して，近似値を求めると，2.40となる。ある数 a の範囲を，不等号を使って表しなさい。

2　次の⑴から⑷までの問いに答えなさい。

⑴　図で，点Pは正五角形ABCDEの頂点Aを出発して，２つのさいころを同時に投げ，出た目の数だけ頂点をB，C，D，…と移動する。例えば，出た目の数の和が６ならB，C，D，E，Aと移動しBで止まる。
　２つのさいころを同時に１回投げたとき，点Pが頂点Eで止まる確率を求めなさい。

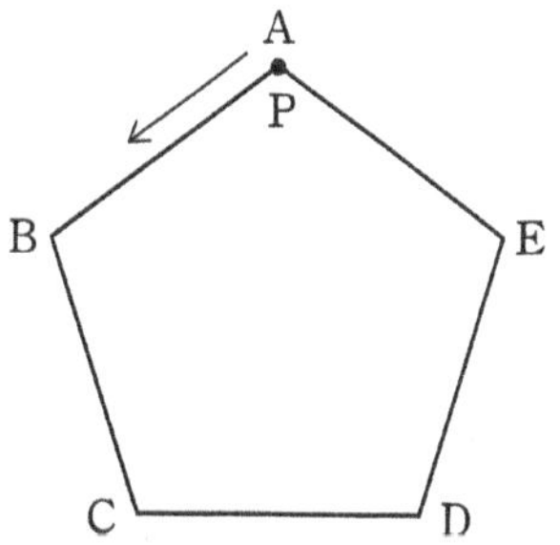

⑵　次の文章は，２けたの自然数について述べたものである。文章中の $\boxed{\text{A}}$，$\boxed{\text{B}}$ にあてはまる最も適当な式をそれぞれ書きなさい。また，$\boxed{\text{a}}$ にあてはまる自然数を書きなさい。

> 　十の位の数を x，一の位の数を y とすると，２けたの自然数は $\boxed{\text{A}}$ と表される。また，この自然数の一の位と十の位を入れかえた自然数は $\boxed{\text{B}}$ と表される。
> 　２つの自然数の和は，$(\boxed{\text{A}})+(\boxed{\text{B}})=\boxed{\text{a}}(x+y)$ と表される。$x+y$ は整数だから，$\boxed{\text{a}}(x+y)$ は $\boxed{\text{a}}$ の倍数である。したがって，２けたの自然数と，その一の位と十の位を入れかえた自然数の和は，$\boxed{\text{a}}$ の倍数になる。

(3) 図で，Oは原点，A，B，C，Dは関数 $y=\frac{1}{4}x^2$ のグラフ上の点で，AD//BCである。また，Eは直線BCと x 軸との交点である。

点A，Eの x 座標がともに－4，点Dの x 座標が5のとき，△ACDの面積を求めなさい。

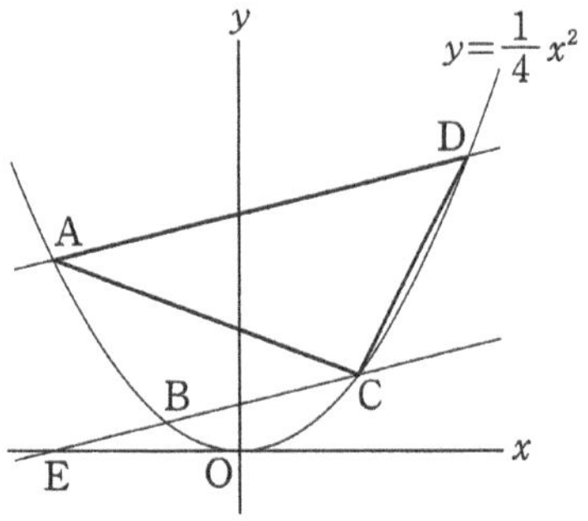

(4) 一辺の長さが20cmのふたのない立方体の容器があり，横を15cmと5cmに分ける位置で，高さ15cmの壁によって**ア**と**イ**の2つに仕切られている。この容器の仕切られた**ア**の部分に，水を毎秒一定の割合で容器全体がいっぱいになるまで入れたところ，壁の高さまで**ア**の部分に水が入るのに180秒かかった。

このとき，次の①，②の問いに答えよ。ただし，容器と壁の厚さは考えないものとする。

① 容器が水でいっぱいになるのは，何秒後か，求めなさい。

② 水を入れ始めてから x 秒後の，図の辺ABでの水の深さを y cmとする。水を入れ始めてから，水がいっぱいになるまでの x と y の関係をグラフに表せ。

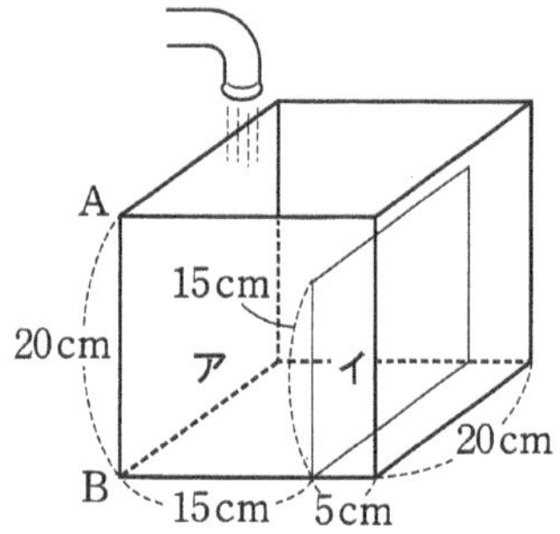

3 次の(1)から(3)までの問いに答えなさい。ただし，円周率は π とする。

(1) 図で，点A，B，C，D，Eは円Oの周上の点である。$\angle$ABC＝120°，CD＝DE＝EA のとき，$\angle$CDEの大きさは何度か，求めなさい。

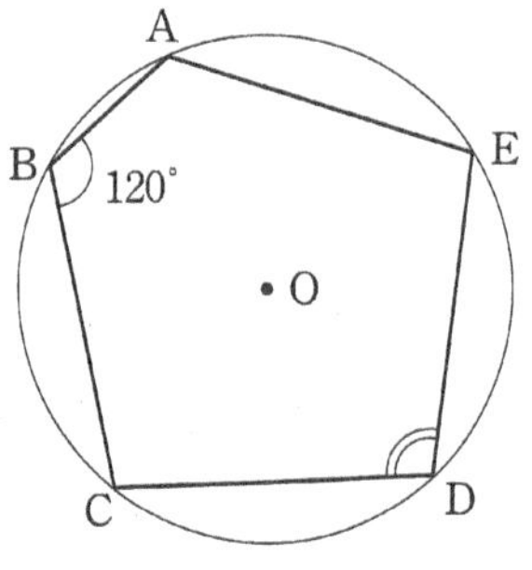

(2) 図で，Oは原点，点A，B，Cの座標がそれぞれ（4，3），（－2，0），（2，0）で，Dは直線ABと y 軸との交点である。

このとき，次の①，②の問いに答えなさい。

① 点Dの座標を求めなさい。

② △ABCを，y 軸を回転の軸として1回転させてできる立体の体積は何cm³か，求めなさい。ただし，座標1目盛を1cmとする。

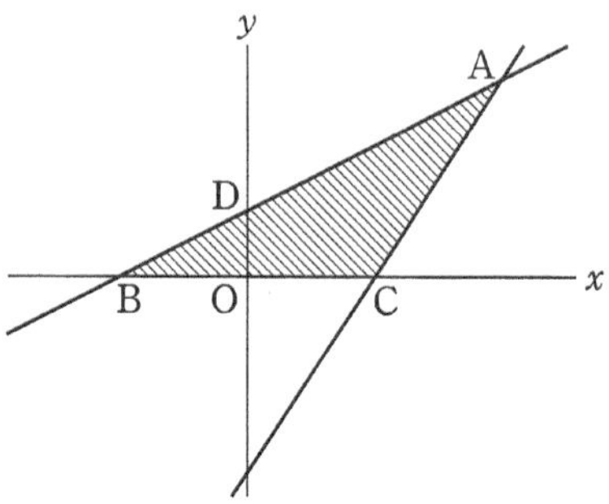

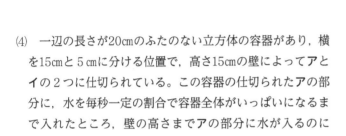

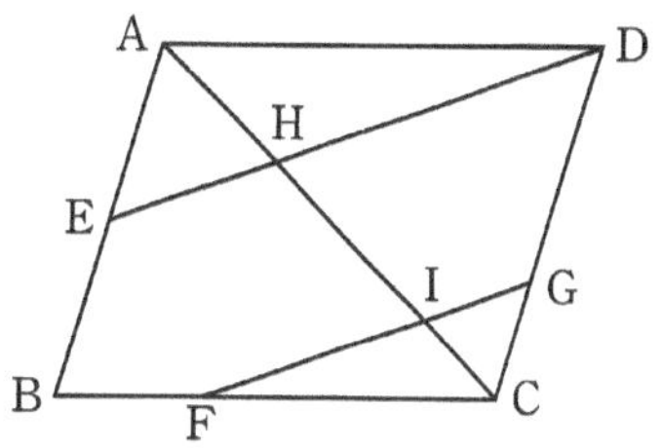

(3) 図で，四角形ABCDは平行四辺形で，Ｅは辺ABの中点，Ｆ，Ｇはそれぞれ辺BC，DC上の点で，BF：FC＝１：２，ED∥FG である。また，Ｈ，Ｉはそれぞれ線分ACとED，FGとの交点である。

△IFC＝８㎝^{2} のとき，次の①，②の問いに答えなさい。

① △AEHの面積は何㎝^{2}か，求めなさい。

② △ICGの面積は何㎝^{2}か，求めなさい。

【英　語】（45分）　＜満点：22点＞

1　指示に従って，聞き取り検査の問題に答えなさい。

「答え方」　問題は第１問と第２問の二つに分かれています。

第１問は，１番から３番までの三つあります。それぞれについて，最初に会話文を読み，続いて，会話についての問いと，問いに対する答え，a，b，c，dを読みます。そのあと，もう一度，その会話文，問い，問いに対する答えを読みます。必要があればメモをとってもよろしい。

問いの答えとして正しいものは解答欄の「正《せい》」の文字を，誤っているものは解答欄の「誤《ご》」の文字を，それぞれ○《まる》でかこみなさい。正しいものは，各問いについて一つしかありません。

第２問は，最初に英語の文章を読みます。続いて，文章についての問いと，問いに対する答え，a，b，c，dを読みます。問いは問１と問２の二つあります。そのあと，もう一度，文章，問い，問いに対する答えを読みます。必要があればメモをとってもよろしい。

問いの答えとして正しいものは解答欄の「正《せい》」の文字を，誤っているものは解答欄の「誤《ご》」の文字を，それぞれ○《まる》でかこみなさい。正しいものは，各問いについて一つしかありません。

メモ欄（必要があれば，ここにメモをとってもよろしい。）

＜聞き取り検査指示＞

（第１問）

１番

Woman：What are you doing, Alex?
Man：I'm studying science for a test.
Woman：When is the test?
Question：What is the man going to say next?

a　Next Friday.　　b　With my friend.
c　At school.　　d　No problem.

２番

Man：How was the stay in your grandmother's house, Cindy?
Woman：It was so exciting.　I ate a lot of delicious food.
Man：When did you come back?
Woman：Yesterday.　I stayed there for five days.
Question：How long did Cindy stay in her grandmother's house?

a　To the library.　　b　It was beautiful.
c　Yesterday.　　d　For five days.

3番

Woman : Hi, Ken. What's that?

Man : This is my new bike. My father gave me for my birthday present.

Woman : That's nice. When was your birthday?

Question : What is the man going to say next?

a Tomorrow morning. b Thank you.

c May 13. d Of course.

(第2問)

Kevin came to Japan last month and goes to Ken's high school now. He takes Japanese lesson every Monday and Thursday. He is also interested in Japanese traditional culture and going to see Kabuki next Sunday. He is very excited because this is his first time to see Japanese culture.

問1 How many Japanese lessons does he take in a week?

a He doesn't take any Japanese lessons.

b He has two Japanese lessons in a week.

c He is good at Japanese.

d He takes Japanese lessons every day.

問2 How does Kevin feel about going to see Kabuki?

a He is afraid of it. b He is excited.

c He feels bad. d He doesn't want to do it.

2 次の文章を読んで，あとの問いに答えなさい。

中学生のスマートフォンの所有率は7割を超えているという調査結果があります。スマートフォンを持つことで必要な情報を得たり，友人や親とすぐに連絡を取り合ったりすることができるという良い点もありますが，ゲームやＳＮＳに夢中になってしまい，生活のリズムが崩れてしまう人もいます。

(問い) あなたは，中学生がスマートフォンを持つことについてどのように考えますか。どちらかを選び，その理由を二つ，英語で述べなさい。ただし，次に示す答え方で解答すること。

<答え方>

( ) 内の語句のいずれかを○《まる》でかこみ，理由を二つ，それぞれ5語以上の英語で書く。

I think that junior high school students (need / don't need) smartphones. I have two reasons.

First, ________________________. Second, ________________________.

なお，下の語句を参考にしてもよい。

<語句>

情報 information ～に携帯メールを送る text to ～ 費用 cost

～と連絡をとる contact ～

3 優里（Yuri）と留学中のエミリー（Emily）が会話をしています。二人の会話が成り立つように，下線部①から③までのそれぞれの（　）内に最も適当な語を入れて，英文を完成させなさい。ただし，（　）内に文字が示されている場合は，その文字で始まる語を解答すること。

Yuri　: Hello, Emily.　What are you looking for?

Emily : Hi, Yuri.　Thank you for asking.　①(C　　　) you tell me (　　　)(　　　) to the library?　I have to find books on science.

Yuri　: That sounds difficult.　I also want to read some books, so I will take you there.

Emily : Thank you very much!

Yuri　: You're welcome.　By the way, will you go back to your country this winter?

Emily : No.　②I went home in summer, so I (　　　)(g　　　)(　　　) travel around Japan.

Yuri　: Nice!　Where do you want to go?

Emily : I want to visit either Kobe or Nara.

Yuri　: ③(　　　) (d　　　) (　　　) visit both?　They have a lot of beautiful places for sightseeing.

Emily : That's true.　I will think about it.

（注） on ～　～についての　　by the way　ところで　　either ～ or …　～か…かのどちらか

4 次の文章を読んで，あとの(1)から(5)までの問いに答えなさい。

What do you do in your free time?　Do you swim, dance, or read?

①Most of us want to live a happy life, but【 happiness / people / find / know / to / many / do not / how 】.　Money alone does not bring happiness.　Aristotle, a Greek philosopher, said, "Happiness depends upon ourselves."　In other words, we make our own happiness.　Here are a few opinions to help you to be happier.

The first way to be happy is to enjoy the simple things in life.　It is not good for you to spend so much time if you want to think about the future.　You should enjoy life's simple things — for example, reading a good book, listening to your favorite music, or spending time with your friends.　People who have many friends don't feel lonely and can live happier and healthier lives.　People who have pets like dogs, cats, or even birds can also feel better.　People who have pets [　②　].

Another way to live a happy life is to be active, and to have hobbies.　If you have hobbies, you can forget about your problems and have a wonderful time.　Many people experience dancing, or playing sports such as soccer, or tennis.　You can forget about your problems, and only think about the activity.

Finally, many people find happiness when they help others.　When people are (　A　) to talk about their feelings after their volunteer activities, they say they feel better because they can help others. According to studies, if you want to feel happier, do something nice for someone. You can help your friend with his or her studies, go shopping to buy food for an elderly relative, or help the people around you by washing the dishes.

Of course, it is very important for you to have a healthy body. You can stay healthy if you are careful about your way of life. Please enjoy your life and have a good time.

（注） live a ～ life　～な生活を送る　happiness　幸福　～ alone　ただ～だけで
Aristotle　アリストテレス　Greek　ギリシャの　philosopher　哲学者
depend upon ～　～次第で　in other words　言い換えれば　lonely　孤独な
healthier　より健康的な，より健康的に　active　活動的な　activity　活動
finally　最後に　according to ～　～によれば　elderly　年をとった　relative　親戚
stay healthy　健康でいる　way of life　生活様式

(1) 下線①のついた文が，本文の内容に合うように，【　】内の語句を正しい順序に並べかえなさい。

(2) ② にあてはまる最も適当な英語を，次のアからエまでの中から一つ選んで，そのかな符号を書きなさい。

ア　feel happier and don't live healthier
イ　feel happier and don't feel lonely
ウ　feel lonely and live healthier
エ　feel lonely and don't feel happy

(3) （A）にあてはまる最も適当な語を，次の５語の中から選んで，正しい形にかえて書きなさい。

speak　say　know　ask　join

(4) 本文中では，幸せな生活を送ることについてどのように述べられているか。最も適当なものを，次のアからエまでの文の中から一つ選んで，そのかな符号を書きなさい。

ア　We can enjoy our lives if we do simple things alone.
イ　We must have pets if we want to enjoy our lives.
ウ　Doing hobbies is good for us to enjoy our own lives.
エ　We can live a happy life only when we help for our friends.

(5) 次のアからカまでの文の中から，その内容が本文に書かれていることと一致するものを全て選んで，そのかな符号を書きなさい。

ア　We can live a happy life if we have much money.
イ　When you want to forget about your problems, you should be active.
ウ　If we help our friends with their homework, we feel happy.
エ　We can enjoy our lives without the help of someone.
オ　We don't have to be careful about our health when we are happy.
カ　The writer says there are only two ways to live a happy life.

5 留学生のジェーン（Jane）と壮太（Sota）が会話をしています。次のページの会話文を読んで，あとの(1)から(4)までの問いに答えなさい。

Jane : You look happy. Good news?

Sota : I've just received the e-mail from my friend, Hayato.

Jane : Where does he live?

Sota : 【 a 】

Jane : ① Has he lived there (ア) a long time?

Sota : No. Since last month. Actually, he lived near my house but his father works in Shizuoka. So his family moved there.

Jane : 【 b 】

Sota : For three years. In his e-mail, he talked about Mt. Fuji and sent me some pictures of it. He always enjoys the mountain from the window of his house.

Jane : That's nice. I know the mountain. It is the highest mountain in Japan, right?

Sota : 【 c 】

Jane : Wow! I've never seen it before.

Sota : I've got a good idea. ② How (イ) asking him to take us there?

Jane : Sounds great. I want to climb it before I go back to my country. I'm looking forward to his (A). By the way, my host family is planning to take me to Kyoto next week.

Sota : 【 d 】 You'll like them. Are you going to see some traditional buildings?

Jane : I hear we will go to Kiyomizu-dera and Ryoan-ji.

Sota : Those are both famous temples. You can rent a kimono near Kiyomizu-dera and enjoy walking in it.

Jane : 【 e 】

（注） rent ～ ～を借りる

(1) 次のアからオまでの英文を，会話文中の【a】から【e】までのそれぞれにあてはめて，会話の文として最も適当なものにするには，【b】と【d】にどれを入れたらよいか，そのかな符号を書きなさい。ただし，いずれも一度しか用いることができません。

ア It has many interesting places to visit.

イ Exactly. He says he is going to climb it next month.

ウ He lives in Shizuoka with his family.

エ If I can, I will.

オ How long have you and Hayato been friends?

(2) 下線①，②のついた文が，会話の文として最も適当なものとなるように，（ア），（イ）のそれぞれにあてはまる語を書きなさい。

(3) （A）にあてはまる最も適当な語を，次のアからエまでの中から選んで，そのかな符号を書きなさい。

ア visit　**イ** answer　**ウ** stay　**エ** family

(4) 次の英文は，この会話が行われた２か月後，ジェーンが母国にいる友人のアレックス(Alex)に送ったメールです。このメールが会話文の内容に合うように，次の（X），（Y）のそれぞれにあてはまる最も適当な語を書きなさい。

> Hello, Alex. How have you been?
> I have had many wonderful experiences in Japan.
> The other day, I had a chance to climb Mt. Fuji!
> You know it is (　X　) than any other mountain in Japan.
> I (　Y　) a lot of pictures there, so I sent you some.
> I want to talk about my stay after I come back.
> See you.
> Jane

【理　科】（45分）　＜満点：22点＞

1　次の⑴，⑵の問いに答えなさい。

⑴　次の図は，植物をその特徴により分類したものである。

図1

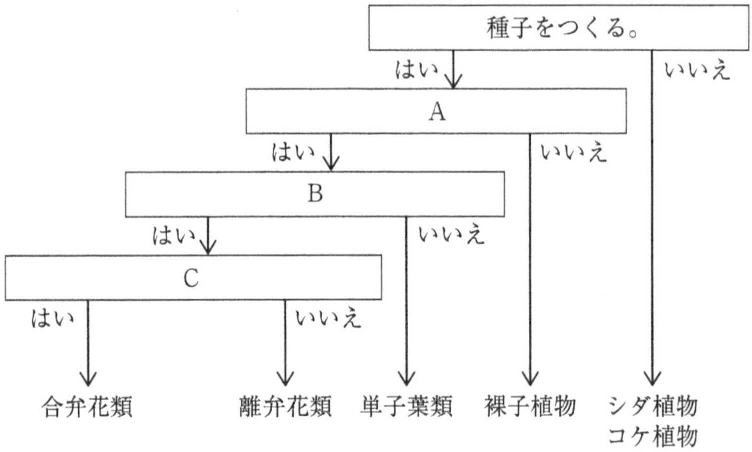

図1のAからCまでのそれぞれにあてはまる文の組み合わせとして最も適当なものを，下の**ア**から**シ**までの中から選んで，そのかな符号を書きなさい。

①　葉脈が網目状である。　　②　根はひげ根である。

③　花弁がくっついている。　④　胚珠《はいしゅ》が子房に包まれている。

ア　A①，B②，C③　　**イ**　A①，B②，C④

ウ　A①，B③，C②　　**エ**　A①，B③，C④

オ　A①，B④，C②　　**カ**　A①，B④，C③

キ　A④，B①，C②　　**ク**　A④，B①，C③

ケ　A④，B②，C①　　**コ**　A④，B②，C③

サ　A④，B③，C①　　**シ**　A④，B③，C②

⑵　回路における電気抵抗に流れる電流を調べるため，次の〔実験〕を行った。

〔実験〕　①　**図2**のように，電気抵抗7.0Ωの電熱線２つを並列につなぎ，電圧3.0Ｖの電池につないだ。このとき，電流計Ⓐには I_1〔A〕の電流が流れた。

②　次に，**図3**のように，①の電熱線の１つを電気抵抗14Ωの電熱線に取り替え，電気抵抗14Ωの電熱線と電気抵抗7.0Ωの電熱線を並列につなぎ，電圧3.0Ｖの電池につないだ。このとき，電流計Ⓐには I_2〔A〕の電流が流れた。

図2

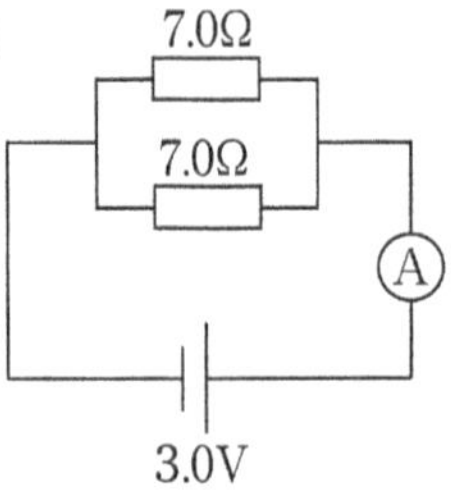

図3

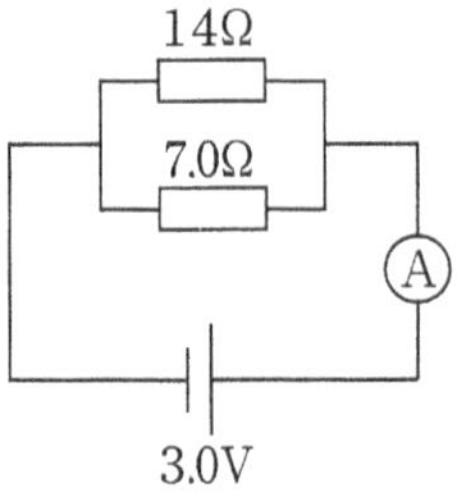

I_2〔A〕はI_1〔A〕の何倍か。最も適当なものを，次の**ア**から**カ**までの中から選んで，そのかな符号を書きなさい。

ア $\frac{1}{2}$倍　**イ** $\frac{3}{4}$倍　**ウ** 1倍　**エ** $\frac{4}{3}$倍　**オ** $\frac{3}{2}$倍　**カ** 2倍

2 ある池とその周辺では**図1**に示す生物とその個体数が調査されている。また，池の周囲の草むらの土壌を用いて，生態系の物質の循環を確認する〔実験〕を行った。

図1

〔実験〕 ① フェノールフタレイン溶液に水酸化ナトリウム水溶液を適量加えて赤くし，それに2㎝角に切ったろ紙を浸す。

② **図2**のように，チャック付きのビニール袋2枚を用意し，試料Ⅰ，試料Ⅱをそれぞれに入れる。

試料Ⅰ　池の周辺から採取した土，約10gをティッシュペーパーに包む。

試料Ⅱ　試料Ⅰと同じ場所から採取した土，約10gを蒸発皿に入れ5分加熱した後，ティッシュペーパーに包む。

③ チャック付きのビニール袋の中に試料と直接触れないように①のろ紙を入れ，チャックを閉じ，色が消えるまでの時間を測定する。

図2

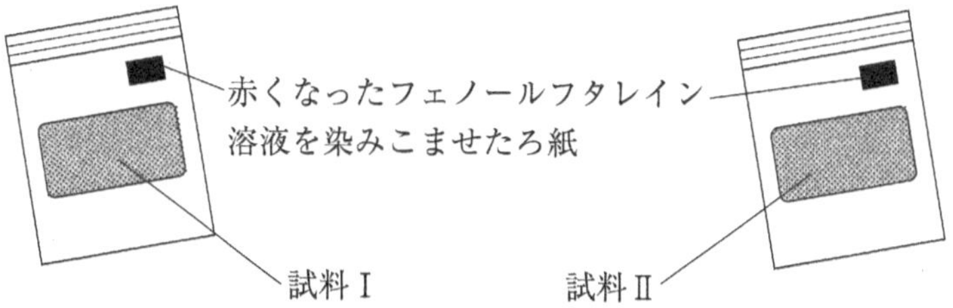

次の(1)から(4)までの問いに答えなさい。

(1) 池周辺で確認された生物をA，B，C，D，Eとすると，それらの生物どうしは「食う食われるの関係」でつながっている。このような関係は一般に何と呼ばれているか。漢字4字で書きなさい。

(2) 池周辺で確認された生物について，個体数の割合を模式的に表すと，次ページの**図3**のようなピラミッド型になった。Dが一時的に増えた場合，その後C，D，Eの個体数はどのように移り変わるか。次ページの**ア**から**カ**は①から③に示す生物の増減に関する状況を時間の経過に従って並べたものである。最も適当なものを，次ページの**ア**から**カ**までの中から選んで，そのかな符号を書きなさい。

① 生物Dは減り，生物Cは減る。

② 生物Eは増え，生物Dは増える。

③　生物Ｅは減り，生物Ｃは増える。

ア　① → ② → ③　　　**イ**　① → ③ → ②

ウ　② → ① → ③　　　**エ**　② → ③ → ①

オ　③ → ② → ①　　　**カ**　③ → ① → ②

図３

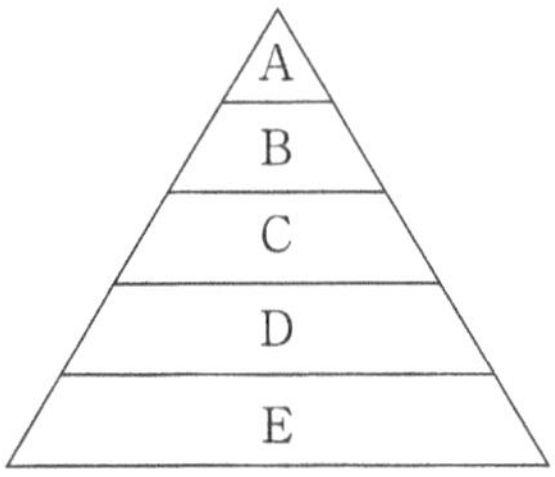

⑶　〔実験〕で，ろ紙の色が消えるまでの時間について説明した文として最も適当なものを，次の**ア**から**カ**までの中から選んで，そのかな符号を書きなさい。なお，事前に赤くなったフェノールフタレイン溶液を染みこませたろ紙のみが入ったチャック付きのビニール袋に息を入れて閉じるとやがて色が消えたことが確認されている。

ア　試料Ⅰのろ紙も試料Ⅱのろ紙も色は消えない。

イ　試料Ⅰのろ紙も試料Ⅱのろ紙も色は消えるが，試料Ⅰのろ紙はより早く消える。

ウ　試料Ⅰのろ紙の色は消えないが，試料Ⅱのろ紙は色はやがて消える。

エ　試料Ⅰのろ紙も試料Ⅱのろ紙も色は消えるが，試料Ⅱのろ紙はより早く消える。

オ　試料Ⅰのろ紙の色はやがて消えるが，試料Ⅱのろ紙の色は消えない。

カ　試料Ⅰのろ紙も試料Ⅱのろ紙もほぼ同時に色は消える。

⑷　〔実験〕の結果から生態系における生産者，消費者以外の役割をもった生物の存在が明らかになった。その生物は，生産者，消費者に対して何といわれるか。漢字３字で書きなさい。

　また，**図３**のＡ，Ｂ，Ｃ，Ｄ，Ｅの生物を生産者，消費者として分類したものとして，最も適当なものを，次の**ア**から**オ**までの中から選んで，そのかな符号を書きなさい。

ア　生産者　なし　　　　消費者　Ａ，Ｂ，Ｃ，Ｄ，Ｅ

イ　生産者　Ｅ　　　　消費者　Ａ，Ｂ，Ｃ，Ｄ

ウ　生産者　Ｄ，Ｅ　　　　消費者　Ａ，Ｂ，Ｃ

エ　生産者　Ａ　　　　消費者　Ｂ，Ｃ，Ｄ，Ｅ

オ　生産者　Ａ，Ｂ，Ｃ　　　　消費者　Ｄ，Ｅ

3　水酸化バリウム水溶液と硫酸の反応で，加えた硫酸の体積〔cm^3〕と生成した沈殿の質量〔ｇ〕（乾燥させたもの）の関係を調べるため，次の〔実験〕を行った。

〔実験〕　一定体積の水酸化バリウム水溶液を複数個のビーカーに用意し，それぞれのビーカーに硫酸の体積を変化させて加え，加えた硫酸の体積〔cm^3〕と生成した沈殿の質量〔ｇ〕（乾燥させたもの）の関係について調べた。

　次のページの図は〔実験〕の結果をグラフにしたものである。

　次の⑴から⑷までの問いに答えなさい。

⑴　水酸化バリウム水溶液と硫酸の反応について，次の化学反応式の右辺を書きなさい。

$$Ba(OH)_2 + H_2SO_4 \longrightarrow (\qquad) + (\qquad)$$

⑵　生成した沈殿の色は何色か書きなさい。

⑶　次の**ア**から**オ**までの化学反応のうち沈殿生成反応（濁る場合を含む）はどれか。**ア**から**オ**までの中から２つ選んで，そのかな符号を書きなさい。

ア　硫酸ナトリウム水溶液に塩化バリウム水溶液を加える。

イ　炭酸カルシウムに塩酸を加える。

ウ　マグネシウムに塩酸を加える。

エ　石灰水に二酸化炭素を通じる。

オ　炭酸水素ナトリウムを加熱する。

図

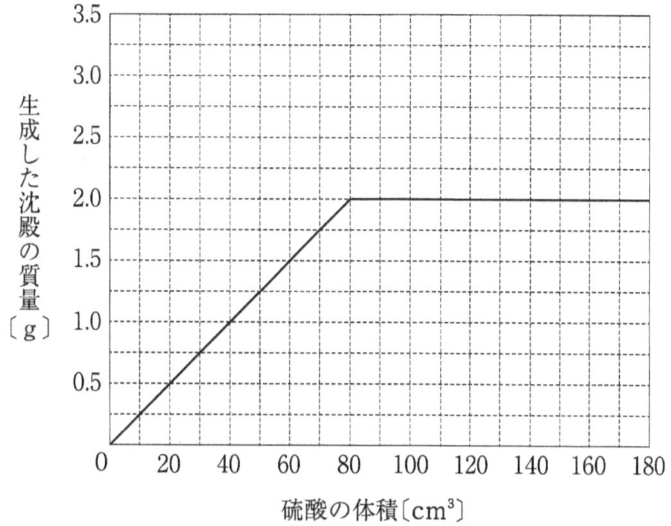

⑷　〔実験〕で，水酸化バリウム水溶液の濃度はそのままで，硫酸の濃度を半分にしたときの関係を表すグラフを解答欄の図に━━━━━で書きなさい。

　また，水酸化バリウム水溶液の濃度を1.5倍にし，硫酸の濃度を2倍にしたときの関係を表すグラフを解答欄の図に－－－－－で書きなさい。

4　小球の運動を調べるため，次の〔実験〕を行った。ただし，小球とレールにはたらく摩擦力や空気の抵抗は無視でき，小球は斜面と水平面がつながる点をなめらかに通過するものとする。

〔実験〕　長さ100cmのレールを端から40cm，80cmのところでなめらかに折り曲げ，長さが40cmで傾きが約30°の斜面（左側の斜面）と長さ40cmの水平面と長さが20cmで傾きが約30°の斜面（右側の斜面）となるようにして，水平面を水平に固定した。左側の斜面の上端に小球を置き，静かに手をはなし，左側の斜面の上端からすべる小球の位置を，ストロボスコープを使って0.10秒ごとに連続して撮影した。**図1**は，実験の結果を模式的に表したものであり，**表**は，左側の斜面の上端の位置Aから下端の位置Eまでの距離をそれぞれ示したものである。位置

図1

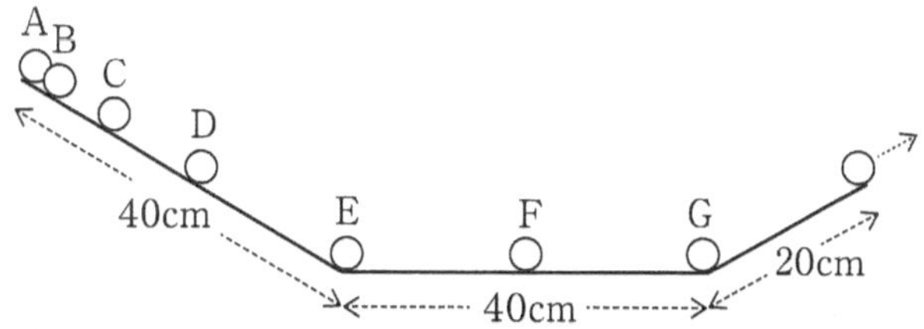

表

小球の位置	A	B	C	D	E
斜面の上端からの距離〔cm〕	0	2.5	10.0	22.5	40.0

Aは斜面の上端と，位置Eと位置Gは水平面の両端と一致しており，位置Fは水平面の中点であった。点Gを通過した小球は斜面をすべり上がり，右側の斜面の上端から飛び出した。

次の(1)から(4)までの問いに答えなさい。

(1) **図2**の矢印は，位置Bにおける小球にはたらく重力を表したものである。この重力の，「斜面に平行な分力」と「斜面に垂直な分力」を，解答欄の**図2**に力の矢印で書きなさい。

図2

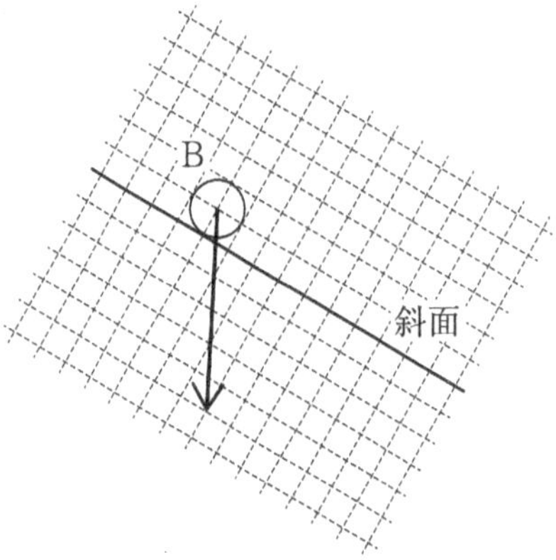

(2) 小球の位置CD間の平均の速さ，位置DE間の平均の速さ，位置Eを通過する瞬間の速さはそれぞれ何cm/sか。位置CD間の平均の速さ，位置DE間の平均の速さ，位置Eを通過する瞬間の速さの組み合わせとして，最も適当なものを次の**ア**から**カ**までの中から選んで，そのかな符号を書きなさい。

	位置CD間の平均の速さ	位置DE間の平均の速さ	位置Eを通過する瞬間の速さ
ア	100 cm/s	225 cm/s	350 cm/s
イ	100 cm/s	225 cm/s	400 cm/s
ウ	125 cm/s	175 cm/s	200 cm/s
エ	125 cm/s	175 cm/s	225 cm/s
オ	225 cm/s	400 cm/s	575 cm/s
カ	225 cm/s	400 cm/s	600 cm/s

(3) 位置AE間において，水平面からの高さと小球のもつ運動エネルギーの関係はどのようになるか。横軸に小球の水平面からの高さを，縦軸に小球のもつ運動エネルギーをとり，その関係を表すグラフを解答欄の**図3**に書きなさい。ただし，重力による位置エネルギーの基準を水平面の高さとし，位置Aの高さをH，位置Aで小球のもつ重力による位置エネルギーをUとする。

図3

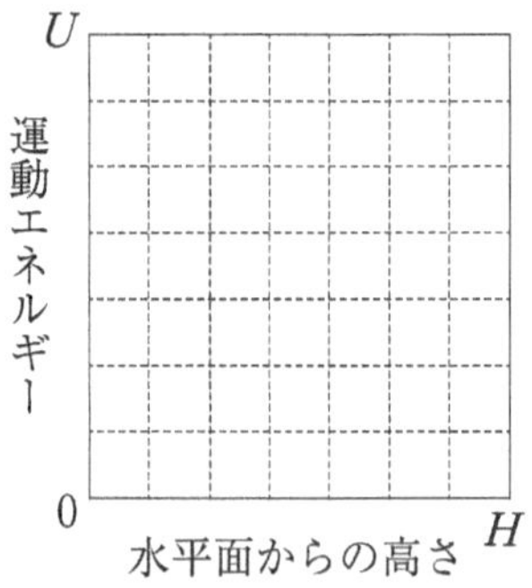

(4) 右側の斜面の上端より飛び出した後，小球はどのような軌跡を描くか。飛び出した後の小球の運動の軌跡……として，最も適当なものを，次のページの**図4**の**ア**から**ウ**までの中から選んで，そのかな符号を書きなさい。ただし，**図4**の-----は位置Aと同じ高さである。

図4

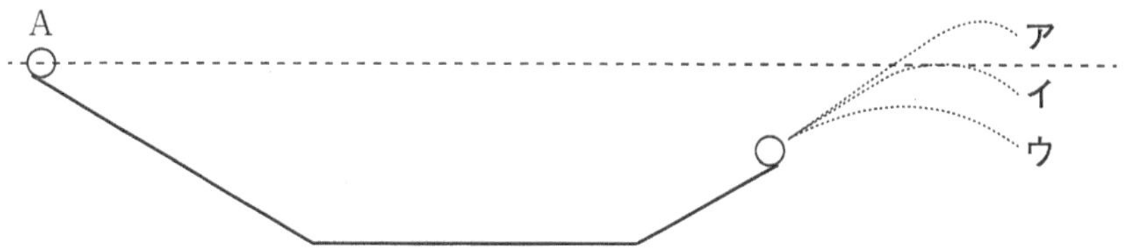

5　太陽系には，太陽の周りを公転し，太陽からの光を反射して光っている天体があり，そのうち，大きな8つの天体を惑星という。**表**は，太陽系の惑星について，太陽からの平均距離，公転周期，半径，質量，密度についてまとめたものである。また，**図1**は，太陽と金星，地球の位置関係について表したものである。

表

	天体	太陽からの平均距離〔億km〕	公転周期〔年〕	半径〔地球＝1〕	質量〔地球＝1〕	密度〔g/cm^3〕
惑星	水星	0.58	0.24	0.38	0.055	5.4
	金星	1.08	0.62	0.95	0.82	5.2
	地球	1.50	1.00	1.00	1.00	5.5
	火星	2.28	1.88	0.53	0.107	3.9
	木星	7.8	11.9	11.2	318	1.3
	土星	14.3	29.5	9.4	95	0.7
	天王星	28.8	84	4.0	14.5	1.3
	海王星	45	165	3.9	17.2	1.6

図1

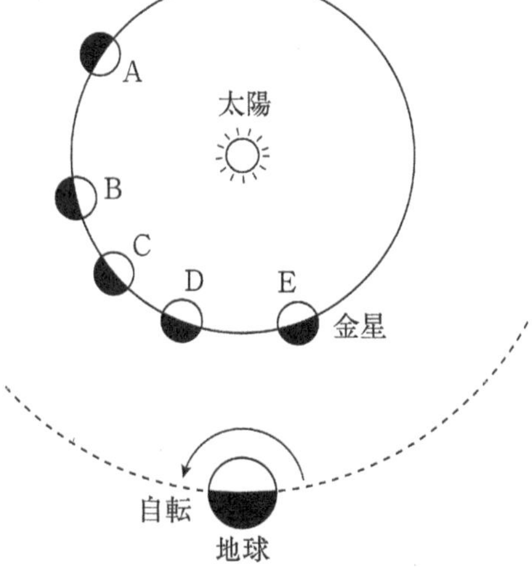

次の(1)から(4)までの問いに答えなさい。

(1)　**表**をもとに，太陽系の惑星について説明した文として最も適当なものを，次の**ア**から**カ**までの中から選んで，そのかな符号を書きなさい。

ア　質量が大きいほど，密度は大きくなる。

イ　質量が大きいほど，密度は小さくなる。

ウ　太陽からの平均距離が長くなるほど，公転周期は長くなる。

エ　太陽からの平均距離が長くなるほど，公転周期は短くなる。

オ　半径が長いほど，密度は大きくなる。

カ　半径が長いほど，密度は小さくなる。

⑵　水星が，太陽の周りを公転するのにどのくらい日数がかかるか。最も適当なものを次の**ア**から**エ**の中から選んで，そのかな符号を書きなさい。

ア　約24日　　**イ**　約36日　　**ウ**　約48日　　**エ**　約88日

⑶　日本のある地点で金星を観測し，右の**図２**のように金星が見えるとき，金星の位置はどのようになるか，最も適当なものを，前のページの**図１**のＡからＥまでの中から選んで，その記号を書きなさい。

図２

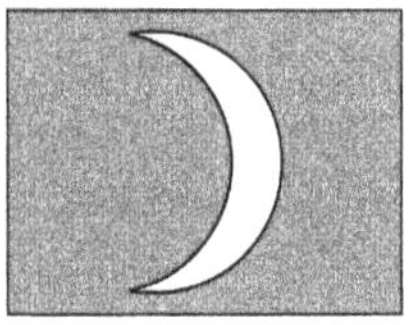

⑷　以下の文章は，**図１**のＥの位置にある金星の見え方について説明したものである。文章中の（①）から（③）までにあてはまる語の組み合わせとして最も適当なものを，下の**ア**から**ク**までの中から選んで，そのかな符号を書きなさい。

> 金星が**図１**のＥの位置にあるとき，地球からは（　①　）の（　②　）の方角に見える。このとき，見える金星を（　③　）という。

ア　①明け方，②西，③明けの明星　　**イ**　①明け方，②東，③明けの明星
ウ　①明け方，②西，③よいの明星　　**エ**　①明け方，②東，③よいの明星
オ　①夕方，　②西，③明けの明星　　**カ**　①夕方，　②東，③明けの明星
キ　①夕方，　②西　③よいの明星　　**ク**　①夕方，　②東，③よいの明星

6　次の⑴，⑵の問いに答えなさい。

⑴　次の文章は，雲のでき方について説明したものである。文章中の（①）から（③）までにあてはまる語の組み合わせとして最も適当なものを，下の**ア**から**ク**までの中から選んで，そのかな符号を書きなさい。

> 上昇した空気のかたまりは，周りの気圧が（　①　）なったことにより（　②　）していき，温度が下がるため（　③　）に達する。さらに上昇していくと，空気中のちりに水蒸気がついて，無数の水滴や氷の粒となる。これが雲である。

ア　①高く，②膨張，③融点　　**イ**　①高く，②収縮，③融点
ウ　①高く，②膨張，③露点　　**エ**　①高く，②収縮，③露点
オ　①低く，②膨張，③融点　　**カ**　①低く，②収縮，③融点
キ　①低く，②膨張，③露点　　**ク**　①低く，②収縮，③露点

⑵　３個のビーカーＡ，Ｂ，Ｃにそれぞれ水を60ｇずつ入れた。硝酸カリウムの結晶をビーカーＡには20ｇ，ビーカーＢには40ｇ，ビーカーＣには60gを加えガラス棒でかき混ぜたところ，いずれのビーカーも硝酸カリウムの結晶はすべて溶けた。ビーカーＡ，Ｂ，Ｃ中の水溶液の質量パーセント濃度の組み合わせとして最も適当なものを，次のページの**ア**から**ケ**までの中から選んで，

そのかな符号を書きなさい。

	ビーカーA	ビーカーB	ビーカーC
ア	20%	30%	40%
イ	20%	35%	40%
ウ	20%	40%	60%
エ	25%	35%	45%
オ	25%	40%	50%
カ	25%	40%	55%
キ	30%	40%	50%
ク	30%	45%	60%
ケ	30%	50%	60%

【社　会】（45分）　＜満点：22点＞

1　次のⅠ，Ⅱ，Ⅲの写真をみて，あとの⑴から⑶までの問いに答えなさい。

Ⅰ

Ⅱ

Ⅲ

⑴　Ⅰの大仏が最初につくられた年代とほぼ同じ時期に起こったできごとについて述べた文として最も適当なものを，次の**ア**から**エ**までの中から選んで，そのかな符号を書きなさい。

ア　行基《ぎょうき》は，一般の人々の間で布教し，人々とともに橋や用水路をつくった。

イ　平《たいらの》清盛《きよもり》は，平治の乱で源《みなもとの》義朝《よしとも》を破って勢力を広げた。

ウ　空海《くうかい》は，真言宗を伝え，高野山に金剛峯寺を建てた。

エ　天智《てんじ》天皇《てんのう》は，はじめて全国の戸籍をつくるなど，政治の改革を進めた。

⑵　Ⅱの阿弥陀如来像は，浄土信仰が広まった時代につくられたものである。これがつくられた年代の文化について述べた文として最も適当なものを，次の**ア**から**エ**までの中から選んで，そのかな符号を書きなさい。

ア　兼好法師《けんこうほうし》は，「徒然草」で，生き生きとした民衆の姿を取り上げた。

イ　狩野永徳《かのうえいとく》は，「唐獅子図屏風」など，力強く豪華な作品を生みだした。

ウ　紫《むらさき》式部《しきぶ》は，「源氏物語」で，優雅な貴族の姿を取り上げた。

エ　俵屋宗達《たわらやそうたつ》は，「風神雷神図屏風」など，はなやかな作品を生みだした。

⑶　次の文章は，Ⅲの仏像がつくられた時代について述べたものである。文章中の（　）にあてはまる最も適当なことばを，漢字３字で書きなさい。

> 将軍は，御恩として武士に以前からの領地を保護し，新しい領地をあたえた。その武士は，（　　　）として将軍に忠誠をちかい，奉公をした。

2　右の年表は，19世紀後半から国際連盟が設立されるまでの日本と外国との条約などについてまとめたものである。あとの⑴から⑷までの問いに答えなさい。

年	条約など
1876年	①日朝修好条規が結ばれる。
1895年	②日清戦争の講和条約が結ばれる。
1902年	日英同盟が結ばれる。
1905年	日露戦争の講和条約が結ばれる。
1914年	③第一次世界大戦がはじまる。
1920年	④国際連盟が設立される。

⑴　①日朝修好条規が結ばれた年代とほぼ同じ時期に起こった日本のできごとについて述べた文として最も適当なものを，次の**ア**から**エ**までの中から選んで，そのかな符号を書きなさい。

ア　多数の社会主義者が逮捕され，12人が処刑される大逆事件が起こった。

イ　大日本帝国憲法が公布され，翌年には，教育勅語が発布された。

ウ　官営の八幡製鉄所が建設され，重化学工業発展の基礎となった。

エ　鹿児島の士族などが西南戦争を起こし，政府軍によって鎮圧された。

⑵　次の絵は，②日清戦争の講和会議の様子である。この会議で結ばれた条約の内容として適当なものを，下の**ア**から**カ**までの中から全て選んで，そのかな符号を書きなさい。

ア　日本は，南満州の鉄道の利権を獲得する。

イ　日本は，北緯50度以南の樺太（サハリン）を獲得する。

ウ　日本は，遼東半島，台湾，澎湖諸島を獲得する。

エ　日本は，樺太をゆずり，千島列島を獲得する。

オ　日本は，旅順，大連の租借権を獲得する。

カ　日本は，賠償金２億両（テール）を獲得する。

⑶　③第一次世界大戦の時期から1920年代に起こった世界のできごとについて述べた文として誤っているものを，次の**ア**から**エ**までの中から一つ選んで，そのかな符号を書きなさい。

ア　イタリアで，ムッソリーニがファシスト党を率いて独裁を行った。

イ　中国で，孫文《そんぶん》（スンウェン）が三民主義を唱え，中華民国が建国される辛亥革命が起こった。

ウ　ロシアで，レーニンが労働者や兵士を指導し，ロシア革命が起こった。

エ　インドで，ガンディーがイギリスへの非暴力・不服従を唱え，独立運動を開始した。

⑷　次の文章は，④国際連盟について述べたものである。文章中の（X），（Y）にあてはまることばの組み合わせとして最も適当なものを，下の**ア**から**エ**までの中から選んで，そのかな符号を書きなさい。

民族自決を唱えていたアメリカの（　X　）大統領の提案にもとづき，世界平和と国際協調のために誕生した。連盟はジュネーブ（スイス）に本部を置き，イギリス，フランス，日本，（　Y　）が常任理事国となり，国際紛争の平和的な解決をめざした。

ア　X　ルーズベルト，Y　イタリア　　**イ**　X　ルーズベルト，Y　アメリカ

ウ　X　ウィルソン，　Y　イタリア　　**エ**　X　ウィルソン，　Y　アメリカ

3 次のⅠの略地図は，Aさんが高速バスを利用し，Bさんが鉄道を利用して，それぞれ九州を旅行した際の経路を→印で示したものであり，Ⅱの表は，中京工業地帯と北九州工業地域（地帯）の1955年と2015年における産業別の製造品出荷額等のうちわけを示したものである。また，Ⅲの表は，九州地方の5県の米の収穫量などについて示したものである。あとの(1)から(3)までの問いに答えなさい。

なお，Ⅲの表中の①，②，③は，鹿児島県，熊本県，福岡県のいずれかである。

Ⅰ　略地図

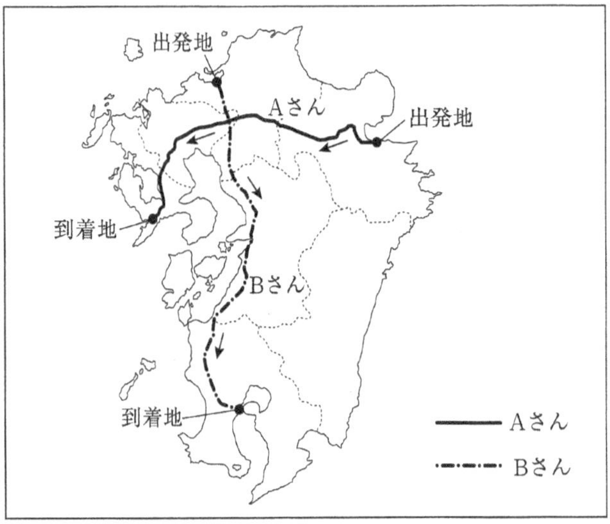

Ⅱ　中京工業地帯と北九州工業地域（地帯）の1955年と2015年における産業別の製造品出荷額等のうちわけ

（単位　%）

中京工業地帯

品目	1955年	2015年
X	6.0	9.4
Y	15.3	68.1
Z	9.8	7.4
せんい	39.2	0.9
食料品	12.7	4.9
その他	17.0	9.3

北九州工業地域（地帯）

品目	1955年	2015年
X	34.9	16.7
Y	4.5	43.7
Z	17.8	6.7
せんい	2.0	0.6
食料品	18.5	17.3
その他	22.3	15.0

（「日本国勢図会　2018/19年版」などによる）

Ⅲ　九州地方の5県の米の収穫量，トマトの収穫量，肉用牛の飼養頭数，海岸線延長

県名	米の収穫量（t）	トマトの収穫量（t）	肉用牛の飼養頭数（頭）	海岸線延長（m）
①	181 700	19 700	21 900	691 969
②	175 500	128 200	127 000	1 077 799
大分県	106 300	9 890	48 900	774 175
③	99 100	5 270	329 400	2 665 649
長崎県	57 400	12 000	77 100	4 183 357

（注）海岸線延長は2016年3月31日現在のもの。　（「データでみる県勢2019」などによる）

(1) 次のa，b，c，dの文は，九州地方で観察できる風景について説明したものである。Aさん，Bさんが，Ⅰの略地図中の経路で，それぞれ旅行をしたときに観察できる風景や到着地の県で観察できる風景について説明した文の組み合わせとして最も適当なものを，下の**ア**から**エ**までの中から選んで，そのかな符号を書きなさい。

> a　のりの養殖がさかんな有明海が，進行方向に対して左手に広がっている。
> b　火山である島原半島の雲仙岳を，進行方向に対して右手に望むことができる。
> c　到着地の県の大村湾や県下の対馬，五島列島では，リアス海岸が広がっている。
> d　到着地の県では，火山活動によって大隅半島とつながった桜島を望むことができる。

ア　Aさん　a，Bさん　c　　**イ**　Aさん　a，Bさん　d
ウ　Aさん　b，Bさん　c　　**エ**　Aさん　b，Bさん　d

(2) 前のページのⅡの表のX，Y，Zは，それぞれ化学，機械，金属のいずれかである。X，Y，Zと品目の組み合わせとして最も適当なものを，次の**ア**から**カ**までの中から選んで，そのかな符号を書きなさい。

ア　X：化学，Y：機械，Z：金属　　**イ**　X：化学，Y：金属，Z：機械
ウ　X：機械，Y：化学，Z：金属　　**エ**　X：機械，Y：金属，Z：化学
オ　X：金属，Y：化学，Z：機械　　**カ**　X：金属，Y：機械，Z：化学

(3) 次のx，y，zの文は，九州地方にある世界遺産について述べたものである。x，y，zとⅢの①，②，③の組み合わせとして最も適当なものを，下の**ア**から**カ**までの中から選んで，そのかな符号を書きなさい。

> x　薩摩《さつま》藩主の島津斉彬《しまづなりあきら》は，紡績工場やガラス工場を建設し，これらの工場群を「集成館」と呼び，鉄を溶かす溶鉱炉や反射炉も建造されたが，この反射炉跡は，明治日本の産業革命遺産として世界遺産に登録されている。
> y　天草地方の小さな漁村の集落にある，「海の天主堂」とも呼ばれる﨑津《さきつ》教会と，その集落は，潜伏キリシタン関連遺産として世界遺産に登録されている。
> z　玄界灘にある沖ノ島は，宗像大社沖津宮《むなかたたいしゃおきつみや》であり，中津宮《なかつみや》，辺津宮《へつみや》とともに，宗像大社を構成する三つの宮の一つで，これらの宮などは，宗像・沖ノ島と関連遺産群として世界遺産に登録されている。

ア　x：①，y：②，z：③　　**イ**　x：①，y：③，z：②
ウ　x：②，y：①，z：③　　**エ**　x：②，y：③，z：①
オ　x：③，y：①，z：②　　**カ**　x：③，y：②，z：①

4　次のページのA，B，C，Dの4枚のカードは，アメリカ合衆国，インドネシア，エジプト，ドイツのいずれかの国の農牧業について述べたものであり，次のページのⅠの表は，4国の人口などを示しており，①，②，③，④は，アメリカ合衆国，インドネシア，エジプト，ドイツのいずれかである。また，次のページのⅡの略地図中の●は，4国の首都を示している。あとの(1)から(3)までの問いに答えなさい。

A

> 季節風の影響を受けて，降水量が多く稲作が盛んで，かつては，牛や馬を使い，人手をかけて農作業をしていたため，農村の人口密度は高い状態が続いていた。

B

> 小麦やライ麦といった穀物栽培と豚や牛を中心とした家畜の飼育を組み合わせた混合農業が中心だったが，今では，どちらか一方を専門とする農家も増えている。

C

> 自然環境の影響を受けて，狩り，採集，焼畑など多様であるが，降水量が少ない地域は，移動しながら，らくだや牛を飼育する遊牧などがみられる。

D

> 気温，降水量，土地などの自然条件が異なるため，地域の環境に適した農産物が生産され，生産量は，消費量を上回っており，農産物の多くが輸出されている。

Ⅰ　4国の人口，平均寿命，出生率，死亡率

国名	人口（万人）	平均寿命（歳）	出生率（人）	死亡率（人）
①	26 399	69.1	12.4	8.2
②	9 755	71.3	27.3	6.1
③	8 211	81.1	9.0	11.3
④	32 445	78.7	12.4	8.2

（「データブックオブ・ザ・ワールド2018」などによる）

（注）出生率，死亡率は，人口千人あたりの人数である。

Ⅱ　経線と緯線が直角に交わるように描いた略地図

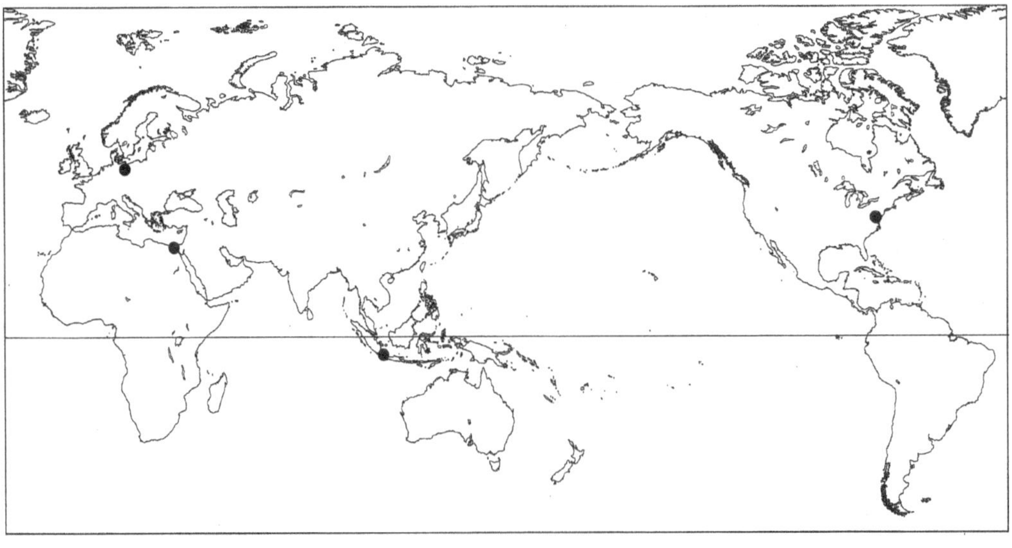

(1)　A，B，C，Dの4枚のカードと，Ⅰの表中の①，②，③，④をみて，ドイツについての組み合わせとして最も適当なものを，次の**ア**から**ク**までの中から選んで，そのかな符号を書きなさい。

ア　A，①　　**イ**　A，②　　**ウ**　B，③　　**エ**　B，④

オ　C，①　　**カ**　C，②　　**キ**　D，③　　**ク**　D，④

⑵　前のページのⅡの略地図をみて，エジプトの首都の気候区分を，次の**ア**から**エ**までの中から一つ選んで，そのかな符号を書きなさい。

ア　温帯湿潤気候　　**イ**　さばく気候　　**ウ**　西岸海洋性気候　　**エ**　熱帯雨林気候

⑶　次のW，X，Y，Zの写真は，イスラーム教，キリスト教，ヒンドゥー教，仏教の信仰者を撮影したものである。Ⅰの表中の①の国で，最も信仰者が多い宗教名を書きなさい。また，その宗教の信仰者の様子を撮影している写真を，W，X，Y，Zの中から一つ選んで，その符号を書きなさい。

W

X

Y

Z

5　次の文章を読んで，あとの⑴から⑷までの問いに答えなさい。

1950年代後半からはじまったわが国の高度経済成長は，1973年まで続いた。①高度経済成長期には，年平均10％の経済成長となり，②好景気が続いた。多くの③企業は，新しい技術を導入し，設備投資を進め，生産を拡大していった。また，この時代には，④社会保障制度の整備が進められた。

⑴　次の文章は，①高度経済成長期について述べたものである。文章中の（　）にあてはまることばを，漢字４字で書きなさい。

技術革新が進み，鉄鋼や造船などの重化学工業が産業の主軸になった。エネルギー源は，石炭から石油にかわり，太平洋岸を中心とする各地に，石油コンビナートが建設された。人々のくらしは，便利になり，テレビ，洗濯機，冷蔵庫などの家庭電化製品や自動車が普及した。池田勇人内閣は，（　　　）をスローガンにかかげるなど，政府も経済成長を積極的に推進した。

⑵　②好景気について述べた文として最も適当なものを，次の**ア**から**エ**までの中から選んで，そのかな符号を書きなさい。

ア　好景気には，一般に物価が持続的に上昇するインフレーションが起こる。

イ　好景気には，一般に物価が持続的に下落するデフレーションが起こる。

ウ　好景気には，一般に物価が持続的に上昇するデフレーションが起こる。

エ　好景気には，一般に物価が持続的に下落するインフレーションが起こる。

⑶　③企業の活動に関する法律について述べた次の文章中の（A），（B）にあてはまることばの組み合わせとして最も適当なものを，下の**ア**から**エ**までの中から選んで，そのかな符号を書きなさい。

少数の企業による市場支配が進み，価格競争が弱まると，消費者が不利益をこうむることがある。そこで，企業による市場支配の行き過ぎを防ぎ，自由な競争を促すための法律として，わが国では，1947年に（　A　）法が制定され，また，この法律の運営を担当する機関として，（　B　）委員会が置かれている。

ア　A　独占禁止，　B　国家公安　　**イ**　A　独占禁止，　B　公正取引

ウ　A　消費者基本，B　国家公安　　**エ**　A　消費者基本，B　公正取引

⑷　④社会保障について述べた文として最も適当なものを，次の**ア**から**エ**までの中から選んで，そのかな符号を書きなさい。

ア　日本の社会福祉は，保険料を払い，病気になったときなどに給付を受ける制度である。

イ　日本は，国民所得にしめる社会保障支出の割合が，世界で最も大きい。

ウ　日本は，介護福祉士などの労働条件が良く，人材の確保が容易である。

エ　日本の公的扶助は，生活に困っている人々に生活費などを支給する制度である。

6　次の文章を読んで，あとの⑴から⑶までの問いに答えなさい。

国の権力は，司法権，立法権，行政権の三権に分けられ，司法権は，（　A　），立法権は，（　B　），行政権は，（　C　）という独立した機関によって担当されており，この三権は，いろいろな形で，たがいに関係し合っている。例えば，立法権と行政権は，①議院内閣制によって結ばれており，司法権は，［　②　］など，権力の行き過ぎを防いで，バランスのとれた政治が行われている。

⑴　文章中の（A），（B），（C）にあてはまることばの組み合わせとして最も適当なものを，次の**ア**から**カ**までの中から選んで，そのかな符号を書きなさい。

ア　A　内閣，　B　国会，　C　裁判所

イ　A　内閣，　B　裁判所，C　国会

ウ　A　国会，　B　裁判所，C　内閣

エ　A　国会，　B　内閣，　C　裁判所

オ　A　裁判所，B　国会，　C　内閣

カ　A　裁判所，B　内閣，　C　国会

⑵ ①議院内閣制について述べた文として最も適当なものを，次のアからエまでの中から選んで，そのかな符号を書きなさい。

ア 内閣総理大臣は，国会議員の中から国会の議決により指名され，天皇が任命する。

イ 内閣総理大臣は，国務大臣の過半数を，衆議院議員の中から選ばなければならない。

ウ 内閣は，国権の最高機関であり，国会に対し，連帯して責任を負う。

エ 内閣は，内閣不信任決議案が可決された場合，必ず衆議院を解散しなければならない。

⑶ 文章中の ② にあてはまる最も適当な文を，次のアからエまでの中から選んで，そのかな符号を書きなさい。

ア 違憲審査で行政権の統制を受ける

イ 弾劾裁判で立法権の統制を受ける

ウ 国民審査で立法権の統制を受ける

エ 国政調査で行政権の統制を受ける

四 次の古文を読んで、あとの㈠から㈣までの問いに答えなさい。（本文の-----の左側は現代語訳です。）

［本文にいたるまでのあらすじ］

> 一の谷の合戦で生け捕りにされた平重衡《たいらのしげひら》（平清盛《きよもり》の五男）は、鎌倉の源頼朝《みなもとのよりとも》のもとに送られていくことになった。

都を出《い》でて、日数ふれば、弥生《やよひ》もなかば過ぎ、［ ① ］もすでに暮れなんとす《終わろう》。遠山《ゑんざん》の花は残んの雪《残雪》かと見えて、浦々《うらうら》嶋々《しまじま》《入り江や島々が》霞《かす》みわたり、来《こ》し方《かた》行く末の事ども《これまでのことやこれからのこと》も思ひ続け給ふに、「されば《いったい》これはいかなる宿業《しゅくごふ》の《前世での行いの》うたてさぞ《報いのひどさなのか》。」とのたまひて《おっしゃって》、ただ尽きせぬ《尽きない》ものは涙なり。御子《おんこ》の一人もおはせぬ《いらっしゃらない》ことを、母の二位殿《にゐどの》も嘆き、北の方《奥方》大納言佐殿《だいなごんのすけどの》も本意《ほい》なきこと《不本意なことに思って》にして、よろづの神仏に祈り申されけれども、そのしるし《ご利益》なし。「かしこうぞ《幸いにも》なかりける《子供がいないことだよ》。子だにあらましかば《子でもいたとしたら》、いかに心苦しからん。」とのたまひけるこそせめての事なれ《せめてもの慰めである》。小夜《さや》の中山にかかり給ふにも《さしかかりなさるにつけても》、②また越ゆべしともおぼえねば、いとどあはれの数そひて《ますます悲しみが増えて》、袂《たもと》ぞいたく《たいそう》③ぬれまさる《余計にぬれるのだった》。

（『平家物語《へいけものがたり》』による）

（注）○袂《たもと》＝着物の袖から袋状に垂れた部分。

㈠ ［①］にあてはまる最も適当なことばを、次のアからエまでの中から選んで、そのかな符号を書きなさい。

ア 春　**イ** 夏　**ウ** 秋　**エ** 冬

㈡ ②また越ゆべしともおぼえねば の現代語訳として最も適当なものを、次のアからエまでの中から選んで、そのかな符号を書きなさい。

ア 前にも越えたことを覚えていないので

イ 前にも越えたことを覚えていなければ

ウ ふたたび越えられるとも思われないので

エ ふたたび越えられるとも思われなければ

㈢ ③ぬれまさる とあるが、「袂」をぬらす要因として最も適当なものを、次のアからエまでの中から選んで、そのかな符号を書きなさい。

ア 汗　**イ** 涙　**ウ** 波しぶき　**エ** 夜露

㈣ 次のアからエまでの中から、その内容がこの文章に書かれていることと一致するものを一つ選んで、そのかな符号を書きなさい。

ア 前世でのひどい行いのせいで、重衡と北の方には子どもがいなかった。

イ 重衡や母、北の方にとって、子どもがいないことが最大の心残りであった。

ウ 母と北の方は、重衡を助けてくれるように神仏に祈ったがご利益はなかった。

エ 今にして思えば、子どもがいたら余計悲しいので、子どもがいなくて幸いだった。

ウ　生みだそうとしている

エ　見えます

(三)　②不文律 の意味として最も適当なものを、次の**ア**から**エ**までの中から選んで、そのかな符号を書きなさい。

ア　暗黙の了解となっているきまりごと

イ　大人が考えた育児のアドバイス

ウ　部族内における厳しいおきて

エ　破ることの許されない法律

(四)　③「魔法の道具」とあるが、このことばに「　」が付けられている理由として最も適当なものを、次の**ア**から**エ**までの中から選んで、そのかな符号を書きなさい。

ア　技術の問題であり魔法ではないと、読者がわかっていることを念押しするため

イ　誰もが魔法のようだと思っており、それを口にすることばであることを示すため

ウ　魔法のように便利であるが、ただ便利なだけではないことを暗示するため

エ　誰もが魔法のようだと感心する道具であることを確認し、強調するため

(五)　次の文章は、第二段落に述べられている「散歩の本質的な意味」について、ある生徒がまとめたものであるが、内容や表現に適切でない部分がある。それらを最も的確に指摘しているものを、A群及びB群の**ア**から**エ**までの中からそれぞれ選んで、そのかな符号を書きなさい。

> 散歩をすることによって体も健康になり、頭を空っぽにすることができるので、人々が個に立ち戻る行為となる。人間は誰にも気兼ねなく自由に道を選ぶことができる散歩はまさに、近代社会の理想を体現するものである。

A群

ア　散歩が少し騒々しい座禅と考えられるような、二者の関係性に触れていない。

イ　散歩では、頭を空っぽにすることが大切であると、とらえ違いをしている。

ウ　定時に決まったルートを歩くという正しい散歩のあり方について触れていない。

エ　英国だけの話であるのに、それが日本でも同様であると考えてしまっている。

B群

ア　接続語の使い方が適切でない。

イ　指示語の指示している内容が明確でない。

ウ　主語と述語がうまく対応していない。

エ　副詞をそれに対応する語で受けていない。

だから一人で歩くという時間は、それが通勤通学のわずかなときであっても、その人にとって重要な個の独立したひとときであり、個の思索の時間なのです。

8 現代の私たちは個の独立した時間を失いつつあります。職場を出て帰宅までの道すがら、カフェに入ってコーヒーを飲む。そのときぼんやりとして気持ちを癒《いや》すということが、昔はありました。しかし今はこぞってすぐさまスマホを開き、誰かと、どこかとつながろうとするか、ゲームという名のプログラムに個の思考を奪われる。また、一人でご飯を食べるのを一人食いと称して恥ずかしがる。つねに人の輪の中にいようとして、孤立を恐れる。かつて「連帯を求めて孤立を恐れず」という言葉を耳にしたことを思いだします。

9 一人でいることや孤独を必要以上に恐れ軽蔑《けいべつ》する傾向は、スマホ一辺倒の社会が生み出した「悪」です。人はますます一人でいること、一人で考えること、自力の思考から遠ざかっていく。①スマホ社会が人の輪の中でア承認されることを常にイ求めつづける、自立的な思考に弱い、孤独を恐れる人間を、いま大量にウ生みだそうとしているように私にはエ見えます。

10 かつてあるネイティブ・カナディアンの部族は、「夢を見る時間」を暮らしの中にきちんと組み入れていたといいます。雪の中に背中を丸めて入り、毛布で体をくるみながら夜空を見あげ一人夢想する。そのとき、ほかのものは決してそれを妨げてはならない。そういう②不文律があったといいます。孤独の時間が人生を豊かにする。こんな考え方はスマホ社会ではありえません。

11 一人ぽつねんと芝に腰を下ろし、ぼんやりと長い時間空を眺めている子供がいたとします。もし見かけたなら、声をかけてはいけません。遠くで陰ながら見守るしかないのです。その子はみずからの想像力を鍛え上げて、この過酷な世界に立ち向かおうとしているのかもしれないのですから。想像力は自分の力で獲得するしかないものです。もしその子がかつての私だったら、そっとしておいてほしいと望んだでしょう。

12 もちろんいま、孤独と格闘しようなどという子などほとんどいないでしょう。手にスマホがあり、それは③「魔法の道具」で、ただちに答えを手に入れて満足してしまう。いつも誰とでもつながることができるという便利さが、想像力や思考力を奪いさるという落とし穴に気づいている人は少ないのです。

（藤原《ふじはら》智美《ともみ》『スマホ断食』による）

（注）○1～12は段落符号である。
○脳トレ＝頭脳の働きを鍛えるトレーニング。
○SNS＝ソーシャル・ネットワーキング・サービス。インターネット上で知人同士のネットワークを作ることができるサービス。
○沈潜《ちんせん》＝物事に深く没頭すること。

（一）［A］から［C］までのそれぞれにあてはまる最も適当なことばを、次のアからクまでの中からそれぞれ選んで、そのかな符号を書きなさい。

ア あらゆる　イ むしろ　ウ たとえば　エ とうてい
オ ほとんど　カ せめて　キ いわゆる　ク すべての

（二）①スマホ社会がを受ける述語（述部）として最も適当なものを、次のアからエまでの中から選んで、そのかな符号を書きなさい。

ア 承認される
イ 求めつづける

【国　語】（四五分）〈満点：二二点〉

一　※問題に使用された作品の著作権者が二次使用の許可を出していないため、問題を掲載しておりません。

二　次の㈠、㈡の問いに答えなさい。

㈠　次の①、②の文中の傍線部について、漢字はその読みをひらがなで書き、カタカナは漢字で書きなさい。

①　あまりの寒さに凍える。

②　書店で本をコウニュウする。

㈡　次の文中の〔③〕にあてはまる最も適当なことばを、漢字二字で書きなさい。

水泳大会で、苦手なクロールに出場することになり、僕は無我〔　③　〕で泳いだ。

三　次の文章を読んで、あとの㈠から㈥までの問いに答えなさい。

1　ただ歩くことを目的とした行為を散歩といいますが、日本では老化防止や体の健康のためにそれを推奨《すいしょう》したり、最近では脳トレになるという見方もあって、実践《じっせん》する人も大勢います。しかしそうした散歩に対する評価は一面的すぎます。

2　〔　A　〕スマホを手にネットにアクセスしながら散歩したと仮定しましょう。たしかに足腰を鍛えられるので健康にはいいでしょうし、スマホでゲームをしたりSNSにアクセスしながら歩くのは脳トレにもなるのかもしれない。しかしそれでは散歩の本質的な意味がないのです。

3　英国ではパブリック・フットパスがあります。歩くための道、〔　B　〕散歩専用の小径《こみち》で、郊外では何十キロにもわたって整備されています。私有地を抜けたりする場所もありますが、そこを誰でも散歩できるのです。これは英国社会が、散歩を人間の一つの権利として認知している証のようにみえます。

4　ではなぜ近代社会の先駆《さきが》けとなったかの地で、散歩が生活スタイルの一つとして確立されたのでしょうか。それは散歩が個に立ち戻る行為として認められているからだ、と私は推測します。近代社会は人が個として独立した人格をもち、人生を自由意志でまっとうできることを理想としています。散歩とはまさにそんな人間のあり方を体現する行為なのです。

5　散歩中は誰に気兼ねすることもなければ、自由に道を選び、止まるのも進むのもまた自由です。そのとき他者が思考に介入してくることはない。つぎつぎにわき起こってくる想念をはばむものもない。そこでは自由な思考が可能なのです。しかも、たった一人だけの！

6　哲学者のカントは定時に決まったルートを散歩することで有名でした。頭を空っぽにして歩いていたわけではありません。〔　C　〕さまざまな考えや想いが頭を駆けめぐっていたにちがいない。座禅《ざぜん》を組んだことのある人はよく分かると思いますが、人は外部からの情報や刺激が減るほど、さまざまな考えが浮かび、それを消し去ることはなかなかできない。だからただ座ること、座禅が修行になるのです。人間が簡単に頭を空っぽにできるならば、「禅」など生まれなかったはずです。

7　散歩とは少し騒々しい座禅と考えればいい。個人が個に沈潜《ちんせん》できるきわめて貴重な時間であり、ほんらい誰にもそれをはばむ権利はない。

MEMO

大切なことはメモしておこうネ！

2019年度

解　答　と　解　説

《2019年度の配点は解答欄に掲載してあります。》

＜数学解答＞

1　(1)　-1　　(2)　$\dfrac{x+3}{6}$　　(3)　4　　(4)　$(x+2)(x-5)$　　(5)　$x=-1\pm\sqrt{2}$

(6)　2400円　　(7)　$a=\dfrac{1}{2}$　　(8)　125cm　　(9)　$2.395 \leqq a < 2.405$

2　(1)　$\dfrac{7}{36}$

(2)　A$(10x+y)$，B$(10y+x)$，$a(11)$

(3)　18

(4)　①　320秒後　　②　右図

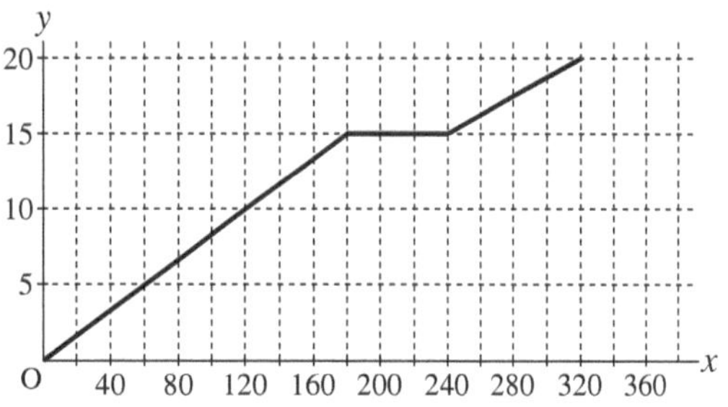

3　(1)　100度

(2)　①　D(0，1)　　②　$\dfrac{52}{3}\pi \text{cm}^3$

(3)　①　9cm^2　　②　4cm^2

○配点○

1　各1点×9　　2　(4)②　2点　　他　各1点×4

3　(1)・(2)①・(3)①　各1点×3　　他　各2点×2　　　計22点

＜数学解説＞

基本　**1**　（数・式の計算，平方根の計算，因数分解，2次方程式，方程式の応用，2乗に比例する関数，近似値）

(1)　$2+6\div(-2)=2-3=-1$

(2)　$\dfrac{2x+3}{3}-\dfrac{x+1}{2}=\dfrac{2(2x+3)-3(x+1)}{6}=\dfrac{4x+6-3x-3}{6}=\dfrac{x+3}{6}$

(3)　$(\sqrt{3}+1)^2-\dfrac{6}{\sqrt{3}}=3+2\sqrt{3}+1-\dfrac{6\sqrt{3}}{3}=4+2\sqrt{3}-2\sqrt{3}=4$

(4)　$(x+1)(x-3)-(x+7)=x^2-2x-3-x-7=x^2-3x-10=(x+2)(x-5)$

(5)　$x^2+2x=1$　　$x^2+2x+1=1+1$　　$(x+1)^2=2$　　$x+1=\pm\sqrt{2}$　　$x=-1\pm\sqrt{2}$

(6)　品物の定価をx円として，原価に関する方程式をたてると，$0.7x-180=0.6x+60$　　$0.1x=240$　　$x=2400$(円)

(7)　$\dfrac{a\times4^2-a\times(-2)^2}{4-(-2)}=1$　　$\dfrac{16a-4a}{6}=1$　　$\dfrac{12a}{6}=1$　　$2a=1$　　$a=\dfrac{1}{2}$

(8)　Aの長さを$x$cmとすると，Bの長さの関係から，$1.2x=150$　　$x=150\div1.2=125$(cm)

(9)　小数第3位で四捨五入して2.40となるaは，$2.395 \leqq a < 2.405$

2　（確率，文字式の利用，図形と関数・グラフの融合問題，一次関数の利用とグラフの作成）

(1)　2つのさいころの目の出方は全部で，$6\times6=36$(通り)　　そのうち，点Pが頂点Eで止まる場合は，(1，3)，(2，2)，(3，1)，(3，6)，(4，5)，(5，4)，(6，3)の7通り　　よって，求める確率は，$\dfrac{7}{36}$

(2)　十の位の数がx，一の位の数がyの2けたの自然数は，$10x+y$…A　この自然数の一の位と十の位を入れかえた自然数は，$10y+x$…B　AとBの和は，$10x+y+10y+x=11x+11y=11(x+y)$

重要 (3)　$y=\frac{1}{4}x^2$に$x=-4$を代入して，$y=\frac{1}{4}\times(-4)^2=4$　よって，A$(-4,\ 4)$　AD//BCから，△ACD=△AED=$\frac{1}{2}\times4\times\{5-(-4)\}=18$

(4)　①　1秒間に出る水の量は，$15\times20\times15\div180=25$　立方体の容積は，$(15+5)\times20\times20=8000$　よって，容器が水でいっぱいになるのは，$8000\div25=320$(秒後)

②　(0, 0)，(180, 15)を通る直線を引く。イの部分の容積は，$5\times20\times15=1500$　$1500\div25=60$，$180+60=240$，イの部分がいっぱいになるまで辺ABの高さは変わらないことから，$180\leqq x\leqq240$では，$y=15$　よって，(180, 15)，(240, 15)を通る直線を引く。①から320秒後に水がいっぱいになるので，(240, 15)，(320, 20)を通る直線を引く。

3 (角度，図形と関数・グラフの融合問題，平面図形の計量問題)

(1)　補助線BE，BDを引くと，CD=DE=AEから，∠CBD=∠DBE=∠EBA=120÷3=40°　∠CBE=40°×2=80°　円に内接する四角形の定理から，∠CDE=180°−80°=100°

重要 (2)　①　直線ABの式を$y=ax+b$として点A，Bの座標を代入すると，$3=4a+b$…(ⅰ)　$0=-2a+b$…(ⅱ)　(ⅰ)−(ⅱ)から，$3=6a$　$a=\frac{3}{6}=\frac{1}{2}$　これを(ⅱ)に代入して，$0=-2\times\frac{1}{2}+b$　$b=1$　よって，直線ABの式は，$y=\frac{1}{2}x+1$となるから，D(0, 1)

②　点Aからy軸へ垂線AHを引き，直線ACとy軸との交点をEとする。OC：HA=2：4=1：2　中点連結の定理から，EO=OH　H(0, 3)から，E(0, −3)　HE=3−(−3)=6　HD=3−1=2　求める体積は，底面が半径AHの円で高さがEHの円錐の体積から，底面が半径OCの円で高さがOE の円錐の体積と底面が半径AHの円で高さがDHの円錐の体積をひいたものになるから，$\frac{1}{3}\times\pi\times4^2\times6-\frac{1}{3}\times\pi\times2^2\times3-\frac{1}{3}\times\pi\times4^2\times2=32\pi-4\pi-\frac{32}{3}\pi=\left(28-\frac{32}{3}\right)\pi=\frac{52}{3}\pi$(cm³)

重要 (3)　①　BF：FC=1：2から，BF=bとするとFC=$2b$，AD=BC=$3b$　直線CBとDEの交点をJとすると，BJ：AD=BE：EA=1：1からBJ=AD=$3b$　△IFC∽△HJCで相似比は，CF：CJ=$2b$：$6b$=1：3　よって，△IFC：△HJC=1^2：3^2=1：9　△HJC=8×9=72　△HDA∽△HJCで相似比は，DA：JC=$3b$：$6b$=1：2　よって，△HDA：△HJC=1^2：2^2=1：4　△HDA=72÷4=18　EH：HD=AE：DC=1：2から，△AEH=$\frac{\triangle \mathrm{HDA}}{2}=\frac{18}{2}=9$(cm²)

②　CG：GD=CF：FJ=$2b$：$4b$=1：2　CG=$\frac{\mathrm{CD}}{3}$　AE=$\frac{\mathrm{AB}}{2}$　CD=ABから，GC：AE=$\frac{1}{3}$：$\frac{1}{2}$=2：3　△ICG∽△HAEで相似比は，GC：EA=2：3から，△ICG：△HAE=2^2：3^2=4：9　よって，△ICG=$\frac{4}{9}$△HAE=$\frac{4}{9}\times9=4$(cm²)

★ワンポイントアドバイス★

2(3)は，点A，Eのx座標が等しいことから，△AEDの面積をAEを底辺として計算すると簡単になることに気づこう。

＜英語解答＞

1　第1問　1番　a　正　　b　誤　　c　誤　　d　誤
　　　　　2番　a　誤　　b　誤　　c　誤　　d　正
　　　　　3番　a　誤　　b　誤　　c　正　　d　誤
　　第2問　問1　a　誤　　b　正　　c　誤　　d　誤
　　　　　問2　a　誤　　b　正　　c　誤　　d　誤

2　（例）　I think that junior high school students need smartphones. I have two reasons. First, they can get a lot of information with them. Second, they can text to their friends anytime.
　（例）　I think that junior high school students don't need smartphones. I have two reasons. First, it is more important to study than to play with smartphones. Second, a lot of money is needed to have them.

3　①　Could[Can]（you tell me）the way（to the library ?）
　②　（I went home in summer, so I）am going to（travel around Japan.）
　③　Why don't you（visit both ?）

4　（1）（Most of us want to live a happy life, but）many people do not know how to find happiness（.)　（2）イ　（3）asked　（4）ウ　（5）イ，ウ

5　（1）b　オ　d　ア　（2）ア　for　イ　about　（3）イ
　（4）X　higher　Y　took

○配点○
1　各1点×5（各完答）　2　2点　3　各1点×3（各完答）
4　（1）～（4）　各1点×4　（5）　2点（完答）　5　各1点×6（（1）は完答）　計22点

＜英語解説＞

1　リスニング問題解説省略。

2　（自由英作文）

賛成であるときは，必要な情報を得る，友人や親とすぐに連絡を取り合えるという理由，反対であるときは，ゲームやSNSに夢中になる，生活のリズムが崩れるという理由が書かれているので，それらを参考にして自由に考えてよい。スペルミスや文法上のミスが生まれないように，なるべくやさしい表現で書くようにするとよい。コンマやピリオドなどをもらさないように，書き終わったら必ず見直すようにする。

3　（対話文問題：語句補充）

（全訳）優里　　：やあ，エミリー。何を探しているのですか。
エミリー：やあ，優里。きいてくれてありがとう。①図書館へ行く道を教えてもらえませんか。私は理科の本を見つけなければなりません。
優里　　：それは難しいですね。私も本を読みたいので，そこへ連れていきますね。
エミリー：どうもありがとう！
優里　　：どういたしまして。ところで，あなたはこの冬に自分の国にもどるのですか。
エミリー：いいえ。②夏に家に帰ったので，日本を旅行するつもりです。
優里　　：いいですね！　どこに行きたいのですか。

エミリー：神戸か奈良を訪れたいです。

優里　　：③両方訪ねたらどうですか。観光に向いている美しい場所がたくさんあります。

エミリー：それは本当ですね。考えてみます。

① 丁寧な依頼を表す場合には〈could you ～ ?〉という表現を用いる。

基本 ② 未来のことを表すときは〈be going to ～〉を用いる。

③ 〈why don't you ～ ?〉は「～しませんか」という相手に提案する意味を表す。

4 **（長文読解問題・説明文：語句整序，語句補充，内容吟味）**

（全訳）　あなたは暇なときは何をしていますか。あなたは泳ぎますか，踊りますか，あるいは本を読みますか。

①私たちのほとんどは幸せな生活をしたいと思っていますが，多くの人は幸せを見つける方法を知りません。ギリシャの哲学者アリストテレスは，「幸福は自分自身にかかっている」と言いました。言い換えれば，私たちは自分自身の幸せを作るのです。ここには，あなたが幸せになるために役立ついくつかの意見があります。

幸せになる最初の方法は，人生の中で単純なものを楽しむことです。将来のことを考えたいのなら，そのことに多くの時間を費やすのはよくありません。良い本を読んだり，お気に入りの音楽を聴いたり，友達と過ごしたりするなど，人生の単純なものを楽しむべきです。多くの友人を持つ人々は孤独を感じず，より幸せで健康的な生活を送ることができます。犬，猫，鳥のようなペットを飼っている人もよりよい気分を感じられます。ペットを飼っている人は，②より幸福を感じて，孤独を感じません。

幸せな生活を送るもう一つの方法は行動的になって，趣味を持つことです。趣味があれば自分の問題を忘れて，楽しい時間を過ごすことができます。多くの人がダンスを経験したり，サッカーやテニスなどのスポーツを経験したりします。あなたは自分の問題を忘れて，活動についてのみ考えることができます。

最後に，多くの人々は他の人を助けるとき，幸せを見つけます。ボランティア活動の後に自分の気持ちを話すように(A)頼まれると，他の人を助けることができるので気分が良くなると言います。研究によると，あなたが幸せを感じたい場合は，誰かのために何か素敵なことをしてください。あなたは友人に関して，彼または彼女の勉強を助けることができますし，高齢の親戚のための食べ物を買うために買い物に行ったり，または皿を洗ったりしてあなたの周りの人々を助けることができます。

もちろん，健康な体を持つことは非常に重要です。自分の生活の仕方に気をつけていれば，健康でいることができます。あなたの人生を楽しみ，楽しい時間を過ごしてください。

(1)　並べ替えると，(Most of us want to live a happy life, but) many people do not know how to find happiness. となる。〈how to ～〉で「～する方法(仕方)」という意味を表す。

(2)　幸福になる場合の例について述べているので，イが正解。ア「より幸福を感じて，健康的には生きない」，ウ「孤独を感じて，健康的に生きる」，エ「孤独を感じて，幸福を感じない」

(3)　〈ask A to ～〉で「Aに～するよう頼む」という意味を表す。

(4)　ア　「私たちはひとりで単純なことをすると人生を楽しむことができる。」「ひとりで」とは言っていないので，誤り。　イ　「私たちは人生を楽しみたいならペットを持たねばならない。」ペットはひとつの例に過ぎないので，誤り。　ウ　「趣味を行うことは自分自身の人生を楽しむのによい。」第3段落の内容に合うので，正解。　エ　「私たちは自分の友人を助ける時だけ幸福な人生を生きられる。」「自分の友人を助けるときだけ」とは言っていないので，誤り。

重要 (5)　ア　「私たちは多くのお金を持つと幸福な人生を生きられる。」第2段落の第2文の内容に合わないので，誤り。 イ 「自分の問題を忘れたいときは，活動的になるべきである。」 第4段落の第1文の内容に合うので，正解。 ウ 「もし友人の宿題を手伝えば，私たちは幸福になる。」 第5段落の第4文の内容に合うので，正解。 エ 「私たちは誰かの助けなしには人生を楽しむことができない。」 文中に書かれていない内容なので，誤り。 オ 「私たちは幸福な時には，自分の健康について注意する必要がない。」 第6段落の第1文の内容に合わないので，誤り。 カ 「筆者は，幸福な人生を送るには2つの方法しかないと言っている。」 全部で4つの方法について書いているので，誤り。

5 （対話文問題：語句補充）

（全訳） ジェーン：うれしそうですね。いい知らせですか。

壮太　：友達のハヤトから電子メールを受け取ったところです。

ジェーン：彼はどこに住んでいますか。

壮太　：【a】彼は家族といっしょに静岡に住んでいます。

ジェーン：①彼はそこに長い間住んでいるのですか。

壮太　：いいえ。先月からです。実は，彼はぼくの家の近くに住んでいたのですが，彼の父親は静岡で働いています。それで彼の家族はそこに引っ越しました。

ジェーン：【b】あなたとハヤトはどれくらいの間友達なんですか。

壮太　：3年間です。彼は電子メールの中で富士山について語り，その写真を何枚かぼくに送ってくれました。彼は家の窓からいつもその山を楽しんでいます。

ジェーン：それはいいですね。私はその山を知っています。それは日本で一番高い山ですね。

壮太　：【c】その通りです。彼は来月それを登ると言っています。

ジェーン：わお！ 私はこれまでそれを見たことがありません。

壮太　：いい考えがあります。②ぼくたちをそこに連れていってくれるよう彼に頼むのはどうでしょうか。

ジェーン：すばらしいですね。私は自分の家に帰る前にそれを登りたいです。私は彼の(A)返事を心待ちにしています。ところで，私のホストファミリーは来週私を京都へ連れていくことを計画しています。

壮太　：【d】そこには訪れるのに面白い場所がたくさんあります。あなたはそこを気に入るでしょう。あなたはいくつか伝統的な建物を見るつもりですか。

ジェーン：私たちは清水寺と龍安寺に行くと聞いています。

壮太　：それはどちらも有名な寺です。清水寺の近くで着物を借りて，それを着て歩いて楽しむことができます。

ジェーン：【e】もしできたら，そうしたいです。

(1) 全訳参照。

基本 (2) ア for a long time で「長い間」という意味を表す。 イ 〈how about ~ ing〉は「～するのはどうですか」という意味を表す。

(3) 壮太はハヤトに聞いてみると言い，ジェーンはハヤトからの「返事」を待つと言っている。

(4) （全訳） こんにちは，アレックス。調子はどうですか。

私は日本で多くのすばらしい体験をしました。

先日，私は富士山に登る機会を得ました。

それは日本で他のどの山より(X)高いのを知っていますよね。

私はそこで多くの写真を(Y)撮ったので，何枚かをあなたに送ります。

帰ってから私の滞在について話したいです。

じゃあね。
ジェーン
X 〈～ er than any other …〉で「他のどんな…よりも～」という意味を表す。
Y 「(写真を)撮る」は take で表す。

★ワンポイントアドバイス★
3の③には〈why don't you ～ ?〉が使われ，これは相手か何かをするように提案する言い方だが，同じ意味は〈will you ～ ?〉や〈would you ～ ?〉でも表せる。will よりも would を使った方が丁寧な言い方になることを覚えておこう。

＜理科解答＞

1 (1) ク (2) イ
2 (1) 食物連鎖 (2) カ (3) オ (4) 分解者・イ
3 (1) $BaSO_4+2H_2O$ (2) 白色 (3) アとエ (4) 下図1
4 (1) 下図2 (2) ウ (3) 下図3 (4) ウ
5 (1) ウ (2) エ (3) D (4) イ
6 (1) キ (2) オ

図1
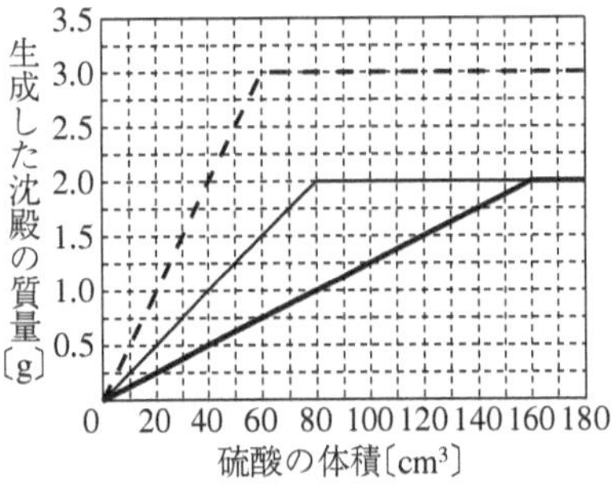

図2
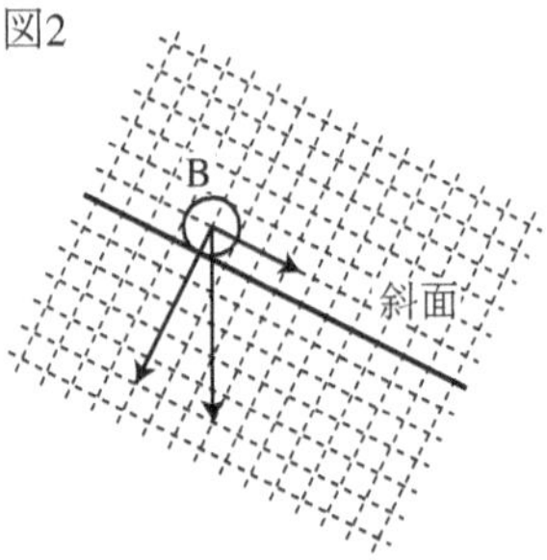

図3
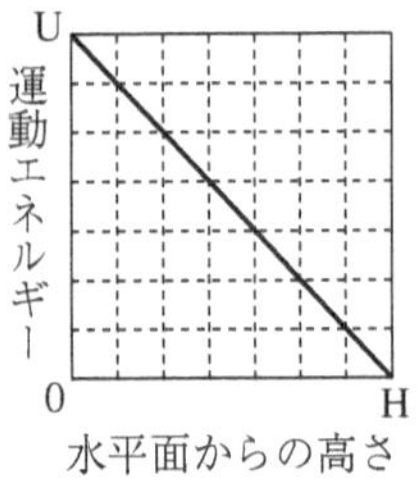

○配点○
1 各1点×2　2 (1)～(3) 各1点×3 (4) 2点　3 (1)～(3) 各1点×3 (4) 2点
4 各1点×4　5 各1点×4　6 各1点×2　計22点

＜理科解説＞

1 (植物の体のしくみ・電流と電圧)

重要 (1) Aは裸子植物とその他を分けるので，④(胚珠が子房につつまれている)である。Bは単子葉類がいいえで，その他がはいなので，①(葉脈が網目状である)である。Cは合弁花類と，離弁花類を分けるので，③(花弁がくっついている)である。よって，A，B，Cの順に④，①，③となる。

やや難 (2) V＝RI(電圧[V]＝抵抗[R]×電流[A])より，7.0Ωの電熱線に流れる電流は3(V)＝7.0(Ω)×□(A)より，$\frac{3}{7}$A，14Ωの電熱線に流れる電流は3(V)＝14(Ω)×□(A)より，$\frac{3}{14}$Aである。その

ため，I_1は，$\frac{3}{7}$(A)×2＝$\frac{6}{7}$(A)，I_2は，$\frac{3}{14}$(A)＋，$\frac{3}{7}$(A)＝，$\frac{9}{14}$(A)となる。よって，I_2はI_1の$\frac{9}{14}$(A)÷$\frac{6}{7}$(A)＝$\frac{3}{4}$(倍)となる。

2 (生物どうしのつながり)

重要 (1) 食う食われるの関係を食物連鎖という。

基本 (2) 生物Dが一時的に増えると，生物Eは生物Dに多く食べられるため減り，生物Cはエサ(生物D)が増えるため，生物Cの数が増える。しかししばらくすると，生物Dはエサ不足となり，生物Dの数が減り，同様に生物Cの数も減る。その後，生物Dが減った関係で，あまり食べられなくなった生物Eが増え，生物Eが増えるとエサが増えるため，生物D，およびCは増えていく。

やや難 (3) 資料Ⅰは生きている微生物が呼吸するので，二酸化炭素が増えていき，水酸化ナトリウム水溶液を中和させ，フェノールフタレイン液の色はなくなる。資料Ⅱでは微生物が過熱により死滅したため，呼吸することがない。そのため，フェノールフタレイン液は赤いままである。

重要 (4) 地中にいる微生物は，動物のフンや死がい，枯れた植物などを分解し，植物などの栄養を作るので，分解者と呼ばれる。生産者は最も数が多いので，Eにあたる。よって，A，B，C，D，が消費者にあたる。

3 (物質とその変化)

重要 (1) 水酸化バリウム水溶液と硫酸を反応させると，硫酸バリウムと水ができる。化学式は，$Ba(OH)_2+H_2SO_4 \rightarrow BaSO_4+2H_2O$である。

重要 (2) 硫酸バリウムは白い固体である。

基本 (3) ア　硫酸ナトリウム水溶液に塩化バリウム水溶液を反応させると，硫酸バリウムが沈殿する。イ　炭酸カルシウムに塩酸を加えると二酸化炭素と塩化カルシウムと水ができるが，塩化カルシウムは沈殿しない。　ウ　マグネシウムに塩酸を加えると，水素と塩化マグネシウムができるが塩化マグネシウムは沈殿しない。　エ　石灰水に二酸化炭素を通すと，水に溶けない炭酸カルシウムができ，沈殿する。　オ　炭酸水素ナトリウムを加熱すると炭酸ナトリウムと二酸化炭素と水ができるが，沈殿はしない。

やや難 (4) 元となる実験の水酸化バリウム水溶液の濃度を1とすると，硫酸の体積が80cm^3のときに過不足なく反応して2.0gの硫酸バリウムが発生していることがわかる。硫酸の濃度を半分にすると，1の濃度の水酸化バリウム水溶液を過不足なく反応させるのに，元の実験よりも2倍量の160cm^3の硫酸が必要となり，硫酸バリウムの重さは最大2.0gのグラフとなる。

水酸化バリウム水溶液の濃度を1.5倍にし，硫酸の濃度を2倍にすると，硫酸が余ることになる。水酸化バリウム水溶液の濃度が1の場合ならば，2倍の濃さの硫酸は80(cm^3)÷2＝40(cm^3)で反応が終わるが，濃度を1.5倍にした水酸化バリウム水溶液と反応させるので必要な硫酸は40(cm^3)×1.5＝60(cm^3)必要となる。また，発生する硫酸バリウムは，硫酸が余ることから水酸化バリウムの量によってきまるので，2.0(g)×1.5＝3.0(g)沈殿する。

4 (運動エネルギー)

重要 (1) 小球の重心から，斜面に平行な線と垂直な線をかき，重力の大きさを表した矢印の長さをを対角線とする長方形の2辺が，斜面に平行な分力の大きさと，斜面に垂直な分力の大きさとなる。

基本 (2) 位置CD間の平均の速さは(22.5(cm)－10.0(cm))÷0.1(秒)＝125(cm/秒)であり，位置DE間の平均の速さは(40.0(cm)－22.5(cm))÷0.1(秒)＝175(cm/秒)である。また，E，F，Gは水平面なので，同じ速さとなる。よって，EF間は20cmなので，位置Eを通過する瞬間の速さは20(cm)÷0.1(秒)＝200(cm/秒)である。

基本 (3) 位置Aのときは位置エネルギーが最大で，運動エネルギーは0Jである。また，位置Eのときは位置エネルギーが0Jとなり，運動エネルギーが最大となる。

基本　(4)　右の斜面の上端から飛び出した小球は，重力を受けるため，ウの軌跡を描く。

5 (地球と太陽系)

重要　(1)　太陽からの平均距離が長いほど，公転周期が長くなっていることが表からわかる。

基本　(2)　彗星の公転周期は0.24年なので，日数にすると365(日)×0.24＝87.6(日)となる。

基本　(3)　金星の見え方は下図1のようになるので，Dである。

基本　(4)　Eの位置にある金星の見え方は下図2のようになるので，地球からは明け方に東の方角に見える。明け方見える金星を，明けの明星という。

図1

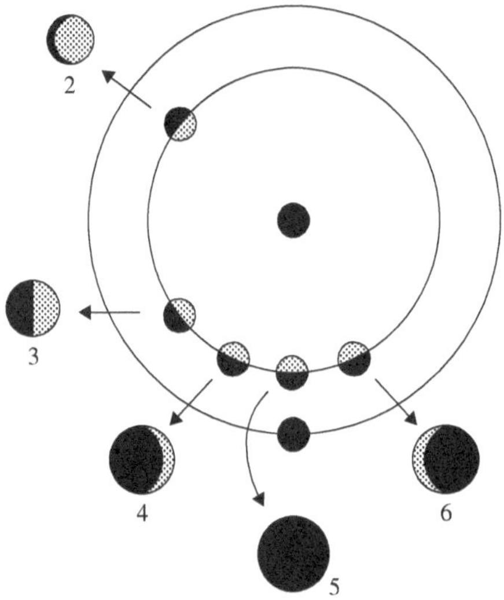

図2

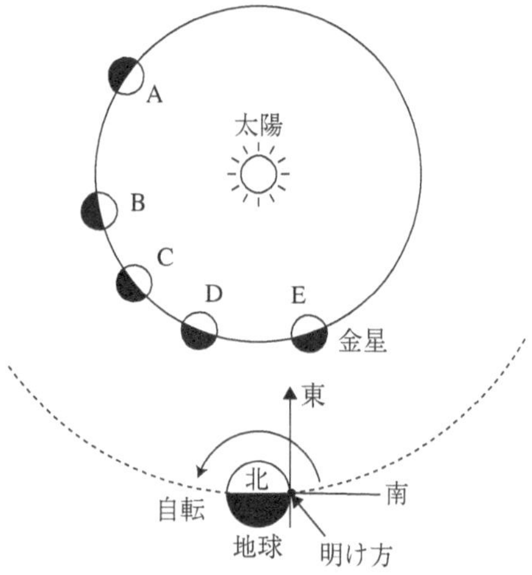

6 (天気の変化・溶液とその性質)

重要　(1)　上昇した空気のかたまりは，周囲の気圧が低くなるため，膨張する。膨張すると空気の温度が下がるため露点に達し，上昇した空気の含まれていた水蒸気が水に変化していく。

基本　(2)　どのビーカーでも硝酸カリウムはすべて溶けたので，各ビーカーでの水溶液の質量パーセントは，ビーカーAは$\frac{20(\mathrm{g})}{60(\mathrm{g})+20(\mathrm{g})}\times100=25(\%)$，ビーカーBは$\frac{40(\mathrm{g})}{60(\mathrm{g})+40(\mathrm{g})}\times100=40(\%)$，ビーカーCは$\frac{60(\mathrm{g})}{60(\mathrm{g})+60(\mathrm{g})}\times100=50(\%)$である。

★ワンポイントアドバイス★

問題文の条件，情報を丁寧に読みこもう。

＜社会解答＞

1　(1)　ア　　(2)　ウ　　(3)　御家人

2　(1)　エ　　(2)　ウ，カ　　(3)　イ　　(4)　ウ

3　(1)　イ　　(2)　カ　　(3)　カ

4 (1) ウ (2) イ (3) (宗教) イスラーム教[イスラム教] (符号) X

5 (1) 所得倍増 (2) ア (3) イ (4) エ

6 (1) オ (2) ア (3) イ

○配点○

1 各1点×3 2 (2) 2点(完答) 他 各1点×3 3 各1点×3

4 (3) 2点(完答) 他 各1点×2 5 各1点×4 6 各1点×3 計22点

＜社会解説＞

1 (日本の歴史ー日本史の各時代の特色，文化史)

(1) 聖武天皇は，行基の力をかりて，大仏を建立した。

(2) Ⅱの阿弥陀如来像は平安時代のものであるため，ウの作品が該当する。アは鎌倉時代，イは安土桃山時代，エは江戸時代，それぞれの作品であるため，該当しない。

基本 (3) 将軍から領地を与えられた武士を御家人という。

2 (日本と世界の歴史ー世界史の各時代の特色，日本史と世界史の関連)

(1) 日朝修好条規は1876年，西南戦争はその翌年であるから，同時期としてよい。

(2) 日清戦争後の下関条約で，清は，①朝鮮の独立を認め，②遼東半島，台湾，澎湖諸島を日本にゆずりわたし，③賠償金2億両(テール)を支払うことが決められた。

重要 (3) 孫文が三民主義を唱え，辛亥革命が起きたのは，1911～12年であるから，第一次世界大戦(1914～18年)以前ということになる。

(4) 国際連盟は，当時のアメリカ大統領ウィルソンの提案にもとづいて生まれた。しかし，アメリカは議会の反対で参加できず，常任理事国はイギリス，フランス，日本，イタリアであった。

3 (日本の地理ー日本の諸地域の特色，産業，交通)

やや難 (1) Aさんの経路の後半で，左手に有明海が見える。Bさんの到着地は鹿児島県鹿児島市であり，大隅半島とつながった桜島を望むことができる。

やや難 (2) 中京工業地帯と北九州工業地域の産業別の製造品出荷額等のうちわけでの共通点は，最近，機械工業の割合が増加しているということである。

(3) ①は福岡県，②は熊本県，③は鹿児島県である。Xは鹿児島県，Yは熊本県，Zは福岡県，それぞれの県にある世界遺産を説明した文章である。

4 (地理ー世界の人々の生活と環境，諸地域の特色，気候)

(1) ドイツは，四カ国の中では人口が1番少なく，平均寿命が1番高い，そして，混合農業が行われているのでB・③の組み合わせとなる。アメリカはD・④，エジプトはC・②，インドネシアはA・①となる。

(2) エジプトの首都カイロは，さばく気候に属する。

(3) インドネシアはイスラーム教徒が1番多い。イスラーム教徒の礼拝の様子がXである。

5 (公民ー経済生活，日本経済)

重要 (1) 高度経済成長期に成立した池田勇人内閣は，所得倍増をスローガンにかかげるなど，政府も当時の経済成長を積極的に推進した。

基本 (2) 好景気にはインフレーションが起こり，不景気にはデフレーションが起こる。

(3) 独占禁止法の運用にあたっているのが公正取引委員会である。

(4) アは社会福祉，イは世界で最も大きい，ウは労働条件が良く，人材の確保が容易，というそれぞれのところが誤りである。

6（公民－政治のしくみ）

(1)　司法権は裁判所に，立法権は国会に，行政権は内閣に，それぞれ属している。

(2)　内閣総理大臣は，国会議員の中から国会の議決により指名されることが憲法に規定されている。

(3)　地位にふさわしくない行為をした裁判官を辞めさせるかどうかを判断する弾劾裁判は，国会の仕事のひとつである。

★ワンポイントアドバイス★

2 (2)　賠償金2億両（テール）は，日本円で3億1000万円で，当時の日本の国家予算の約4倍に当たる。　5 (3)　価格競争が弱まると，不当な高い価格を払わされることになりかねない。そこで，競争をうながすために独占禁止法が制定された。

＜国語解答＞

一　(一)　イ　(二)　大事なことを語り合える友だち　(三)　エ　(四)　(例)　自分の孤独に耐えられなければ，自分自身を認めることができず，自分を愛することができない。自分を愛することができない人には他人を愛することができないから。(76字)
(五)　ア　(六)　ウ

二　(一)　①　こご　②　購入　(二)　夢中

三　(一)　A　ウ　B　キ　C　イ　(二)　ウ　(三)　ア　(四)　ウ
(五)　A群　イ　B群　ウ

四　(一)　ア　(二)　ウ　(三)　イ　(四)　エ

○配点○

一　(四)・(六)　各2点×2　他　各1点×4　**二**　各1点×3

三　(一)・(五)　各2点×2(各完答)　他　各1点×3　**四**　各1点×4　計22点

＜国語解説＞

一（論説文－空欄補充，内容理解，文章構成）

(一)　[3]段落の冒頭からの内容をとらえ，空欄を含む文の直前の文に「でも」という逆接の接続語があることに注意して，空欄にあてはまる言葉をとらえる。

(二)　「本当に面白いのは，……大事なことを語り合える友だちだ」とある。そのあとにある「信頼できる友だち」は指定字数に合わないので，「大事なことを語り合える友だち」が正解である。

(三)　Dの直前の「こんなふうに得で，こんなふうに損だ」や，Eの直前の「愛してくれるなら愛してあげる」という考え方は打算的である。つまり，「計算」である。

やや難　(四)　[10]段落の初めの三つの文で，傍線部②に対する答えが述べられている。

重要　(五)　傍線部③の直前に順接の「だから」があるので，傍線部③の理由はその前にある。前には「考えるということは，ある意味で，自分との対話，ひたすら自分と語り合うことだ」とある。これは自分を見つめ直す時間が十分にもてるということである。

(六)　前半で，「友だち関係のことで悩んでいる」ことについて述べたあと，[8]段落からは「本当の友情，本当の友だち」について述べている。

二 （漢字の読み書き，四字熟語）

（一） ①「凍える」は，寒さで身体の感覚を失うこと。 ②「購入」は，買い入れること。

（二） 「無我夢中」は，我を忘れるほどにある物事に熱中すること。

三 （論説文－空欄補充，接続語，係り受け，語句の意味，表現理解，内容理解）

基本 （一） A 空欄の前の事柄の具体例を，空欄のあとで挙げているので，「たとえば」が入る。B 「いわゆる」は，世間で言われている，という意味。 C 「むしろ」は，どちらかといえば，という意味。

（二） 「スマホ社会が」→「人間を」→「生みだそうとしている」というつながり。「人の輪の中で……孤独を怖れる」は「人間を」に係っている。

（三） 「不文律」は，文書によって制定されることなく成立した法や規律のことで，ここでは，暗黙の了解事項となっている決まりを表している。

重要 （四） 「魔法」といっても，良い面ばかりではなく，「落とし穴」があるということ。

やや難 （五） 6段落にある「哲学者のカント」のエピソードの中に「頭を空っぽにして歩いていたわけではありません」とあり，それ以降の内容から，筆者が「頭を空っぽにして歩」くことを，良いことではないと考えていることが読み取れる。よって，A群はイが正解。ある生徒がまとめた文の一文めの「立ち戻る行為となる」は「立ち戻ることができる」と直すべき。また，「人間は誰にも気兼ねなく」の部分は「人間が誰にも気兼ねなく」と直すべきである。

四 （古文－古典知識，現代語訳，内容理解）

〈現代語訳〉 都を出てから，日数を数えると，三月も半ばを過ぎ，春もすでに終わろうとしている。遠山の花は残雪のように見えて，入り江や島々が霞みわたり，これまでのことやこれからのことを思い続けなさると，「いったいこれはどのような前世での行いの報いのひどさなのか。」とおっしゃって，ただ尽きないのは涙である。お子様の一人もいらっしゃらないことを，母の二位殿も嘆き，奥方大納言佐殿も不本意なことに思って，いろいろな神仏にお祈り申されたけれども，そのご利益はない。「幸いにも子どもがいないことだよ。子でもいたとしたら，どんなに心苦しいことだろう。」とおっしゃるのがせめてもの慰めである。夜に中山にさしかかりなさるについてけも，ふたたび越えられるとも思われないので，ますます悲しみが増えて，袂がたいそう余計に(涙で)ぬれるのだった。

基本 （一） 「弥生」は，陰暦三月の異称で「春」である。

（二） 生け捕りにされて送られていく身なので，もう二度とここに来ることはないだろうということ。

（三） 「ただ尽きせぬものは涙なり」とあることに注目。

重要 （四） 「かしこうぞなかりける。……心苦しからん」の部分の内容が，エに合致している。

★ワンポイントアドバイス★

論説文はキーワードに注目して，接続語，指示語に注意しながら論理の展開をとらえよう。古文は情景を思い浮かべながら，話題をとらえよう。漢字や語句，文法はいろいろなタイプの問題にあたり，基礎力を保持しておこう！

MEMO

大切なことはメモしておこうネ！

解答用紙集

○月×日 △曜日　天気（合格日和）

◆ご利用のみなさまへ
＊解答用紙の公表を行っていない学校につきましては、弊社の責任において、解答用紙を制作いたしました。
＊編集上の理由により一部縮小掲載した解答用紙がございます。
＊編集上の理由により一部実物と異なる形式の解答用紙がございます。

人間の最も偉大な力とは、その一番の弱点を克服したところから生まれてくるものである。 ――カール・ヒルティ――

※データのダウンロードは 2024 年 3 月末日まで。

東京学参株式会社

人間環境大学附属岡崎高等学校　2023年度

◇数学◇

※この解答用紙は学校からの発表がないため，東京学参が制作いたしました。

解答番号	解答欄				
	ア	イ	ウ	エ	オ
1	㋐	㋑	㋒	㋓	㋔
2	㋐	㋑	㋒	㋓	㋔
3	㋐	㋑	㋒	㋓	㋔
4	㋐	㋑	㋒	㋓	㋔
5	㋐	㋑	㋒	㋓	㋔
6	㋐	㋑	㋒	㋓	㋔
7	㋐	㋑	㋒	㋓	㋔
8	㋐	㋑	㋒	㋓	㋔
9	㋐	㋑	㋒	㋓	㋔
10	㋐	㋑	㋒	㋓	㋔
11	㋐	㋑	㋒	㋓	㋔
12	㋐	㋑	㋒	㋓	㋔
13	㋐	㋑	㋒	㋓	㋔
14	㋐	㋑	㋒	㋓	㋔

	解答欄										
	−	0	1	2	3	4	5	6	7	8	9
ア	⊖	⓪	①	②	③	④	⑤	⑥	⑦	⑧	⑨
イ	⊖	⓪	①	②	③	④	⑤	⑥	⑦	⑧	⑨
ウ	⊖	⓪	①	②	③	④	⑤	⑥	⑦	⑧	⑨
エ	⊖	⓪	①	②	③	④	⑤	⑥	⑦	⑧	⑨
オ	⊖	⓪	①	②	③	④	⑤	⑥	⑦	⑧	⑨
カ	⊖	⓪	①	②	③	④	⑤	⑥	⑦	⑧	⑨
キ	⊖	⓪	①	②	③	④	⑤	⑥	⑦	⑧	⑨
ク	⊖	⓪	①	②	③	④	⑤	⑥	⑦	⑧	⑨
ケ	⊖	⓪	①	②	③	④	⑤	⑥	⑦	⑧	⑨
コ	⊖	⓪	①	②	③	④	⑤	⑥	⑦	⑧	⑨

人間環境大学附属岡崎高等学校　2023年度

◇英語聞き取り検査◇

※この解答用紙は学校からの発表がないため，東京学参が制作いたしました。

第1問

1	a	正	誤
	b	正	誤
	c	正	誤
	d	正	誤
2	a	正	誤
	b	正	誤
	c	正	誤
	d	正	誤
3	a	正	誤
	b	正	誤
	c	正	誤
	d	正	誤

第2問

4	a	正	誤
	b	正	誤
	c	正	誤
	d	正	誤
5	a	正	誤
	b	正	誤
	c	正	誤
	d	正	誤

人間環境大学附属岡崎高等学校　2023年度

◇英語筆記検査◇

※この解答用紙は学校からの発表がないため，東京学参が制作いたしました。

解答番号	ア	イ	ウ	エ	オ	カ	キ	ク	ケ	コ
1	㋐	㋑	㋒	㋓	㋔	㋕	㋖	㋗	㋘	㋙
2	㋐	㋑	㋒	㋓						
3	㋐	㋑	㋒	㋓						
4	㋐	㋑	㋒	㋓						
5	㋐	㋑	㋒	㋓						
6	㋐	㋑	㋒	㋓						
7	㋐	㋑	㋒	㋓						
8	㋐	㋑	㋒	㋓	㋔					
9	㋐	㋑	㋒	㋓	㋔	㋕				
10	㋐	㋑	㋒	㋓	㋔					

解答番号	ア	イ	ウ	エ	オ
11	㋐	㋑	㋒	㋓	㋔
12	㋐	㋑	㋒	㋓	
13	㋐	㋑	㋒	㋓	
14	㋐	㋑	㋒	㋓	
15	㋐	㋑	㋒	㋓	
16	㋐	㋑	㋒	㋓	

人間環境大学附属岡崎高等学校　2023年度

◇理科◇

※この解答用紙は学校からの発表がないため，東京学参が制作いたしました。

解答番号	解答欄							
	ア	イ	ウ	エ	オ	カ	キ	ク
1	㋐	㋑	㋒	㋓	㋔	㋕	㋖	㋗
2	㋐	㋑	㋒	㋓	㋔	㋕		
3	㋐	㋑	㋒	㋓	㋔	㋕	㋖	㋗
4	㋐	㋑	㋒	㋓	㋔	㋕	㋖	㋗
5	㋐	㋑	㋒	㋓	㋔	㋕		
6	㋐	㋑	㋒	㋓	㋔			
7	㋐	㋑	㋒	㋓	㋔			
8	㋐	㋑	㋒	㋓	㋔	㋕		
9	㋐	㋑	㋒	㋓	㋔	㋕		
10	㋐	㋑	㋒	㋓	㋔	㋕		
11	㋐	㋑	㋒	㋓	㋔	㋕		
12	㋐	㋑	㋒	㋓				
13	㋐	㋑	㋒	㋓				
14	㋐	㋑	㋒	㋓				
15	㋐	㋑	㋒	㋓	㋔	㋕	㋖	㋗

解答番号	解答欄							
	ア	イ	ウ	エ	オ	カ	キ	ク
16	㋐	㋑	㋒	㋓	㋔	㋕	㋖	㋗
17	㋐	㋑	㋒	㋓				
18	㋐	㋑	㋒	㋓	㋔	㋕	㋖	㋗
19	㋐	㋑	㋒	㋓	㋔	㋕	㋖	㋗
20	㋐	㋑	㋒	㋓	㋔	㋕	㋖	㋗
21	㋐	㋑	㋒	㋓	㋔	㋕		

人間環境大学附属岡崎高等学校　2023年度

◇社会◇

※この解答用紙は学校からの発表がないため，東京学参が制作いたしました。

解答番号	ア	イ	ウ	エ	オ	カ	キ	ク	ケ	コ	サ	シ
1	㋐	㋑	㋒	㋓	㋔	㋕	㋖	㋗				
2	㋐	㋑	㋒	㋓								
3	㋐	㋑	㋒	㋓	㋔							
4	㋐	㋑	㋒	㋓	㋔	㋕	㋖	㋗	㋘	㋙	㋚	㋛
5	㋐	㋑	㋒	㋓								
6	㋐	㋑	㋒	㋓								
7	㋐	㋑	㋒	㋓								
8	㋐	㋑	㋒	㋓	㋔	㋕	㋖	㋗				
9	㋐	㋑	㋒	㋓								
10	㋐	㋑	㋒	㋓								
11	㋐	㋑	㋒	㋓	㋔	㋕						
12	㋐	㋑	㋒	㋓	㋔							
13	㋐	㋑	㋒	㋓	㋔	㋕						
14	㋐	㋑	㋒									
15	㋐	㋑	㋒	㋓								

解答番号	ア	イ	ウ	エ	オ	カ	キ	ク
16	㋐	㋑	㋒	㋓	㋔	㋕	㋖	㋗
17	㋐	㋑	㋒	㋓				
18	㋐	㋑	㋒	㋓	㋔	㋕		
19	㋐	㋑	㋒	㋓				
20	㋐	㋑	㋒	㋓	㋔	㋕		
21	㋐	㋑	㋒	㋓				

人間環境大学附属岡崎高等学校　2023年度　◇国語◇

※この解答用紙は学校からの発表がないため，東京学参が制作いたしました。

解答番号	解答欄							
	ア	イ	ウ	エ	オ	カ	キ	ク
1	㋐	㋑	㋒	㋓	㋔	㋕	㋖	㋗
2	㋐	㋑	㋒	㋓	㋔	㋕	㋖	㋗
3	㋐	㋑	㋒	㋓				
4	㋐	㋑	㋒	㋓				
5	㋐	㋑	㋒	㋓				
6	㋐	㋑	㋒	㋓				
7	㋐	㋑	㋒	㋓	㋔			
8	㋐	㋑	㋒	㋓				
9	㋐	㋑	㋒	㋓				
10	㋐	㋑	㋒	㋓				

解答番号	解答欄							
	ア	イ	ウ	エ	オ	カ	キ	ク
11	㋐	㋑	㋒	㋓				
12	㋐	㋑	㋒	㋓				
13	㋐	㋑	㋒	㋓				
14	㋐	㋑	㋒	㋓				
15	㋐	㋑	㋒	㋓				
16	㋐	㋑	㋒	㋓	㋔			
17	㋐	㋑	㋒	㋓				
18	㋐	㋑	㋒	㋓				
19	㋐	㋑	㋒	㋓				
20	㋐	㋑	㋒	㋓				

人間環境大学附属岡崎高等学校　2022年度

◇数学◇

※解答欄は実物大です。

1	(1)		(2)	
	(3)	$a=$	(4)	
	(5)	$x=$	(6)	
	(7)	$y=$	(8)	

2	(1)			
	(2)	ア（　　），イ（　　），ウ（　　）		
	(3)	①　（　　，　　）	②	$a=$
	(4)	①	m	
		②	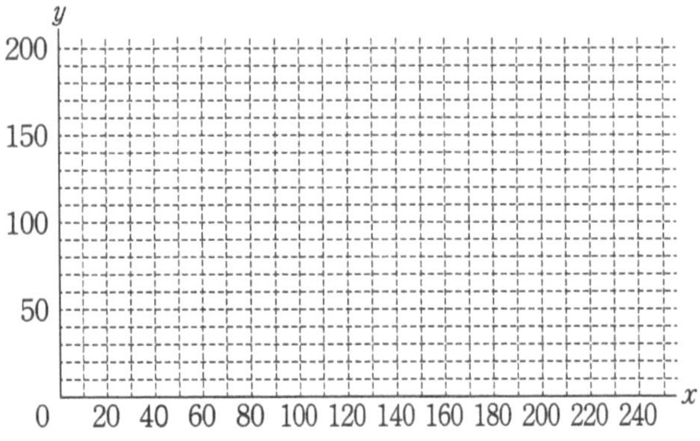	
		③	秒後	

3	(1)	度	(2)	度
	(3)	①　　cm	②	cm^3

人間環境大学附属岡崎高等学校　2022年度

◇英語◇

※104％に拡大していただくと，解答欄は実物大になります。

1	第1問	1番	a	正　誤	b	正　誤	c	正　誤	d	正　誤
		2番	a	正　誤	b	正　誤	c	正　誤	d	正　誤
		3番	a	正　誤	b	正　誤	c	正　誤	d	正　誤
	第2問	問1	a	正　誤	b	正　誤	c	正　誤	d	正　誤
		問2	a	正　誤	b	正　誤	c	正　誤	d	正　誤

2	In this symbol,【
	】a house.
	I think it is because【
	】when they walk.

3	①	I'm (　　　)(　　　) your school life in your country.
	②	I have to think about (　　　)(　　　) wear to school every day.
	③	(　　　)(　　　) school lunch?

4	(1)	
	(2)	At that time,【　　　】it was a 500 yen coin instead of a bill.
	(3)	
	(4)	
	(5)	

5	(1)	b (　　　), d (　　　)			
	(2)	ア		イ	
	(3)				
	(4)	X		Y	

人間環境大学附属岡崎高等学校　2022年度

◇理科◇

※103％に拡大していただくと，解答欄は実物大になります。

1	(1)		(2)	

2	(1)	（　　　　），（　　　　）	(2)	
	(3)	器官X	有機物	
	(4)			

3	(1)	（　　　）と（　　　）		
	(2)	図2		
	(3)	g	(4)	

図2

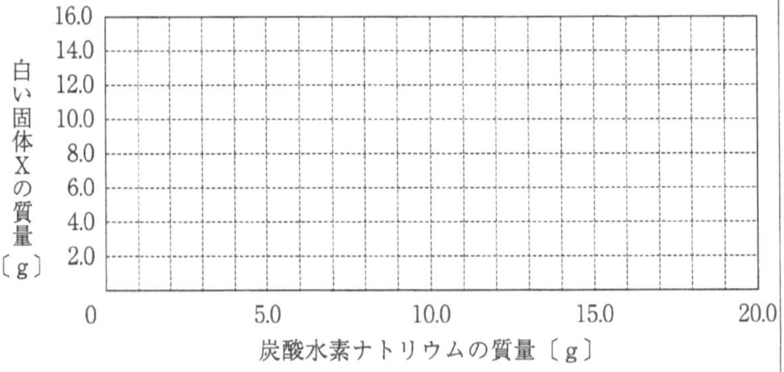

4	(1)	Ω	(2)	
	(3)		(4)	

5	(1)			
	(2)		(3)	
	(4)			

6	(1)		(2)	

人間環境大学附属岡崎高等学校　2022年度　　◇社会◇

※103％に拡大していただくと，解答欄は実物大になります。

1	(1)		(2)	
	(3)			

2	(1)	
	(2)	B（　　　　　　），C（　　　　　　）
	(3)	□□□□□□□□□□
	(4)	

3	(1)	
	(2)	ねぎの収穫量（　　　　　），まぐろ類の漁獲量（　　　　　）
	(3)	□□□□□□□□□□ □□□□□
	(4)	

4	(1)	①（　　　　　　），②（　　　　　　）		
	(2)		(3)	

5	(1)	
	(2)	①かな符号（　　　　　　），②ことば（　　　　　　）
	(3)	

6	(1)		(2)	
	(3)			

人間環境大学附属岡崎高等学校　２０２２年度

※１０３％に拡大していただくと、解答欄は実物大になります。

◇国語◇

一

(一) A　B　C

(二) 最初　最後

(三)

(四)

(五)

(六)

二

(一) ①　②

(二) ③

三

(一) 最初　最後

(二)

(三) 人間が抱く好奇心とは

70

80

(四)

(五)

四

(一)

(二)

(三)

(四)

岡崎学園高等学校　2021年度

◇数学◇

※解答欄は実物大です。

1	(1)		(2)	
	(3)		(4)	
	(5)	$x=$	(6)	番目
	(7)	$y=$	(8)	

2	(1)			(2)	人
	(3)	①	あ（　　），い（　　），Ⅰ（　　）		
		②	〔a AB：AC=　　：　　〕 〔b AB：　　＝　　：　　〕，Ⅱ（　　）		
	(4)	（　　，　　）		(5)	
	(6)	①	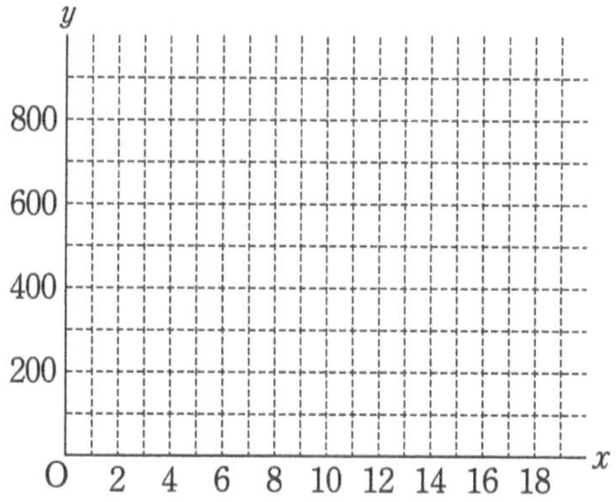		
		②	午前　10　時　　分		

3	(1)	度	(2)	cm
	(3)	cm^3		

◇英語◇

※105％に拡大していただくと，解答欄は実物大になります。

1	第１問	１番	a	正　誤	b	正　誤	c	正　誤	d	正　誤
		２番	a	正　誤	b	正　誤	c	正　誤	d	正　誤
		３番	a	正　誤	b	正　誤	c	正　誤	d	正　誤
	第２問	問１	a	正　誤	b	正　誤	c	正　誤	d	正　誤
		問２	a	正　誤	b	正　誤	c	正　誤	d	正　誤

2	Many【
	】.
	My favorite event was【
	】.

3	①	Which (s) do you like ( )?
	②	I will (t) ( ) to Okazaki Castle this weekend.
	③	I ( ) never (s) one before, so I want to go there.

4	(1)	
	(2)	But it doesn't mean【 】.
	(3)	
	(4)	
	(5)	

5	(1)	b ( ), d ( )			
	(2)	①		②	
	(3)				
	(4)	X		Y	

岡崎学園高等学校　2021年度　　◇理科◇

※105％に拡大していただくと，解答欄は実物大になります。

1	(1)		(2)	

2	(1)		(2)	
	(3)	①		
		②	(4)	

3	(1)		(2)	cm³
	(3)	図 4		
	(4)		(5)	

図 4

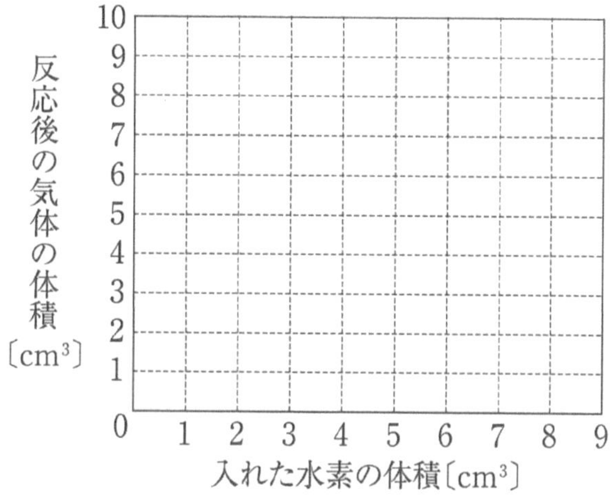

4	(1)		(2)	
	(3)		(4)	（　　）に（　　）cm動かす。

5	(1)		(2)	
	(3)		(4)	

6	(1)		(2)	

岡崎学園高等学校　2021年度

◇社会◇

※解答欄は実物大です。

1	(1)		(2)	
	(3)			

2	(1)	
	(2)	2番目（　　　　）　3番目（　　　　）
	(3)	

3	(1)		(2)	
	(3)		(4)	

4	(1)	B（　　　　）C（　　　　）
	(2)	②（　　　）④（　　　）
	(3)	

5	(1)		(2)	
	(3)		(4)	

6	(1)		(2)	
	(3)			

◇国語◇

岡崎学園高等学校　２０２１年度

※解答欄は実物大です。

一

(一) A（　　）B（　　）C（　　）

(二)

(三)

(四)

(五) 番号（　　　）直し（　　　）→（　　　）

二

(一) ①　②

(二) ③

三

(一)

(二) 現代の若者は、

60

70

(三)

(四)

(五)

(六)

四

(一)

(二)

(三)

(四)

岡崎学園高等学校　2020年度　◇数学◇

※107％に拡大していただくと，解答欄は実物大になります。

1	(1)		(2)	
	(3)		(4)	$x=$
	(5)	A　　cm，B　　cm	(6)	$a=$
	(7)	cm³	(8)	
	(9)	度		

2	(1)		
	(2)	Ⅰ(　　)，Ⅱ(　　)，Ⅲ(　　)，a(　　)	
	(3)	$y=$	
	(4)	①	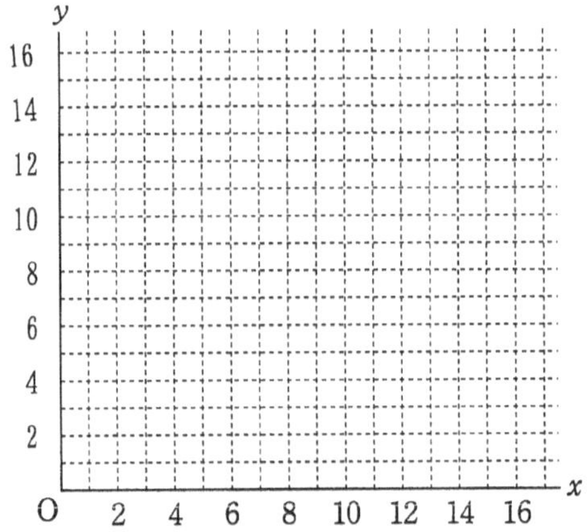
		②	(　　)秒後　と(　　)秒後

3	(1)	度				
	(2)	①	cm²	②	cm	
	(3)	①	cm	②	cm²	

岡崎学園高等学校　2020年度　　◇英語◇

※116%に拡大していただくと，解答欄は実物大になります。

1	第１問	1番	a	正　誤	b	正　誤	c	正　誤	d	正　誤
		2番	a	正　誤	b	正　誤	c	正　誤	d	正　誤
		3番	a	正　誤	b	正　誤	c	正　誤	d	正　誤
	第２問	問1	a	正　誤	b	正　誤	c	正　誤	d	正　誤
		問2	a	正　誤	b	正　誤	c	正　誤	d	正　誤

2	In this picture, a boy is 【
	】 a smartphone.
	I will tell him to stop using his smartphone because 【
	】.

3	①	What (　　　　　　　　) it (l　　　　　　　　)?
	②	I've never seen them before, so I am really (　　　　　　)(　　　　　　)to them.
	③	(　　　　　　)(　a　　　　　　) going to Okazaki Park on that day?

4	(1)	
	(2)	
	(3)	because there 【
		】.
	(4)	
	(5)	

5	(1)	b (　　　　　　　　), d (　　　　　　　　)			
	(2)	ア		イ	
	(3)				
	(4)	X		Y	

岡崎学園高等学校　2020年度

◇理科◇

※113％に拡大していただくと，解答欄は実物大になります。

1	(1)		(2)	

2	(1)		(2)	
	(3)		(4)	
	(5)			

3

(1)	
(2)	と

(3)

図 2

——と

－－－－の

2本の線を

書きなさい。

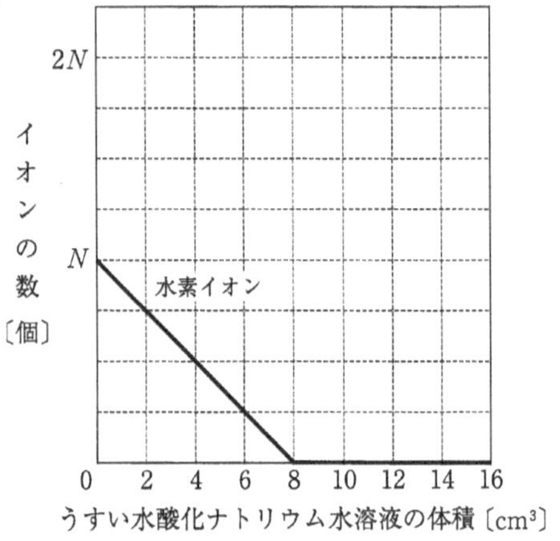

(4)	

4	(1)		(2)	
	(3)		(4)	

5	(1)		(2)	
	(3)	→ →	(4)	

6	(1)	m/s	(2)	

岡崎学園高等学校　　2020年度　　　　　　　　　　◇社会◇

※112％に拡大していただくと，解答欄は実物大になります。

1	(1)		(2)	
	(3)			

2	(1)										
	(2)										
	(3)					(4)					

3	(1)			
	(2)		(3)	

4	(1)	X（　　　　　　）Y（　　　　　　）
	(2)	

5	(1)		(2)	
	(3)		(4)	

6	(1)		(2)	
	(3)			

◇国語◇

岡崎学園高等学校　２０２０年度

※１１５％に拡大していただくと、解答欄は実物大になります。

一

(一)　(二)

(三)　(四)

(五)

(六) テレビは、

75

85

(七)

二

(一) ①　②　んで

(二) ③

三

(一)

(二) A

B

(三)　(四)

(五)　(六)

四

(一)　(二)

(三)　(四)

岡崎学園高等学校　2019年度　◇数学◇

※この解答用紙は，実物大になります。

1	(1)		(2)	
	(3)		(4)	
	(5)	$x=$	(6)	円
	(7)	$a=$	(8)	cm
	(9)			

2	(1)		
	(2)	A(　　　), B(　　　), a(　　　)	
	(3)		
	(4)	①	秒後
		②	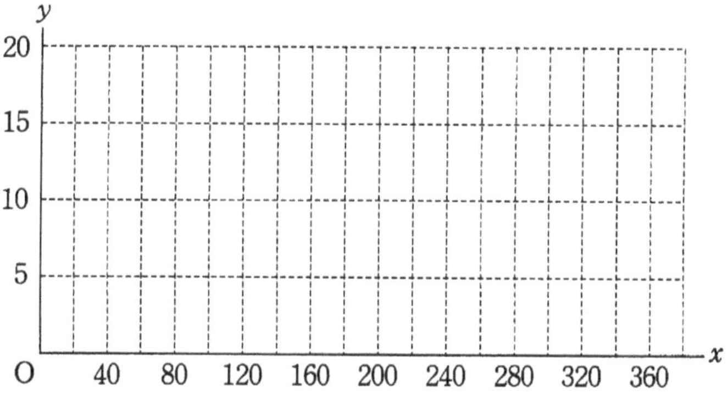

3	(1)	度				
	(2)	①	D(　　,　　)	②	cm^3
	(3)	①	cm^2	②	cm^2

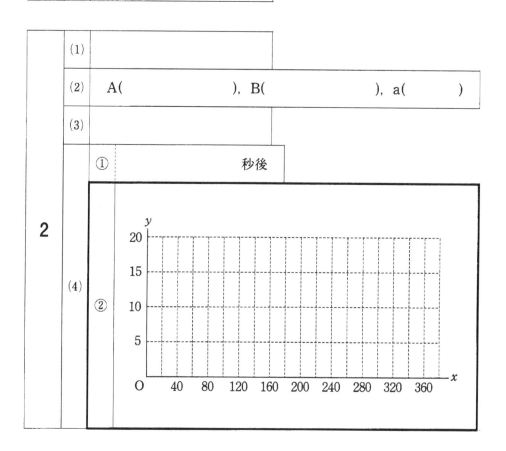

※この解答用紙は102%に拡大していただくと，実物大になります。

1	第1問	1番	a	正　誤	b	正　誤	c	正　誤	d	正　誤
		2番	a	正　誤	b	正　誤	c	正　誤	d	正　誤
		3番	a	正　誤	b	正　誤	c	正　誤	d	正　誤
	第2問	問1	a	正　誤	b	正　誤	c	正　誤	d	正　誤
		問2	a	正　誤	b	正　誤	c	正　誤	d	正　誤

2	I think that junior high school students (need / don't need) smartphones. I have two reasons. First, 【　　】. Second, 【　　】.

3	①	(　　) you tell me (　　)(　　) to the library?
	②	I went home in summer, so I (　　)(　　)(　　) travel around Japan.
	③	(　　)(　　)(　　) visit both?

4	(1)	Most of us want to live a happy life, but 【　　】.
	(2)	
	(3)	
	(4)	
	(5)	

5	(1)	b (　　), d (　　)			
	(2)	ア		イ	
	(3)				
	(4)	X		Y	

岡崎学園高等学校　2019年度

◇理科◇

※この解答用紙は104％に拡大していただくと，実物大になります。

1	(1)		(2)	

2	(1)		(2)	
	(3)			
	(4)			

3	(1)	$Ba(OH)_2$ ＋ H_2SO_4 ⟶ （　　　　）＋（　　　　）		
	(2)	色	(3)	と
	(4)	——— と - - - - の ２本の線を書き入れなさい。		

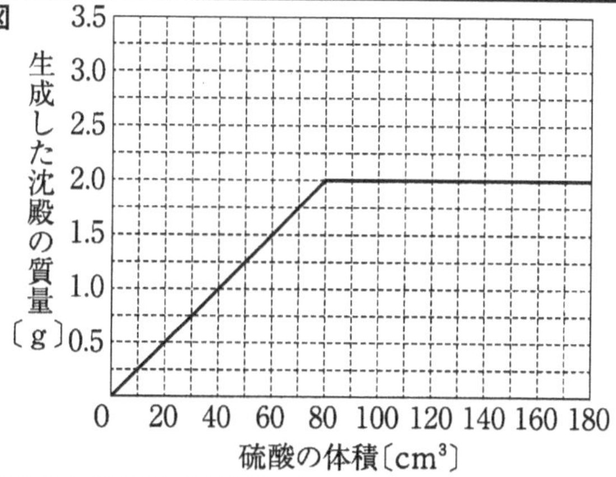

4	(1)	図２	(2)	
			(3)	図３
	(4)			

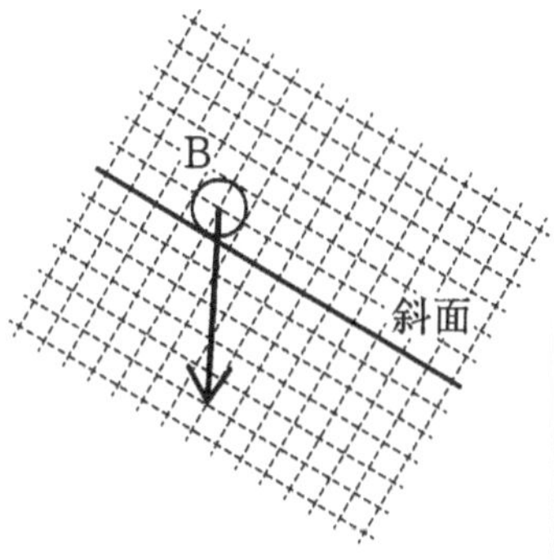

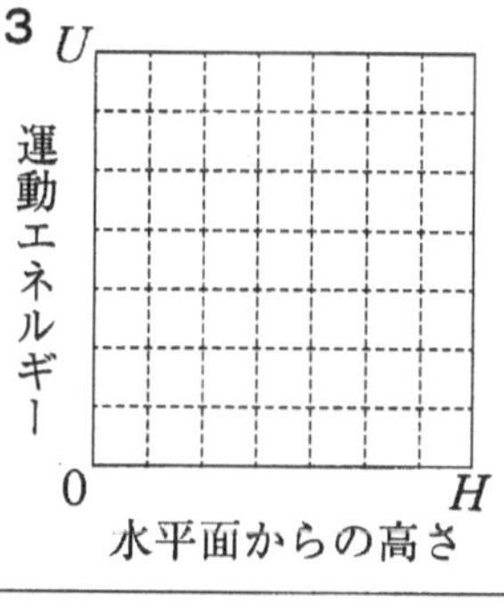

5	(1)		(2)	
	(3)		(4)	

6	(1)		(2)	

岡崎学園高等学校　2019年度

◇社会◇

※この解答用紙は，実物大になります。

1	(1)		(2)	
	(3)			

2	(1)		(2)	
	(3)		(4)	

3	(1)		(2)	
	(3)			

4	(1)		(2)	
	(3)	宗教名（　　　　　）	符号（　　　）	

5	(1)		(2)	
	(3)		(4)	

6	(1)		(2)	
	(3)			

◇国語◇

岡崎学園高等学校　２０１９年度

※この解答用紙は１０１％に拡大していただくと、実物大になります。

一

(一)

(二)

(三)

(四) 自分の孤独に耐えられなければ、（80字以内）

(五)

(六)

二

(一) ①　　　える　②

(二) ③

三

(一) A（　　）B（　　）C（　　）

(二)

(三)

(四)

(五) A群（　　）B群（　　）

四

(一)

(二)

(三)

(四)

MEMO

大切なことはメモしておこうネ！

実力判定テスト10　改訂版

POINT 1　全10回の入試を想定したテスト形式

入試本番を想定した実戦形式　回を重ねるごとに難易度が上がり着実なレベルアップへ

POINT 2　自己採点と合格判定を活用しよう

自分の学力の把握だけではなく　これまでの勉強方法の振り返り・これからの改善へ

POINT 3　最新入試問題に対応

2020年改訂　最新入試問題を厳選して収録

POINT 4　志望校のレベルに合わせて選択できる

最難関校を目指す

▶ 偏差値70シリーズ　数学/国語/英語

偏差値68以上の高校の受験生向け

高度な思考力や**応用力**（数学）

高度な読解力や**語彙　記述力**（国語・英語）

これらを要求される問題が多数収録

定価：¥1,100（税込）

難関校を目指す

▶ 偏差値65シリーズ　数学/国語/英語

偏差値63～68の高校の受験生向け

- 量と質　ともにしっかりとした内容を収録
- **難関校突破に必須の問題**を厳選
- 一定時間内に素早く解く力が問われる

定価：¥1,100（税込）

準難関校を目指す

▶ 偏差値60シリーズ　数学/国語/英語

偏差値58～63の高校の受験生向け

- 標準以上レベルの問題を中心に収録
- 平易な問題は少なく　問題量も比較的多い
- 初めての**力試し**に最適

定価：¥1,100（税込）

T.G　東京学参株式会社　〒153-0043　東京都目黒区東山2-6-4
TEL.03-3794-3154　FAX.03-3794-3164

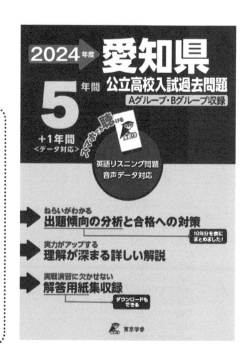

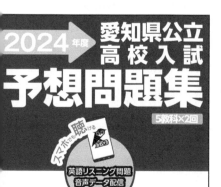

〈リスニング問題の音声について〉

本問題集掲載のリスニング問題の音声は、弊社ホームページでデータ配信しております。

現在お聞きいただけるのは「2024年度受験用」に対応した音声で、2024年3月末日までダウンロード可能です。弊社ホームページにアクセスの上、ご利用ください。

※本問題集を中古品として購入された場合など、配信期間の終了によりお聞きいただけない年度がございますのでご了承ください。

高校別入試過去問題シリーズ

人間環境大学附属岡崎高等学校　2024年度

ISBN978-4-8141-2663-7

発行所　東京学参株式会社
〒153-0043　東京都目黒区東山2-6-4
URL　https://www.gakusan.co.jp

編集部　E-mail　hensyu@gakusan.co.jp
※本書の編集責任はすべて弊社にあります。内容に関するお問い合わせ等は、編集部まで、メールにてお願い致します。なお、回答にはしばらくお時間をいただく場合がございます。何卒ご了承くださいませ。

営業部　TEL　03 (3794) 3154
FAX　03 (3794) 3164
E-mail　shoten@gakusan.co.jp
※ご注文・出版予定のお問い合わせ等は営業部までお願い致します。

2023年9月8日　初版